Jetzt lerne ich

CSS3

Florence Maurice

jetzt lerne ich

CSS3

Modernes Webdesign verstehen
und anwenden

Markt+Technik

Bibliografische Information der Deutschen Nationalbibliothek
Die Deutsche Nationalbibliothek verzeichnet diese Publikation in der
Deutschen Nationalbibliografie; detaillierte bibliografische Daten sind
im Internet über <http://dnb.dnb.de> abrufbar.

10 9 8 7 6 5 4 3 2 1

14 13 12

ISBN 978-3-8272-4745-2

© 2012 by Markt+Technik Verlag,
ein Imprint der Pearson Deutschland GmbH, Martin-Kollar-Straße 10-12, D-81829 München/Germany
Alle Rechte vorbehalten
Covergestaltung: Thomas Arlt, tarlt@adesso21.net
Lektorat: Dorothea Krist, dkrist@pearson.de
Fachlektorat: Angie Radtke, Bonn
Korrektorat: Christian Schneider, München
Herstellung: Martha Kürzl-Harrison, mkuerzl@pearson.de
Satz: text&form GbR, Fürstenfeldbruck
Druck und Verarbeitung: Drukarnia Dimograf, Bielsko-Biala
Printed in Poland

Inhaltsübersicht

Inhaltsverzeichnis

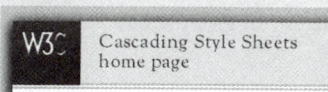

Cascading Style Sheets home page

```
<!DOCTYPE html>
<html>
 <head>
  <meta charset="utf-8" />
  <title>Am Anfang ist HTML</title>
 </head>
 <body>
  <p>Erste Webseite!</p>
 </body>
</html>
```

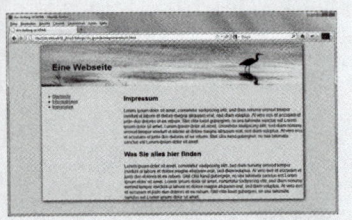

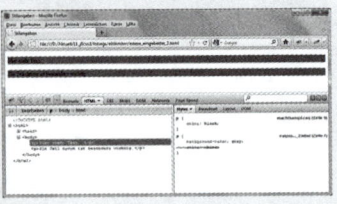

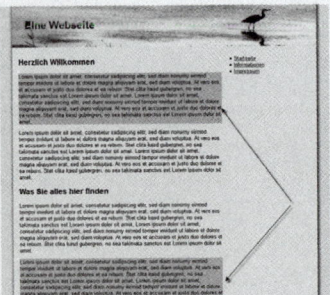

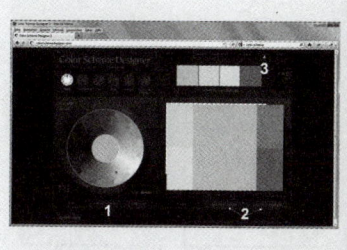

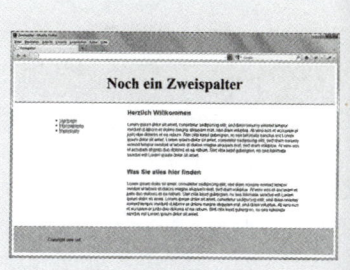

Inhaltsverzeichnis

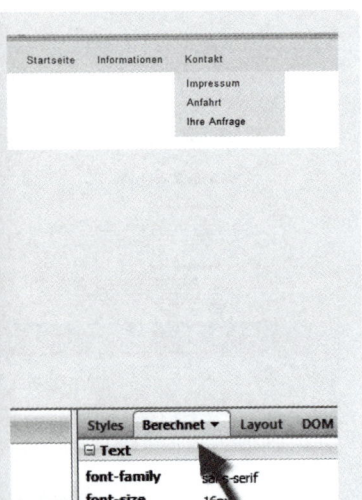

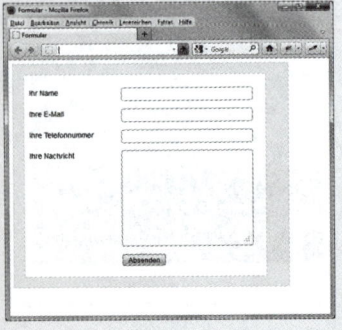

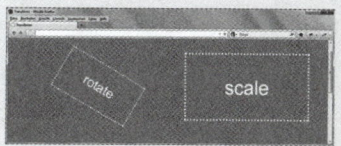

Vorwort

Florence Maurice

Früher musste man noch gute Gründe dafür liefern, warum man besser auf CSS setzen sollte, anstatt über HTML zu formatieren. Diese Zeiten sind passé: **Wer Webseiten erstellen will, kommt an CSS nicht vorbei.** Auch wenn es gute Content Management Systeme und Tools gibt, die einem die Webseite nur so hinzaubern – in dem Moment, in dem Sie Anpassungen am Layout vornehmen möchten oder dieses ganz individuell gestalten wollen, kommen Sie an CSS nicht mehr vorbei.

Wenn Sie sich mit CSS beschäftigen, dann sollten Sie sich auf die aktuelle Version konzentrieren: CSS3. CSS3 ergänzt den Vorläufer CSS 2.1 um viele weitere spannende Features wie Farbverläufe, abgerundete Ecken, Schatten um Boxen und Texte, bildschirmfüllende Hintergrundbilder, transparente Bereiche usw. Da sich CSS3 noch in der Entwicklung befindet, wurden für das Buch diejenigen CSS3-Features ausgewählt, die Sie jetzt einsetzen können – neben den klassischen CSS-Teilen, die bereits in CSS 2.1 definiert sind.

Das Buch ist richtig für Sie …

- … wenn Sie einen Einstieg in CSS suchen, um dann mit den attraktiven und modernen CSS-Techniken durchzustarten. Von Vorteil ist es, wenn Sie grundlegende HTML-Kenntnisse mitbringen – ansonsten gibt es einen kleinen Crashkurs in Kapitel 2, der zumindest eine Basis schafft.
- … wenn Sie über CSS-Grundkenntnisse verfügen, diese vertiefen und die neuen Möglichkeiten von CSS3 nutzen möchten.

Was Sie in diesem Buch erwartet

In Kapitel 1 geht es erst einmal um die verschiedenen Versionen von CSS und um die Browser. Wenn Sie sich bei den bisherigen Ausführungen gefragt haben, was es denn mit CSS 3.1 oder CSS 2.0 oder wie auch immer auf sich hat: Diese Fragen klärt Kapitel 1 und es verrät Ihnen außerdem nützliche Informationen zu den Browsern.

Kapitel 2 ist ein Crashkurs in HTML. Danach wissen Sie die wichtigsten Dinge. Allerdings sollten Sie, wenn Sie noch nie vorher mit HTML gearbeitet haben, dieses Kapitel als Basis nehmen, um sich noch weiter mit HTML zu beschäftigen.

Kapitel 3 liefert ein erstes kleines echtes Beispiel: Sie sehen, wie Sie ein Layout mit CSS gestalten, und lernen praxisnah die Vorteile von CSS kennen.

Die beiden nächsten Kapitel beleuchten die Zusammenarbeit von HTML und CSS genauer: In Kapitel 4 erfahren Sie, wie Sie CSS-Dateien mit HTML-Dateien verknüpfen können. Das folgende Kapitel (Kapitel 5) widmet sich den Selektoren –

erklärt also, wie Sie die Elemente auswählen, die Sie formatieren möchten, und stellt neue CSS3-Selektoren vor.

In Kapitel 6 dreht sich alles um Farbangaben: Sie erfahren, wie Sie Hintergrundfarben, Textfarben usw. festlegen, schöne Farbkombinationen herausfinden sowie Transparenzen (CSS3) definieren.

Kapitel 7 zeigt Ihnen, wie Sie Texte mit CSS gestalten: von den klassischen Schriftartdefinitionen über Schriftstile bis hin zu herunterladbaren Schriften und Textschatten.

Layouts setzen sich aus kleinen Kästchen zusammen. Wie Sie das Aussehen dieser Kästen steuern, ihre Maße definieren und umgebende Rahmen (auch abgerundete) und Schatten definieren, führt Kapitel 8 praktisch vor.

Hintergrundbilder machen Layouts spannend – und gehören deshalb in ein eigenes Kapitel (Kapitel 9). Neben den grundlegenden Techniken werden auch Profitricks verraten wie CSS Sprites für performante Webseiten und Farbverläufe mit CSS3.

Trotz allem Rummel um CSS3 benutzt man zur Layoutaufteilung immer noch die Eigenschaft float, die so ihre Tücken hat, wie Kapitel 10 erläutert. Praktisch sehen Sie, wie Sie unterschiedliche Typen von Zwei- und Dreispaltern definieren, und Sie lernen Tricks kennen wie die Erstellung von Layouts, die immer die gesamte Höhe des Browserfensters einnehmen.

Die Eigenschaft position können Sie ebenfalls für die Layouterstellung nutzen, aber auch für schöne Effekte etwa für transparente Bildbeschriftungen auf Bildern – das ist das Thema von Kapitel 11.

Den bisher erstellten Layouts fehlt noch eines: die passende Navigationsleiste. Um diese dreht sich alles in Kapitel 12. Sie sehen, wie Sie horizontale oder vertikale Menüs, Navigationen mit Tabs oder schicke Menüs mit CSS3-Übergängen (Transitions) gestalten.

Das nächste Kapitel (Kapitel 13) widmet sich dem ersten Buchstaben von CSS, der Kaskadierung. Genauer gesagt geht es um fünf Ws: Welche Werte wo wie wirken.

Kapitel 14 zeigt, wie Sie Datentabellen formatieren und Formulare gestalten – inklusive ausgewählter HTML5-Features.

In Kapitel 15 geht es um die Erstellung von eigenen Layouts für den Ausdruck. Kapitel 16 führt schließlich in das spannende Thema »Responsive Webdesign« ein – Layouts, die sich an die Beschaffenheit des Ausgabegeräts anpassen. Das erstellte Layout ist auf Smartphones einspaltig, bei mehr verfügbarem Platz zweispaltig und schließlich bei großem Browserfenster dreispaltig. Möglich wird das durch die CSS3 Media Queries.

Das letzte Kapitel (Kapitel 17) zeigt weitere CSS3-Möglichkeiten, etwa Transformationen, über mehrere Spalten fließende Texte und Animationen.

In jedem Kapitel werden die CSS-Eigenschaften anhand vieler kleiner Beispiele vorgestellt, ergänzt durch nützliche Tipps und Profitricks. Sie lernen wichtige Tools kennen und nutzen – Firebug, Web Developer Toolbar und mehr. Am Ende des Kapitels finden Sie immer eine Zusammenfassung sowie eine Tabelle zur Browserkompatibilität. Zudem finden Sie hier einen Übungsteil – mit Fragen und praktischen Übungen zum Inhalt des Kapitels.

Die Beispiele des Buchs sowie die Übungs- und Lösungsdateien können Sie sowohl auf der Verlagswebseite unter *http://www.mut.de/24745* als auch auf der Webseite des Buchs unter *http://www.css3-lernen.de/* herunterladen. Auf der Webseite des Buchs finden Sie darüber hinaus Aktualisierungen und nützliche Tipps. Vorbeischauen lohnt sich!

Und jetzt wünsche ich Ihnen viel Spaß bei Ihrem Einstieg in CSS!

1 CSS-Versionen und aktuelle Browser- landschaft

Im Vorwort fielen schon die Begriffe CSS 2.1 und CSS3 – diese sollten wir jetzt einmal genauer klären. Danach geht es in diesem Kapitel um die aktuellen Browser und ihre CSS-Unterstützung.

1.1 CSS und das W3C

Zuerst ein bisschen Hintergrund zu CSS: CSS wird – ebenso wie HTML und viele andere Technologien – vom W3C (World Wide Web Consortium, *http://www.w3.org/*) betreut. Das W3C ist eine international tätige Organisation, in die große Firmen und Browserhersteller Mitarbeiter entsenden, um gemeinsam in Arbeitsgruppen die Spezifikationen zu erarbeiten, die Recommendations, also »Empfehlungen« genannt werden. Es sind aber De-facto-Standards.

Nach wie vor wichtig ist CSS in der Version 2.1., sie wird schon seit Längerem eingesetzt und von allen Browsern sehr gut unterstützt.

Seit einer Weile arbeitet das W3C aber auch an der neuen Version, CSS3. Im Unterschied zu CSS 2.1 ist CSS3 so umfangreich, dass man es in mehrere Module aufgeteilt hat. Das ist praktisch: Zum einen lassen sich so leichter einzelne Teile fertigstellen, zum anderen können nun auch Browser einzelne Module implementieren.

Die verschiedenen Module von CSS3 befinden sich in unterschiedlichen Entwicklungsstadien. Es gibt beispielsweise das Selektorenmodul, wo es darum geht, wie man einzelne Teile der Webseite für die Formatierung auswählen kann, das bereits den Status einer Recommendation und damit die höchsten Weihen erhalten hat. Andere Neuerungen hingegen, wie das CSS3-Animationsmodul, sind derzeit noch ein Arbeitsentwurf (Working Draft).

Ähnlich unterschiedlich ist es auch mit der Browserunterstützung. Es gibt Browser, die sehr viele der neuen CSS3-Features unterstützen – beispielsweise der aktuelle Chrome oder Firefox oder auch der Internet Explorer 10. Manche Browser allerdings unterstützen weniger Features von CSS3, wie beispielsweise der Internet Explorer 9; wieder andere wissen mit CSS3-Features fast gar nichts anzufangen – wie der Internet Explorer 8.

1.2   Der richtige Zeitpunkt für CSS3

In solch einer etwas unübersichtlichen Situation kann man natürlich beschließen, mit dem Einsatz von CSS3 zu warten, bis CSS3 vollständig fertiggestellt ist und von allen Browsern unterstützt wird.

Problematisch daran ist nur, dass das noch sehr lange dauern kann. Vielleicht wird es auch nie so weit kommen – es könnte ja sein, dass immer wieder neue Module in CSS3 dazukommen und deswegen CSS3 als Ganzes auf unabsehbare Zeit eine Baustelle bleibt.

Außerdem lassen sich prinzipiell Features auch dann einsetzen, wenn die Spezifikation noch nicht endgültig fertiggestellt ist – so verwenden Webentwickler schon eine Weile CSS 2.1, obwohl die zugehörige Spezifikation erst am 7. Juni 2011 offiziell als Recommendation verabschiedet wurde.

Daher empfiehlt sich eine pragmatische Herangehensweise: Sie verwenden CSS3 so weit, wie es heute schon gängig und einsetzbar ist.

Eigentlich kommt es ja nicht so sehr darauf an, *welche* Version von CSS Sie lernen. Entscheidend ist, dass Sie das lernen, was aktuell ist, die Browser uns erlauben und heute benutzt wird. Und das sind neben dem klassischen CSS 2.1 eben auch Teile von CSS3.

CSS3 erfindet natürlich das Rad nicht komplett neu. Es beinhaltet die bereits in CSS 2.1 definierten Eigenschaften, es ist also nicht so, dass ein CSS-Befehl in CSS3 plötzlich ganz anders heißt als in CSS 2.1. Nein, über `font-weight: bold` machen Sie sowohl in CSS 2.1 als auch in CSS3 einen Text fett. Aber in CSS3 gibt es eben zusätzliche Optionen für Formatierungen, und viele Beschränkungen von CSS 2.1 werden aufgehoben.

Der Einsatz der neuen CSS3-Möglichkeiten hat mehrere Vorteile:

- Realisierungen über CSS3 sind im Allgemeinen leichter veränderbar und besser zu warten.

- Die CSS3-Lösungen sind performanter, d.h. sie bewirken, dass die Seiten schneller dargestellt werden, als wenn Sie das entsprechende Feature über den klassischen CSS 2.1-Weg realisieren würden.

- Auch wenn die Unterstützung bei Desktop-Browsern teilweise durchwachsen ist, so ist sie auf Smartphones und Tablets ausnehmend gut. Das ist wichtig, da der mobile Zugriff weiter an Bedeutung gewinnen wird.

1.3 Die Browserlandschaft

Die Webseiten werden von den Browsern dargestellt, d.h. die Browser sind eines Ihrer wichtigsten Werkzeuge, wenn es um die Erstellung von Webseiten geht.

Eine Vielzahl von Browsern ist heute im Einsatz:

Firefox ist sicher einer der beliebtesten Browser. Seit Version 3.6 haben die Entwickler eine neue Art der Versionierung angewandt, sodass sich die Versionen in rascher Folge abwechseln. Im Frühjahr 2012 ist Firefox 10 aktuell: Er kann CSS 2.1 sehr gut und unterstützt auch die gängigen CSS3-Features – von den neuen Möglichkeiten für abgerundete Ecken über Schatten bei Boxen und Texten und Transparenzen bis hin zu Mehrspaltenlayouts, spürbaren Übergängen (Transitions), Transformationen und mehr.

Bei Firefox werkelt im Hintergrund als Rendering Engine Gecko – genauso wie beispielsweise auch bei SeaMonkey.

Rendering Engine bezeichnet denjenigen Teil des Browsers, der für die Darstellung der Webseiten zuständig ist.

Der **Internet Explorer** (IE) ist der Browser von Microsoft, der ursprünglich sehr eng mit dem Betriebssystem verzahnt war. Derzeit aktuell ist der Internet Explorer 9, sein Nachfolger steht im Frühjahr 2012 in den Startlöchern. Hier gilt prinzipiell: Je neuer, desto besser. Der Internet Explorer 10 bietet eine wunderbare Unterstützung der gängigen CSS3-Features, der Internet Explorer 9 immerhin eine recht ordentliche und der Internet Explorer 8 unterstützt zwar sehr gut CSS 2.1, aber so gut wie gar nichts von CSS3.

Da die Browserunterstützung der einzelnen CSS3-Features unterschiedlich ist, gibt es am Ende jedes Kapitels Tabellen, die Ihnen genau zeigen, welcher Browser was kann. Zudem erfahren Sie natürlich auch, wie Sie bei Browsern, die ein bestimmtes Feature nicht unterstützen, nachbessern können.

Safari und Chrome sind Browser, die auf der Rendering Engine »Webkit« basieren, deswegen fasst man beide auch oft als »Webkit-Browser« zusammen. Safari ist der Standardbrowser bei MacOS, es gibt ihn inzwischen aber auch für Windows. Chrome ist der Browser von Google. Beide sind sehr fortschrittlich in ihrer CSS3-Unterstützung. Besondere Bedeutung kommt ihnen deshalb zu, da Webkit-Browser die am häufigsten eingesetzten Browser auf Smartphones wie Android-Handys und iPhones sind.

Opera ist ein weiterer bedeutsamer Browser mit einer sehr guten CSS3-Unterstützung. Erwähnenswert sind noch zwei Derivate für mobile Geräte: Opera Mini für den einfachen Bedarf und Opera Mobile für höherwertige mobile Endgeräte.

Lea Verou hat einen automatischen Browsertest geschrieben, der in Prozentwerten ausdrückt, wie gut die CSS3-Unterstützung des verwendeten Browsers ist (http://css3test.com/).

Derzeit zeigt sich folgendes Bild: Chrome 16 ist Testsieger mit 62%, gefolgt von Firefox 10 mit 60%, Safari 5.1.2 mit 59%, Opera 11.61 mit 56% und Internet Explorer 9 mit 39%.

Sicher kann man im Detail über die Auswahl der CSS3-Features streiten, aber trotzdem liefert der Test eine gute allgemeine Einordnung.

Statistiken finden Sie beispielsweise bei http:// www.browser-statistik.de/ statistiken/, bei http://www. w3schools.com/browsers/ browsers_stats.asp oder bei http://gs.statcounter.com/.

Statistiken über die verwendeten Browser gibt es viele und sie unterscheiden sich sehr: Welche Browser bei konkreten Webseiten benutzt werden, hängt vom Zielpublikum ab. Technikaffines Publikum verwendet vorzugsweise Firefox oder Webkit-Browser und weniger den Internet Explorer.

Die allgemeine Tendenz ist klar: Firefox, Webkit-Browser und Internet Explorer sind die am häufigsten benutzten Browser. Firefox ist die inzwischen längst etablierte Alternative zum IE, Chrome der Newcomer mit guten Wachstumszahlen.

Bei der Erstellung von Webseiten ist es wichtig, sie in möglichst vielen Browsern zu testen. Installieren Sie sich am besten so viele Browser, wie Sie können!

Schwierigkeiten macht hier der Internet Explorer, von dem Sie nicht mehrere Versionen pro Betriebssystem installieren können. Hier helfen Screenshotdienste wie *http://netrenderer.de/*, und außerdem gibt es kostenlose Tools wie *http:// www.my-debugbar.com/wiki/IETester/HomePage*, die ebenfalls verschiedene Versionen des Internet Explorer simulieren.

Jetzt aber auf in die Praxis!

2   Ohne HTML geht nichts

Am Ende des Kapitels können Sie

- einfache HTML-Dokumente erstellen
- Überschriften, Absätze und Listen zur Strukturierung einsetzen
- Bilder einbinden und Links definieren
- Dokumente mit dem Validator überprüfen

CSS alleine kann nichts – Sie brauchen etwas, das Sie formatieren können, und das ist in unserem Fall ein HTML-Dokument. Das Kapitel führt Sie in HTML ein und erläutert die wichtigsten Konzepte.

2.1   HTML – grundlegend

HTML ist die Sprache, in der die Webseiten erstellt sind.

> HTML steht für Hypertext Markup Language und ist eine Auszeichnungssprache für Webseiten.

Hinweis

HTML wird vom World Wide Web Consortium – kurz W3C (http://www.w3.org/) – betreut.

HTML dient dazu, die Struktur einer Seite zu definieren und festzulegen, worum es sich bei den einzelnen Bestandteilen handelt, ob etwas ein Absatz, eine Aufzählungsliste oder eine Überschrift ist. Diese Bestandteile werden dann standardmäßig vom Browser auf eine bestimmte Art formatiert angezeigt. Um diese Default-Formatierungen zu ändern, kommt CSS ins Spiel.

Jede HTML-Seite besteht aus Tags und normalem Text. Tags werden in spitzen Klammern geschrieben und man unterscheidet zwischen Start- und Endtags.

<h1> ist beispielsweise ein Starttag und besagt, dass jetzt eine Überschrift (h1 = *header 1*) folgt. Das Ende der Überschrift markiert das Endtag </h1>. Das Endtag wird wie das Starttag geschrieben, hat aber zusätzlich nach der öffnenden spitzen Klammer einen Slash:

```
<h1>Überschrift</h1>
```

Das Element h1 besteht also aus einem Starttag <h1> und einem Endtag </h1>.

Es gibt verschiedene Elemente, die auf bestimmte Art ineinander verschachtelt sein können, jedoch basieren alle HTML-Dokumente auf demselben Grundgerüst:

```
<!DOCTYPE html>
<html>
 <head>
   <meta charset="utf-8" />
   <title>Am Anfang ist HTML</title>
 </head>
 <body>
   <p>Erste Webseite!</p>
 </body>
</html>
```

Listing 2.1:
Das erste Dokument
(anfang.html)

Die erste Zeile im Beispiel ist gleich eine Ausnahme. Hier handelt es sich nicht um ein Starttag, sondern um eine Dokumenttypdefinition.

> Eine Dokumenttypdefinition verrät dem Browser, welche Unterart von HTML kommt. In diesem Beispiel wird der Dokumenttyp von HTML5 verwendet.

Zu den Dokumenttypdefinitionen kommen wir etwas später noch ausführlicher.

`<html>` läutet den Anfang des Dokuments ein, ganz am Ende wird `</html>` wieder geschlossen. Das, was vom Starttag `<html>` und vom Endtag `</html>` umfasst wird, ist das eigentliche HTML-Dokument.

Ein HTML-Dokument besteht aus einem Kopf (`head`) und einem Körper (`body`).

Kopf: Innerhalb des `head`-Bereichs stehen Informationen über das Dokument.

`<meta charset="utf-8" />`

informiert über den verwendeten Zeichensatz. Das ist wichtig, damit sprachspezifische Sonderzeichen – im Deutschen etwa ü, ä, ö und ß – vom Browser richtig dargestellt werden. In den meisten Fällen wird heute UTF-8 verwendet, weil es der umfangreichste Zeichensatz ist.

Innerhalb des `head`-Bereichs steht außerdem das `title`-Element, das den Seitentitel umfasst. Dieser wird ganz oben im Browser angezeigt und ist von besonderer Bedeutung für Suchmaschinen.

Körper: Innerhalb des `body` steht dann der eigentliche Inhalt, der im Browserfenster zu sehen ist. Im Beispiel ist es ein Absatz – gekennzeichnet durch ein `p`-Element. `p` ist eine Abkürzung für *paragraph* (engl. Absatz).

Tipp

In HTML werden üblicherweise englische Begriffe verwendet und oft abgekürzt. Bei p *verschreibt man sich nicht so leicht wie bei paragraph.*

2.2 Dokument erstellen und anschauen

Ein HTML-Dokument – genauso wie auch die CSS-Dateien – können Sie in jedem beliebigen Texteditor erstellen. Jedes Betriebssystem bringt einen solchen von Hause aus mit. Bei Windows etwa finden Sie diesen einfachen Editor unter START / ALLE PROGRAMME / ZUBEHÖR / EDITOR.

Wenn Sie unter Linux arbeiten, haben Sie sicher schon Ihren Editor gefunden. Ansonsten können Sie einmal Kate benutzen.

Unter Mac können Sie Textedit nehmen, den Sie unter PROGRAMME finden. Als Erstes sollten Sie in den REINER-TEXT-Modus wechseln. Wenn Sie ein Dokument geöffnet haben, rufen Sie hierfür TEXTEDIT/EINSTELLUNGEN auf. Aktivieren Sie dann im Tab NEUES DOKUMENT die Option REINER TEXT. Außerdem sollten Sie im Tab ÖFFNEN UND SICHERN die Checkbox DAS SUFFIX ».TXT« AN NEUE TEXTDATEIEN ANHÄNGEN deaktivieren.

Im Editor geben Sie den HTML-Code ein und speichern das Dokument ab unter *anfang.html*.

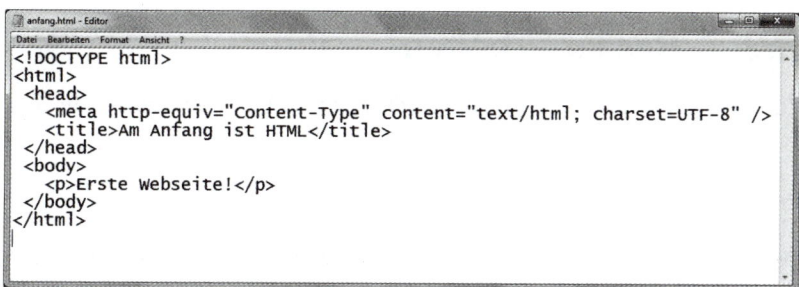

Abbildung 2.1:
Das HTML-Dokument im Editor unter Windows

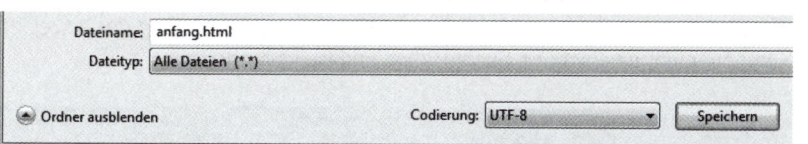

Abbildung 2.2:
Das Dokument wird unter dem Namen anfang.html **gespeichert.**

HTML-Dokumente müssen die Endung *.html* oder *.htm* haben. Im Dateinamen sind keine Sonderzeichen und keine Leerzeichen erlaubt. Am besten ist es, Sie schreiben die Dateinamen außerdem klein.

In Abbildung 2.2 sehen Sie außerdem, dass bei CODIERUNG UTF-8 gewählt wird. Es ist wichtig, dass Sie hier die Codierung benutzen, die Sie auch beim meta-Element im HTML-Dokument geschrieben haben.

Wenn Sie das Dokument abgespeichert haben, können Sie es in Ihrem Browser aufrufen. Klicken Sie im Explorer oder Finder einfach doppelt auf Ihr Dokument, dann wird es automatisch im Browser geöffnet.

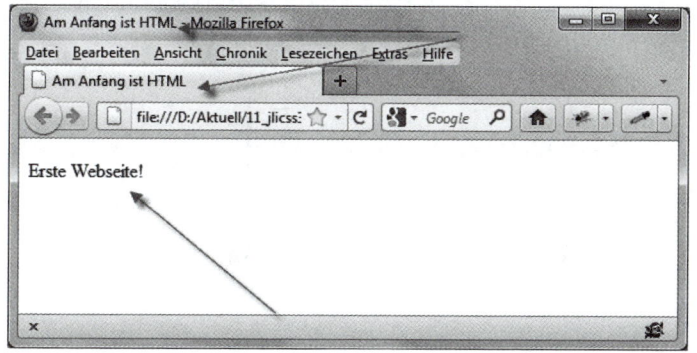

Abbildung 2.3:
Das HTML-Dokument im Browser

Die Abbildung 2.3 zeigt das Dokument im Firefox. Den Seitentitel, das, was wir zwischen <title> und </title> angegeben haben, sehen Sie zum einen ganz oben in der Browserleiste. Außerdem wird es in der Tab-Beschriftung angezeigt.

Im Browserfenster wird das dargestellt, was innerhalb von <body> und </body> steht. Im Beispiel ist es der Text »Erste Webseite«.

2.3   Besser arbeiten

Zum bequemen Arbeiten benötigt man die richtigen Tools, d.h. einen guten Editor und einen passenden Browser.

2.3.1   Editor

Der klassische Editor beispielsweise bei Windows ist recht primitiv. Es gibt komfortablere Tools. Ich arbeite beispielsweise gerne mit dem kostenlosen Notepad++ (*http://notepad-plus-plus.org/*). Dieses Tool erlaubt es, mehrere Dokumente gleichzeitig zu öffnen, bietet eine farbliche Unterscheidung der einzelnen Komponenten, eine schöne Suchfunktion und vieles mehr.

Abbildung 2.4:
Das Dokument in Notepad++

```
1    <!DOCTYPE html>
2    <html>
3      <head>
4        <meta http-equiv="Content-Type" content="text/html; charset=UTF-8" />
5        <title>Am Anfang ist HTML</title>
6      </head>
7      <body>
8        <p>Erste Webseite!</p>
9      </body>
10   </html>
```

Außerdem können Sie sich bei Notepad++ die Dokumente nach dem Erstellen einfach direkt im Browser ansehen. Klicken Sie hierfür auf Ausführen / Launch in Firefox. Davor müssen Sie das Dokument allerdings gespeichert haben, damit Sie mögliche Änderungen sehen.

Abbildung 2.5:
Über das Menü kann man Dokumente direkt im Browser aufrufen.

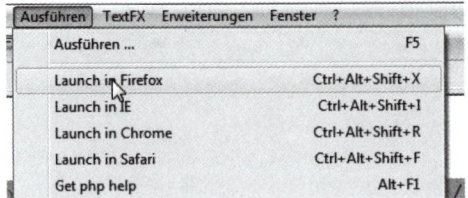

Neben solchen Tools gibt es auch Programme, die auf das Erstellen von Webseiten spezialisiert sind und auch die Erstellung in einem WYSIWYG-Modus erlauben. Beispiele hierfür sind das kostenlose NVU (*http://www.heise.de/software/download/nvu/17052*) oder das kostenpflichtige Dreamweaver (*http://www.adobe.com/de/products/dreamweaver.html*).

 WYSIWYG bedeutet »What You See is What You Get«. Gemeint ist damit, dass man mit solchen Editoren (weitgehend) direkt in der Webseitenansicht arbeiten kann, also so, wie es später aussehen wird.

Aber WYSIWYG funktioniert nur in gewissen Grenzen. Wenn Sie Layouts mit Dreamweaver erstellen sollen, geht das auch nicht ohne CSS-Kenntnisse.

Sie können gerne Dreamweaver benutzen, sollten aber, um die Beispiele im Buch nachvollziehen zu können, nicht im WYSIWYG-Modus, sondern in der Code-Ansicht arbeiten. Die Code-Ansicht rufen Sie in Dreamweaver auf über den CODE-Button oberhalb Ihres eigentlichen Dokumentfensters.

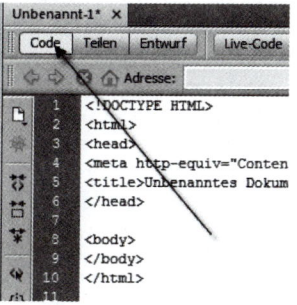

Abbildung 2.6:
Code-Ansicht in Dreamweaver

2.3.2 Browser

Browser gibt es viele – ein Thema, das uns auch noch beschäftigen wird. Für die Arbeit würde ich Ihnen erst einmal Firefox empfehlen, den es für alle Betriebssysteme kostenlos zum Download gibt (*http://www.mozilla.org/en-US/firefox/new/*). Er hat mehrere nützliche Tools, die einem die Arbeit an Webseiten ungeheuer erleichtern und die hier ausführlich gezeigt werden.

2.4 Mehr Strukturierung

Im letzten Beispiel war ein Absatz innerhalb von body zu finden: das p-Element. In HTML sind viele weitere Elemente für die Strukturierung vorgesehen.

2.4.1 Überschriften

Hinweis

h ist eine Abkürzung von header (Überschrift).

Für Überschriften gibt es eine Reihe von Elementen: h1, h2, h3, h4, h5 und h6.

Mit h1 zeichnen Sie die wichtigste Überschrift aus, mit h2 die zweitwichtigste usw.

Im folgenden Dokument sind Überschriften und Absätze gemischt.

Listing 2.2:
Absätze und Überschriften
(absaetze_ueberschriften.html)

```
<!DOCTYPE html>
<html>
  <head>
    <meta charset="utf-8" />
    <title>Am Anfang ist HTML</title>
  </head>
  <body>
    <h1>Startseite</h1>
    <h2>Herzlich willkommen</h2>
    <p>Lorem ipsum dolor sit amet.</p>
    <h2>Was Sie alles hier finden</h2>
    <p>Lorem ipsum dolor sit amet.</p>
  </body>
</html>
```

Abbildung 2.7:
Das Dokument im Browser

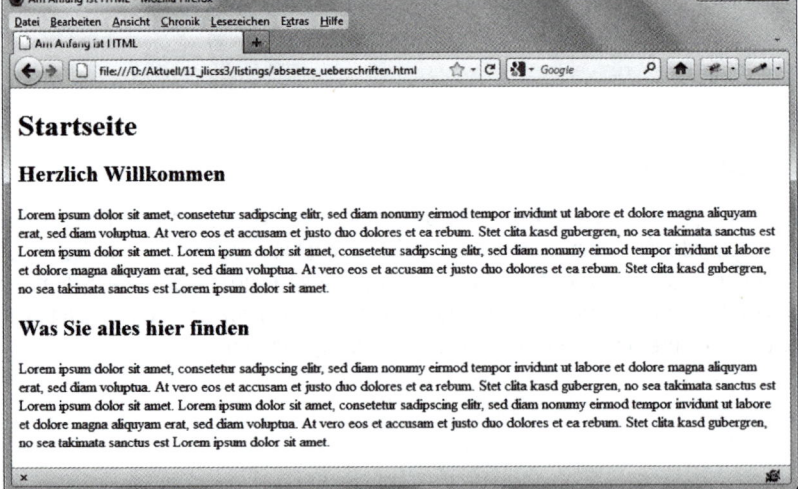

Tipp

Alle Listings können Sie auf der Verlagswebseite (http://www.mut.de/24745) oder auf der Webseite des Buchs (http://www.css3-lernen.de/) herunterladen. Sie können die Listings direkt ausprobieren und ansehen oder auch den Code selbst abtippen. Empfehlenswert ist eine Mischung aus Testen und selbst Schreiben, sodass Sie Routine im Codeschreiben bekommen.

2.4.2 Umbruch automatisch oder gewollt

Wenn Sie das letzte Beispiel ausprobieren, so merken Sie, dass der Umbruch innerhalb der Absätze am Rand der Seite automatisch erfolgt.

Wenn Sie das Browserfenster einmal kleiner oder größer ziehen, passt sich der Umbruch immer automatisch an. Dafür müssen Sie nichts machen.

Wenn Sie hingegen einmal einen Zeilenumbruch innerhalb eines Absatzes oder einer Überschrift brauchen, so benutzen Sie hierfür <br />.

Ein Zeilenumbruch innerhalb einer h2-Überschrift geht beispielsweise so:

```
<h2>Was Sie alles hier finden<br />
Und was Sie hier nicht finden …</h2>
```

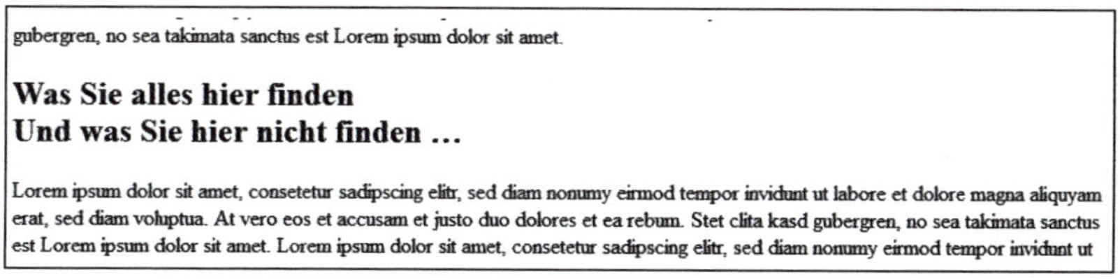

Ich verwende hier die XHTML-Schreibweise von <br />. In HTML würden Sie <br> schreiben. Zu diesen Unterschieden kommen wir gleich noch ausführlich.

Listing 2.3:
Ausschnitt aus dem Listing
absaetze_ueberschriften_umbruch.html

Abbildung 2.8:
Jetzt gibt es einen Zeilenumbruch innerhalb der Überschrift.

> gubergren, no sea takimata sanctus est Lorem ipsum dolor sit amet.
>
> **Was Sie alles hier finden**
> **Und was Sie hier nicht finden …**
>
> Lorem ipsum dolor sit amet, consetetur sadipscing elitr, sed diam nonumy eirmod tempor invidunt ut labore et dolore magna aliquyam erat, sed diam voluptua. At vero eos et accusam et justo duo dolores et ea rebum. Stet clita kasd gubergren, no sea takimata sanctus est Lorem ipsum dolor sit amet. Lorem ipsum dolor sit amet, consetetur sadipscing elitr, sed diam nonumy eirmod tempor invidunt ut

2.4.3 Hervorhebung einzelner Wörter oder Satzteile

Zur Hervorhebung von einzelnen Wörtern können Sie em oder strong benutzen. em ist für eine Betonung zuständig, also etwas, was man auch anders aussprechen würde. strong für etwas Wichtiges. In folgendem Absatz kommen sowohl strong als auch em vor:

```
<p><strong>Lorem ipsum dolor </strong>sit amet, consetetur sadips-
cing elitr, <em>sed diam nonumy eirmod</em> tempor invidunt ut labo-
re et dolore magna aliquyam erat, sed diam voluptua …</p>
```

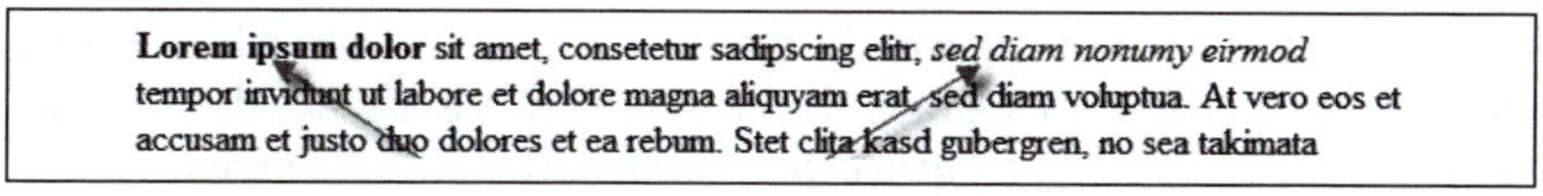

Listing 2.4:
Zwei Arten der Hervorhebung
(strong_em.html)

Abbildung 2.9:
Ein Absatz mit per strong und per em hervorgehobenen Wörtern

> **Lorem ipsum dolor** sit amet, consetetur sadipscing elitr, *sed diam nonumy eirmod* tempor invidunt ut labore et dolore magna aliquyam erat, sed diam voluptua. At vero eos et accusam et justo duo dolores et ea rebum. Stet clita kasd gubergren, no sea takimata

Wie Sie im Screenshot sehen, wird der per strong ausgezeichnete Text fett hervorgehoben, der per em hingegen kursiv. Mit CSS lässt sich das ändern, Sie können beide Betonungen beispielsweise normal darstellen, dafür aber mit einer Hintergrundfarbe oder einem Rahmen versehen usw.

2.4.4 Listen

Listen fassen mehrere gleichartige Punkte zusammen. Um diese zu erstellen, verwenden Sie eine Kombination von zwei Elementen: Umfasst wird die Liste mit `<ul>` und `</ul>` (ul = *unordered list*). Die einzelnen Listenpunkte stehen innerhalb von `<li>` und `</li>` (li = *list item, Listenpunkt*):

Listing 2.5:
Eine ungeordnete Liste
über ul *und* li *(listen.html)*

```
<!DOCTYPE html>
<html>
  <head>
    <meta charset="utf-8" />
    <title>Am Anfang ist HTML</title>
  </head>
  <body>
    <ul>
      <li>Startseite</li>
      <li>Aktuelles</li>
      <li>Informationen</li>
      <li>Impressum</li>
    </ul>
  </body>
</html>
```

Abbildung 2.10:
Eine ungeordnete Liste wird im
Browser standardmäßig mit
Aufzählungszeichen dargestellt.

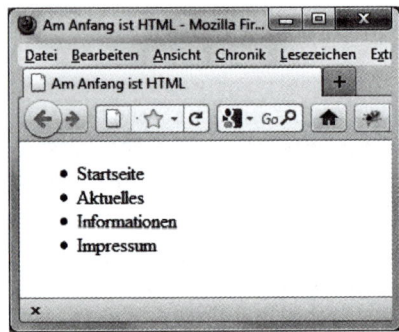

Daneben gibt es noch »geordnete« Listen, bei denen die einzelnen Punkte automatisch durchnummeriert werden. Hierfür schreiben Sie anstelle des `<ul>` ein `<ol>` (ol = *ordered list*). Und genauso natürlich auch bei den Endtags.

Listing 2.6:
ol *statt* ul *bei der geordneten*
Liste (listen_nummeriert.html)

```
<!DOCTYPE html>
<html>
  <head>
    <meta charset="utf-8" />
    <title>Am Anfang ist HTML</title>
  </head>
```

```
<body>
  <ol>
    <li>Startseite</li>
    <li>Aktuelles</li>
    <li>Informationen</li>
    <li>Impressum</li>
  </ol>
</body>
</html>
```

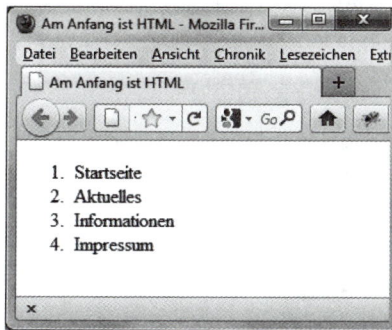

Abbildung 2.11:
Bei einer geordneten Liste werden
die Punkte durchnummeriert.

Listen – und insbesondere die normalen Aufzählungen mit ul – sind übrigens im Web wesentlich häufiger als man vielleicht vermuten würde. Denn normalerweise werden Aufzählungen für Navigationen und Menüs verwendet. Per CSS können Sie diese dann ganz nach Belieben darstellen – die Aufzählungspunkte lassen sich entfernen, die Listenpunkte lassen sich wie Buttons anordnen oder auch nebeneinander platzieren.

Deutlich sehen Sie das an der Seite der Tagesschau (*http://www.tagesschau. de/*).

Abbildung 2.12:
Die Seite der Tagesschau

Eine Liste steckt hinter den horizontalen Menüpunkten ganz oben (ARD HOME, NACHRICHTEN, SPORT etc.), aber auch hinter der kleinen Menüleiste rechts (KONTAKT, HILFE, IMPRESSUM) und hinter der vertikalen Menüleiste links (STARTSEITE, INLAND, AUSLAND etc.).

Das zeigt sich deutlich, wenn Sie die CSS-Formatierung ausschalten. Im Firefox funktioniert das über ANSICHT / WEBSEITEN-STIL / KEIN STIL:

Abbildung 2.13:
Ohne CSS-Formatierung sieht
man, dass hinter den Menü-
punkten Listen stecken.

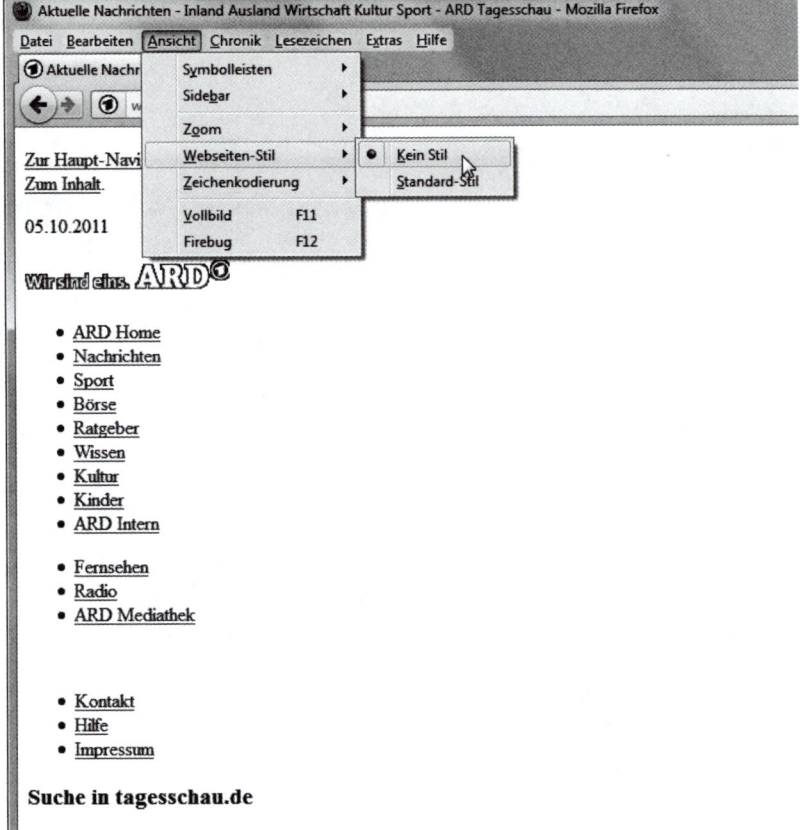

2.5   Verknüpfungen und Bilder

Ohne Bilder und Links ist eine Webseite keine echte Webseite.

2.5.1   Bilder einbinden

Zum Einbinden von Bildern dient das img-Element. Es hat mehrere **Attribute**.

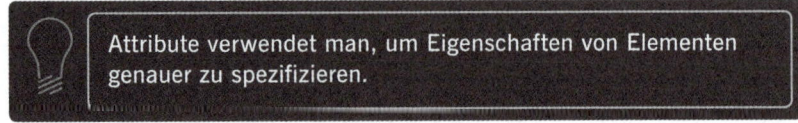
Attribute verwendet man, um Eigenschaften von Elementen genauer zu spezifizieren.

Beim Bild brauchen Sie gleich mehrere Attribute:

- Das Attribut `src`, um festzulegen, wo sich das Bild befindet, das dargestellt werden soll. Hinter `src` geben Sie also den **Pfad** zum Bild an.

- Die Attribute `height` und `width`, um die Ausmaße des Bildes zu bestimmen, d.h. seine Höhe und seine Breite in Pixeln.

- Das Attribut `alt`, um einen alternativen Text anzugeben, falls das Bild nicht angezeigt werden kann.

> Das `alt`-Attribut ist wichtig für Suchmaschinen – die Bilder nicht »lesen« können. Und es ist wichtig für Nutzer, die in ihrem Sehvermögen eingeschränkt sind und deswegen Vorleseprogramme nutzen, sogenannte Screenreader. Außerdem ist es wichtig für Leute, die Bilder temporär deaktiviert haben, da sie gerade eine sehr schlechte Internetverbindung haben.

Attribute bestehen aus einem Attributnamen, etwa `height`, und einem Wert, beispielsweise 230. Hinter dem Attributnamen steht ein Istgleichzeichen und danach der Wert in Anführungszeichen.

Das `img`-Element mit vier Attributen sieht folgendermaßen aus:

```
<img src="duenen.jpg" width="960" height="246" alt="Dünen" />
```

Das `img`-Element hat noch eine weitere Besonderheit: Es gibt kein Endtag dazu.

Es gibt in HTML Elemente, die aus Start- und Endtag bestehen, etwa die Überschriften, die Absätze, das `body`- und das `html`-Element. Daneben existieren Elemente, die nur aus einem Starttag bestehen. Diese werden je nach verwendeter HTML-Version unterschiedlich geschrieben. In der XHTML-Schreibweise werden sie mit einem Slash am Ende gekennzeichnet.

```
<img src="duenen.jpg" width="960" height="246" alt="Dünen" />
```

In der HTML4.01-Schreibweise würden Sie das Element hingegen folgendermaßen schreiben:

```
<img src="duenen.jpg" width="960" height="246" alt="Dünen" >
```

In HTML5 ist beides erlaubt. Ich verwende im Folgenden die XHTML-Schreibweise. Am Ende dieses Kapitels geht es noch einmal ganz genau um die verschiedenen HTML-Versionen, wofür sie gut sind und welche Sie benutzen sollten.

Fügt man das Bild am Anfang des Dokuments ein, sieht das folgendermaßen aus:

Listing 2.7:
Am Anfang wird das Bild
eingefügt (bildeinbinden.html).

```
<!DOCTYPE html>
<html>
  <head>
    <meta charset="utf-8" />
    <title>Am Anfang ist HTML</title>
  </head>
  <body>
    <img src="duenen.jpg" width="960" height="246" alt="Dünen" />
    <h1>Startseite</h1>
    <h2>Herzlich Willkommen</h2>
    <p>Lorem ipsum dolor sit amet.</p>
    <h2>Was Sie alles hier finden</h2>
    <p>Lorem ipsum dolor sit amet.</p>
  </body>
</html>
```

Abbildung 2.14:
Dokument mit eingefügtem Bild

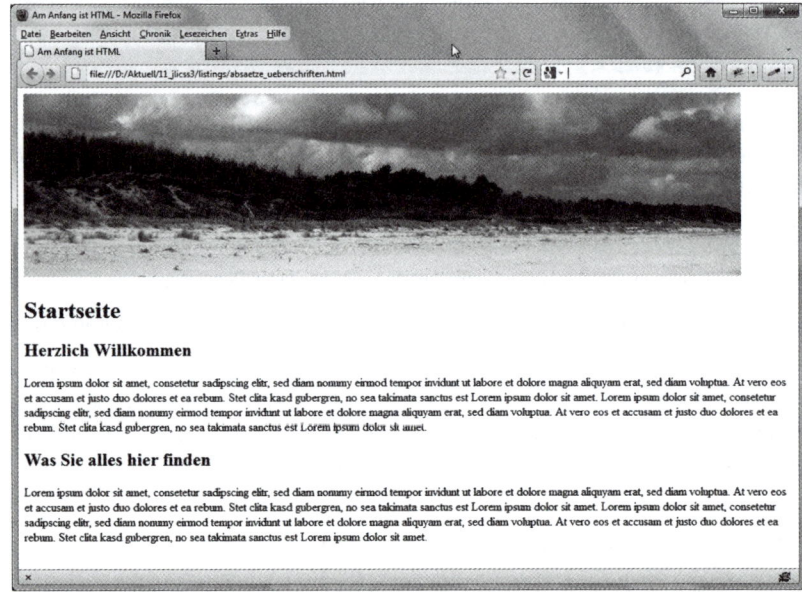

2.5.2   Der Link macht's

Für Links gibt es das Element a, abgekürzt von englisch *anchor*. Wichtig ist beim a-Element das Attribut href (*hypertext reference*). Als Wert von href geben Sie den Dateinamen an, auf den Sie verlinken wollen.

Der Text, den der Surfer sieht und auf den er klicken kann, um zum angegebenen Ziel zu kommen, steht innerhalb von <a href="pfad"> und </a>:

```
<a href="absaetze_ueberschriften.html">Dokument mit Absätzen und Über-
schriften</a>
```

In einem Dokument sieht das beispielsweise folgendermaßen aus:

```
<!DOCTYPE html>
<html>
  <head>
    <meta charset=»utf-8« />
    <title>Am Anfang ist HTML</title>
  </head>
  <body>
   <a href="absaetze_ueberschriften.html">Dokument mit Absätzen und
Überschriften</a>
  </body>
</html>
```

Listing 2.8:
Dokument mit einem Link
(links.html)

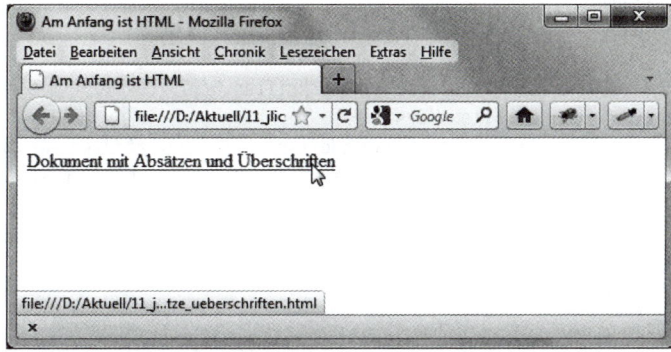

Abbildung 2.15:
Der erzeugte Link

Sie können auch auf eine andere Webseite im Internet verweisen. Hierfür müssen Sie die vollständige URL mit Protokoll (http://) angeben:

```
<a href="http://www.addison-wesley.de/">Addison-Wesley</a>
```

Standardmäßig werden Links im selben Fenster geöffnet. Soll die ursprüngliche Seite erhalten bleiben und die neue sich in einem neuen Fenster/Tab öffnen, so ergänzen Sie beim Link ein target="_blank":

```
<a href="http://www.addison-wesley.de/" target="_blank">Addison-Wesley</a>
```

Übrigens hängt es dann von den Browser-Einstellungen ab, ob die neue Seite in einem neuen Fenster oder einem neuen Tab geöffnet wird.

Schließlich gibt es noch Links auf E-Mail-Adressen. Falls auf dem Rechner ein E-Mail-Programm installiert ist, öffnet sich dieses dann per Mausklick und die Adresse des Adressaten ist schon voreingetragen. Hierfür notieren Sie hinter href das Pseudoprotokoll mailto: vor der E-Mail-Adresse:

```
<a href="mailto:ich@mir.de">E-Mail an ich@mir.de</a>
```

Tipp

Ein mailto-Link funktioniert nur, wenn ein E-Mail-Programm installiert ist. Deswegen sollten Sie als sichtbaren Text immer auch die E-Mail-Adresse hinschreiben. Dann kann ein Nutzer sie bei Bedarf kopieren und in sein Online-E-Mail-Programm einfügen.

2.5.3 Struktur für Navigationsleisten

Üblicherweise werden Navigationsleisten über Listen erstellt, in denen sich Links befinden.

Dabei müssen Sie auf die richtige Verschachtelung achten: Umfasst wird das Ganze mit dem ul-Element. Darin stehen die einzelnen li-Elemente. Innerhalb dieser wiederum sind die Links angeordnet:

Listing 2.9:
Die richtige Basis für Navigationsleisten: Liste mit Links (links_als_liste.html)

```
<!DOCTYPE html>
<html>
  <head>
    <meta charset=»utf-8« />
    <title>Am Anfang ist HTML</title>
  </head>
  <body>
   <ul>
     <li><a href="absaetze_ueberschriften.html">Dokument mit Absät-
zen und Überschriften</a></li>
     <li><a href="http://www.addison-wesley.de/">Addison-Wesley</a></li>
     <li><a href="mailto:ich@mir.de">E-Mail an ich@mir.de</a></li>
    </ul>
  </body>
</html>
```

Der Vorteil bei der Verwendung von ungeordneten Listen für die Navigation besteht darin, dass die Navigationsleiste auch ohne Formatierungen strukturiert ist.

Abbildung 2.16:
Liste von Links

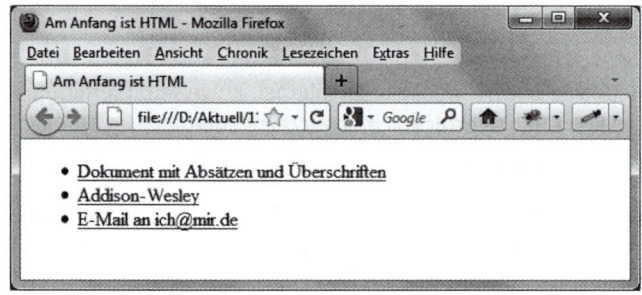

Eine solche Liste werden wir später mit CSS in eine ansprechende Navigation verwandeln (Kapitel 12).

2.5.4 Pfadangaben – hoch und runter, aber richtig!

Befindet sich die Datei, auf die Sie verlinken wollen, im selben Verzeichnis wie Ihr Dokument, geben Sie direkt den Dateinamen an. So war es eben im Beispiel, als wir auf das Dokument *absaetze_ueberschriften.html* verlinkt hatten.

Steht die Datei hingegen in einem Unterverzeichnis, so schreiben Sie zuerst den Namen des Unterverzeichnisses, dann einen Slash (/), gefolgt vom Dateinamen:

```
<a href="dateien/dokument.html">Dokument im Unterverzeichnis </a>
```

Jetzt wird auf ein Dokument verlinkt, das sich innerhalb des Unterordners *dateien* befindet und *dokument.html* heißt.

Auch der Unterordner eines Unterordners lässt sich erreichen. Wenn in *dateien* ein Unterordner ist mit dem Namen *2012*, und dort befindet sich das Dokument *mai.html*, so erreichen Sie es folgendermaßen:

```
<a href="dateien/2012/mai.html">Dokument im Unterunterverzeichnis </a>
```

Möchten Sie hingegen von einem Unterordner in den übergeordneten Ordner wechseln, notieren Sie zwei Punkte und den Slash:

```
<a href="../ueberschriften.html">einen Ordner höher</a>
```

Diese Art, innerhalb der Ordnerstruktur zu navigieren, lässt sich auch kombinieren. Sie können also beispielsweise einen Ordner hochgehen, um dann wiederum einen Unterordner zu erreichen. Das ist beispielsweise sinnvoll, wenn sich zwei Ordner auf derselben Ebene befinden.

Nehmen wir an, es gibt zwei Ordner, der eine heißt *2012*, der andere *2013*. Jetzt wollen Sie aus dem Dokument *mai.html*, das sich im Ordner *2012* befindet, auf das Dokument *april.html* verlinken, das sich im Ordner *2013* befindet.

Schematisch könnte man sich das so vorstellen:

- 2012 (Ordner)
  - januar.html
  - februar.html
  - maerz.html
  - april.html
  - **mai.html**
- 2013 (Ordner)
  - januar.html
  - februar.html
  - maerz.html
  - **april.html**
  - mai.html

Dann müssen Sie von 2012 erst einen Ordner hochgehen und können dann in den Unterordner 2013 wechseln.

```
<a href="../2013/april.html">Dokument im Parallelordner aufrufen</a>
```

Pfadangaben brauchen Sie an verschiedenen Stellen: Neben den Links ebenso bei der Einbindung von Bildern oder für den Verweis auf CSS-Dateien.

2.6   Tabellen

Zur Darstellung von tabellarischen Daten, wie etwa den Eigenschaften verschiedener Produkte im Vergleich oder umfangreichen Preislisten, werden Tabellen eingesetzt. Für diese benötigen Sie vier Elemente, die auf eine vorgegebene Art verschachtelt sein müssen:

- table ist das umfassende Element, es steht ganz am Anfang der Tabelle und ganz an ihrem Ende.

- Die einzelnen Zeilen werden von <tr> und </tr> umschlossen. tr steht für *table row*.

- Die einzelnen Zellen stehen innerhalb von <td> und </td>. td steht für *table data*.

- Handelt es sich bei den Zellen um Überschriften, benutzen Sie <th> und </th> (th = *table header*).

Im folgenden Beispiel ist außerdem noch border="1", damit Sie die Gitternetzlinien sehen.

Der Text innerhalb von Überschriftszellen wird standardmäßig fett und zentriert dargestellt. Mit CSS können Sie das ändern.

Listing 2.10:
Eine Tabelle mit zwei Spalten und
vier Zeilen (tabelle.html)

```
<!DOCTYPE html>
<html >
 <head>
   <meta charset="utf-8" />
   <title>Tabelle</title>
 </head>
 <body>
   <table border="1">
     <tr>
       <th>Abfahrt Hbf</th><th>Ankunft Katzenreuth</th>
     </tr>
     <tr>
       <td>20:07</td><td>20:30</td>
     </tr>
     <tr>
       <td>20:27</td><td>20:50</td>
     </tr>
     <tr>
       <td>20:47</td><td>21:10</td>
     </tr>
   </table>
 </body>
</html>
```

> Tabellen sind zur Darstellung von tabellarischen Daten gedacht, wurden aber lange Zeit zur Layouterstellung missbraucht. Layouterstellung machen Sie heute besser über CSS – um das zu lernen, sind Sie schließlich hier!

2.7 div – Klammer für größere Bereiche

Um CSS-Layouts zu erstellen, brauchen Sie Methoden, die es ermöglichen, mehrere HTML-Elemente zusammenzufassen. Nehmen wir einmal einen Zweispalter. Nun kann es sein, dass im linken Bereich eine Liste angeordnet werden soll als Navigation und sich im rechten Bereich der Inhaltsbereich mit mehreren p-Elementen, Überschriften und Ähnlichem befindet.

Diese Bereiche definieren Sie über div-Elemente. Um diese dann eindeutig per CSS anzusprechen, erhalten sie üblicherweise noch ein zusätzliches Attribut (id), dem Sie einen eindeutigen Namen zuweisen.

```
<div id="navigation"> …</div>
<div id="inhalt"> …</div>
```

Im Beispiel sieht das folgendermaßen aus:

```
<!DOCTYPE html>
<html>
  <head>
    <meta charset="utf-8" />
    <title>Am Anfang ist HTML</title>
  </head>
  <body>
  <div id="navigation">
    <ul>
      <li><a href="index.html">Startseite</a></li>
      <li><a href="aktuell.html">Aktuelles</a></li>
      <li><a href="info.html">Informationen</a></li>
```

Listing 2.11:
Zwei div-Elemente für die beiden
Bereiche (div_aufteilung.html)

```
      <li><a href="impressum.html">Impressum</a></li>
    </ul>
  </div>
  <div id="inhalt">
  <h1>Startseite</h1>
    <h2>Herzlich Willkommen</h2>
    <p>Lorem ipsum dolor sit amet.</p>
    <h2>Was Sie alles hier finden</h2>
    <p>Lorem ipsum dolor sit amet.</p>
  </div>
  </body>
</html>
```

Wenn Sie sich das Beispiel im Browser ansehen, werden Sie keinen Unterschied durch die div-Elemente bemerken. Aber sie sind wichtige Klammern für die CSS-Formatierungen.

Abbildung 2.18:
Die eingefügten div-*Elemente haben erst einmal keine optische Auswirkung, sind aber wichtig, um später die Formatierungen durchführen zu können und Layouts per CSS zu erstellen.*

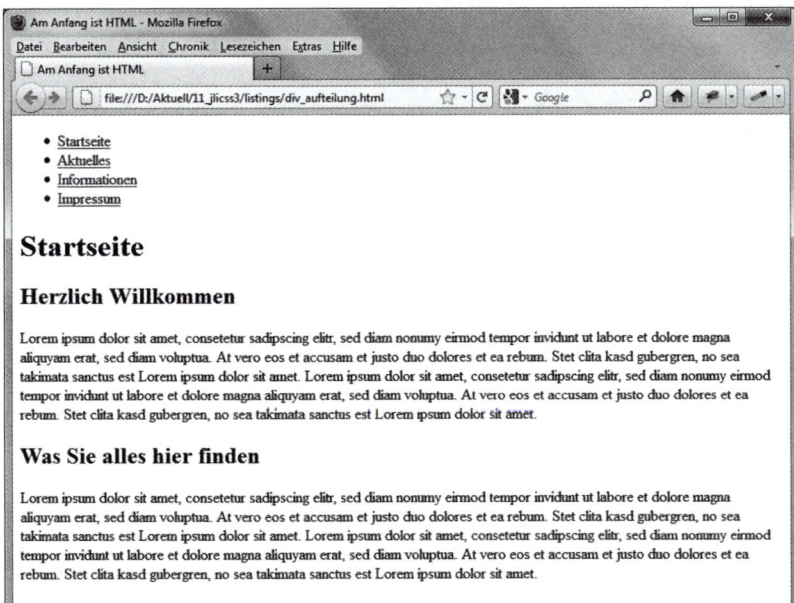

Diese Aufteilung lässt sich noch erweitern, beispielsweise könnte man noch ein div-Element für den Kopfbereich einfügen, ein weiteres für einen Fußbereich. Und eventuell ist es auch praktisch, ein alles umfassendes Element zu ergänzen, das die anderen div-Elemente umspannt:

```
<div id="container"> …</div>
  <div id="kopf"> …</div>
  <div id="navigation"> …</div>
  <div id="inhalt"> …</div>
  <div id="fuss"> …</div>
</div>
```

Wichtig ist bei der Verwendung von divs, dass Sie die Elemente korrekt verschachteln, wenn auch weitere Inhalte beteiligt sind – sonst kann es, wenn Sie Layouts erstellen, zu Anzeigeproblemen kommen. Sie lernen in diesem Kapitel noch den Validator kennen, der Ihnen hilft, das zu überprüfen.

2.8 span – Texte umfassen

Ähnlich wie Sie das div-Element nehmen können, um ganze Bereiche einer Webseite zusammenzufassen, um sie gemeinsam anzusprechen, können Sie das Element span benutzen, um einzelne **Textteile** zu umklammern.

```
<p>Hier steht Text mit einem <span>besonderen Teil</span>. Und danach
geht es wieder normal weiter.</p>
```

span erzeugt im Gegensatz zu div keinen Zeilenumbruch. Wenn Sie span einfügen, so sehen Sie im Browser erst einmal keinerlei Auswirkung. Interessant wird span erst, wenn Sie an die Formatierung mit CSS gehen – dann könnten Sie dem mit span umspannten Textteil eine eigene Formatierung zuweisen.

2.9 Kommentare

Ein wichtiger Bestandteil von HTML-Dokumenten sind Kommentare. Der Inhalt von Kommentaren wird von Browsern ignoriert.

 Kommentare dienen einerseits zur Dokumentation, was gerade bei umfangreichen Dokumenten sehr wichtig ist. Andererseits können Sie sie auch benutzen, um einzelne Bereiche temporär »auszukommentieren«. So sehen Sie die Auswirkung, wenn bestimmte Elemente nicht berücksichtigt werden.

Kommentare werden in HTML von <!-- eingeleitet und mit --> beendet.

Kommentare können sich auch über mehrere Zeilen erstrecken, dürfen jedoch nicht verschachtelt werden.

```
<!-- hier steht der Inhalt, der von Browsern ignoriert wird, und dieser kann über mehrere Zeilen gehen ... -->
```

 *Tipp*

Bedenken Sie jedoch, dass Ihr HTML-Quellcode, wenn sich die Seite im Internet befindet, und damit auch Ihre Kommentare für den Surfer sichtbar sind. Der Besucher muss hierfür nur in die Quellcode-Ansicht wechseln. Im Firefox geht das beispielsweise über EXTRAS / WEB-ENTWICKLER / SEITEN-QUELLTEXT ANZEIGEN.

2.10   Besser nicht: HTML-Attribute und Tags für die Formatierung

Bestimmte Attribute in HTML dienen der Formatierung. So gibt es beispielsweise das veraltete Attribut bgcolor, das Sie im body-Element verwenden könnten, um die Hintergrundfarbe des Dokuments festzulegen.

```
<body bgcolor="red"> …</body>
```

Das sorgt dafür, dass das Dokument einen roten Hintergrund hat. Es ist aber keine gute Methode. Aus mehreren Gründen:

- **Mühsam bei Änderungen**: Nehmen wir an, Sie benutzen bgcolor bei einem Projekt auf vielen Seiten. Dann entscheiden Sie sich, statt des knalligen Rots einen etwas diskreteren Ton auszuwählen. In diesem Fall müssen Sie alle Dokumente öffnen und die entsprechende Angabe ändern. Schöner lässt sich die Hintergrundfarbe von Dokumenten in CSS vorgeben. Wenn Sie das CSS-Dokument extern abspeichern, müssen Sie nur an einer Stelle eine Änderung vornehmen, wenn Sie eine andere Hintergrundfarbe wünschen.

- **Aufgebläht**: Wenn Sie diese und andere Formatierungen direkt in Ihren HTML-Code schreiben, werden die Dokumente dadurch »aufgeblähter«. Sie brauchen eventuell länger beim Laden und sind außerdem auch unübersichtlicher, was sich wiederum störend auswirkt, wenn Sie Anpassungen vornehmen möchten.

- **Fehlende Trennung von Struktur und Formatierung**: Außerdem widerspricht es dem wichtigen Prinzip, dass HTML für die Strukturierung der Dokumente zuständig ist, wenn Sie HTML für die Formatierung verwenden. Das geht mit CSS besser, wie Sie sehen werden.

- **Nicht gewollt**: Diese Angaben sind in HTML 4.01 oder auch in XHTML 1.0 deprecated, das heißt das W3C hat empfohlen, dass man sie nicht mehr verwendet. Diese unerwünschten Eigenschaften/Elemente sind noch einmal beim nächsten Punkt wichtig.

2.11   HTML-Varianten

Einmal kam das Thema schon darauf, dass es unterschiedliche Versionen von HTML gibt, genau genommen sind es derer drei: HTML 4.01, XHTML 1.0 und HTML5. Und diese gibt es teilweise noch in unterschiedlichen »Geschmacksrichtungen«. Nun ist der richtige Zeitpunkt gekommen, diese genauer zu betrachten.

2.11.1 Der Klassiker – HTML 4.01

HTML 4.01 ist der Klassiker, der schon in die Jahre gekommen ist. HTML 4.01 stammt aus dem Jahr 1999 (Sie haben richtig gehört, 1999. Es ist wirklich ehrwürdig). Auch wenn es schon so alt ist, funktioniert HTML 4.01 noch bestens und es wird bei vielen Dokumenten benutzt.

HTML 4.01 gibt es in drei Varianten.

*   Variante **Transitional**: Bei Transition sind Elemente/Attribute, die eigentlich vom W3C als deprecated eingestuft sind, noch erlaubt. Das heißt, Sie »dürfen« hier eigentlich noch veraltete Attribute wie `bgcolor` zur Bestimmung der Hintergrundfarbe von Dokumenten nehmen.

*   Variante **Strict**: Der Dokumenttyp Strict ist strenger, und hier sind solche als veraltet gekennzeichneten Komponenten nicht mehr gestattet.

*   Variante **Frameset**: Früher gab es sie noch häufiger – Dokumente, bei denen sich eine Ansicht aus mehreren Dateien, sogenannten Frames zusammensetzte. Frames haben jedoch verschiedene Nachteile, beispielsweise für Suchmaschinen und bestimmte Geräte, sodass Frames heute nicht mehr eingesetzt werden.

Die Dokumenttypangabe am Anfang des Dokuments verrät, welche Variante von HTML eingesetzt wird. Hier sehen Sie die drei verschiedenen Doctypes von HTML 4.01:

Variante Strict:

```
<!DOCTYPE HTML PUBLIC "-//W3C//DTD HTML 4.01//EN" "http://www.w3.org/TR/
html4/strict.dtd">
```

Variante Transitional oder Loose:

```
<!DOCTYPE HTML PUBLIC "-//W3C//DTD HTML 4.01 Transitional//EN" "http://
www.w3.org/TR/html4/loose.dtd">
```

Variante Frameset:

```
<!DOCTYPE HTML PUBLIC "-//W3C//DTD HTML 4.01 Frameset//EN" "http://www.
w3.org/TR/html4/frameset.dtd">
```

Und jetzt sehen Sie ein Beispiel für ein HTML 4.01-Dokument. Es ist das abgewandelte Beispiel, das Sie schon in der HTML5-Notation gesehen hatten, bei dem ein Bild eingebunden wird (Listing 2.7).

```
<!DOCTYPE HTML PUBLIC "-//W3C//DTD HTML 4.01//EN" "http://www.w3.org/TR/
html4/strict.dtd">
<html>
 <head>
   <meta http-equiv="Content-Type" content="text/html; charset=UTF-8" >
   <title>Am Anfang ist HTML</title>
 </head>
```

Listing 2.12:
Beispieldokument in HTML 4.01
(html401.html)

43

```
<body>
  <img src="duenen.jpg" width="960" height="246" alt="Dünen">
  <h1>Startseite</h1>
  <h2>Herzlich Willkommen</h2>
  <p>Lorem ipsum dolor sit amet.</p>
  <h2>Was Sie alles hier finden</h2>
  <p>Lorem ipsum dolor sit amet.</p>
</body>
</html>
```

Der auffälligste Unterschied im Vergleich zum Dokument vorher ist die Dokumenttypangabe am Anfang des Dokuments.

```
<!DOCTYPE HTML PUBLIC "-//W3C//DTD HTML 4.01//EN" "http://www.w3.org/TR/
html4/strict.dtd">
```

Dann gibt es noch zwei kleine Besonderheiten – vielleicht sind Sie Ihnen ja aufgefallen. Die eine betrifft die Angabe des Zeichensatzes:

```
<meta http-equiv="Content-Type" content="text/html; charset=UTF-8" >
```

In HTML5 ist eine verkürzte Schreibweise für den Zeichensatz möglich, wie wir sie eben verwendet haben. Hier sehen Sie die ausführliche. Und noch etwas ist dabei bemerkenswert: Das meta-Element, das hier zur Angabe eines Zeichensatzes dient, ist ein sogenanntes leeres Element.

> Elemente bezeichnet man als leer, wenn sie keine anderen Elemente enthalten und auch keinen Text. Sie dürfen aber Attribute haben. So hat beispielsweise das meta-Element zwei Attribute, zum einen http-equiv und zum anderen content.

In HTML 4.01 sehen leere Elemente genauso aus wie ein Starttag. Das heißt, sie haben kein /> am Ende.

Genauso ist es auch beim img-Element, das zur Einbindung des Bildes dient.

```
<img src="duenen.jpg" width="960" height="246" alt="Dünen">
```

Auch das img-Element ist ein leeres Element und leere Elemente werden in HTML 4.01 wie Starttags notiert.

2.11.2 Weitere Besonderheiten von HTML 4.01

HTML hat einige weitere Besonderheiten. Eine davon ist, dass es möglich ist, bei manchen Elementen die Endtags wegzulassen. Eine Liste können Sie in HTML 4.01 beispielsweise so schreiben:

```
<ul>
  <li>Startseite
  <li>Aktuelles
```

Tipp

Übrigens sollten Sie die Doctypeangabe nie auswendig schreiben, sondern sich immer kopieren. Die Gefahr ist einfach zu groß, dass man sich vertut, wenn man sie so direkt schreibt. Außerdem bringt es nichts, diese Angabe auswendig zu wissen.

```
        <li>Informationen
        <li>Impressum
    </ul>
```

Sie sehen, bei den einzelnen li-Elementen fehlen die schließenden </li>. Ein li-Element geht dann so weit, bis das nächste kommt.

Und noch einmal gibt es Kann-Regeln in HTML, nämlich bei der Angabe von Attributen. Sie können hier in den meisten Fällen die Anführungszeichen um die Werte weglassen.

```
    <img src=duenen.jpg width=960 height=246 alt=Dünen>
```

Diese Einsparung ist erlaubt, solange die Attributwerte kein Leerzeichen beinhalten.

Schließlich dürften Sie alle Elemente auch großschreiben und sogar Groß- und Kleinschreibung mischen. Das Folgende wäre also auch erlaubt:

```
    <H2>Herzlich Willkommen</h2>
```

2.11.3 XHTML – weniger Freiheit, mehr Klarheit

XHTML ist eine Neuformulierung von HTML auf der Basis von XML.

> XML steht für eXtensible Markup Language, das heißt erweiterbare Auszeichnungssprache, und ist eine Metasprache, die beschreibt, wie man Markupsprachen erstellt. Deswegen steht auch das X in XHTML für eXtensible.

XHTML 1.0, das im Web eingesetzt wird, hat an sich denselben Sprachumfang wie HTML 4.01, das heißt es gibt im Wesentlichen dieselben Elemente und Attribute, die es auch in HTML 4.01 gibt.

Aber es gibt syntaktische Unterschiede. Dort, wo HTML 4.01 lascher ist und Ausnahmen von der Regel »Zu jedem Starttag gibt es ein Endtag« zulässt, gibt es in XHTML keine solchen Ausnahmen.

Auch XHTML 1.0 gibt es in drei verschiedenen Varianten, wobei heute nur noch die Varianten Strict und Transitional relevant sind.

Hinweis

Aber die wirkliche Erweiterbarkeit ist in XHTML 1, das man heute benutzt, noch nicht angekommen. Das war für spätere Versionen geplant, zu denen es nicht mehr kommen wird.

Dokumenttypangaben für XHTML 1.0:

Variante Strict:

```
<!DOCTYPE html PUBLIC "-//W3C//DTD XHTML 1.0 Strict//EN" "http://www.
w3.org/TR/xhtml1/DTD/xhtml1-strict.dtd">
```

Variante Transitional:

```
<!DOCTYPE html PUBLIC "-//W3C//DTD XHTML 1.0 Transitional//EN" "http://
www.w3.org/TR/xhtml1/DTD/xhtml1-transitional.dtd">
```

Variante Frameset:

```
<!DOCTYPE html PUBLIC "-//W3C//DTD XHTML 1.0 Frameset//EN" "http://www.
w3.org/TR/xhtml1/DTD/xhtml1-frameset.dtd">
```

Der Unterschied zwischen Strict und Transitional besteht wieder darin, dass eigentlich als veraltet eingestufte Attribute bei Transitional noch erlaubt sind, in Strict nicht.

Hier sehen Sie das Dokument mit dem eingefügten Bild in XHTML geschrieben:

Listing 2.13:
Beispieldokument in der XHTML-
Variante (xhtml10.html)

```
<!DOCTYPE html PUBLIC "-//W3C//DTD XHTML 1.0 Strict//EN" "http://www.
w3.org/TR/xhtml1/DTD/xhtml1-strict.dtd">
<html xmlns="http://www.w3.org/1999/xhtml">
 <head>
   <meta http-equiv="Content-Type" content="text/html; charset=UTF-8" />
   <title>Am Anfang ist HTML</title>
 </head>
 <body>
   <img src="duenen.jpg" width="960" height="246" alt="Dünen" />
   <h1>Startseite</h1>
   <h2>Herzlich Willkommen</h2>
   <p>Lorem ipsum dolor sit amet.</p>
   <h2>Was Sie alles hier finden</h2>
   <p>Lorem ipsum dolor sit amet.</p>
 </body>
</html>
```

Erst einmal fällt die andere Dokumenttypangabe auf:

```
<!DOCTYPE html PUBLIC "-//W3C//DTD XHTML 1.0 Strict//EN" "http://www.
w3.org/TR/xhtml1/DTD/xhtml1-strict.dtd">
```

Davor könnten Sie auch noch die XML-Deklaration schreiben, die so aussieht:

```
<?xml version="1.0" ?>
```

Hinweis

Namensraumangaben sind ein XML-Konzept. Sie sagen, dass alle Unterelemente zu einer bestimmten Sprache, hier eben XHTML, gehören. Damit soll es möglich sein, weitere XML-Sprachen wie beispielsweise MathML ebenfalls zu integrieren.

Eine weitere Besonderheit gibt es beim Starttag von HTML. Hier ist eine sogenannte Namensraumangabe erforderlich:

```
<html xmlns="http://www.w3.org/1999/xhtml">
```

Ansonsten gibt es im Beispiel keine großen Besonderheiten. Die leeren Elemente wie das img-Element werden mit einem Slash geschlossen:

```
   <img src="duenen.jpg" width="960" height="246" alt="Dünen" />
```

Das ist obligatorisch. Vieles, was Sie jetzt in HTML dürften, dürfen Sie in XHTML nicht.

- Sie dürfen also nicht die Anführungszeichen um die Attribute weglassen.
- Sie dürfen bei Listen auch nicht die Endtags der li-Elemente weglassen.
- Sie müssen alle Elemente und Attribute kleinschreiben.

Für XHTML ist eigentlich ein spezieller MIME-Typ vorgesehen, nämlich `application/xhtml+xml`.

 MIME steht für »Multipurpose Internet Mail Extensions« und ist ein Standard zur Bezeichnung verschiedener Medientypen. MIME-Typ-Angaben bestehen immer aus zwei Teilen, dem Hauptmedientyp und dem Untertyp, der nach einem Slash folgt. Für HTML und CSS ist der Haupttyp text. Eine Auflistung möglicher MIME-Typen finden Sie unter http://www.iana. org/assignments/media-types.

Problematisch ist hieran einerseits, dass ältere Internet Explorer diesen MIME-Typ nicht unterstützt, und andererseits, dass dann das Dokument auch wirklich vollständig den XHTML-Regeln entsprechen muss. Browser verwenden bei diesem MIME-Typ den internen XML-Parser, der beispielsweise bei syntaktischen Fehlern die Verarbeitung einfach abbricht und dann nur eine Fehlermeldung anstelle der Seite ausgibt.

So werden derzeit die meisten XHTML-Dokumente mit dem auch bei HTML verwendeten Standard-MIME-Typ `text/html` ausgeliefert.

Das ist natürlich eigentlich ein komischer Mischmasch. Wenn man XHTML schreibt, hält man sich an die strengere Syntax. Und die Browser interpretieren das heimlich dann doch wieder als HTML.

2.11.4 Damit zusammenkommt, was zusammengehört: HTML5

Vor ein paar Jahren wäre nicht mehr dazu zu sagen gewesen. Aber jetzt steht neu auf der Bühne: HTML5.

Ein paar Hintergrundinfos zu HTML5

Das W3C hatte ursprünglich eine eindeutige Linie: HTML sollte nicht weitergeführt werden. Version 4.01 sollte die letzte bleiben – so hatte das W3C es beschlossen und sich auf die Weiterentwicklung von XHTML in Form von XHTML 2 konzentriert.

Einer Gruppe von Firmen und Browserherstellern gingen die Entwürfe des W3C in die falsche Richtung: zu weit entfernt von der aktuellen Internet- und Browserrealität. So gründeten im Jahr 2004 Apple, Mozilla und Opera eine neue Arbeitsgruppe WHATWG (Web Hypertext Application Technology Working Group). Im Gegensatz zum W3C setzten sie weiter auf HTML als Basis, ihr Arbeitsentwurf zu »Web Applications 1.0« wurde bald unter dem Namen HTML5 bekannt.

Im Jahre 2006 vermehrte sich die Kritik am W3C und an dem langsamen Vorankommen von Neuentwicklungen. Im Herbst 2006 kündigte Tim Berners Lee die Gründung einer neuen HTML-Arbeitsgruppe an, die im Frühjahr 2007 zusammentrat. So werden inzwischen die Entwürfe zu HTML5 sowohl vom W3C als auch von der WHATWG betreut. Eine Weile lang gab es parallel dazu noch eine Arbeitsgruppe zu XHTML2. Deren Aus kam im Jahr 2009, als das W3C beschloss, diese Arbeitsgruppe nicht mehr weiterzuführen, und seitdem ist es eindeutig: **Die Zukunft heißt HTML5**.

HTML5 ist mehr als HTML. Es ersetzt sowohl HTML als auch XHTML und die DOM-Spezifikation, die die Programmierung dieser Elemente über JavaScript beschreibt. Dass alles zusammengefasst ist, trägt dem Umstand Rechnung, dass es bei Webseiten heute immer häufiger nicht mehr um einfache Webseiten, sondern um Anwendungen/Applikationen geht. Uns interessiert natürlich hier der Teil von HTML5, bei dem es um die Auszeichnungssprache geht.

HTML5 führt die Zweiteilung von HTML und XHTML weiter. Das heißt, Sie können HTML5 als HTML schreiben oder auch als XHTML. Wenn Sie es als XHTML schreiben, müssen Sie aber den hierfür vorgesehenen MIME-Typ `application/` `xhtml+xml` nehmen. Da dieser im Internet Explorer nicht funktioniert, sehen wir hier von dieser Variante ab.

Jetzt zu HTML5 in der HTML-Variante. Das waren die Beispiele, die Sie hier gesehen haben, schön erkennbar an der einfachen Dokumenttypangabe, die man auswendig schreiben kann:

```
<!DOCTYPE html>
```

Und dann gibt es noch eine Besonderheit. Wenn Sie sich die strengere XHTML-Syntax angewöhnt haben, also beispielsweise leere Elemente mit einem Slash zu schließen, so dürfen Sie das weiterhin. Und damit sind wir bei den Dokumenten, wie Sie sie im bisherigen Kapitel kennengelernt haben.

Neue Elemente

In HTML5 werden einige neue Elemente eingeführt, durch die sich Dokumente besser strukturieren lassen. Normalerweise werden zur groben Gliederung von Dokumenten durchgängig `div`-Elemente eingesetzt, die mit einer passenden `id` versehen werden, wie Sie in Abschnitt 2.7 gesehen haben. In HTML5 gibt es für einzelne typisch auf Webseiten vorkommende Bereiche eigene neue Elemente. Eine kleine Auswahl:

* `header` kennzeichnet den ersten Teil eines Bereichs, den Kopfbereich, also etwa die Einführung.

* `nav` ist das Element zur Gruppierung der Hauptnavigationslinks einer Webseite.

- `section` dient zur Kennzeichnung eines Bereichs einer Webseite; z. B. sind auf einer Startseite die Einführung, das Aktuelle und die Kontaktinformationen jeweils eine eigene `section`.

- `footer` ist das Element für einen Fußbereich, aber es muss nicht der Fußbereich des ganzen Dokuments sein.

Hier sehen Sie ein Beispiel für den Einsatz der neuen Elemente. Benutzt wird das `header`-Element für den Kopfbereich, die Navigation steht innerhalb von `nav` und die Inhalte sind in mehreren `sections` organisiert. Den Abschluss bildet der `footer`:

```
<!DOCTYPE html>
<html>
  <head>
    <meta charset="utf-8">
    <title>HTML5-Beispieldokument</title>
<!--[if lt IE 9]>
<script src="http://html5shim.googlecode.com/svn/trunk/html5.js"></script>
<![endif]-->
  </head>
<body>
  <header>Willkommen</header>
  <nav>
    <ul>
      <li><a href="#">Home</a></li>
      <li><a href="#">Impressum</a></li>
      <li><a href="#">Kontakt</a></li>
    </ul>
  </nav>
  <div id="container">
    <section>
      <h1>Service</h1>
      <p>Lorem ipsum </p>
    </section>
    <section>
      <h1>Produkte</h1>
      <p>Lorem ipsum dolor </p>
    </section>
  </div>
  <footer>Copyright 2010</footer>
</body>
</html>
```

Listing 2.14:
Das HTML5-Dokument mit neuen Elementen (html5.html)

An sich können Sie diese neuen Elemente heute schon benutzen. Sie müssen dafür aber eine JavaScript-Datei einbinden, damit sich diese Dokumente auch in den Vorgänger-Versionen des Internet Explorer 9 stylen lassen.

Hinweis

Die JavaScript-Datei, die Sie einbinden müssen, finden Sie unter http://code.google. com/p/html5shiv/. Sie wurde im Beispiel schon im Kopfbereich eingebunden.

Da das Buch ein »Jetzt lerne ich CSS3«-Buch ist und kein »Jetzt lerne ich HTML5«-Buch, möchte ich mich hier auf die klassischen HTML-Elemente beschränken, damit wir uns auf CSS konzentrieren können. Aber an ausgewählten Stellen erfahren Sie natürlich alles Wichtige, das Sie brauchen, um HTML5-Dokumente zu stylen, die die neuen Elemente benutzen.

2.11.5 Die Qual der Wahl – welches HTML wofür?

HTML 4.01 gibt es in drei Varianten, XHTML ebenfalls in drei Varianten und dann noch HTML5, das man als XHTML oder HTML schreiben kann. Macht acht Varianten. Das ist recht viel – aber was soll man wann wählen?

Erst einmal können Sie drei Dinge abwählen, da sie derzeit noch nicht oder nicht mehr praktikabel sind.

- HTML 4.01 und XHTML 1.0 in der Variante Frameset können Sie aus Ihrer Auswahl streichen, da Frames heute nicht mehr eingesetzt werden sollten.

Macht zwei weniger.

- HTML5 als XHTML ausgeliefert ist auch keine alltagstaugliche Lösung, da der dafür erforderliche MIME-Typ im IE bis Version 8 nicht funktioniert.

Macht eins weniger, damit gibt es nur noch fünf Varianten.

Ob Sie HTML 4.01 oder XHTML 1.0 benutzen, ist Geschmackssache. Sie nehmen am besten das, was Sie besser kennen oder was Ihre Tools erzeugen, mit denen Sie sonst schon arbeiten. Wichtig ist allerdings, dass Sie sich an Ihre Wahl auch halten. Wenn Sie den Dokumenttyp von XHTML benutzen, sollten Sie auch leere Elemente entsprechend schließen.

Strict oder Transitional? Mehr dem Sinne des W3Cs, d.h. der Schöpfer von HTML entspricht natürlich die Variante Strict. Sie können trotzdem die Variante Transitional benutzen, sollten aber auf Attribute und Elemente zur Darstellung in HTML verzichten – denn dafür benutzen Sie besser CSS.

Ich habe mich für dieses Buch für HTML5 entschieden, bei dem es diese Unterscheidung zwischen Strict und Transitional nicht mehr gibt. Gleichzeitig verwende ich HTML5 aber in einer gemäßigten Variante, d.h. dass ich im Normalfall nicht auf die neuen HTML-Elemente setze, sondern den klassischen Sprachumfang von HTML benutze.

HTML5 zu verwenden hat gegenüber HTML 4.01 und XHTML 1.0 mehrere Vorteile:

- Die Dokumenttypangabe schreibt sich schneller und ist schicker.

- Bei Bedarf lassen sich ausgewählte HTML5-Teile, die heute schon gut funktionieren, integrieren. Beispielsweise die neuen Attribute bei Formularen (Kapitel 14).

Aber wofür Sie sich auch entscheiden, Sie sollten sich daran halten. Bei der Überprüfung, ob alles stimmt, hilft ein nützliches Tool: der Validator des W3C.

2.12 Validator

Korrekte Dokumente sind eine wichtige Basis, damit Ihre CSS-Formatierungen auch klappen. Ob ein Dokument korrekt ist, verrät der Validator.

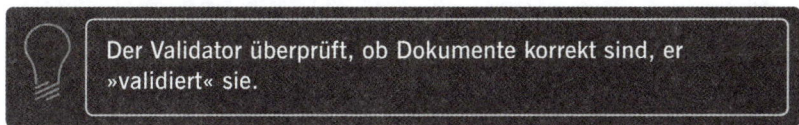

> Der Validator überprüft, ob Dokumente korrekt sind, er »validiert« sie.

2.12.1 Und so benutzen Sie den Validator des W3C

Den Validator des W3C finden Sie online unter *http://validator.w3.org/*. Dort können Sie ein Dokument, wenn es bereits online ist, durch Angabe seiner URL überprüfen lassen (VALIDATE BY URI). Andernfalls besteht die Möglichkeit, das Dokument hochzuladen (VALIDATE BY FILE UPLOAD) oder in ein Textfeld zu kopieren (VALIDATE BY DIRECT INPUT). Wenn Sie dann auf den Button CHECK klicken, wird Ihnen nach kurzer Zeit die Auswertung präsentiert.

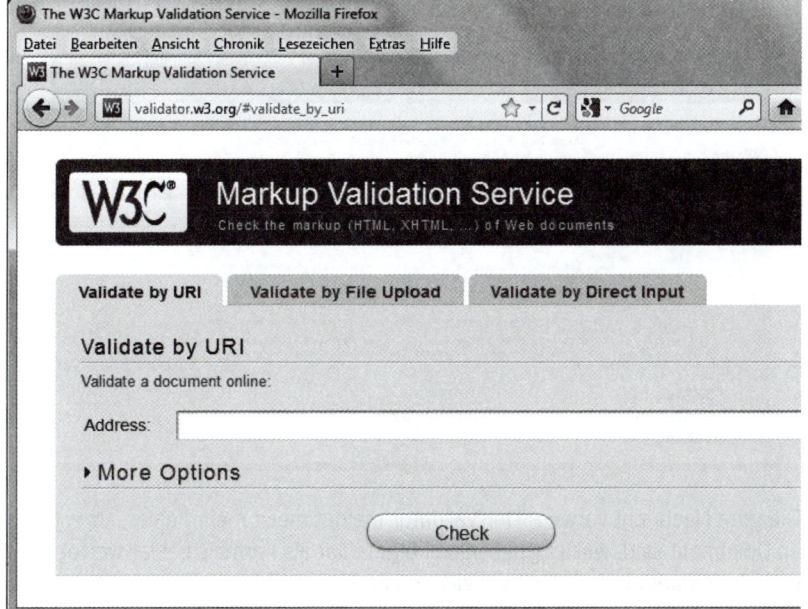

Abbildung 2.19:
Der Validator des W3C

Sehen wir uns das anhand des folgenden Dokuments an:

Listing 2.15:
Ein Dokument mit Fehlern (doku-
ment_nicht_korrekt.html)

```html
<!DOCTYPE html>
<html>
  <head>
    <meta charset="utf-8" />
    <title>Am Anfang ist HTML</title>
  </head>
  <body>
   <ul>
     <li><a href="absaetze_ueberschriften.html">Dokument mit Absätzen und
Überschriften</li></a>
       <li><a href="http://www.addison-wesley.de/">Addison-Wesley</a></li>
       <li><a href="mailto:ich@mir.de">E-Mail an ich@mir.de</a></li>
     </ul>
  </body>
</html>
```

Den Code dieses Dokuments, den Sie ebenfalls bei den Listings finden, kopieren Sie am besten in die Zwischenablage. Dann wählen Sie im Validator den Tab VALIDATE BY DIRECT INPUT und fügen den Code ein.

Ein Klick auf CHECK offenbart das Debakel.

Abbildung 2.20:
Drei Fehler meldet der Validator.

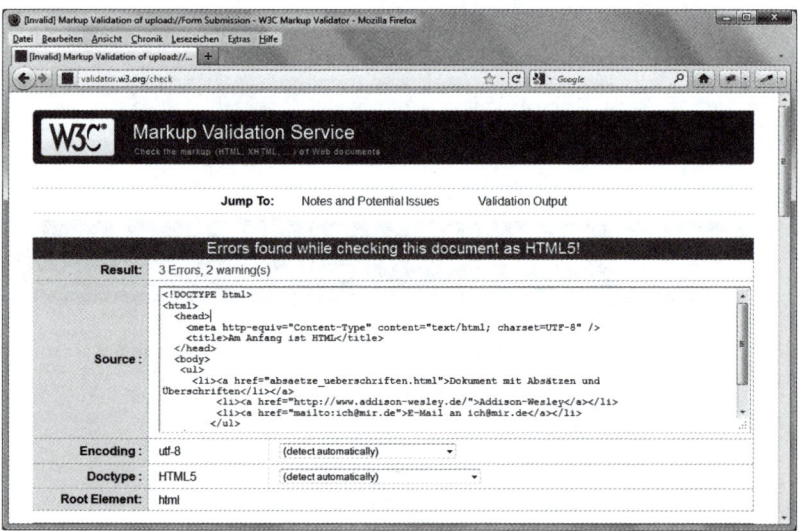

Die gute Nachricht vorweg: Der Validator meldet meist mehr Fehler, als wirklich im Dokument sind, weil er gnadenlos Folgefehler als normale Fehler wertet (meine Lehrer waren früher diesbezüglich meist kulanter.)

Um die Fehlermeldungen zu finden, müssen Sie weiter nach unten scrollen.

- Zwei Notes (»Hinweise«) betreffen zunächst den Umstand, dass wir HTML5 als Doctype verwenden. HTML5 ist noch keine abgeschlossene Spezifikation und der erste Hinweis erscheint deswegen immer bei der Nutzung von HTML5.

- Der zweite Hinweis taucht auf, wenn Sie Ihr Dokument über das Textfeld einfügen, dann kann nämlich die korrekte Deklaration des Zeichensatzes nicht überprüft werden.

Beide Meldungen können Sie ignorieren. Die eigentlichen Fehlermeldungen kommen weiter unten:

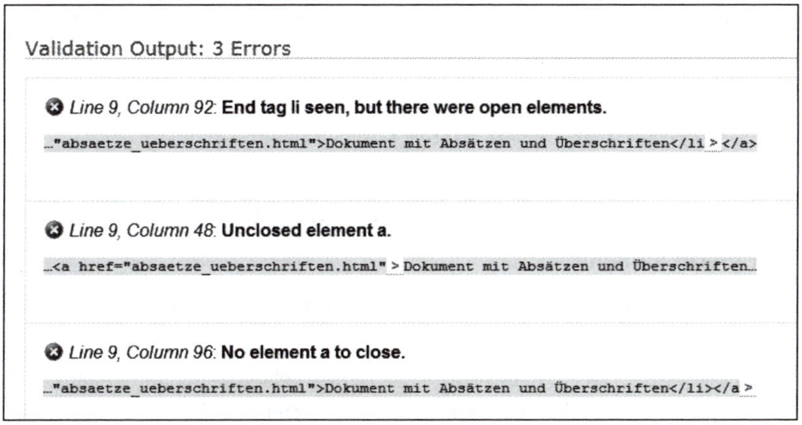

Abbildung 2.21:
Hier sind die Fehlermeldungen.

```
Validation Output: 3 Errors

  ✖ Line 9, Column 92: End tag li seen, but there were open elements.
  …"absaetze_ueberschriften.html">Dokument mit Absätzen und Überschriften</li > </a>


  ✖ Line 9, Column 48: Unclosed element a.
  …<a href="absaetze_ueberschriften.html" > Dokument mit Absätzen und Überschriften…


  ✖ Line 9, Column 96: No element a to close.
  …"absaetze_ueberschriften.html">Dokument mit Absätzen und Überschriften</li></a >
```

Die erste Fehlermeldung lautet:

»End tag li seen, but there were open elements.« Es wurde also ein Endtag von li gesehen, obwohl es noch nicht geschlossene Elemente gab. Danach wird auch der entsprechende Ausschnitt aus dem Dokument gezeigt:

…"absaetze_ueberschriften.html">Dokument mit Absätzen und Überschriften</li></a>

Sie sehen außerdem die Zeilennummer und können sich diese Zeile auch noch einmal genau im Editor ansehen. Sie sieht folgendermaßen aus:

<li><a href="absaetze_ueberschriften.html">Dokument mit Absätzen und Überschriften</li></a>

Der Validator stört sich am </li>.

Die zweite Fehlermeldung lautet:

»Unclosed element a.« Der Validator bemängelt also, dass das Element a nicht geschlossen hat. Er verweist wieder auf die Zeile mit dem Inhalt:

<li><a href="absaetze_ueberschriften.html">Dokument mit Absätzen und Überschriften</li></a>

Die dritte Fehlermeldung

Und schließlich stört ihn in derselben Zeile das schließende a: »No element a to close.« Der Grund für all diese Fehlermeldungen: Das Beispiel widerspricht dem Schachtelprinzip von HTML.

> Wenn Sie ein Element innerhalb eines anderen öffnen, müssen Sie es auch innerhalb dieses schließen. Genauso wie bei Schachteln.

Tipp

Die Fehlermeldungen des Validators sind etwas gewöhnungsbedürftig. Es empfiehlt sich, diese der Reihe nach abzuarbeiten. Nach jeder Änderung sollten Sie eine neue Überprüfung machen – denn da ein Fehler mehrere Fehlermeldungen erzeugen kann, müssen Sie meist weniger Fehler korrigieren als Sie Fehlermeldungen haben.

Ein a-Element, das innerhalb von `<li>` und `</li>` geöffnet wird, muss auch innerhalb geschlossen werden, d.h. das `</a>` muss stehen, bevor das `</li>` zugeht.

Falsche Variante:

```
<li><a href="absaetze_ueberschriften.html">Dokument mit Absät-
zen und Überschriften</li></a>
```

Wenn wir die schließenden Elemente hier vertauschen, stimmt alles wieder.

Korrigierte Variante:

```
<li><a href="absaetze_ueberschriften.html">Dokument mit Absät-
zen und Überschriften</a></li>
```

Im Beispiel hat ein falsch platziertes `</a>` zu drei Fehlermeldungen geführt. Das korrigierte Beispiel finden Sie unter *dokument_korrekt.html*.

2.13   Zusammenfassung

Das Kapitel hat einen Schnelleinstieg in HTML geboten. HTML ist die Auszeichnungssprache, in der alle Webseiten geschrieben sind. Sie dient zur Strukturierung von Dokumenten.

Alle HTML-Dokumente folgen einem bestimmten Aufbau. Sie bestehen aus einem head- und einem body-Element. Im head stehen Informationen über das Dokument, im body befinden sich die eigentlichen Inhalte.

Mehrere Elemente zur Strukturierung wurden in diesem Kapitel vorgestellt. Es gibt p für Absätze, h1-h6 für Überschriften oder br für einen Zeilenumbruch. Listen erstellen Sie mit einem umfassenden ul-Element, in dem die einzelnen li-Elemente für die Listenpunkte stehen. Sollen die Listen nummeriert sein, benutzen Sie statt ul das Element ol.

Neben Elementen gibt es in HTML auch Attribute, bei denen weitere Eigenschaften eines Elements angegeben werden können. Beim a-Element zum Einfügen von Links steht der Pfad, d.h. wohin der Link führt, innerhalb eines `href`-Attributs: `<a href="anfang.html">Zurück zum Anfang</a>`.

Bilder werden über das `img`-Element eingefügt. Bei Links und bei Bildern müssen Sie auf die richtigen Pfadangaben achten. Befindet sich eine Datei im selben Verzeichnis, genügt die Angabe des Dateinamens. Soll in ein übergeordnetes Verzeichnis gewechselt werden, schreiben Sie `../`. Um in ein Unterverzeichnis zu wechseln, schreiben Sie den Namen des Ordners und nach einem Slash den Dateinamen.

Das `div`-Element dient zur Kennzeichnung von Bereichen, es kann Absätze, Listen etc. umfassen. Wir werden es bei Layouts brauchen.

Es gibt verschiedene Versionen und Arten von HTML. Im Buch wird HTML5 verwendet, das Sie am einfachen Doctype `<!DOCTYPE html>` erkennen.

Um sicherzustellen, dass Ihr Dokument korrekt ist, sollten Sie es mit dem Validator des W3C überprüfen.

2.14 Übungen

1. Welche HTML-Elemente stehen innerhalb von `<head>` und `</head>`?

Das `title`-Element für den Seitentitel und `meta`-Elemente etwa zur Angabe des Zeichensatzes. Weitere wie `link` oder `style` lernen Sie in den nächsten Kapiteln kennen.

2. Welche HTML-Elemente stehen innerhalb von `<body>` und `</body>`?

Der eigentliche Seiteninhalt, also Überschriften, Absätze, Links, Bilder.

3. Was sind Attribute in HTML?

Attribute liefern weitere Informationen über Elemente. Beim `img`-Element wird über Attribute der Pfad zum Bild (`src`) und seine Größe angegeben (`height` und `width`).

4. Welches sind die zwei wichtigen, heute relevanten Typen von HTML 4.01? Worin unterscheiden sie sich?

Wichtig sind Strict und Transitional. Bei Transitional sind Elemente oder Attribute, die vom W3C als veraltet eingestuft sind, noch erlaubt.

5. Ist das folgende Codeschnipsel ein Ausschnitt eines HTML 4.01-Dokuments, eines XHTML-Dokuments oder eines HTML5-Dokuments?

```
<img src="pfau.jpg" height="300" width="200" alt="Pfau">
```

Das kann ein Ausschnitt eines HTML-Dokuments sein – sowohl eines HTML 4.01 als auch eines HTML5-Dokuments. Wenn es in einem XHTML-Dokument stehen würde, müsste am Ende noch ein Slash stehen, also so:

```
<img src="pfau.jpg" height="300" width="200" alt="Pfau" />
```

6. Erstellen Sie ein Dokument mit drei Links. Einer soll zu Yahoo führen, der andere zu Markt+Technik und der dritte auf eine andere interne Datei. Fügen Sie die drei Links in eine nummerierte Liste ein!

Listing 2.16:
Eine geordnete Liste mit drei Links
(loesungen/links_liste.html)

```html
<!DOCTYPE html>
<html>
  <head>
    <meta charset="utf-8" />
    <title>Links als Liste</title>
  </head>
  <body>
    <ol>
      <li><a href="http://www.mut.de/">Markt+Technik</a></li>
      <li><a href="http://de.yahoo.com/">Yahoo!</a></li>
      <li><a href="anfang.html">Zurück zum Anfang</a></li>
    </ol>
  </body>
</html>
```

7. Sie haben in einem Beispiel gesehen, wie die Überschriften h1 und h2 funktionieren. Ergänzen Sie hier einmal die anderen Überschriften, also h3, h4, h5 und h6. Sehen Sie sich dann das Ergebnis im Browser an!

Listing 2.17:
Weitere Überschriften (loesungen/
ueberschriften.html)

```html
<!DOCTYPE html>
<html>
  <head>
    <meta charset="utf-8" />
    <title>Am Anfang ist HTML</title>
  </head>
  <body>
  <h1>Startseite</h1>
  <h2>Herzlich Willkommen</h2>
  <h3>Mai 2012</h3>
  <h4>München</h4>
  <h5>Noch was</h5>
  <h6>Und das noch</h6>
  <p>Lorem ipsum dolor sit amet, consetetur sadips-
cing elitr, sed diam nonumy.</p>
  </body>
</html>
```

8. Überprüfen Sie das Dokument *html_uebung_fehlerhaft.html* mit dem Validator des W3C. Finden Sie den Fehler?

Listing 2.18:
In diesem Dokument gibt es einen
Fehler *(uebungen/html_fehlerhaft.*
html).

```html
<!DOCTYPE html>
<html>
  <head>
    <meta charset="utf-8" />
    <title>Am Anfang ist HTML</title>
  </head>
  <body>
  <div id="container">
    <div id="navigation">
      <ul>
          <li><a href="index.html">Startseite</a></li>
          <li><a href="aktuell.html">Aktuelles</a></li>
          <li><a href="info.html">Informationen</a></li>
          <li><a href="impressum.html">Impressum</a></li>
      </ul>
    </div>
    <div id="inhalt">
     <h1>Startseite</h1>
     <h2>Herzlich Willkommen</h2>
     <p>Lorem ipsum tetur sadipscing elitr, sed diam nonumy </p>
     <h2>Was Sie alles hier finden</h2>
     <p>Lorem </p>
    </div>
  </body>
</html>
```

Der Validator meldet bei diesem Dokument zwei Fehler:

»Line 24, Column 9: End tag for body seen, but there were unclosed elements.«

Er findet das Endtag für body, aber es gibt noch nicht geschlossene Elemente.

In eine ähnliche Richtung zielt auch die zweite Fehlermeldung:

»Error Line 8, Column 22: Unclosed element div.«

```html
  <div id="container">
```

In Zeile 8 gibt es ein nicht geschlossenes div-Element. Das ist auch die Ursache
für die beiden Fehlermeldungen: Bei diesem Beispiel gibt es ein umfassendes
div-Element, um <div id="navigation"> und <div id="inhalt"> herum
– das div-Element mit id="container". Dieses muss ganz am Ende wieder
geschlossen werden. Das heißt, vor </body> ergänzen Sie ein zweites schlie-
ßendes </div>.

```
<!DOCTYPE html>
<html>
  <head>
    <meta charset="utf-8" />
    <title>Am Anfang ist HTML</title>
  </head>
  <body>
  <div id="container">
    <div id="navigation">
      <ul>
          <li><a href="index.html">Startseite</a></li>
          <li><a href="aktuell.html">Aktuelles</a></li>
          <li><a href="info.html">Informationen</a></li>
          <li><a href="impressum.html">Impressum</a></li>
        </ul>
    </div>
    <div id="inhalt">
     <h1>Startseite</h1>
     <h2>Herzlich Willkommen</h2>
     <p>Lorem ipsum tetur sadipscing elitr, sed diam nonumy </p>
     <h2>Was Sie alles hier finden</h2>
     <p>Lorem </p>
    </div>
    </div>
  </body>
</html>
```

3 So funktioniert CSS

Nach dem Ausflug zu HTML geht es jetzt um CSS – und Sie sehen an einem kleinen Beispiel, wie CSS funktioniert. Dabei lernen Sie wichtige CSS-Eigenheiten kennen, damit Sie die Stärken von CSS praktisch erfahren. Und wir machen einen Vorgriff auf CSS-Eigenschaften, die in den nächsten Kapiteln im Detail erörtert werden.

3.1 Arbeitsteilung zwischen HTML und CSS

Die Arbeitsteilung zwischen HTML und CSS ist klar geregelt: Über HTML bestimmen Sie die Struktur des Dokuments, per CSS regeln Sie, wie das Ganze dargestellt werden soll.

Diese Arbeitsteilung sehen Sie gut, wenn Sie bei einer mit CSS formatierten Seite einmal die Formatierungen deaktivieren. Wie Sie auch schon im letzten Kapitel gesehen haben, geht das in Firefox über das Menü ANSICHT / WEBSEITEN-STIL / KEIN STIL.

Ein und derselbe HTML-Code kann natürlich per CSS ganz unterschiedlich formatiert werden und vollkommen anders aussehen. Sehr eindrucksvoll zeigt dies das Projekt »CSS Zen Garden« (*http://www.csszengarden.com/tr/deutsch/*). Bei diesem Projekt haben Designer aus aller Welt eigene Stylesheets zu einer vorgegebenen HTML-Datei entwickelt. Die Spielregeln waren folgende: Sie konnten in ihrem CSS-Code alles machen, was sie wollten, durften aber nichts im HTML-Code verändern.

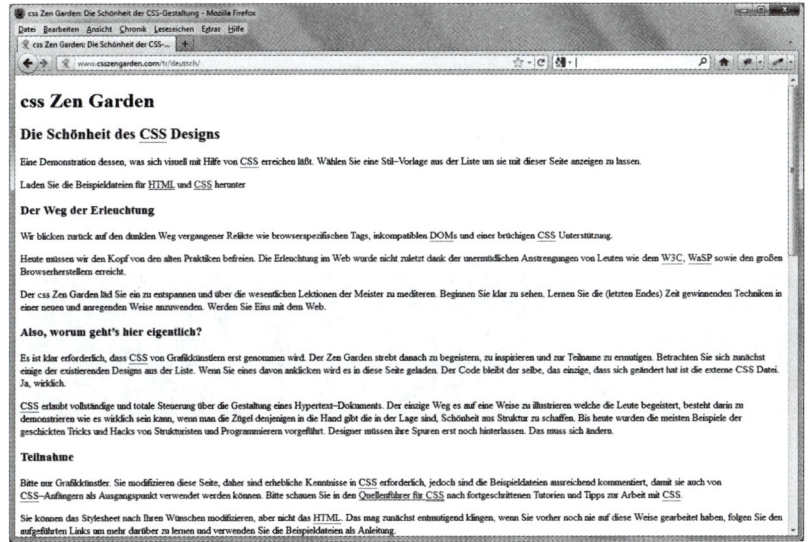

Abbildung 3.1:
So sieht das Dokument von CSS Zen Garden ganz ohne CSS-Formatierungen aus.

Abbildung 3.2:
Mit CSS kann es so gestaltet
sein ...

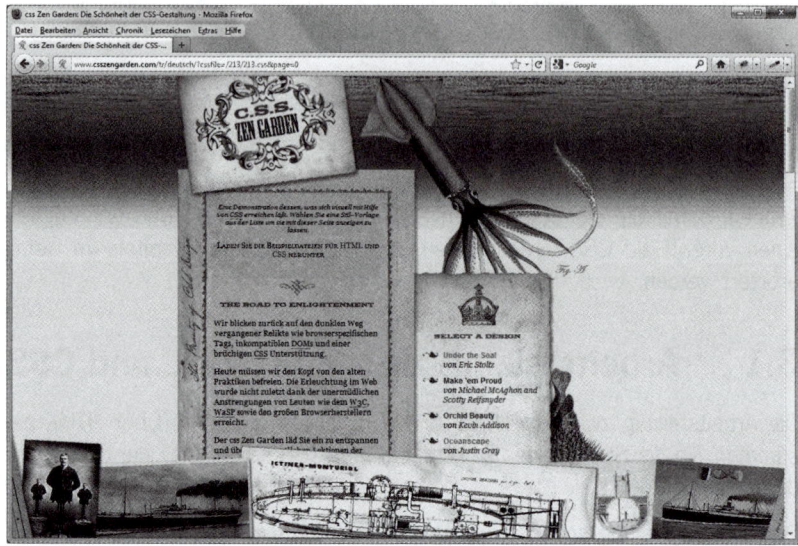

Abbildung 3.3:
... aber genauso gut auch so.

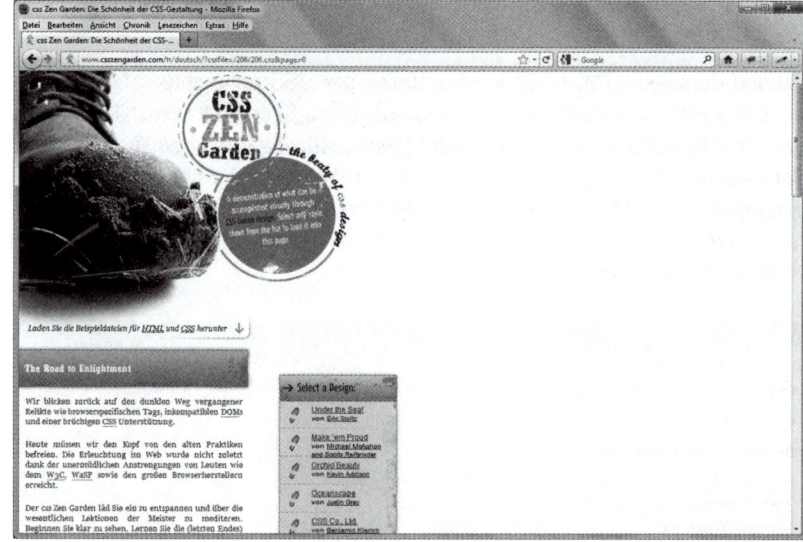

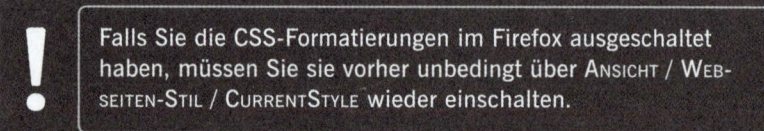

Tipp

Sehen Sie sich am besten
selbst einmal die unterschied-
lichen Layoutbeispiele an! Sie
finden sie meist im rechten
Bereich zum Anklicken.

!
Falls Sie die CSS-Formatierungen im Firefox ausgeschaltet
haben, müssen Sie sie vorher unbedingt über ANSICHT / WEB-
SEITEN-STIL / CURRENTSTYLE wieder einschalten.

3.1.1 Ohne CSS ist eine Seite nicht ganz ungestaltet

Mit diesem Einwand haben Sie natürlich recht. Wenn Sie noch keine Zeile CSS-Code geschrieben haben, so sind trotzdem Überschriften beispielsweise standardmäßig fett und größer als die normalen Absätze. Listen sind eingerückt, zwischen Absätzen sind Abstände, Links sind blau und unterstrichen – sofern sie nicht besucht sind, sonst sind sie lila.

Browser haben intern ein Stylesheet, das die Darstellung der Elemente grundlegend regelt. Wenn Sie als Webentwickler keine Vorgaben über CSS machen, werden die Formatierungen aus diesem Browser-Stylesheet genommen.

3.2 Ein kleines Beispiel

Um die Funktionsweise von CSS kennenzulernen, wollen wir gleich mit einem echten Beispiel anfangen.

3.2.1 Der HTML-Code

Der zugrunde liegende HTML-Code sieht folgendermaßen aus:

```
<!DOCTYPE html>
<html>
  <head>
    <meta charset="utf-8" />
    <title>Am Anfang ist HTML</title>
  </head>
  <body>
    <div id="container">
      <div id="kopf">
        <h1>Eine Webseite</h1>
      </div>
      <div id="navigation">
        <ul>
          <li><a href="index.html">Startseite</a></li>
          <li><a href="info.html">Informationen</a></li>
          <li><a href="impressum.html">Impressum</a></li>
          </ul>
      </div>
      <div id="inhalt">
        <h2>Herzlich Willkommen</h2>
        <p>Lorem ipsum dolor sit amet</p>
        <h2>Was Sie alles hier finden</h2>
        <p>Lorem ipsum dolor sit amet</p>
      </div>
    </div>
  </body>
</html>
```

Sie sehen, es sind mehrere verschachtelte `div`-Elemente, die mit IDs versehen sind. Das umfassende Element hat die ID `container`. Darin befinden sich drei weitere `div`-Elemente: `kopf`, `navigation` und `inhalt`. Der Blindtext innerhalb der Absätze ist etwas gekürzt.

Innerhalb der einzelnen Bereiche stehen Überschriften und Absätze. Die Navigationspunkte befinden sich innerhalb einer ungeordneten Liste.

Abbildung 3.4:
So sieht das Dokument aus – noch vollkommen ungestaltet.

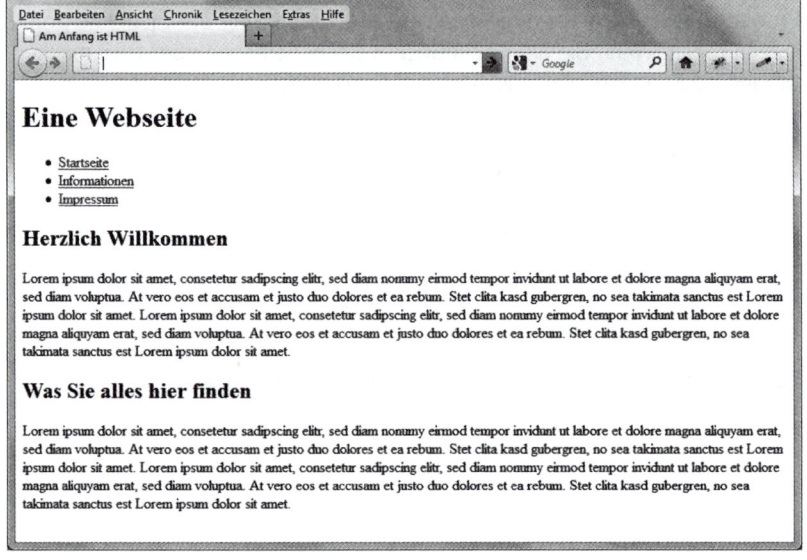

Tipp

Ein ähnliches Beispiel hatten wir schon in Kapitel 2. Dort war aber im Kopfbereich ein Bild eingefügt gewesen. Stattdessen steht im Kopfbereich nun eine h1-Überschrift.

3.2.2 CSS-Datei einbinden

Sehen wir uns an, wie man dieses HTML-Gerüst in ein einfaches Layout verwandeln kann. Hierfür schreiben wir als Erstes in den Kopfbereich einen Verweis auf die CSS-Datei.

Tipp

CSS-Formatierungen können Sie an verschiedenen Stellen unterbringen. Am häufigsten werden Sie mit **externen Stylesheets** *arbeiten wie in diesem Beispiel. Der Vorteil von externen Stylesheets ist, dass Sie darüber dann zentral in einer Datei die Layouts eines ganzen Projekts, d.h. mehrere HTML-Seiten, steuern können.*

Hierfür müssen wir eine Zeile ergänzen, nämlich:

```
<link rel="stylesheet" href="layout.css" />
```

Diese Zeile muss innerhalb von `<head>` und `</head>` stehen:

```
<!DOCTYPE html>
<html>
  <head>
    <meta charset="utf-8" />
    <title>Am Anfang ist HTML</title>
    <link rel="stylesheet" href="layout.css" />
  </head>
  <body>
```

Durch diese Zeile erstellen Sie einen Link auf ein Stylesheet. Es gibt zwei Attribute:

- `rel="stylesheet"` sagt dem Browser so viel wie: Die Datei, auf die ich verlinke, verhält sich wie ein Stylesheet zur aktuellen Datei.

- `href="layout.css"` stellt den Verweis auf eine CSS-Datei her. Hinter `href` steht eine Pfadangabe zu der CSS-Datei. Da wir direkt den Namen hingeschrieben haben, bedeutet es, dass sich die Datei im selben Ordner befindet.

Die CSS-Datei existiert noch nicht. Deswegen werden Sie keine Änderung sehen, wenn Sie das Dokument jetzt betrachten.

Nun erstellen wir die CSS-Datei. Erstellen Sie hierfür ein neues Dokument in Ihrem Editor und speichern Sie es unter dem Namen *layout.css* ab.

Tipp

Wenn Sie HTML 4.01 oder XHTML 1.0 verwenden, sollten Sie außerdem noch den MIME-Typ `type="text/css"` *angeben, also das* `link`*-Element so schreiben:*

```
<link rel="stylesheet"
href="layout.css"
type="text/css" />
```

 Externe CSS-Dateien müssen die Endung .css haben.

 In diese externe CSS-Datei kommt wirklich nur CSS-Code hinein, kein HTML-Code! Starttags und Endtags haben hier nichts zu suchen.

3.2.3 Erste Formatierungen in der CSS-Datei

In diese CSS-Datei schreiben Sie folgende Zeilen:

```
body {
  background-color: #91916D;
  color: #141817;
  font-family: sans-serif;
}
```

Was geschieht hier?

body ist ein sogenannter **Selektor**.

 Ein Selektor wählt (»selektiert«) die Elemente, für die bestimmte Formatierungen gelten.

Eine Art von Selektoren sind die sogenannten Typselektoren. Sie sehen genauso wie die entsprechenden HTML-Elemente aus, nur dass man sie ohne die spitzen Klammern schreibt; also body und nicht etwa <body>.

> Typselektoren wählen alle Elemente eines bestimmten Typs. Der Typselektor p wählt beispielsweise alle Absätze (p-Elemente), der Typselektor h2 wählt alle Überschriften der zweiten Ebene. Und body wählt das body-Element.

Sie erinnern sich: body ist das Element, in dem alle Bestandteile, die man im Browserfenster sieht, drinnen sind. body umschließt unsere div-Elemente und ebenfalls die in den div befindlichen Absätze, Listen und Überschriften.

Welche Formatierungen vorgenommen werden sollen, das steht innerhalb von geschweiften Klammern: { und }. Jede CSS-Regel ist gleich aufgebaut, wie beispielsweise

```
background-color: #91916D;
```

- Zuerst steht eine Eigenschaft. background-color bestimmt die Hintergrundfarbe.
- Nach der Eigenschaft steht ein Doppelpunkt. Er dient der Zuweisung.
- Hinter dem Doppelpunkt steht der Wert. Im Beispiel ist es #91916D, eine Farbangabe.
- Beendet wird die CSS-Regel durch einen Strichpunkt.

```
background-color: #91916D;
```

legt also die Hintergrundfarbe fest. Im Beispiel ist es ein Grüngrau.

Dann folgt die nächste Regel, die genauso aufgebaut ist:

```
color: #141817;
```

- color ist die neue Eigenschaft. Sie bestimmt die Schriftfarbe.
- Wieder folgt ein Doppelpunkt für die Zuweisung.
- Am Schluss steht der zugewiesene Wert #141817, die Farbangabe bezeichnet einen dunklen Grauton.
- Beendet wird die Regel durch einen Strichpunkt.

Die letzte Regel heißt:

```
font-family: sans-serif;
```

Damit wird die Schriftart auf eine serifenlose Schrift gesetzt.

Formatierungen, die Sie für body festlegen, gelten damit für alle darin befindlichen Elemente.

Bei dieser Art der Farbangabe werden hexadezimale Werte benutzt. In Kapitel 6 erfahren Sie genau, wie diese funktionieren.

Serifen sind die kleinen Verzierungen an den Buchstaben. Mit diesen beschäftigen wir uns in Kapitel 7 genauer.

Wenn Sie das CSS-Dokument abspeichern und dann Ihr HTML-Dokument im Browser aufrufen, sollten Sie die ersten Änderungen sehen.

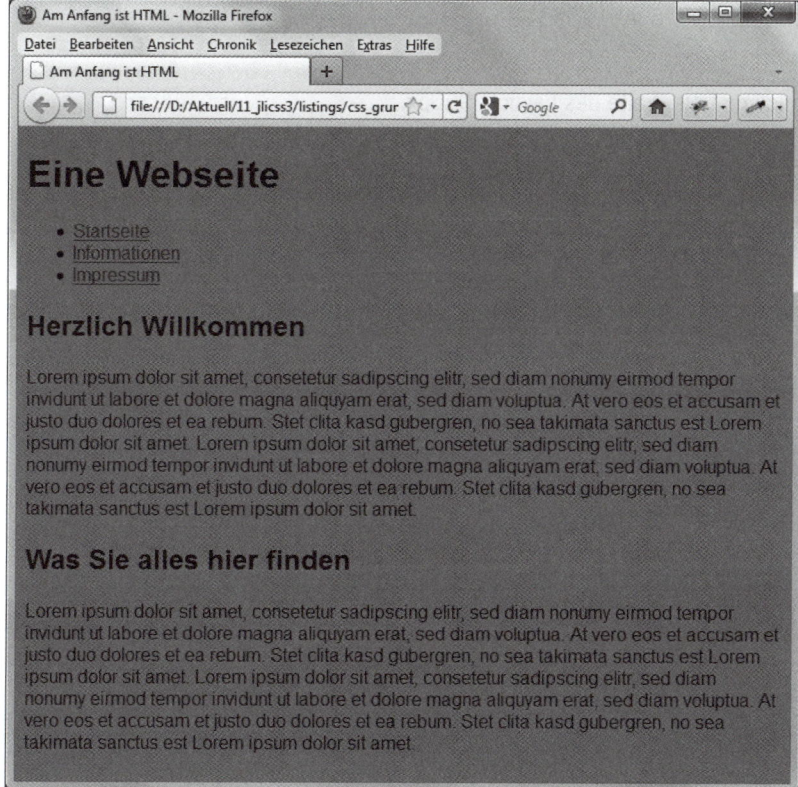

Abbildung 3.5:
Die ersten Veränderungen sind zu sehen: Die Hintergrundfarbe ist geändert und die Schrift ist jetzt serifenlos.

3.2.4 Den #container formatieren

Wir machen weiter bei den Formatierungen, d.h. wir ergänzen die CSS-Datei *layout.css*.

Sie erinnern sich, dass es ein umfassendes div-Element mit der id="container" gibt? Das wird als Nächstes formatiert:

```
#container {
  background-color: #DFE9F2;
  width: 960px;
  margin: auto;
}
```

Eben hatten Sie gesehen, dass wir über body das body-Element ausgewählt hatten. Jetzt soll das div-Element mit der id="container" selektiert werden. Das macht der Selektor #container. Hinter dem # geben Sie den Namen an, der bei id beim HTML-Element steht.

In geschweiften Klammern stehen die Formatierungen.

`background-color: #DFE9F2;`

legt die Hintergrundfarbe fest.

`width: 960px;`

bestimmt als Breite des Layouts 960px.

`margin: auto;`

Die Eigenschaft `margin` dient dazu, Außenabstände zu definieren. Wenn Sie die Außenabstände des `#container`-Elements auf `auto` setzen, wird dadurch das Element auf der Webseite zentriert.

Hinweis

Die einzelnen Eigenschaften werden wir natürlich in den folgenden Kapiteln genauer besprechen – dies soll nur einen ersten Einblick geben.

Abbildung 3.6:
Das derzeitige Layout

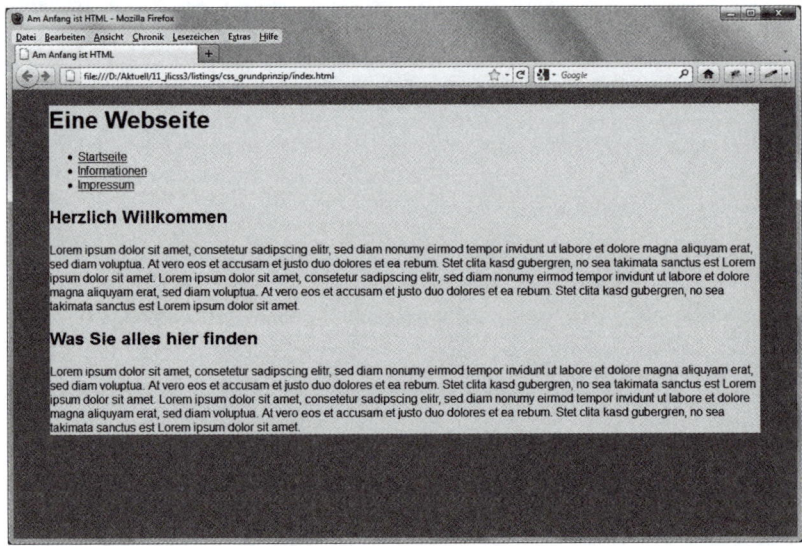

Wenn Sie die CSS-Datei abspeichern und die HTML-Datei erneut im Browser öffnen, sehen Sie das Ergebnis: Das `#container`-Element ist anders eingefärbt, seine Breite ist beschränkt und es ist zentriert.

Wenn Sie die HTML- und die CSS-Datei gespeichert haben und das Dokument ist noch im Browser offen, können Sie es aktualisieren, um die Änderungen zu sehen. Klicken Sie hierfür auf den Pfeil neben der Adresszeile im Firefox.

Abbildung 3.7:
Der Pfeil aktualisiert
eine Seite im Firefox.

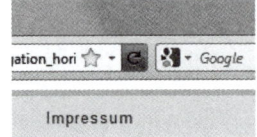

3.2.5 Hintergrundbild im Kopf einbinden

Als Nächstes geht es an die Formatierung des `div`-Elements, das die `id="kopf"` hat. Zum Ansprechen nehmen Sie ein Doppelkreuz und die vergebene `id`, also `#kopf`. Dieses Mal sind es zwei Regeln:

```
#kopf {
  background: url(kranich.jpg) no-repeat;
  padding: 40px;
}
```

Zur ersten Regel:

```
background: url(kranich.jpg) no-repeat;
```

background definiert den Hintergrund. Über `url(kranich.jpg)` binden Sie das Bild *kranich.jpg* ein, das sich im selben Ordner wie die CSS-Datei befinden muss. Der Zusatz `no-repeat` definiert, dass das Hintergrundbild nur einmal dargestellt werden soll.

```
padding: 40px;
```

definiert einen Innenabstand von 40px. Das Element wird dadurch größer.

Nach einer Speicherung der CSS-Datei können Sie Ihr Dokument im Browser aktualisieren.

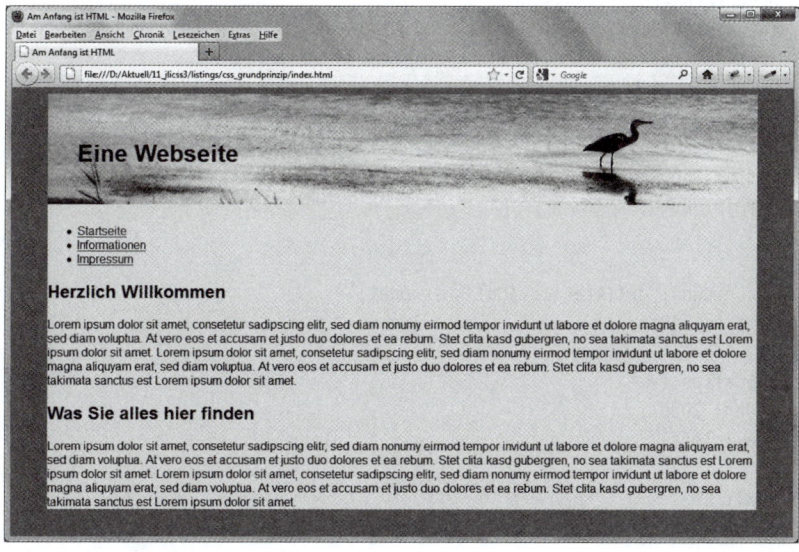

Abbildung 3.8:
Sieht schon nach mehr aus:
das Layout der Webseite

3.2.6 Prinzipielle Anordnung definieren

Zum Schluss soll die Navigation links angeordnet werden und der Inhaltsbereich rechts daneben. Zuerst zur Navigation, die wir – sie hat ja die `id="navigation"` – über `#navigation` ansprechen.

Tipp

float *macht mehrere Dinge gleichzeitig: Zum einen ordnet es das Element entsprechend an – im Beispiel links. Außerdem sorgt es dafür, dass die Inhalte von nachfolgenden Elementen um das gefloatete Element fließen. Um die Details kümmern wir uns in Kapitel 10.*

```
#navigation {
  width: 300px;
  float: left;
}
```

Die Eigenschaft `width` kam eben schon einmal vor, sie definiert die Breite von Elementen. Die Navigation soll 300px breit sein. Die Anordnung links geschieht über `float: left`.

Schließlich fehlt noch eine Anweisung, damit der Inhaltsbereich rechts daneben angeordnet ist. Das erreichen Sie, indem Sie dem Inhaltsbereich einen linken Außenabstand geben, der genauso groß ist wie die Navigation.

```
#inhalt {
  margin-left: 300px;
}
```

Hier sehen Sie das Stylesheet noch einmal in seiner Gesamtheit:

```
body {
  background-color: #91916D;
  color: #141817;
  font-family: sans-serif;
}
#container {
  background-color: #DFE9F2;
  width: 960px;
  margin: auto;
}
#kopf {
  background: url(kranich.jpg) no-repeat;
  padding: 40px;
}
#navigation {
  width: 300px;
  float: left;
}
#inhalt {
  margin-left: 300px;
}
```

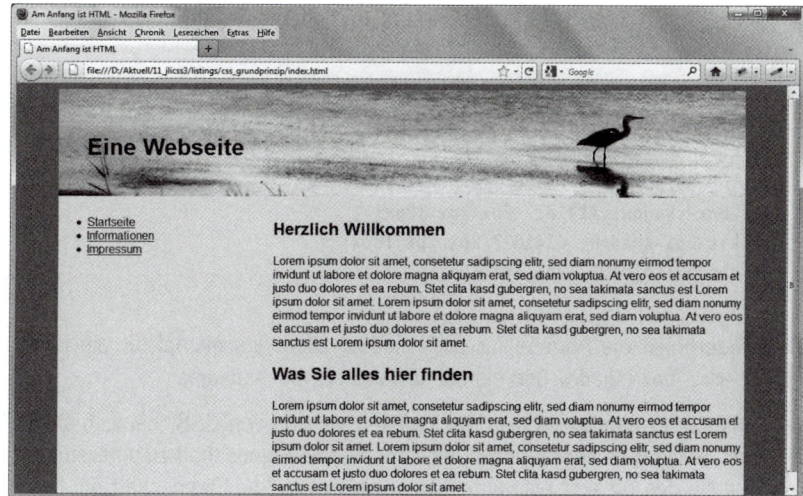

Abbildung 3.9:
Das Beispiellayout

3.2.7 Ein eleganter Schatten mit CSS3

Noch eine kleine Verbesserung: Der #container-Bereich liegt sehr platt auf dem Hintergrund. Ein kleiner Schatten wirkt hier eleganter. Hierfür ergänzen Sie noch eine Zeile bei der Formatierung des #container-Elements, nämlich die Eigenschaft box-shadow:

```
#container {
  background-color: #DFE9F2;
  width: 960px;
  margin: auto;
  box-shadow: #141817 2px 2px 10px;
}
```

box-shadow erwartet vier Angaben:

- Die erste Angabe bei box-shadow bestimmt die Farbe.

- Die nächste Angabe die Position des Schattens von oben.

- Die nächste die Position des Schattens von unten.

- Und schließlich die letzte den Grad der Verschwommenheit.

Abbildung 3.10:
Ein kleiner Schatten macht
das Ganze raffinierter.

Weil box-shadow *erst in CSS3 definiert wird, ist die Browserunterstützung auch noch nicht übergreifend – es können zwar alle aktuellen Browser, der Internet Explorer jedoch erst ab Version 9.*

Im Internet Explorer 8, wo es beispielsweise noch nicht funktioniert, wird der Schatten dann nicht angezeigt. Es passiert aber nichts weiter, das Layout ist ansonsten voll funktionsfähig.

Sie lernen im Laufe des Buches natürlich Strategien kennen, um damit umzugehen, dass bestimmte Browser eine bestimmte Eigenschaft noch nicht verstehen. Eine Strategie ist es, mit den Unterschieden zu leben und nichts zu tun – wie wir das hier im Beispiel tun. Ansonsten kann man noch über Tricks nachbessern. Für box-shadow *geht das über CSS3 PIE. Mehr dazu in Kapitel 8.*

Außerdem erhalten Sie natürlich, wenn in den nächsten Kapiteln die CSS-Eigenschaften erläutert werden, immer detaillierte Informationen zur Browserunterstützung, sodass Sie das im Blick haben.

Wenn der Schatten auch in älteren Firefox- und älteren Safari-Browsern funktionieren soll, müssen Sie noch zwei Zeilen ergänzen:

```
#container {
  background-color: #DFE9F2;
  width: 960px;
  margin: auto;
  -moz-box-shadow: #141817 2px 2px 10px;
  -webkit-box-shadow: #141817 2px 2px 10px;
  box-shadow: #141817 2px 2px 10px;
}
```

Sie wiederholen die Angabe für box-shadow, allerdings einmal für die Eigenschaft –moz-box-shadow und einmal für –webkit-box-shadow.

box-shadow ist nämlich erst in der neusten Version von CSS, nämlich CSS3, definiert. Wenn Browser beginnen, eine neue CSS3-Eigenschaft zu unterstützen, machen sie das oft erst einmal testweise, indem sie die Eigenschaft mit ihrem Präfix unterstützen. Falls sich zu diesem Zeitpunkt noch etwas an der Definition der Eigenschaft ändert, können die Browserhersteller dann die richtige Eigenschaft ohne Präfix implementieren. Auch zu diesem Thema kommen wir noch ausführlicher.

Sie haben eine Reihe von CSS-Eigenschaften gesehen, die in den folgenden Kapiteln genauer besprochen werden.

Sie finden das Beispiel auch in dem Ordner des Kapitels in einem Unterordner *layoutvariante_1* als *index.html* und *layout.css*.

 Mit dem Dateinamen index.html hat es eine Besonderheit: So muss die Startseite heißen, d.h. die Seite, die aufgerufen wird, wenn kein spezieller Dateiname angegeben ist.

3.2.8 Weitere Unterseiten

Damit Sie die Macht von CSS besser sehen, gibt es im Ordner *layoutvariante_1* zwei weitere Dateien.

info.html ist eine Datei mit Informationen. Diese Datei ist genau aufgebaut wie die *index.html*-Seite, aber die erste h2-Überschrift am Anfang des Inhaltsbereichs ist geändert:

```
<div id="inhalt">
<h2>Informationen über Lorem und sit</h2>
```

Außerdem gibt es die Datei *impressum.html*. Diese sieht genauso aus wie die *index.html*-Seite, aber auch hier ist die Überschrift abgeändert.

Im echten Beispiel würden Sie natürlich auch die Texte ändern, die bisher sehr schlicht *Lorem ipsum* heißen.

Die Dateinamen sind natürlich nicht willkürlich gewählt, sondern diejenigen, die in der Navigation gewählt wurden.

```
<ul>
  <li><a href="index.html">Startseite</a></li>
  <li><a href="info.html">Informationen</a></li>
  <li><a href="impressum.html">Impressum</a></li>
</ul>
```

So können Sie sich durch die verschiedenen Seiten des Beispielprojekts klicken.

3.2.9   Veränderungen am Layout

Der Nutzen von CSS wird deutlich, wenn Sie die CSS-Datei editieren. Ändern Sie einmal die Hintergrundfarbe bei body auf folgenden Wert:

```
body {
  background-color: #DEE3EB;
  color: #141817;
  font-family: sans-serif;
}
```

Nur die erste Zeile ist hier verändert. Wenn Sie das Beispiel ausprobieren, so hat sich damit die Hintergrundfarbe auf allen Seiten des Projekts geändert.

Bei Lorem ipsum handelt es sich um einen sogenannten Blindtext. Ein Blindtext dient als Platzhalter, bis die richtigen Texte da sind – und wird gerne bei Entwürfen benutzt.

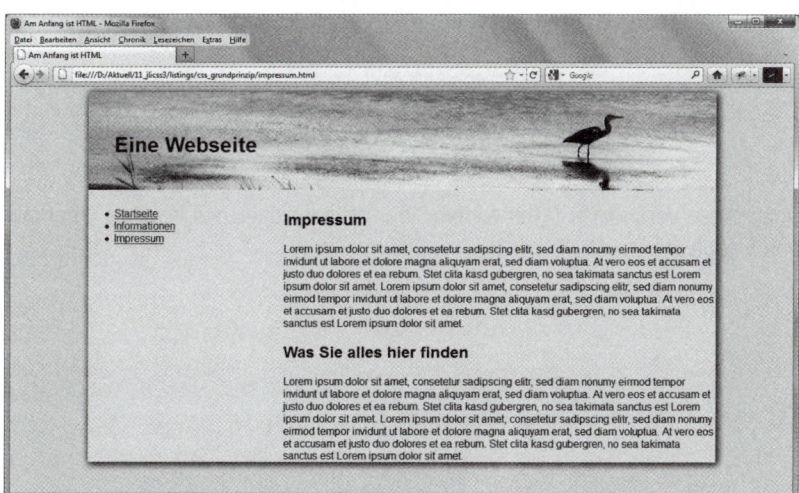

Abbildung 3.11:
Mit einer kleinen Änderung ändern sich die Hintergründe aller Unterseiten.

Navigation rechts unterbringen

Vielleicht wäre die Navigation doch besser rechts untergebracht? Dafür sind folgende Änderungen notwendig:

```
#navigation {
  width: 300px;
  float: right;
}
#inhalt {
  margin-right: 300px;
  padding-left: 20px;
}
```

Zusätzlich wurde hier `padding-left` ergänzt, damit der Text nicht direkt am Rand klebt.

Wieder wirkt sich die Änderung auf alle Unterseiten aus.

Abbildung 3.12:
Jetzt ist die Navigation rechts.

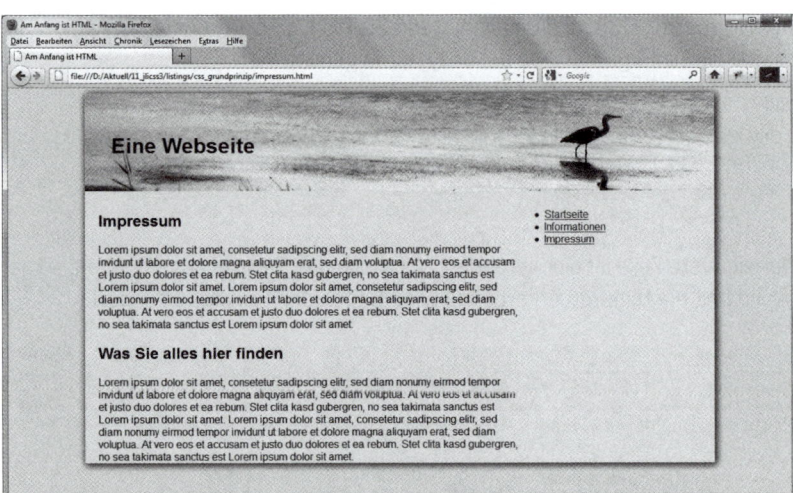

Auch diese veränderte Datei finden Sie im Unterordner des Kapitels innerhalb von *layoutvariante_2*.

3.3 Vorteile von CSS

CSS hat viele Vorteile im Vergleich dazu, Formatierungen über HTML zu realisieren, wie man es früher gemacht hat.

- Beim richtigen Einsatz von HTML und CSS erreichen Sie eine Trennung von Inhalt und Layout. Damit können Sie beide getrennt voneinander verändern.

- Mit CSS ist die Wartung einfacher – Änderungen an der Formatierung müssen nur an einer Stelle durchgeführt werden, um für alle Seiten des Projekts zu gelten.

- Wenn Sie CSS einsetzen und die Formatierungen nicht über HTML vornehmen, lädt Ihre Seite schneller. Die externe CSS-Datei muss nur einmal geladen werden, danach ist sie im Browsercache vorhanden. Wird die nächste Seite des Projekts aufgerufen, lädt der Browser die Layoutangaben von der Festplatte, das ist wesentlich schneller.

> Der Browsercache ist der interne Zwischenspeicher des Browsers. Wenn etwas im Browsercache ist, ist es auf der Festplatte des Benutzers zwischengespeichert.

- Sie sind ganz frei in der Benutzung von HTML – Sie nehmen die Elemente, die am besten zum Inhalt passen. Per CSS lässt sich die Formatierung beliebig ändern. So können Sie eine Überschrift der 1. Ordnung beispielsweise kleiner darstellen als eine Überschrift der 2. Ordnung.

- Auch für die Barrierefreiheit ist die konsequente Nutzung von CSS ein wichtiger Schritt.

> Bei der Barrierefreiheit oder Zugänglichkeit (Accessibility) von Webseiten geht es darum, dass Webseiten möglichst von allen genutzt werden können. Auch wenn jemand etwa die Maus nicht bedienen kann, weil er motorisch eingeschränkt ist, oder wenn jemand ein eingeschränktes Sehvermögen hat. Webseiten der öffentlichen Hand müssen in Deutschland barrierefrei gestaltet sein. Aber auch für andere Seiten empfiehlt es sich, grundlegende Aspekte der Barrierefreiheit zu beachten. Schließlich wollen Sie so viele Benutzer wie möglich erreichen.

- Für mobile Geräte (Smartphones und Co.) sind über CSS gestaltete Webseiten besser zu nutzen als etwa Tabellenlayouts.

- CSS bietet eine Fülle an Formatierungs- und Gestaltungsmöglichkeiten, die Sie über HTML nicht haben.

- Mit CSS lassen sich unterschiedliche Layouts für die verschiedenen Ausgabemedien gestalten. Sie können etwa ein eigenes Layout für den Ausdruck definieren, in dem für den Ausdruck unnötige Bereiche wie die Navigation ausgeblendet sind (siehe Kapitel 15).

- Mit CSS3 lassen sich zudem Layouts für bestimmte Bildgrößen definieren. Bei kleinem Bildschirm stellen sie die Inhalte einspaltig dar, bei größerem Bildschirm zweispaltig, und wenn ganz viel Platz zur Verfügung ist, dreispaltig oder mehr (siehe Kapitel 16).

- Auch für die Suchmaschinenoptimierung (SEO) ist CSS wichtig. Sie halten bei einem konsequenten Einsatz von CSS Ihre HTML-Datei schlanker und haben daher ein besseres Verhältnis von Code zu Inhalt, als wenn Sie die Formatierungen mit HTML durchführen. Zudem lässt sich eine gut strukturierte HTML-Seite, die nicht aufgebläht ist von HTML-Formatierungen, von Suchmaschinencrawlern besser erfassen.

3.4 Zusammenfassung

In diesem Kapitel haben Sie ein kleines Beispiel für das Zusammenspiel von HTML und CSS gesehen. Dabei wurde der CSS-Code in einer eigenen Datei gespeichert, die in die einzelnen HTML-Seiten eingebunden wurde. Dadurch können Sie die Formatierungen zentral steuern. Eine Änderung an der CSS-Datei wirkt sich auf alle HTML-Dateien aus, die die CSS-Datei eingebunden haben.

Sie haben verschiedene CSS-Formatierungen kennengelernt, die in den nächsten Kapiteln genauer behandelt werden. An einem Beispiel haben Sie gesehen, wie man durch die CSS3-Eigenschaft box-shadow einen raffinierten Schatten auf Elemente zaubern kann. Diese Eigenschaft wird zwar nicht von älteren Internet Explorern unterstützt wie viele der neuen CSS3-Eigenschaften. Aber der Internet Explorer stellt trotzdem die restlichen Formatierungen wie erwartet dar. In den nächsten Kapiteln werden Sie weitere CSS3-Features sehen und auch Methoden kennenlernen, um bei der fehlenden Unterstützung der Vorgänger-Versionen des Internet Explorer 9 nachzubessern.

Am Schluss haben Sie einige Vorteile von CSS gesehen. Kurz gefasst kann man sagen: CSS-Layouts sind zeitgemäß und an CSS führt kein Weg mehr vorbei.

3.5   Übungen

1. Probieren Sie einmal das Ausschalten der Styles im Firefox über Ansicht / Webseiten-Stil / Kein Stil bei einer beliebigen Seite aus!

2. Ändern Sie beim Layoutbeispiel die Hintergrundfarbe der gesamten Seite in Orange.

Geben Sie hierfür bei

```
body {
    background-color: #91916D;
    color: #141817;
    font-family: sans-serif;
}
```

Folgendes ein:

```
body {
    background-color: orange;
    color: #141817;
    font-family: sans-serif;
}
```

Klicken Sie sich dann durch die einzelnen Unterseiten, um zu sehen, dass sich die Änderung wirklich auf alle Unterseiten auswirkt.

4 CSS und HTML – auf ewig verbunden

Am Ende des Kapitels können Sie

- externe Stylesheets mit HTML-Dokumenten verknüpfen
- mit eingebetteten Stylesheets arbeiten
- Firebug einsetzen, um zu wissen, welche Formatierung sich durchsetzt

Das letzte Kapitel hat einen Einblick gegeben, was CSS kann, wie es prinzipiell funktioniert und was seine Vorteile sind. Höchste Zeit, die einzelnen Konzepte einmal genauer anzuschauen. Beginnen wir damit, wie Sie CSS mit HTML verknüpfen. Außerdem lernen Sie in diesem Kapitel die äußerst nützliche Firefox-Erweiterung Firebug kennen.

4.1 Externe Dateien mit link

Bei Ihren Projekten werden Sie am häufigsten mit externen Stylesheets arbeiten, wie wir es auch im letzten Kapitel gemacht haben. In externen Dateien können Sie Formatierungen angeben, die für **mehrere Dateien** gelten. So lassen sich projektweit Formatierungen erstellen, die Sie zentral verwalten und auch zentral verändern können – eine wichtige Voraussetzung für ein einheitliches Erscheinungsbild eines Webauftritts.

> Externe Stylesheets sind eigene Dateien, in denen nur die CSS-Formatierungen stehen und kein HTML-Code.

Dafür brauchen Sie zwei Zutaten:

Sie brauchen eine Textdatei, die die CSS-Formatierungen enthält. Diese trägt üblicherweise die Endung *.css*. Hier noch einmal ein einfaches Beispiel für eine solche Datei.

```
h1 {
  background-color: blue;
  color: white;
}
p {
  background-color: black;
  color: yellow;
}
```

In den nächsten Kapiteln werden Sie nach und nach weitere CSS-Eigenschaften kennen- und anwenden lernen. Damit wir uns auf die Zusammenarbeit von CSS und HTML in diesem Kapitel konzentrieren können, kommen in den Beispielen hauptsächlich die beiden Eigenschaften color *(Textfarbe) und* background-color *(Hintergrundfarbe) vor. Für die Beispiele verwende ich gerne die englischen Farbnamen. Welche Farbnamen standardisiert sind, erfahren Sie in Kapitel 6.*

Listing 4.1:
CSS-Angaben stehen in einer eigenen Datei (extern.css).

Im Beispiel werden dabei die h1-Überschriften mit einem blauen Hintergrund und einer weißen Schrift versehen. Außerdem werden die Absätze mit einem schwarzen Hintergrund und einer gelben Schriftfarbe ausgestattet.

Übrigens müssten Sie bei HTML 4.0 oder XHTML 1.0 auch den MIME-Typ angeben:

```
<link rel="stylesheet"
href="extern.css"
type="text/css" />
```

Listing 4.2:
Eine Verknüpfung verweist auf die Stylesheet-Datei (externes_stylesheet.html).

Abbildung 4.1:
Ein externes Stylesheet wurde eingebunden.

Tipp

Üblicherweise werden Sie eine CSS-Datei nicht nur in einem HTML-Dokument einbinden, sondern in allen zugehörigen Dokumenten des Projekts, wie wir es im letzten Kapitel gemacht hatten.

Dann brauchen Sie noch das HTML-Dokument, für das die Formatierungen gelten sollen. In diesem gibt es eine Verknüpfung zur CSS-Datei. Diese Verknüpfung befindet sich im Kopfbereich der Datei und ist im Element link angegeben.

```
<link rel="stylesheet" href="extern.css" />
```

Das Attribut rel erhält obligatorisch den Wert stylesheet. Hinter href steht der Pfad zur CSS-Datei. Befindet sich die CSS-Datei im selben Verzeichnis wie die HTML-Datei, so brauchen Sie hier nur den Dateinamen mit Endung zu schreiben.

Den gesamten Quellcode mit etwas gekürztem Blindtext zeigt das folgende Listing.

```
<!DOCTYPE html>
<html>
<head>
  <meta charset="utf-8" />
  <title>Externes Stylesheet</title>
  <link rel="stylesheet" href="extern.css" />
</head>
<body>
  <h1>Lorem ipsum dolor</h1>
  <p>Lorem ipsum dolor sit amet ...</p>
  <h2>Lorem ipsum dolor</h2>
  <p>Lorem ipsum dolor sit amet ...</p>
</body>
</html>
```

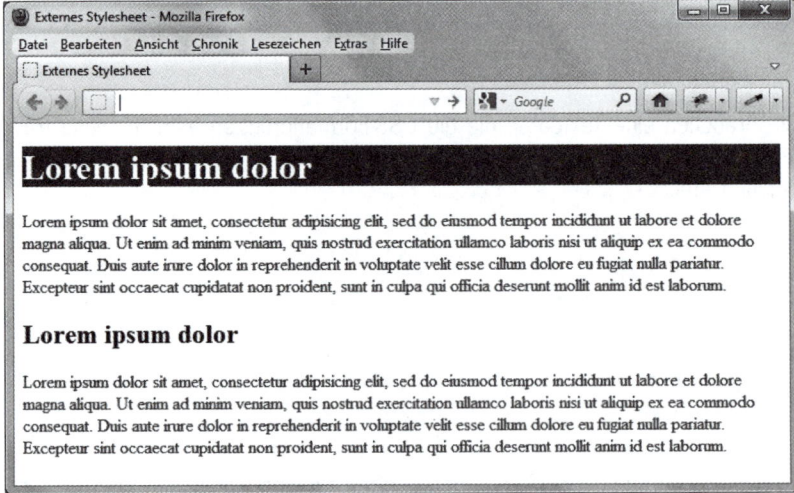

Der Vorteil von externen Stylesheets ist deutlich:

* Sie können so zentral alle Formatierungen Ihrer Webseite steuern. Änderungen an der CSS-Datei wirken sich automatisch in allen Dateien aus, in denen die CSS-Datei eingebunden ist.

Eingebettetes Stylesheet

Außerdem können Sie mit eingebetteten Stylesheets arbeiten. Ein eingebettetes Stylesheet steht direkt in einer HTML-Datei. Dabei gelten die CSS-Formatierungen auch nur für die Elemente in dieser HTML-Datei. Hierfür schreiben Sie die CSS-Angaben in den Dokumentkopf innerhalb des head-Bereichs.

Eingeleitet werden die Stylesheet-Angaben durch das Element style:

```
<style> ... </style>
```

Innerhalb von <style> und </style> stehen die CSS-Befehle

```
<style>
h1 {
  background-color: blue;
  color: white;
}
p {
  background-color: white;
  color: blue;
}
</style>
```

Hier sehen Sie das eingebettete Stylesheet im Gesamtzusammenhang – der Blindtext wurde etwas gekürzt. Das Ergebnis ist dasselbe wie in Abbildung 4.1.

```
<!DOCTYPE html>
<html>
<head>
  <meta charset="utf-8" />
  <title>CSS-Angaben im Dokumentkopf</title>
<style>
h1 {
  background-color: blue;
  color: white;
}
p {
  background-color: white;
  color: blue;
}
</style>
</head>
```

Übrigens können Sie auch mehrere Stylesheets in Ihre Datei einbinden. Wenn sich dann Angaben widersprechen, so gilt die Regel: Wer zuletzt kommt, setzt sich durch.

Wieder müssten Sie in HTML 4.01 und XHTML 1.0 noch den MIME-Typ angeben, d.h. <style type="text/css"> … </style> schreiben.

Listing 4.3:
Überschriften h1 *und Absätze* p *erhalten eigene Hinter- und Vordergrundfarben (eingebettetes_stylesheet.html).*

```
<body>
  <h1>Lorem ipsum dolor</h1>
  <p>Lorem ipsum dolor sit amet ... </p>
  <h2>Lorem ipsum dolor</h2>
  <p>Lorem ipsum dolor sit amet ...</p>
</body>
</html>
```

Eingebettete Stylesheets sind praktisch:

- Wenn Sie besondere **Formatierungen nur in einer Datei** brauchen, bei-spielsweise auf einer Seite mit einem Kontaktformular die formularspezifi-schen Formatierungen.

- **Für Experimente**. Wenn Sie Ihr Layout erstellen, empfiehlt es sich, zuerst die CSS-Angaben in derselben Datei zu haben und erst danach auszulagern. Das ist praktisch, weil Sie dann leicht verschiedene Versionen abspeichern können.

- **Bei Beispielen** werden Sie häufig diesen Typ finden. Es ist leichter, den CSS-Code und den zugehörigen HTML-Code im Blick zu haben, wenn sich beide in derselben Datei befinden.

Inline-Stile

Außerdem können Sie Formatierungen über Inline-Stile vornehmen: Notieren Sie hierfür direkt im Element, das Sie formatieren möchten, das Attribut `style`. Als Werte schreiben Sie die CSS-Eigenschaften.

```
<p style="color: white; background-color: black">Lorem ipsum do-
lor sit amet</p>
```

Ein Beispiel:

Listing 4.4:
Der erste Absatz hat eine
gesonderte Formatierung
über ein `style`*-Attribut*
(inline-css-angabe.html).

```
<!DOCTYPE html>
<html>
<head>
  <meta charset="utf-8" />
  <title>CSS-Angaben</title>
<style>
h1 {
  background-color: blue;
  color: white;
}
p {
  background-color: white;
  color: blue;
}
</style>
</head>
```

```
<body>
  <h1>Lorem ipsum dolor</h1>
  <p style="color: white; background-color: black">Lorem ipsum do-
lor sit amet ... </p>
  <h2>Lorem ipsum dolor</h2>
  <p>Lorem ipsum dolor sit amet ...</p>
  <p>Lorem ipsum dolor sit amet ...</p>
  </body>
</html>
```

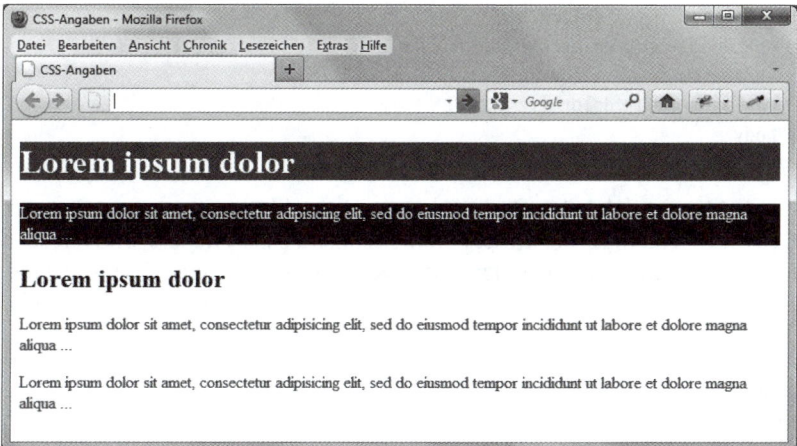

Abbildung 4.2:
Der erste Absatz mit dem Style-
attribut hat einen schwarzen
Hintergrund und eine weiße
Textfarbe.

Diese Art, Formatierungen anzugeben, mag auf den ersten Blick praktisch erscheinen, weil sich so gezielt Ausnahmen definieren lassen, wenn beispielsweise
ein Absatz anders aussehen soll. Hierfür gibt es aber weit bessere Möglichkeiten über Klassen, die in Kapitel 5 vorgestellt werden.

Diese Inline-Stilangaben sind eigentlich nicht gut, weil sie dem Prinzip der Trennung von Inhalt und Formatierung widersprechen. Bei echten Projekten werden
Sie nur selten wirklich nur einen einzelnen Absatz auf allen Webseiten haben, der
eine bestimmte Formatierung haben soll. Meist sind es mehrere auf einer Seite
oder auch auf unterschiedlichen Seiten. Das können Sie besser über Klassen
in einem externen Stylesheet steuern. Bei Verwendung von Inline-Stilangaben
hingegen müssten Sie bei Änderungen jede einzelne HTML-Seite editieren.

Tipp

*Diese Inline-Stilangaben
sind praktisch für schnelle
Tests, wie sich eine bestimmte
Formatierung auswirkt. Sie
werden sie auch häufig in
Tutorials sehen.*

4.2 @import zum Einbinden

Externe Stylesheets binden Sie üblicherweise über das link-Element ein, wie
Sie bereits gesehen haben. Zur Verknüpfung mit externen Stylesheet-Dateien
gibt es noch eine zweite Möglichkeit: die @import-Direktive. Diese steht innerhalb des style-Elements, das wiederum selbst wie gewohnt in den Dokumentkopf platziert wird:

Listing 4.5:
Stylesheet über @import-*Direktive*
einbinden (import.html)

```
<!DOCTYPE html>
<html>
<head>
  <meta charset="utf-8" />
  <title>Externes Stylesheet</title>
  <style>
  @import url(extern.css);
  </style>
</head>
<body>
  <h1>Lorem ipsum dolor</h1>
  <p>Lorem ipsum dolor sit amet ... </p>
  <h2>Lorem ipsum dolor</h2>
  <p>Lorem ipsum dolor sit ...</p>
</body>
</html>
```

Hinter @import folgt das Schlüsselwort url und in Klammern der Pfad zur CSS-Datei. Unterhalb der @import-Anweisungen können weitere CSS-Angaben folgen, wichtig ist dabei nur, dass die @import-Anweisungen als Erstes stehen.

Das geht:

```
<style>
@import url(extern.css);
h1 {
  color: red;
}
</style>
```

Das geht nicht:

```
<style>
h1 {
  color: red;
}
@import url(extern.css);
</style>
```

Wenn Sie @import benutzen, um eine externe Datei einzubinden, so ist das Ergebnis dasselbe, wie wenn Sie die externe Datei mit <link> einbinden. Die @import-Anweisung hat jedoch zwei Besonderheiten:

- Es gab ältere Browser, die @import nicht interpretieren. Damit konnte @import benutzt werden, um CSS-Angaben vor Uraltbrowsern zu verstecken, die sie nicht korrekt interpretieren würden. Heute ist dieser Punkt nicht mehr relevant, weil diese Uraltbrowser ausgestorben sind.

Der zweite Punkt ist heute noch relevant.

- @import kann zur Modularisierung von Stylesheets dienen. Sie können damit Ihre Formatierungen auf mehrere Dateien aufteilen und je nach Bedarf die entsprechenden laden.

Zum letzten Punkt: Durch den Einsatz von @import können Sie eine oder mehrere @import-Anweisungen auch innerhalb eines per link eingebundenen Stylesheets notieren. So könnte ein externes Stylesheet folgendermaßen aussehen:

```
@import url(navigation.css);
@import url(inhalt.css);
p { color: red; }
```

Damit können Sie die Angaben über mehrere Dateien sinnvoll verteilen. Sie könnten beispielsweise eine eigene Datei *navigation_kurz.css* für eine andere Navigationsvariante haben. Bei Bedarf fügen Sie diese anstelle von *navigation.css* ein:

```
@import url(navigation_kur.css);
@import url(inhalt.css);
p { color: red; }
```

@import innerhalb von per link eingebundenen Stylesheets ist jedoch aus Performancegründen nicht optimal.

> Bei der Performance von Webseiten geht es um die Geschwindigkeit, die sie brauchen, um dargestellt zu werden.

Außerdem ist es aus Performancegründen nicht gut, wenn Sie zu viele CSS-Dateien benutzen. Denn jede zusätzliche Datei, die geladen werden muss, bedeutet einen weiteren HTTP-Request, was sich negativ auswirkt.

Das heißt, dass Sie bei der endgültigen Version Ihrer Webseite am besten mit link-Elementen arbeiten.

4.3 Machtkampf – wer setzt sich durch?

Wenn wir @import als weniger gebräuchliche Variante weglassen, bleiben drei Methoden, um die CSS-Angaben mit dem HTML-Code zu verknüpfen. Und diese lassen sich natürlich auch alle gleichzeitig benutzen. Was setzt sich aber durch, wenn sich die Angaben widersprechen? Da gibt es mehrere Regeln. Die erste lautet:

> Inline-Stilangaben haben Vorrang vor Angaben in externen Stylesheets und in eingebetteten Stylesheets.

Nehmen wir folgenden Fall. In einem eingebetteten Stylesheet im head-Bereich des Dokuments wird als Schriftfarbe für Absätze Weiß festgelegt, als Hintergrundfarbe Grau.

```
<style>
p {
  color: white;
  background-color: gray;
}
</style>
```

In einer Inline-Stilangabe wird hingegen als Schriftfarbe für einen konkreten Absatz die Farbe Schwarz festgelegt:

```
<p style="color: black">Ein Teil davon ist besonders wichtig.</p>
```

Hier sehen Sie das Dokument in seiner Gesamtheit:

Listing 4.6:
Inline-Stilangaben setzen
sich gegenüber eingebet-
teten Stylesheets durch
(inlinestil_anderes.html).

```
<!DOCTYPE html>
<html>
<head>
<meta charset="utf-8" />
<title>Stilangaben</title>
<style>
p {
  color: white;
  background-color: gray;
}
</style>
</head>
<body>
  <p>Hier steht Text. </p>
  <p style="color: black">Ein Teil davon ist besonders wichtig.</p>
</body>
</html>
```

In diesem Fall setzt sich die Inline-Stilangabe durch. Der zweite Absatz hat eine schwarze Textfarbe.

Abbildung 4.3:
Die Inline-Stilangabe setzt sich
durch, deswegen ist der Text des
zweiten Absatzes schwarz.

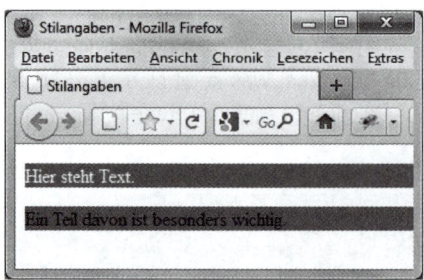

Damit kommen wir zur nächsten Regel:

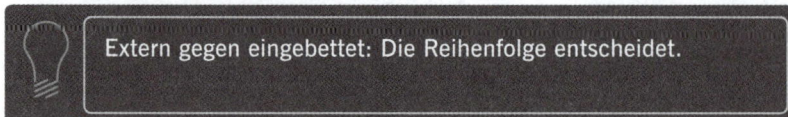

Extern gegen eingebettet: Die Reihenfolge entscheidet.

Wenn die Angabe in einem externen Stylesheet der Angabe in einem eingebetteten Stylesheet widerspricht, so setzt sich das durch, was zuletzt steht.

Hierzu ein Beispiel. Zuerst brauchen wir eine externe CSS-Datei. Sie trägt den passenden Dateinamen *machtkampf.css* und sieht folgendermaßen aus:

```
p {
  color: black;
}
```

Listing 4.7:
Die Datei machtkampf.css

Dann gibt es ein HTML-Dokument, in dem **zuerst die externe CSS-Datei** per `link` eingebunden wird und **danach ein eingebettetes Stylesheet** steht:

```
<!DOCTYPE html>
<html>
<head>
<meta charset="utf-8" />
<title>Stilangaben</title>
<link rel="stylesheet" href="machtkampf.css" />
<style>
p {
  color: white;
  background-color: gray;
}
</style>
</head>
<body>
  <p>Hier steht Text. </p>
  <p>Ein Teil davon ist besonders wichtig.</p>
</body>
</html>
```

Listing 4.8:
Kombination von externer Datei und eingebetteten CSS-Angaben (extern_eingebettet_1.html)

Im internen Stylesheet wird als Schriftfarbe Weiß bestimmt, wohingegen im externen Stylesheet als Schriftfarbe Schwarz angegeben ist. In diesem Fall setzt sich Weiß aus dem eingebetteten Stylesheet durch, da diese Angabe nach dem externen Stylesheet steht.

Diese Reihenfolge – zuerst die externen Angaben, danach die internen – ist die häufiger genutzte Variante.

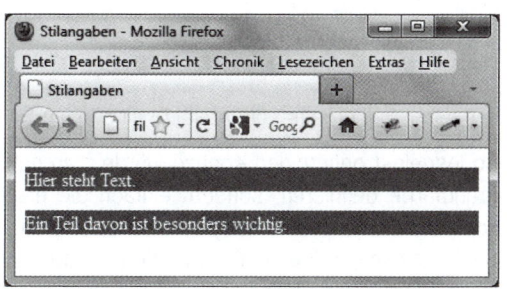

Abbildung 4.4:
Die Schriftfarbe Weiß aus dem eingebetteten Stylesheet setzt sich durch, wenn dies nach dem externen Stylesheet steht.

Vertauscht man hingegen die Reihenfolge der beiden Stylesheets und setzt das externe Stylesheet nach dem internen, so setzt sich die Angabe aus dem externen Stylesheet durch:

Listing 4.9:
Die Reihenfolge ist vertauscht:
Zuerst interne Angabe,
danach externes Stylesheet
(extern_eingebettet_2.html)

```
<style>
p {
  color: white;
  background-color: gray;
}
</style>
<link rel="stylesheet" href="machtkampf.css" />
```

Abbildung 4.5:
Schwarz als Schriftfarbe
gewinnt, da das externe
Stylesheet nach dem einge-
betteten Stylesheet steht.

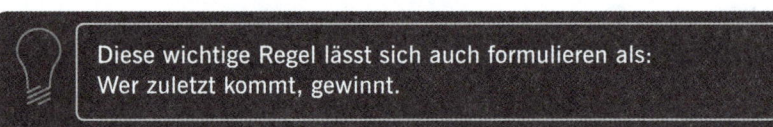

Tipp

Die Regel, dass die letzte
Angabe sich durchsetzt, gilt
übrigens auch, wenn Sie
mit mehreren Stylesheets
arbeiten.

Ein Beispiel wäre: Sie haben
eine Galerie in Ihrer Webseite
integriert. Für diese Galerie
brauchen Sie besondere CSS-
Angaben – aber nur bei der
Galerie. Dann kann es sinnvoll
sein, diese Angaben in eine
eigene Datei zu schreiben und
diese Datei nur auf den Seiten
einzubinden, auf denen es
eine Galerie gibt.

> 💡 Diese wichtige Regel lässt sich auch formulieren als:
> Wer zuletzt kommt, gewinnt.

Diese allgemeine Regel gilt prinzipiell bei CSS-Angaben. Auch wenn Sie beispielsweise an zwei Stellen im Stylesheet unterschiedliche Angaben machen, so gilt diejenige, die zuletzt steht:

```
p {
  background-color: green;
}
p {
  background-color: blue;
}
```

In diesem Fall erhalten die Absätze eine blaue Schriftfarbe.

So losgelöst ohne jeden Kontext würde man natürlich nicht zweimal die Hintergrundfarbe definieren, sondern einfach die erste Angabe herausstreichen. In komplexen Stylesheets kann es aber passieren, dass Sie an unterschiedlichen Stellen dieselben Elemente formatieren, und dann ist es gut, dass Sie wissen, welche Formatierungsangabe sich durchsetzt.

4.4   Kommentare

Gerade, wenn die Beispiele komplexer werden, sollten Sie Kommentare nutzen. Der Inhalt von Kommentaren wird vom Browser ignoriert. Sie können in Kommentaren aber wichtige Hinweise unterbringen, damit Sie Ihren Code auch in ein paar Monaten noch verstehen und lesen können.

 In CSS schreiben Sie Kommentare zwischen /* und */. Kommentare können über mehrere Zeilen gehen.

```
/* Alle Absätze erhalten eine rote Textfarbe */
p {
  color: red;
}
```

Neben dem eigentlichen »Kommentieren« können Sie Kommentare auch nutzen, um Codeteile temporär **auszukommentieren**. So sehen Sie, was passiert, wenn bestimmte Codeteile nicht vorhanden sind.

 Die CSS-Kommentare werden anders geschrieben als die HTML-Kommentare. In HTML benutzen Sie <!-- und -->. In CSS hingegen steht der Kommentar zwischen /* und */.

Das heißt, Sie müssen immer genau schauen, in welchem Kontext Sie sind, um zu entscheiden, welchen Kommentartyp Sie benutzen. Innerhalb von <style> und </style> benutzen Sie die CSS-Kommentare, genauso wie auch in externen Stylesheets.

4.5   Stets hilfreich und unentbehrlich: Firebug

Es gibt sehr nützliche Tools, die Ihnen bei der Arbeit mit CSS helfen. Eines davon ist die Firefox-Erweiterung Firebug. Um sie zu installieren, gehen Sie mit Firefox auf die Webseite *https://addons.mozilla.org/de/firefox/addon/firebug/*. Dort klicken Sie auf den Button Zu FIREFOX HINZUFÜGEN. Eine Rückfrage, ob Sie das wirklich wollen, können Sie bestätigen und die Erweiterung installieren. Dann müssen Sie Firefox neu starten.

Rufen Sie nun einmal eine Datei mit CSS-Formatierungen wie *extern_eingebettet_2.html* auf. Dann aktivieren Sie Firebug über das Menü ANSICHT / FIREBUG.

Außerdem können Sie Firebug über die Taste F12 starten oder über den Käfer-Button rechts neben der Adresszeile.

Das Fenster teilt sich und im unteren Bereich sehen Sie Firebug. Beim Tab HTML sehen Sie die HTML-Struktur Ihres Dokuments. Die Elemente klappen auf, wenn Sie auf das Kreuz klicken. Klicken Sie dann einmal auf das p eines Absatzes.

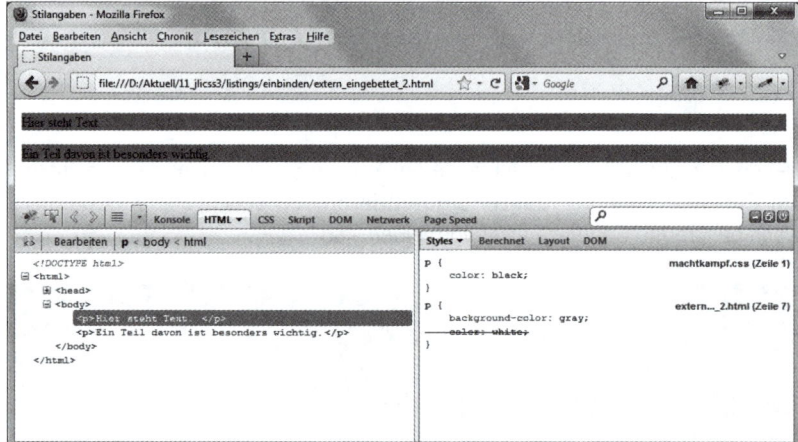

Im rechten Bereich sehen Sie die Formatierungen, die für das betreffende Element gelten. Da bei der Beispieldatei die Formatierungen für die Absätze an zwei verschiedenen Stellen stehen, sehen Sie im rechten Bereich beide aufgeführt. Sie sehen immer den Selektor mit den angegebenen Regeln, außerdem erscheint rechts daneben in Blau, woher – d.h. aus welcher Datei – die angegebene Regel stammt.

Beim zweiten p im rechten Bereich ist eine Angabe durchgestrichen, das bedeutet, dass diese zwar an sich für das angegebene Element gilt, aber durch eine andere Regel überschrieben wird. Damit zeigt Ihnen Firebug, welche Regeln für die ausgewählten Elemente gelten.

Die CSS-Angaben können Sie in Firebug testweise verändern. Wenn Sie in den ersten Farbwert klicken, können Sie beispielsweise aus black ein orange machen.

```
p {                                    machtkampf.css (Zeile 1)
    color: orange
}
p {                                    extern..._2.html (Zeile 7)
    background-color: gray;
    color: white;
}
```

Abbildung 4.8:
Die Angaben in Firebug können
testweise geändert werden.

Die Auswirkung sehen Sie sofort im Browser.

Noch zwei weitere nützliche Tipps zu Firebug:

- Wenn Sie vor eine Eigenschaft klicken, deaktivieren Sie sie temporär.

```
p {
⊘   color: orange;
}
```

Abbildung 4.9:
Ein Klick vor eine Eigenschaft
deaktiviert sie.

- Möchten Sie ein bestimmtes Element untersuchen, können Sie es in der Webseite mit der rechten Maustaste anklicken. Wählen Sie dann ELEMENT IN FIREBUG UNTERSUCHEN im Kontextmenü. Schon sind Sie im Firebug und das Element ist ausgewählt.

Im Laufe des Buches werden Sie noch mehr Hinweise zu Firebug erhalten – es ist ein ungeheuer nützliches Tool, das man immer bei der Arbeit mit CSS braucht.

4.6 Zusammenfassung

Es gibt verschiedene Arten, CSS mit HTML zu verknüpfen.

Im echten Einsatz werden Sie am häufigsten mit gesonderten CSS-Dateien arbeiten, sogenannten externen Dateien. Diese enthalten nur CSS-Code und werden über das `link`-Element eingebunden. Daneben können Sie auch externe Stylesheets über `@import` einbinden, aber `link` ist aus Performancegründen die empfohlene Variante.

Gerade für Experimente oder auch Beispiele empfehlen sich die internen CSS-Angaben. Dabei steht der CSS-Code innerhalb von `<style>` und `</style>`. Das `style`-Element selbst steht innerhalb von `<head>` und `</head>`. Der Vorteil dieser Variante ist, dass Sie verschiedene Variationen Ihrer Formatierungen unter unterschiedlichem Namen abspeichern können und dass Sie nicht mit mehreren Dateien hantieren müssen. Zum Schluss sollten Sie die Formatierungen auslagern.

Für schnelle Tests könnten Sie Inline-Stilangaben verwenden. Dafür schreiben Sie in dem Element, das Sie formatieren wollen, das Attribut `style`. Dahinter stehen dann die CSS-Formatierungen, z.B. `<h1 style="color: red"> ...</h1>`. Dieser Weg ist aber für echte Projekte unpraktisch, weil Sie bei Änderungen alle HTML-Dateien durchsuchen müssen, um die entsprechenden Stellen zu finden.

Tipp

Sie ändern damit nicht wirklich Ihr Stylesheet. Soll die Änderung dauerhaft sein, müssen Sie sie ebenfalls in Ihrer CSS-Datei durchführen. Das Editieren von Eigenschaften ist insbesondere für schnelle Tests praktisch, um zu sehen, ob eine bestimmte Angabe die gewünschte Auswirkung zeigt.

Tipp

Mit Firebug können Sie übrigens auch die Stylesheets anderer Webseiten im Internet studieren!

Wenn mehrere Formatierungen auf ein Element wirken, gibt es Regeln, die definieren, welche Formatierung sich durchsetzt:

- Inline-Stilangaben haben Vorrang vor Angaben in externen Stylesheets und in eingebetteten Stylesheets.

- Extern gegen eingebettet: Die Reihenfolge entscheidet.

- Wer zuletzt kommt, gewinnt. Es setzt sich die Angabe durch, die zuletzt steht.

CSS-Kommentare werden mit /* eingeleitet und mit */ beendet.

Am Schluss haben Sie noch gesehen, wie Sie sich die zu Elementen gehörenden CSS-Eigenschaften in der Firefox-Erweiterung Firebug ansehen.

4.7 Übungen

1. Was stimmt hier nicht?

```
<!DOCTYPE html>
<html>
<head>
  <meta charset="utf-8" />
  <title>Externes Stylesheet</title>
</head>
<body>
  /* Stylesheet einbinden */
  <link rel="stylesheet" href="extern.css" />
  <p>tempor incididunt ut labore et dolore magna aliqua ...</p>
</body>
</html>
```

In diesem Dokument sind zwei Fehler:

- Das link-Element muss innerhalb des head-Bereichs stehen.

- Außerdem steht der Kommentar innerhalb des HTML-Teils und muss dementsprechend in der HTML-Syntax geschrieben sein.

So hingegen stimmt es:

```
<!DOCTYPE html>
<html>
<head>
  <meta charset="utf-8" />
  <title>Externes Stylesheet</title>
  <!-- Stylesheet einbinden -->
  <link rel="stylesheet" href="extern.css" />
</head>
```

```
<body>
  <p>tempor incididunt ut labore et dolore magna aliqua ...</p>
</body>
</html>
```

2. An welcher Stelle muss im folgenden Beispiel etwas geändert werden, damit alle Absätze eine gelbe Hintergrundfarbe haben?

```
<!DOCTYPE html>
<html>
<head>
  <meta charset="utf-8" />
  <title>CSS-Angaben</title>
<style>
p {
  background-color: white; /* Hier  - 1*/
}
h1 {
  background-color: blue; /* oder hier  - 2*/
  color: white;
}
p {
  background-color: white; /* oder hier? - 3*/
  color: blue;
}
</style>
</head>
<body>
  <h1>Lorem ipsum dolor</h1>
  <p>Lorem ipsum dolor </p>
  <h2>Lorem ipsum dolor</h2>
  <p>Lorem ipsum dolor sit...</p>
</body>
</html>
```

Listing 4.10:
Das Beispiel finden Sie auch unter uebungen/styles.html.

Die Änderungen müssen bei 3 durchgeführt werden.

Bei 1 betreffen sie zwar die Absätze, aber diese Angabe wird von der später folgenden Angabe überschrieben.

Bei 2 würde man die Hintergrundfarbe der Überschrift ändern und nicht die der Absätze.

3. Nehmen Sie das Beispiellayout, das Sie bereits aus Kapitel 3 kennen und das Sie noch einmal im *uebungen/layout*-Ordner des Kapitels finden.

- Ergänzen Sie auf der Seite *index.html* ein eingebettetes Stylesheet unterhalb der link-Angabe.

- Bestimmen Sie hier eine andere Farbe für den Hintergrund und für die Schrift beim body-Element. Wählen Sie beispielsweise green als Hintergrundfarbe und blue als Schriftfarbe.

- Testen Sie das Beispiel. Sie sollten jetzt sehen, dass die Änderung nur die *index.html* betrifft, nicht die anderen Webseiten.

Die Lösung für die Übung finden Sie auch im Ordner *loesungen/layout*. Der Anfang der *index.html*-Seite lautet jetzt folgendermaßen:

```
<!DOCTYPE html>
<html>
  <head>
    <meta charset="utf-8" />
    <title>Am Anfang ist HTML</title>
    <link rel="stylesheet" href="layout.css" />
    <style>
      body {
        background-color: green;
        color: blue;
      }
    </style>
  </head>
  <body>
<!-- der Rest des Dokuments ist wie gehabt -->
```

5 Selektoren allüberall

Am Ende des Kapitels können Sie

- mit CSS gezielt einzelne Elemente auswählen
- Klassen und ID-Selektoren benutzen
- zusammengesetzte Selektoren verwenden
- Links je nach ihren Zuständen unterschiedlich formatieren

Es gibt ein Kinderbuch mit dem Titel »Alligatoren allüberall«, in dem es das Alphabet runter lustige Reime über Alligatoren gibt. Ähnlich allgegenwärtig wie die Alligatoren in diesen Reimen sind Selektoren in CSS. Ohne sie geht gar nichts: Denn mit Selektoren bestimmen Sie, für welche Elemente, d.h. was für Bereiche der Webseite, bestimmte Formatierungen gelten. Ein paar Selektoren haben Sie schon kennengelernt. Diese betrachten wir genauer und außerdem geht es in diesem Kapitel um viele weitere Selektoren.

5.1 Einfache Selektoren

 Selektoren wählen (»selektieren«) bestimmte Bereiche der Webseite oder HTML-Elemente für die Formatierung per CSS aus.

CSS stellt viele und äußerst mächtige Selektoren zur Verfügung.

5.1.1 Typselektor

Bisher haben Sie eine Methode kennengelernt, um bestimmten Elementen wie allen Absätzen (p) oder allen Überschriften der ersten Ordnung (h1) eine bestimmte Formatierung zuzuweisen. p oder h1 sind so verwendet »Typselektoren«.

 Über Typselektoren wählen Sie Elemente eines bestimmten Typs aus: Wenn alle Überschriften der 2. Ebene eine bestimmte Formatierung erhalten sollen, so schreiben Sie einfach h2, d.h. den Namen des Elements, für den die Formatierung gelten soll, beispielsweise h2 { color: red; }.

Soll dieselbe Formatierung für mehrere Elemente gelten, können diese durch Komma getrennt hintereinander aufgeführt werden.

```
h2, p { color: red; }
```

ist also eine verkürzte Schreibweise von:

```
h2 { color: red; }
p { color: red; }
```

Hinweis

Der Universalselektor wird gerne verwendet, um global für alle Elemente die Außenabstände (margin) und Innenabstände (padding) auf 0 zu setzen, die ohne diese Anweisung weiterhin die Browserdefault-Abstände hätten.

```
* { margin: 0; padding: 0; }
```

Das ist wie eine Stunde null, nach der man ganz neu anfangen kann – jetzt kann man darangehen, für alle Elemente die Abstände selbst zu definieren. Wir kommen noch einmal in Kapitel 16 darauf zu sprechen.

body ist besonders

Der Typselektor body ist besonders wichtig, da Sie damit Formatierungen festlegen können, die für die gesamte Seite gelten. Sie können beispielsweise folgende Angaben machen:

```
body {
    background-color: #91916D;
    color: #141817;
    font-family: sans-serif;
}
```

Damit legen Sie die Textfarbe und die Schriftart **für das gesamte Dokument** fest. Das liegt daran, dass Eigenschaften wie Textfarbe und Schriftart vererbt werden, d.h. sie gelten dann auch für Elemente, die innerhalb des ausgewählten Elements stehen.

5.1.2   Universalselektor

Wollen Sie alle Elemente auswählen, so brauchen Sie den **Universalselektor** – das Sternchen *:

```
* { color: red; }
```

Auf diese Art wird als Schriftfarbe für alle Elemente Rot bestimmt.

5.1.3   Klassenselektor

Nehmen wir an, bei unserer Webseite sollen manche Absätze anders aussehen als die anderen Absätze. Beispielsweise liefert die Seite Informationen zu einer Reise und in manchen Absätzen stehen Wegbeschreibungen. Diese Wegbeschreibungen sollen – anders als die »normalen« Absätze – mit einer Hintergrundfarbe hinterlegt werden.

Genau dafür gibt es Klassen.

Um Klassen zu definieren, müssen Sie zuerst einmal eine Änderung im **HTML-Code** vornehmen und der Stelle, die anders formatiert werden soll, eine Klasse zuweisen. Dafür schreiben Sie das HTML-Attribut class und als Attributwert können Sie einen selbstgewählten Namen schreiben.

```
<p class="wegbeschr">Lorem ipsum dolor  ...</p>
```

Damit ist der Absatz gekennzeichnet.

Den so gekennzeichneten Absatz können Sie jetzt über einen Klassenselektor in Ihrem **CSS-Code** auswählen und ihm eine besondere Formatierung zuweisen. Dafür schreiben Sie im Stylesheet einen Punkt gefolgt vom Klassennamen. Dahinter geben Sie die gewünschten Formatierungen an. Im Beispiel wird eine graue Hintergrundfarbe definiert.

```
.wegbeschr {
  background-color: #cccccc;
};
```

Wenden wir das einmal auf das Layoutbeispiel aus Kapitel 3 an. Zuerst werden im HTML-Code bei ausgewählten Absätzen Klassen ergänzt:

```
<!DOCTYPE html>
<html>
<head>
<meta charset="utf-8" />
<title>Am Anfang ist HTML</title>
<link rel="stylesheet" href="layout.css" />
</head>
<body>
  <div id="container">
    <div id="kopf">
        <h1>Eine Webseite</h1>
    </div>
    <div id="navigation">
      <ul>
        <li><a href="index.html">Startseite</a></li>
        <li><a href="info.html">Informationen</a></li>
        <li><a href="impressum.html">Impressum</a></li>
      </ul>
    </div>
    <div id="inhalt">
      <h2>Herzlich Willkommen</h2>
      <p class="wegbeschr">Lorem.</p>
      <p>Lorem ipsum </p>
      <h2>Was Sie alles hier finden</h2>
      <p>Lorem ipsum dolor sit amet, consetetur </p>
      <p class="wegbeschr">Lorem ipsum </p>
      <p>Lorem ipsum dolor sit amet</p>
    </div>
  </div>
</body>
</html>
```

Listing 5.1:
Layoutbeispiel mit Klassen
(klassen.html)

Beim externen Stylesheet ist der Anfang gleich geblieben, am Schluss sind drei Zeilen ergänzt, die das Aussehen der Klasse .wegbeschr definieren:

```
/* Der Anfang wie gehabt … */
.wegbeschr {
  background-color: #cccccc;
}
```

Listing 5.2:
Stylesheet mit Klassendefinition
(layout.css)

95

Abbildung 5.1:
Zwei Absätze haben über
eine Klasse eine Hinter-
grundfarbe bekommen.

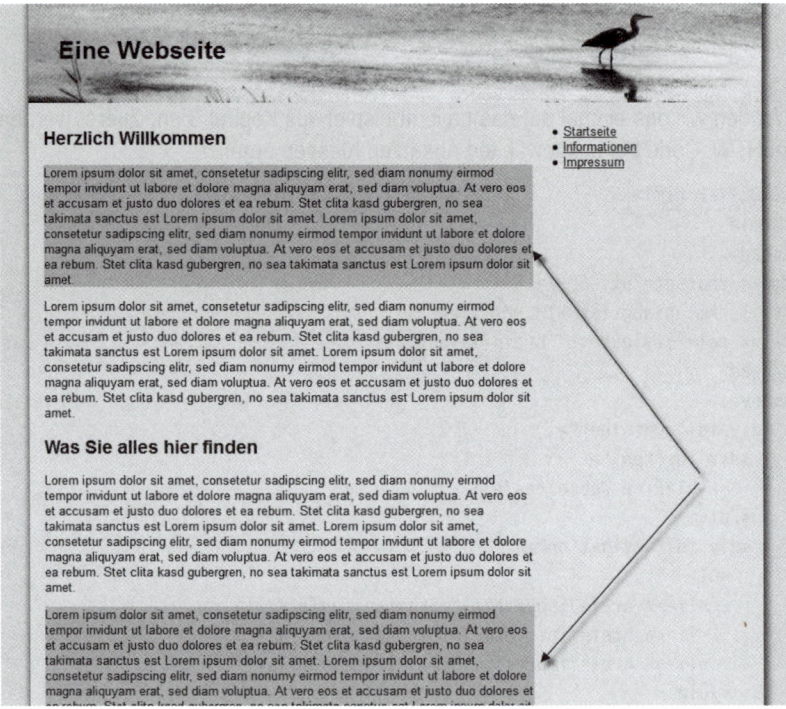

Die Klasse `wegbeschr` kann allen Elementen zugewiesen werden, beispielsweise auch Überschriften:

```
<h2 class="wegbeschr"> …</h2>
```

Das würde z.B. bewirken, dass die Überschrift der zweiten Ordnung hellgrau hinterlegt ist.

Wollen Sie hingegen, dass die Klasse `wegbeschr` nur bei bestimmten Elementen verwendet werden soll, so geben Sie das Element vor dem Punkt an. So kann dann mit

```
p.wegbeschr {... }
```

die Klasse `wegbeschr` nur bei Absätzen (p) eingesetzt werden.

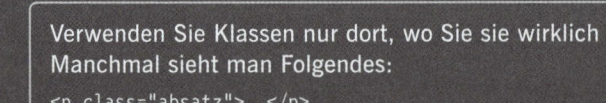

Verwenden Sie Klassen nur dort, wo Sie sie wirklich brauchen. Manchmal sieht man Folgendes:
```
<p class="absatz"> …</p>
<p class="absatz"> …</p>
```
Das ist natürlich nicht sinnvoll, sondern bläht den Quellcode unnötig auf. Wenn Formatierungen für alle – oder die meisten Absätze – gelten sollen, so geben Sie diese über den Typselektor p an.

5.1.4 ID-Selektoren

ID-Selektoren haben Sie bereits bei unserem Beispiellayout aus Kapitel 3 gesehen.

Auch für die Verwendung von ID-Selektoren sind zwei Schritte notwendig. Zuerst müssen Sie das Element, das Sie formatieren wollen, mit einer id versehen.

```
<div id="kopf">
  <h1>Eine Webseite</h1>
</div>
```

Dann können Sie für das so gekennzeichnete Element Formatierungen vornehmen, indem Sie in Ihrem Stylesheet den Namen der id mit einem Doppelkreuz (das auch Raute, Gatterzaun oder Nummernzeichen genannt wird) davor schreiben.

```
#kopf {
  background: url(kranich.jpg) no-repeat;
  padding: 40px;
}
```

Wenn Sie an das Layoutbeispiel denken, so gab es dort mehrere div-Elemente, um die großen Bereiche der Webseite zu umspannen. Genau genommen gab es vier div-Elemente, die alle mit einer id gekennzeichnet waren.

```
<div id="container">
  <div id="kopf"></div>
  <div id="navigation"> </div>
  <div id="inhalt"></div>
</div>
```

Den Typselektor div einzusetzen, wäre nicht sinnvoll, weil die einzelnen Bereiche unterschiedliche Formatierungen erhalten sollen.

5.1.5 Klassenselektor und ID-Selektor im Vergleich

Der ID-Selektor hat mit dem Klassenselektor gemeinsam, dass er benutzt wird, um Abweichungen von allgemeinen Regeln zu definieren. Zwischen Klasse und id gibt es aber einen wesentlichen Unterschied.

id ist einmalig

In einem Dokument darf es nur ein Element mit einer bestimmten id geben. In unserem Beispiel darf es innerhalb der Datei *index.html* nur ein Element mit id="kopf" geben.

Aber natürlich darf es eine weitere Datei des Projekts mit Namen *impressum. html* geben, die ebenfalls ein Element mit id="kopf" hat.

Diese Einschränkung gilt für Klassen nicht. Sie dürfen innerhalb eines Dokuments mehreren Elementen dieselbe Klasse zuweisen. Wir hatten beispielsweise:

```
<p class="wegbeschr"> …</p>
<p class="wegbeschr"> …</p>
```

Das ist erlaubt.

Wann setzt man eine Klasse ein, wann eine id?

Theoretisch könnten Sie ganze Layouts erstellen nur mit Klassen und auf die ids ganz verzichten. Aber das wäre sehr unüblich.

- Vergeben Sie für die großen Bereiche einer Webseite, die es nur einmal gibt, eindeutige ids.

- Für Formatierungen der bleibenden Ausnahmen setzen Sie hingegen Klassen ein.

Wenn Sie eine id und eine Klasse bei einem Element einsetzen, so hat die über die id angegebene Formatierung ein größeres Gewicht (siehe auch Kapitel 13).

5.1.6 Voll pseudo: Formatierung für Links über Pseudoklassen

Links sind etwas Besonderes. Zum einen natürlich, weil sie im Web so zentral sind und die Verknüpfungen zwischen Webseiten und Welten herstellen. Und zum anderen, weil sie verschiedene Zustände haben.

Das sind drei klassische Zustände von Links:

- Normal
- Besucht
- Aktiviert

Hinzu kommen noch:

- Links, die per Tastatur ausgewählt werden, d.h. die per Tab-Taste den Fokus erhalten
- Links, während man die Maus darüberbewegt (»hovern«)

Diese fünf Zustände sprechen Sie über eigene Selektoren an:

- `a:link` – für einen normalen Link
- `a:visited` – für einen besuchten Link
- `a:focus` – für einen Link, der den Fokus über die Tastatur erhält

Die Linkzustände sehen Sie beispielsweise gut, wenn Sie bei Google nach etwas suchen. Dann sind die normalen Links blau und unterstrichen, Links, die Sie bereits besucht haben, sind lila. Klicken Sie auf einen Link, wird er rot.

Benutzer, die keine Maus bedienen können, »steppen« mit der Tabulatortaste durch die Links einer Webseite. Ein Drücken der Tabulatortaste bringt einen immer einen Link weiter. Sie können das ja mal ausprobieren, es funktioniert! Und diesen Linkzustand – wenn der Link eben über die Tastatur den Fokus erhält – können Sie ebenfalls per CSS steuern.

- `a:hover` – während man mit der Maus über einen Link fährt

- `a:active` – für einen gerade angeklickten Link

Das a beim Selektor kommt daher, dass Links in HTML über das a-Element erstellt werden. Hinter dem a befinden sich jeweils ein Doppelpunkt und der besprochene Zustand.

 Vor und nach dem Doppelpunkt darf hier kein Leerzeichen sein, sonst wird der Selektor unsinnig oder aber er bedeutet etwas anderes.

Pseudoklassen im Beispiel

Ein einfaches Beispiel demonstriert die Verwendung der Pseudoklassen. Bei den einzelnen Links werden unterschiedliche Farben gewählt. Außerdem werden normale und besuchte Links ohne Unterstreichung dargestellt; in den anderen Zuständen sind die Links wieder wie gewohnt unterstrichen.

```
<!DOCTYPE html>
<html>
<head>
<meta charset="utf-8" />
<title>Links</title>
<style>
body {
  background-color: #CCCCCC;
}
a:link {
  color: red;
  text-decoration: none;
}
a:visited {
  color: green;
  text-decoration: none;
}
a:focus {
  color: white;
  text-decoration: underline;
}
a:hover {
  color: blue;
  text-decoration: underline;
}
a:active {
  color: yellow;
  text-decoration: underline;
}
```

Listing 5.3:
Verschiedene Farben für die unterschiedlichen Zustände der Links (linkzustaende.html)

```
</style>
</head>
<body>
<p><a href="http://www.mut.de/">Markt+Technik</a> <br />
<a href="http://www.das-ende-des-internets.de/">Ende des Internets</
a> <br />
</p>
</body>
</html>
```

Abbildung 5.2:
Formatierte Links

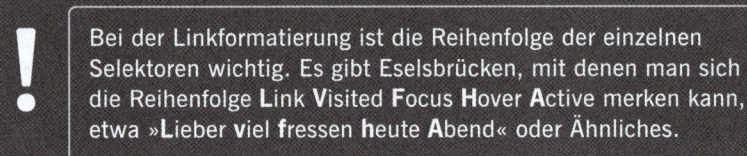

> **!** Bei der Linkformatierung ist die Reihenfolge der einzelnen
> Selektoren wichtig. Es gibt Eselsbrücken, mit denen man sich
> die Reihenfolge **L**ink **V**isited **F**ocus **H**over **A**ctive merken kann,
> etwa »**L**ieber **v**iel **f**ressen **h**eute **A**bend« oder Ähnliches.

Wenn Sie das Beispiel ausprobieren, sehen Sie die unterschiedlichen Farben:
Zu Beginn sollten alle Links rot sein (a:link). Wenn Sie mit der Maus daruber-
fahren, sollten sie hingegen blau werden (a:hover). Gelb erscheinen die Links,
wenn Sie darauf klicken und die Maus gedrückt halten. Verwenden Sie dagegen
die Tabulatortaste, um sich durch die Links des Dokuments zu bewegen, werden
sie weiß. Besuchte Links hingegen sind grün.

Außerdem sehen Sie an diesem Beispiel, dass sich die standardmäßige Unterstreichung von Links über text-decoration: none ausschalten lässt. Weitere
mögliche Angaben bei text-decoration lernen Sie in Kapitel 7 kennen.

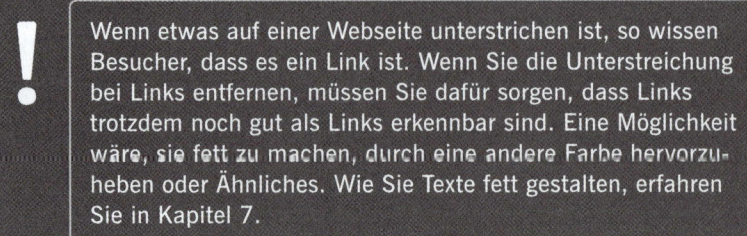

> **!** Wenn etwas auf einer Webseite unterstrichen ist, so wissen
> Besucher, dass es ein Link ist. Wenn Sie die Unterstreichung
> bei Links entfernen, müssen Sie dafür sorgen, dass Links
> trotzdem noch gut als Links erkennbar sind. Eine Möglichkeit
> wäre, sie fett zu machen, durch eine andere Farbe hervorzu-
> heben oder Ähnliches. Wie Sie Texte fett gestalten, erfahren
> Sie in Kapitel 7.

Wie viele unterschiedliche Formatierungen?

Im Beispiel wurde jeder Linkzustand farblich anders markiert, um zu demonstrieren, wann die Angaben wirken. In der Praxis unterscheidet man meist weniger Zustände. Häufig fasst man die Formatierungen für besuchte und normale Links zusammen:

```
a:link, a:visited {   }
```

Bei langen Linklisten ist es hingegen gut, wenn Sie Ihren Besuchern Hinweise darauf geben, welche Links sie bereits besucht haben – wie das beispielsweise Suchmaschinen wie Yahoo! in ihren Ergebnislisten machen.

Wichtig ist aber, dass Sie `a:focus` nicht unberücksichtigt lassen. Für Besucher, die nur mit der Tastatur durch die Links einer Seite navigieren, ist es essenziell, dass sie erkennen, wo sie sind.

Wenn Sie keine eigenen Formatierungen für den Fokuszustand bereitstellen wollen, empfiehlt es sich, dieselben Formatierungen, die Sie für `a:hover` definiert haben, ebenfalls für den Fokuszustand zu definieren:

```
a:focus, a:hover, a:active {
}
```

Diese vorgestellten Pseudoklassen werden häufig für Links verwendet. Aber Sie können beispielsweise die Pseudoklasse `:hover` auch für andere Elemente verwenden.

```
h2:hover { background-color: red; }
```

Dies bewirkt beispielsweise, dass Überschriften beim Überfahren mit der Maus eine rote Hintergrundfarbe erhalten.

`:hover` ist sehr praktisch bei der Erstellung von verschachtelten Menüs, bei denen die Unterpunkte erst beim Überfahren mit der Maus ausklappen. Solche Fly-out- oder Drop-down-Menüs sehen Sie in Kapitel 12.

Es lassen sich übrigens auch Klassen oder IDs mit Pseudoklassen kombinieren, so würde über `a.wichtig:visited` nur ein besuchter Link formatiert, der mit der Klasse `wichtig` gekennzeichnet ist, also z.B. der folgende Link, sofern er bereits besucht war:

```
<a href="einedatei.html" class="wichtig">Wohin das nur führt?</a>
```

Sie können dem Link auch eine `id` geben:

```
<a href="einedatei.html" id="aktuell">Hierher!</a>
```

Dann könnten Sie diesen Link über `a#aktuell:link` ansprechen und beispielsweise den Hoverzustand über `a#aktuell:hover`.

Hinweis

Die Seite http://www.einfach-fuer-alle.de/, bei der es um die Gestaltung von barrierefreien Webseiten geht, verwendet beispielsweise bewusst eine ganz deutliche Hervorhebung für Links, wenn man sie über die Tastatur ansteuert. Testen Sie es am besten selbst einmal aus!

:nth-child *funktioniert nur in modernen Browsern, im Internet Explorer erst ab Version 9. Am Ende des Kapitels sehen Sie eine Tabelle mit der Browserunterstützung.*

Wenn Sie das erste li-Element einer Liste auswählen möchten, schreiben Sie li:first-child. ul:first-child würde hingegen ul-Elemente auswählen, die erste Kindelemente sind.

Listing 5.4:
Ausschnitt aus dem
Listing first-line.html

Abbildung 5.3:
Die erste Zeile der
Absätze ist immer gelb.

In CSS3 ist vorgesehen, dass man Pseudoelemente mit doppeltem Doppelpunkt schreibt, um sie formal von den Pseudoklassen zu unterscheiden. Da die Browserunterstützung für diese Schreibweise jedoch noch nicht so gut ist, würde ich Ihnen raten, beim einfachen Doppelpunkt zu bleiben.

5.1.7 Mehr Pseudoklassen

Neben den hier gerade vorgestellten fünf Pseudoklassen für Links gibt es eine Reihe von strukturellen Pseudoklassen. So lässt sich beispielsweise mit `tr:nth-child(even)` jede zweite Tabellenzeile auswählen. Zu diesen schönen Selektoren erfahren Sie mehr in Kapitel 14.

Und hier noch ein paar weitere Pseudoklassen, die sich immer auf die Dokumentstruktur beziehen – zu dem Begriff »Kindelement« kommen wir gleich noch ausführlich:

`:first-child` wählt das erste Kindelement aus

`:last-child` das letzte Kindelement

`:empty()` wählt Elemente aus, die keine Kindelemente haben.

5.1.8 Noch mehr pseudo: Die Pseudoelemente

Es gibt nicht nur Pseudoklassen, sondern auch Pseudoelemente. Mit den Pseudoklassen haben die Pseudoelemente gemeinsam, dass man sie mit einem Doppelpunkt beginnt.

Ein praktischer Pseudoelementselektor ist `:first-line`. Mit diesem wählen Sie beispielsweise die erste Zeile eines Absatzes aus:

```
p:first-line { background-color: yellow; }
```

Durch diese Deklaration werden alle ersten Zeilen der Absätze gelb.

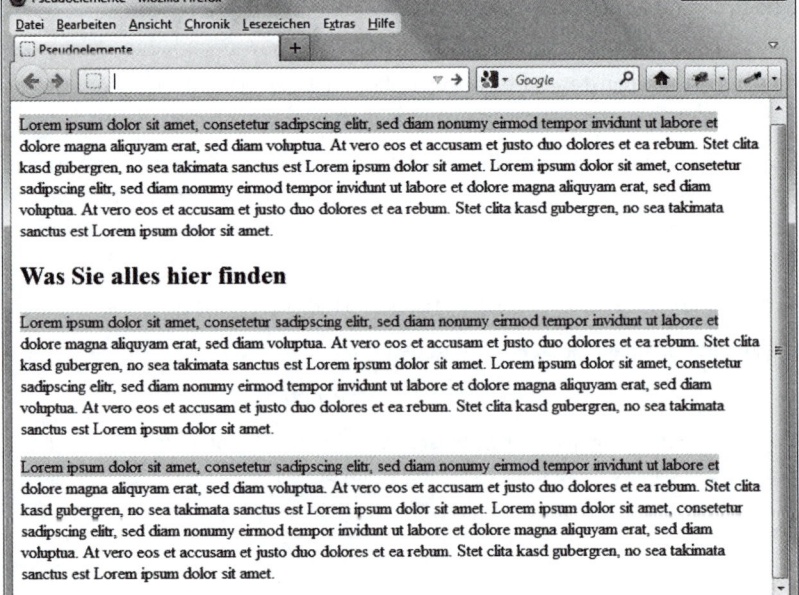

Ähnlich wie :first-line funktioniert das Pseudoelement :first-letter, über das Sie den ersten Buchstaben selektieren können.

```
p:first-letter { background-color: yellow; }
```

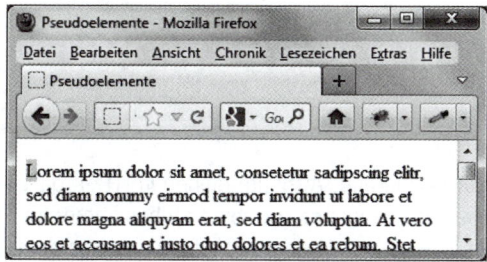

Listing 5.5:
Ausschnitt aus dem Listing first-letter.html

Abbildung 5.4:
Der erste Buchstabe des Absatzes hat eine gelbe Hintergrundfarbe

Mit :first-letter *können Sie Initiale (http://de.wikipedia. org/wiki/Initiale) nachbilden, also hübsch gestaltete Anfangsbuchstaben.*

Zwei weitere Pseudoelemente machen etwas sehr Spannendes: mit :before und :after können Sie Inhalte per CSS einfügen.

Wenn Sie :before als Selektor einsetzen, können Sie dann mit der Eigenschaft content angeben, was an den Anfang des Elements geschrieben werden soll.

Im folgenden Beispiel wird an den Anfang der h2-Überschrift der Text *Neu!* hinzugefügt:

```
h2:before {
  content: "Neu! ";
}
```

Und angewendet wird dies auf folgende Überschrift:

```
<h2>Was Sie alles hier finden</h2>
```

Listing 5.6:
Inhalte einfügen per CSS (before.html)

Abbildung 5.5:
Im Screenshot sehen Sie, dass am Anfang der Überschrift der Text »Neu!« ergänzt wurde.

:after funktioniert genauso, ergänzt die Inhalte aber am Ende des Elements. In Kapitel 15 sehen Sie, wie diese Selektoren bei Printstylesheets angewandt werden, um die Adressen von Links im Ausdruck auszugeben.

5.1.9 Attributselektoren

Neben diesen Selektoren, die auf Elementen basieren, existieren in CSS auch sogenannte Attributselektoren.

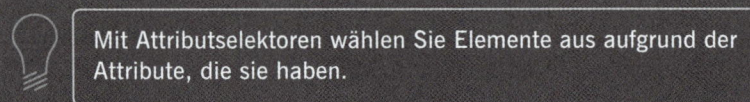

> Mit Attributselektoren wählen Sie Elemente aus aufgrund der Attribute, die sie haben.

Zur Erinnerung: Attribute dienen in HTML dazu, weitere Eigenschaften von Elementen anzugeben. Attribute stehen immer im Starttag, nicht im Endtag. Außerdem bestehen Attribute üblicherweise aus dem Attributnamen und, hinter einem Istgleichzeichen, dem Attributwert in Anführungszeichen:

```
<element attribut="attributwert"> …</element>
```

Ein Beispiel sind die Links:

```
<a href="http://www.maurice-web.de">Maurice-web</a>
```

Hier ist a das Element, href ist das Attribut. Der Wert des Attributs ist http://www.maurice-web.de/.

Ein einfacher Attributselektor besteht aus dem Namen des Elements und direkt dahinter in eckigen Klammern dem Namen des Attributs:

a[href] wählt beispielsweise alle a-Elemente mit einem href-Attribut aus. Zugegebenermaßen noch nicht sonderlich spannend, da die meisten a-Elemente ein href-Attribut haben.

Jetzt können Sie aber auch Elemente danach auswählen, wie der Wert des Attributs aussieht: a[href="http://www.google.de/"] wählt etwa nur Links aus, bei denen bei href exakt der hier angegebene Wert dasteht.

Noch nützlicher sind Attributselektoren, bei denen man **die teilweise Übereinstimmung** überprüft.

a[href^="http"] wählt die a-Elemente aus, die ein href-Attribut besitzen, deren Wert mit http beginnt. Auf diese Art könnte man die externen Links auswählen und besonders kennzeichnen.

Oder Sie können Elemente auswählen, deren Attributwerte mit etwas Bestimmtem aufhören: a[href$="pdf"] wählt a-Elemente aus, bei denen der Wert des Attributs href mit pdf endet. Damit können Sie beispielsweise Links auf PDF-Dokumente besonders kennzeichnen.

Ein Beispiel zeigt die Auswahl von externen Links und Links auf PDF-Dokumente:

```
<!DOCTYPE html>
<html>
<head>
<meta charset="utf-8" />
<title>Attributselektoren</title>
<style>
a {
  text-decoration: none;
}
a[href^="http"] {
  color: black;
}
a[href$="pdf"]  {
  color: orange;
}
</style>
</head>
<body>
<p><a href="http://www.mut.de/">Markt+Technik</a> <br />
<a href="http://www.das-ende-des-internets.de/">Ende des Internets</a> <br />
<a href="klassen.html">Interner Link</a> <br />
<a href="beispiel.pdf">PDF-Dokument</a> <br />
</p>
</body>
</html>
```

Listing 5.7:
Auswahl von Links nach ihren Attributen (attributselektoren.html)

Im Beispiel wird zuerst für alle Links die Unterstreichung entfernt. Die externen Links erhalten eine schwarze Farbe:

```
a[href^="http"] {
  color: black;
}
```

Das trifft auf zwei Links aus dem Dokument zu, da bei beiden der Wert des Attributs href mit http beginnt.

```
<a href="http://www.mut.de/">Markt+Technik</a>
```

und

```
<a href="http://www.das-ende-des-internets.de/">Ende des Internets</a>
```

Schließlich erhalten Links auf PDF-Dokumente eine orange Farbe:

```
a[href$="pdf"]  {
  color: orange;
}
```

Dies gilt für den Link, bei dem der Wert des Attributs `href` auf `pdf` endet.

`<a href="beispiel.pdf">PDF-Dokument</a> <br />`

Die Tabelle listet alle Attributselektoren auf – neben den gerade vorgestellten, sind es ein paar weitere.

Tabelle 5.1: Attributselektoren

Beispiel für Attributselektor	Ausgewählt werden
`a[href]`	Alle a-Elemente, die ein Attribut mit dem Namen `href` besitzen.
`a[href="http://www.google.de/"]`	Alle a-Elemente, die ein Attribut mit dem Namen `href` besitzen, das den Wert `http://www.google.de/` hat.
`a[title~="Externer"]`	Alle a-Elemente, die ein Attribut mit dem Namen `title` besitzen, in dessen Wert auch das Wort »Externer« vorkommt. Ausgewählt würde `<a title="Externer Link auf Google">`, aber nicht `<a title="Verlinkung auf Google">`.
`a[title|="Abb."]`	Alle a-Elemente, die ein Attribut mit dem Namen `title` besitzen, dessen Attributwert mit der Zeichenkette `Abb.` gefolgt von einem Bindestrich beginnt.
`a[href^="http"]`	Alle a-Elemente, die ein Attribut mit dem Namen `href` besitzen, dessen Attributwert mit der Zeichenkette `http` beginnt.
`a[href$="doc"]`	Alle a-Elemente, die ein Attribut mit dem Namen `href` besitzen, dessen Attributwert mit der Zeichenkette `doc` endet.
`a[href*="yahoo"]`	Alle a-Elemente, die ein Attribut mit dem Namen `href` besitzen, dessen Attributwert den Wert `yahoo` beinhaltet.

Tipp

Es sind natürlich noch ganz andere Formatierungen möglich als nur Farbwechsel. Beispielsweise könnte man für Links auf externe Dokumente einen kleinen Pfeil anzeigen lassen und für Links auf PDF-Dokumente ein passendes Icon. Ein Beispiel dazu gibt es in Kapitel 9.

5.2   Kinder, Kegel und Co.

Viele weitere Selektoren beziehen sich auf die Struktur des Dokuments, d.h. darauf, wo sich bestimmte Elemente im Verhältnis zu anderen Elementen befinden. Die dabei verwendeten Bezeichnungen basieren auf verwandtschaftlichen Beziehungen: es gibt Elternelemente, Kindelemente, Geschwister und Nachfahren. Um dies nachzuvollziehen, muss man sich die Anordnung der Elemente als Baum vorstellen.

5.2.1 HTML-Dokumente als Baum

Nehmen wir als Beispiel folgende Struktur:

```html
<!DOCTYPE html>
<html>
  <head>
    <title>Am Anfang ist HTML</title>
    <link rel="stylesheet" href="layout.css" />
  </head>
  <body>
    <div id="container">
      <div id="kopf">
        <h1>Eine Webseite</h1>
      </div>
      <div id="navigation">
        <ul>
          <li><a href="index.html">Startseite</a></li>
          <li><a href="info.html">Informationen</a></li>
          <li><a href="impressum.html">Impressum</a></li>
        </ul>
      </div>
      <div id="inhalt">
        <h2>Herzlich Willkommen</h2>
        <p class="wegbeschr">Lorem </p>
        <p>Lorem </p>
        <h2>Was Sie alles hier finden</h2>
      </div>
    </div>
  </body>
</html>
```

Dann kann man dies als Baum darstellen. Das html-Element, das alle anderen Elemente umfasst, ist die Wurzel dieses Baums. Wie in der Ahnenforschung und der Informatik üblich, steht dieser Baum auf dem Kopf, sprich, die Wurzel ist oben.

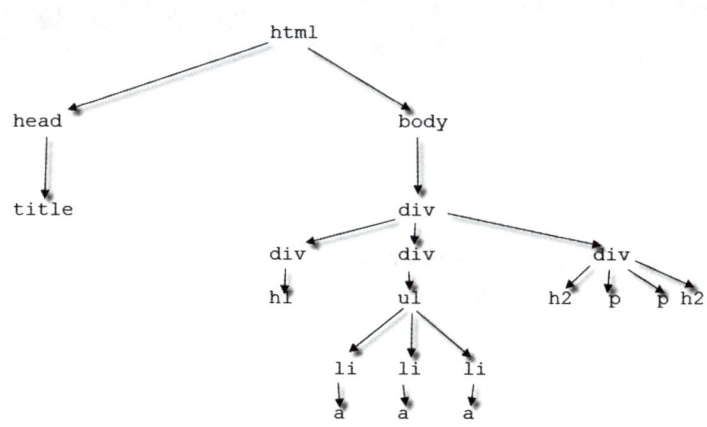

Abbildung 5.6:
Die Struktur eines HTML-Dokuments als Baum

- `html` ist das umfassende Element, das man auch als Wurzel-Element (root) bezeichnet.

- Direkt im HTML-Element befinden sich das `head`- und das `body`-Element. Beides sind Kindelemente des `html`-Elements.

- Innerhalb des `body`-Elements befindet sich ein `div`-Element. Dieses `div`-Element ist das Kindelement von `body`, `body` wiederum ist das Elternelement von `div`.

- Das `div`-Element hat drei weitere `div`-Elemente als Kinder. Elemente, die sich auf derselben Ebene befinden, werden als Geschwisterelemente bezeichnet (engl. Sibling).

5.3 Mindestens zwei

Die bisher vorgestellten Selektoren waren einfache Selektoren, weil sie nur aus einem Bestandteil bestanden. Diese einfachen Selektoren können Sie jetzt auf bestimmte Arten kombinieren. Das ergibt die sogenannten Kombinatoren.

Diese Kombinatoren berücksichtigen die Dokumentstruktur. Mit ihnen wählen Sie Elemente im Dokument in Abhängigkeit davon aus, wo diese Elemente relativ zu anderen Elementen stehen, d.h. ob sie von einem anderen Element umschlossen werden oder ihm nachfolgen etc., und deshalb haben wir uns gerade mit den verwandtschaftlichen Beziehungen beschäftigt.

5.3.1 Nachfahrenkombinator

Der erste und wichtigste einer Reihe von Kombinatoren ist der Nachfahrenkombinator.

 Mit dem Nachfahrenkombinatoren (Descendant Combinator) können Sie Nachfahrenelemente auswählen. Bei Nachfahrenkombinatoren werden die Selektoren durch Leerzeichen getrennt geschrieben.

Ein Beispiel:

```
div em {
  background-color: orange;
}
```

Über den Selektor `div em` werden im folgenden Beispiel das zweite und das dritte em-Element ausgewählt. Das erste em-Element hingegen ist nicht Nachfahr von `div`.

```
<p>Text mit <em>Hervorhebung</em></p>
<div>Text mit <em>Hervorhebung</em></div>
<div><p>Text mit <em>Hervorhebung</em></p></div>
```

Listing 5.8:
Nachfahrenkombinator
(nachfahrenkombinator.html)

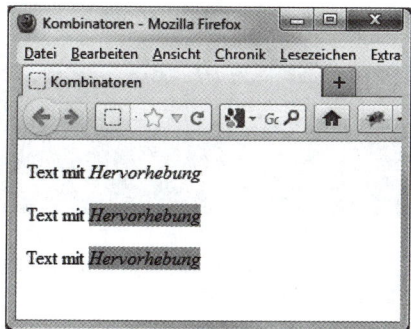

Abbildung 5.7:
Nur beim zweiten und beim
dritten ist das em-*Element mit*
einem Hintergrund versehen.

Praktische Relevanz

Solche Kombinatoren sind praktisch, weil Sie sich dadurch häufig das Einfügen von Klassen oder Ähnlichem sparen. Nehmen wir an, Sie wollen Ihre Navigationsleiste gestalten. Wie Sie bereits wissen, verwendet man für Navigationsleisten immer eine ungeordnete Liste:

```
<div id="navigation">
  <ul>
    <li><a href="index.html">Startseite</a></li>
    <li><a href="info.html">Informationen</a></li>
    <li><a href="impressum.html">Impressum</a></li>
  </ul>
</div>
```

Um speziell die ul innerhalb der Navigationsleiste zu formatieren, können Sie den Selektor #navigation ul verwenden. Gibt es noch eine weitere ul in Ihrem Dokument, so wird diese davon nicht angesprochen. Nach diesem Prinzip können Sie gezielt nur die Links innerhalb der Navigation ansprechen über #navigation a oder die li-Elemente über #navigation li.

Wir werden die Nachfahrenkombinatoren noch häufiger in den folgenden Kapiteln brauchen.

5.3.2   Weitere Kombinatoren

Es gibt in CSS noch mehr Möglichkeiten, Selektoren zu kombinieren. Beim Nachfahrenkombinator, den Sie am häufigsten brauchen werden, steht nichts zwischen den einzelnen Selektoren. Bei den nun vorgestellten Kombinatoren stehen immer Zeichen zwischen den Selektoren: > beim Kindkombinator, + beim Geschwisterkombinator und ~ beim allgemeinen Geschwisterkombinator.

Kindkombinator

Der Nachfahrenkombinator ist ungenau. Ein Selektor wie `div em` wählt einfach alle em-Elemente aus, die irgendwie Nachfahren von `div`-Elementen sind. Der Kindkombinator ist da strenger.

Tipp

Solche Ausdrücke lesen Sie am besten von rechts nach links: Mit der Angabe `div > em` wird das em-Element ausgewählt, das Kindelement eines anderen `div`-Elements ist.

 Der Kindkombinator wählt direkte Kindelemente aus. Er wird mit dem Größer-als-Zeichen zwischen den Elementen geschrieben.

Der Selektor `div > em` wählt alle em-Elemente aus, die Kindelemente eines `div`-Elements sind.

```css
div > em {
  background-color: orange;
}
```

Dieser Ausdruck wird im Beispiel auf den folgenden HTML-Code angewandt:

Listing 5.9:
Kindkombinator
(kindkombinator.html)

```html
<p>Text mit <em>Hervorhebung</em></p>
<div>Text mit <em>Hervorhebung</em></div>
<div><p>Text mit <em>Hervorhebung</em></p></div>
```

Ausgewählt wird nur das zweite em-Element.

Das em in der ersten Zeile des Beispiels wird durch den Selektor `div > em` nicht ausgewählt, weil hier das em-Element Kind von p ist:

```html
<p>Text mit <em>Hervorhebung</em></p>
```

In der dritten Zeile ist em zwar Nachfahr, nicht aber Kindelement, weil noch ein Absatz dazwischenfunkt.

```html
<div><p>Text mit <em>Hervorhebung</em></p></div>
```

Abbildung 5.8:
Mit dem Kindkombinator
`div > em` wird nur das
zweite em ausgewählt.

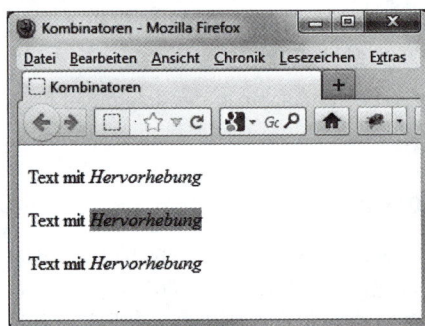

Geschwisterkombinator

Noch ist das Familientreffen nicht beendet. Es gibt noch den Geschwisterkombinator.

 Der Geschwisterkombinator (adjacent sibling combinator) wählt ein Element aus, das direkt auf ein anderes folgt. Beide Elemente müssen dasselbe Elternelement besitzen, daher die Bezeichnung »Geschwister«. Hier wird ein + zwischen die Elemente geschrieben.

Mit `div + p` wird das Element `p` gewählt, das direkt auf `div` folgt.

```
div + p {
  background-color: orange;
}
```

Dadurch wird im folgenden Beispiel der zweite Absatz mit einem orangefarbenen Hintergrund hinterlegt:

```
<div><p>Erster Absatz </p></div>
<p>Zweiter Absatz</p>
<p>Dritter Absatz</p>
```

Listing 5.10:
Geschwisterkombinator
(geschwisterkombinator.html)

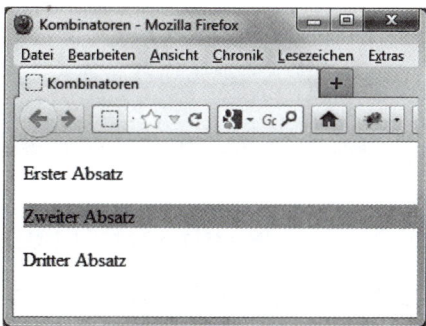

Abbildung 5.9:
Nur der zweite Absatz
wird formatiert.

Allgemeiner Geschwisterkombinator

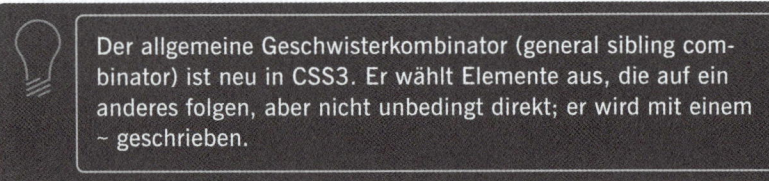

> Der allgemeine Geschwisterkombinator (general sibling combinator) ist neu in CSS3. Er wählt Elemente aus, die auf ein anderes folgen, aber nicht unbedingt direkt; er wird mit einem ~ geschrieben.

```
div ~ p { background-color: orange;}
```

wählt alle p-Elemente aus, die auf div folgen und dasselbe Elternelement haben. In diesem Beispiel werden der zweite und der dritte Absatz mit einem orangefarbenen Hintergrund versehen.

Listing 5.11:
Allgemeiner Geschwisterkombi-
nator (allgemeiner_geschwister-
kombinator.html)

```
<div><p>Erster Absatz </p></div>
<p>Zweiter Absatz</p>
<p>Dritter Absatz</p>
```

Abbildung 5.10:
Jetzt werden der zweite und der
dritte Absatz ausgewählt.

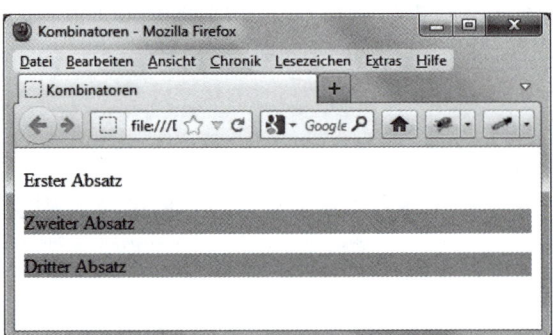

5.4　Zusammenfassung

Das Kapitel hat Sie in die wundersame Welt der Selektoren eingeführt. Es gab eine große Anzahl an Selektoren, die Sie sich nicht alle jetzt sofort merken müssen. Die wichtigsten sind folgende:

- Der Typselektor, der Elemente auswählt, wie etwa h6 alle h6-Überschriften.

- Der Klassenselektor: .wegbeschreibung wählt alle Elemente aus, bei denen das Attribut class="wegbeschreibung" steht.

- Der ID-Selektor wählt das Element mit einer speziellen id aus.

- Die Linkselektoren: Hier ist es wichtig, dass Sie wissen, dass bei Links verschiedene Zustände unterschieden werden, die einzeln formatiert werden können. Außerdem spielt die Reihenfolge eine Rolle.

Bei anderen Dingen ist wichtig, dass Sie im Hinterkopf behalten, dass es sie gibt, Sie müssen sie nicht sofort aktiv beherrschen. Das betrifft insbesondere die Attributselektoren (um etwa nur die Links auszuwählen, die auf ein PDF-Dokument verlinken) oder Pseudoelemente (um die erste Zeile oder den ersten Buchstaben auszuwählen). `:before` und `:after` werden Sie noch näher kennenlernen.

Außerdem sollten Sie wissen, dass es Möglichkeiten gibt, die Selektoren zu kombinieren. Dadurch erspart man sich, alle einzelnen Elemente mit Klassen zu versehen. Am wichtigsten ist der Nachfahrenkombinator.

Alle Selektoren finden Sie im CSS3-Selektormodul unter http://www.w3.org/TR/selectors/.

Einfache Selektoren	Gewählt wird	CSS	Firefox	Safari	Chrome	Opera	IE
Typselektor wie `p`	alle Elemente des Typs	1	ja	ja	ja	ja	ja
Universalselektor `*`	alle Elemente	2	ja	ja	ja	ja	ja
Klassenselektor `.klasse` (Punkt vor Namen)	Elemente mit `class="klasse"`	1	ja	ja	ja	ja	ja
ID-Selektor `#id` (Raute vor Namen)	Element mit `id="id"`	1	ja	ja	ja	ja	ja
Attributselektoren							
`element[attr]`	element mit attr als Attribut	2	ja	ja	ja	ja	7
`element[attr="wert"]`	element mit attr und wert als Attributwert	2	ja	ja	ja	ja	7
`element[attr~="wert"]`	element mit attr, in dessen Wert wert vorkommt.	2	ja	ja	ja	ja	7
`element[attr^="wert"]`	element mit attr, Attributwert beginnt mit wert	3	ja	ja	ja	ja	7
`element[attr$="wert"]`	element mit attr, Attributwert endet mit wert	3	ja	ja	ja	ja	7
`element[attr*="wert"]`	element mit attr, Attributwert beinhaltet wert	3	ja	ja	ja	ja	7
Pseudoklassen							
`a:link, a:visited`	normale, besuchte Links	1	ja	ja	ja	ja	ja
`a:focus, a:hover, a:active`	Links beim Durchsteppen mit der Maus, beim Hovern und Draufklicken	2	ja	ja	ja	ja	ja (IE6 nur teilw.)
Strukturelle Pseudoklassen wie `:nth-child()`	`:nth-child()` soundsovieltes Kindelement	3	ja	ja	ja	ja	9
Pseudoelemente							
`:first-line`	erste Zeile	1	ja	ja	ja	ja	ja
`:first-letter`	erster Buchstabe	1	ja	ja	ja	ja	ja
`:before` und `:after`	ergänzt Inhalte am Anfang bzw. am Ende des Elements z.B. mit content	2	ja	ja	ja	ja	8

Tabelle 5.2: Browserunterstützung der einfachen Selektoren

In der Kompatibilitätstabelle sehen Sie, dass bestimmte fortgeschrittene CSS3-Selektoren nicht von älteren IEs unterstützt werden. In Kapitel 14 kommen wir dazu noch näher – und Sie erfahren, wie Sie hier per JavaScript nachbessern können.

Tabelle 5.3:
Browserunterstützung der
Kombinatoren – Zahlen be-
deuten immer die früheste
Version des Browsers, der
den entsprechenden Selektor
implementiert hat.

Kombinatoren	Gewählt wird	CSS	Firefox	Safari	Chrome	Opera	IE
Nachfahrenkombinator, z.B. `#nav li`	`li`-Elemente, die Nach-kommen eines Elements mit `id="nav"` sind	1	ja	ja	ja	ja	ja
Kindkombinator `div > em`	`em`-Elemente, die Kind-elemente von `div` sind	2	ja	ja	ja	ja	7
Geschwisterkombinator, z.B. `div + p`	Element, das direkt auf ein anderes folgt.	2	ja	ja	ja	ja	7
Allgemeiner Geschwister-kombinator, z.B. `div ~ p`	Elemente, die auf ein ande-res, aber nicht unbedingt direkt folgen	3	ja	ja	ja	ja	9

5.5 Übungen

1. Warum werden die Links im folgenden Dokument beim Hovern nicht blau? Was müssen Sie ändern, damit es funktioniert?

Listing 5.12:
Das Beispiel finden Sie in Ihrem
Übungsordner des Kapitels unter
uebungen/links.html.

```
<!DOCTYPE html>
<html>
<head>
<meta charset="utf-8" />
<title>Links</title>
<style>
body {
   background-color: #CCCCCC;
}
a:hover, a:active, a:focus  {
   color: blue;
}
a:link, a:visited {
   color: red;
}
</style>
</head>
<body>
<p><a href="http://www.mut.de/">Markt+Technik</a>
</p>
</body>
</html>
```

Die Reihenfolge der Linkformatierungen stimmt nicht. Wenn Sie diese ändern, funktioniert es:

```
a:link, a:visited {
  color: red;
}
a:hover, a:active, a:focus  {
  color: blue;
}
```

Listing 5.13:
Die korrigierte Version
(loesungen/links.html)

2. Im Dokument *kombinatoren.html* in Ihrem Übungsordner sollen die Aufzählungszeichen der ul-Elemente entfernt werden – aber nur derjenigen, die sich in der Navigation (innerhalb von `<div id="navigation">`) befinden. Für die Entfernung der Aufzählungszeichen schreiben Sie `list-style: none;`. Außerdem sollen h2-Überschriften im Inhaltsbereich rot eingefärbt werden (innerhalb von `<div id="inhalt">`).

Die Lösung liegt in der Verwendung von Nachfahrenkombinatoren:

```
#navigation ul {
  list-style: none;
}
#inhalt h2 {
  color: red;
}
```

Listing 5.14:
Ausschnitt aus *loesungen/*
kombinatoren.html

3. Und noch ein kleines Quiz. Klassen oder ids – was ist der bessere Selektor?

• Im Dokument gibt es eine Seitenleiste mit besonderen Formatierungen.

• Im Dokument sind Bilder, die einmal links und einmal rechts dargestellt werden sollen.

Die Seitenleiste gibt es im Dokument nur einmal – ihr sollten Sie eine id spendieren. Da es mehrere Bilder geben kann, die links angeordnet werden, fahren Sie hier mit Klassen besser. Es könnte beispielsweise eine Klasse `.links` und eine Klasse `.rechts` geben.

4. Was ist der Unterschied?

```
div, p { color: red; }
```

und

```
div p { color: red;}
```

Mit `div p` wählen Sie nur die p-Elemente aus, die Nachfahren von `div` sind. Mit `div, p` wählen Sie sowohl die `div` als auch die p-Elemente aus. In diesem Beispiel wird mit `div p` nichts rot – aber mit `div, p` wird der ganze Inhalt von `div` rot eingefärbt: `<div>Ein Text</div>`.

6 Farbangaben in CSS und transparente Bereiche

Bisher hatten wir schon mit Farbangaben in CSS zu tun – eingesetzt haben wir englische kurze Farbbezeichnungen oder beim Beispiellayout kryptische Werte hinter dem #-Zeichen.

Die verschiedenen Möglichkeiten sehen wir uns in diesem Kapitel genauer an – außerdem geht es um erweiterte Optionen, etwa um Definitionen von halbtransparenten Bereichen. Zudem stellt Ihnen dieses Kapitel nützliche Tools für die Auswahl von Farben vor.

6.1 Farben am Bildschirm

Farben am Bildschirm funktionieren anders als Farben im Farbkasten, denn bei Farben am Bildschirm wird Licht gemischt. Genau genommen ist es rotes, grünes und blaues Licht, das gemischt wird. Wenn Rot, Grün und Blau im gesättigtsten Farbton **addiert** werden, ist das Ergebnis Weiß (**additives** Farbschema). Umgekehrt ist das Ergebnis Schwarz, wenn keine Farben vorhanden sind. Da die Farben Rot, Grün und Blau gemischt werden, spricht man auch vom RGB-Farbschema.

In CSS gibt es mehrere Möglichkeiten, Farben festzulegen.

Tipp

*Dieses **additive** Farbschema steht im Gegensatz zu dem beim Druck oder beim Malkasten verwendeten **subtraktiven** Farbschema, bei dem Farbanteile des sichtbaren Lichtspektrums des weißen Lichts **entfernt** werden.*

6.2 Englische Farbnamen

Sie haben bereits in bisherigen Beispielen gesehen, dass Farben über **englische Farbwörter** angegeben werden können; hier sind 16 Farbnamen standardisiert.

black – schwarz	green – grün	navy – dunkelblau	gray – grau
lime – hellgrün	blue – blau	maroon – dunkelrot	olive – olivgrün
purple – violett	red – rot	yellow – gelb	fuchsia – magenta
silver – hellgrau	aqua – cyan	teal – blaugrün	white – weiß

Tabelle 6.1:
Die 16 vordefinierten Farbnamen

Tipp

Neben den hier aufgeführten Farbnamen gibt es weitere, die teils ebenfalls problemlos funktionieren, aber eben nicht offiziell standardisiert sind.

6.3   Farbangaben mit dem Schlüsselwort rgb()

Feinere Abstufungen erreichen Sie, indem Sie für jede der drei Grundfarben – Rot, Grün und Blau – angeben, wie stark sie vorhanden sein soll. Dafür können Sie dezimale Werte benutzen.

So lässt sich etwa die Farbe Weiß in CSS folgendermaßen schreiben:

```
rgb(255, 255, 255)
```

Hier notieren Sie hinter dem Schlüsselwort rgb in Klammern die drei Werte für Rot, Grün und Blau als dezimale Zahlen zwischen 0 und 255 durch Komma getrennt. Ein weißer Hintergrund für Absätze wird folgendermaßen definiert:

```
p {
    background-color: rgb(255, 255, 255);
}
```

Anstelle von dezimalen Zahlen können Sie auch Prozentwerte einsetzen, dabei entspricht 100% dem dezimalen Wert 255:

```
    background-color: rgb(100%, 100%, 100%);
```

Neben rgb() lassen sich Farben auch über hsl() angeben. HSL steht dabei für *hue* (Farbton), *saturation* (Sättigung) und *lightness* (Helligkeit). So definieren Sie einen roten Hintergrund:

```
background-color: hsl(0, 100%, 50%);
```

Der Farbton hat den Wert 0, die Sättigung ist 100% bei einer Helligkeit von 50%.

Diese Art, Farben anzugeben, ist wesentlich intuitiver als das RGB-Schema. Allerdings wird diese Farbangabe nicht in Vorgänger-Versionen des Internet Explorer 9 unterstützt, deswegen ist es derzeit praktikabler, Farben über rgb() anzugeben, was browserübergreifend funktioniert.

6.4 Hexadezimale Farbangaben

Am Anfang etwas gewöhnungsbedürftig, im Web aber weit verbreitet, sind die Farbangaben über hexadezimale Werte.

Bei der hexadezimalen Schreibweise geben Sie die Farben direkt nach einem Gatterzeichen (#) an. Die beiden ersten Stellen bestimmen den Rotwert, die beiden nächsten den Grün- und die beiden letzten den Blauanteil. Die Farbe Weiß schreiben Sie beispielsweise als #ffffff. Groß- und Kleinschreibung spielt keine Rolle.

Hexadezimales Zahlensystem

Beim hexadezimalen System ist die Basis 16. Nach der Zahl 9 kommt nicht 10, sondern A, und das geht dann so weiter: B entspricht 11, C – 12, D – 13, E – 14 und F – 15. Mehr Buchstaben werden nicht verwendet. Das bedeutet, dass bei den Farbangaben FF – das in unserem dezimalen System dem Wert 255 entspricht – den größtmöglichen Wert darstellt, 00 den kleinstmöglichen.

Es gibt Tools, die für Sie die Umrechnung zwischen dezimalen und hexadezimalen Zahlen übernehmen. Wenn Sie den in Windows integrierten Rechner verwenden, klicken Sie im Menü ANSICHT auf WISSENSCHAFTLICH. Dann können Sie die Umrechnungen durchführen.

Außerdem können Sie manche Farbangaben auch verkürzen und statt der sechsstelligen Angabe eine dreistellige nehmen. Statt #ff0000 können Sie beispielsweise #f00 schreiben.

Tipp

Diese Verkürzung ist nur dann möglich, wenn bei hexadezimalen Werten bei den jeweiligen Farbangaben die beiden Stellen dieselbe Zahl oder denselben Buchstaben haben.

Die Kurzformen sind praktischer. Man verzählt sich beispielsweise leicht bei #fffff – waren das jetzt fünf oder sechs? Hingegen kann ich sofort erkennen, dass #fff drei sind und die Farbe stimmt.

Die Kurzform für Weiß ist #fff und für Schwarz #000 (eigentlich #000000); #6699cc und #69c sind äquivalent.

6.5 Farbwähler

Es gibt mehrere Tools, die Ihnen bei der Farbwahl helfen.

6.5.1 Color Scheme Designer

Sehr schön ist beispielsweise der Color Scheme Designer (*http://colorscheme-designer.com/*).

Abbildung 6.1:
Color Scheme Designer hilft
bei der Auswahl der Farben.

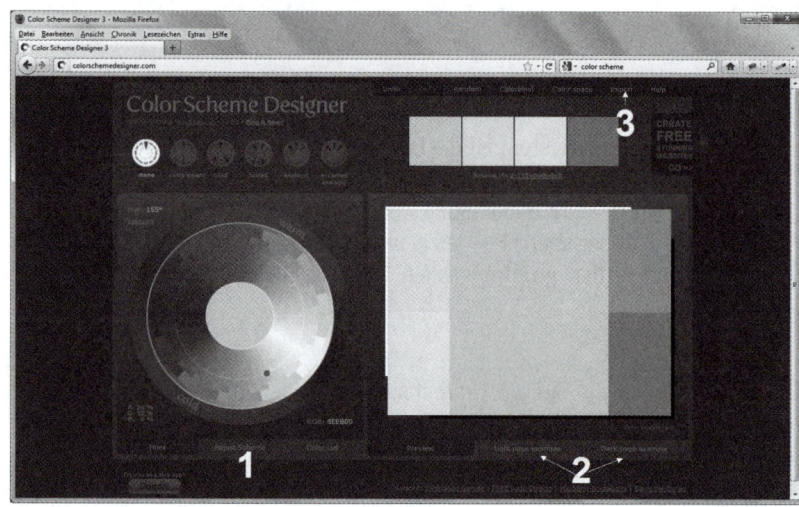

Im linken großen Farbkreis bestimmen Sie die Grundfarbe. Sie können diese mit ADJUST SCHEME (in der Abbildung mit der 1 gekennzeichnet) anpassen und beispielsweise Pastelltöne wählen.

Wie aber sehen die gewählten Farben auf einer Webseite aus? Das zeigen LIGHT PAGE EXAMPLE und DARK PAGE EXAMPLE sehr anschaulich mit einem Mausklick (2).

Wenn die Farben stimmen, können Sie sie exportieren über den Menüpunkt EXPORT rechts oben (3). Dann erhalten Sie eine Liste der Farben mit dem Hexadezimalcode. Denken Sie aber daran, dass Sie das #-Zeichen vor den Zahlenkombinationen ergänzen, wenn Sie die Farben anwenden!

6.5.2 Firefox-Erweiterung ColorZilla

Das andere praktische Tool zur Auswahl von Farben ist die Firefox-Erweiterung **ColorZilla**. Um Sie zu installieren, gehen Sie mit Firefox auf die Seite *https:// addons.mozilla.org/de/firefox/addon/colorzilla/*. Dort klicken Sie auf den Button ZU FIREFOX HINZUFÜGEN.

Dann erscheint eine Warnmeldung. Da Sie der Adresse addons.mozilla.org trauen können, klicken Sie auf JETZT INSTALLIEREN. Um ColorZilla nutzen zu können, müssen Sie Firefox neu starten.

Hinweis

Bei der Suche nach gelungenen Farbkombinationen ist auch Adobe Kuler unter http://kuler.adobe.com/ sehr hilfreich!

Sie rufen ColorZilla über das Menü EXTRAS im Firefox auf.

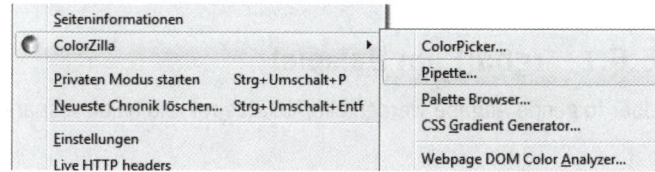

Praktisch ist beispielsweise der COLORPICKER, um Farben auszuwählen.

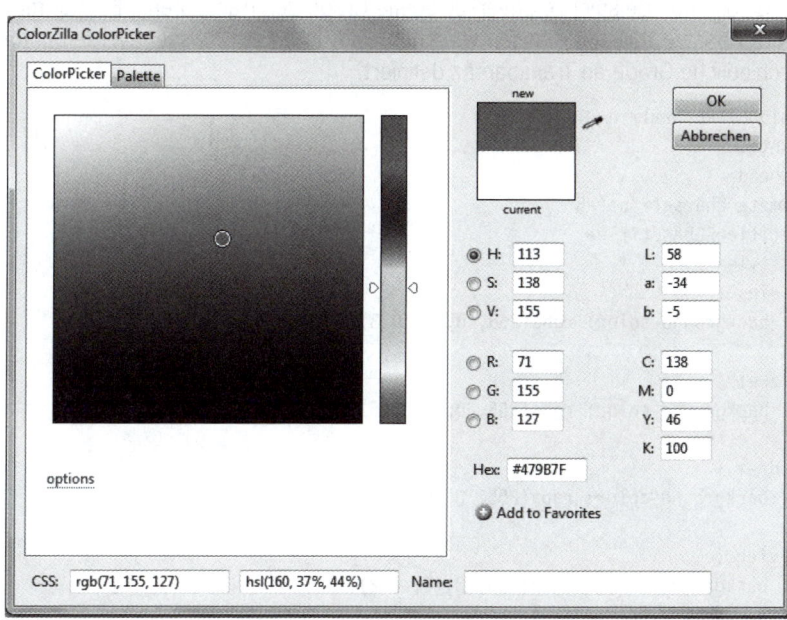

Abbildung 6.3:
Beim Schieberegler bestimmen
Sie den Farbton, im großen
Quadrat legen Sie den Grad der
Sättigung und die Helligkeit fest.

Das Werkzeug PIPETTE von ColorZilla hilft Ihnen dabei, eine Farbe aus einer Webseite oder auch aus einer Grafik einer Webseite auszuwählen.

Ist die PIPETTE ausgewählt, wird der Mauszeiger zum Kreuz. Klicken Sie auf die Farbe, erhalten Sie den Code oben rechts unterhalb der Adresszeile angezeigt. Er ist außerdem im Zwischenspeicher gespeichert und Sie können ihn beispielsweise über ⌨Strg⌨+⌨V⌨ in eine andere Datei einfügen.

6.6 Farbangaben mit rgba()

Neu in CSS3 ist die Möglichkeit, bei der Farbangabe gleich den Grad der Transparenz des Elements anzugeben. Hierfür verwenden Sie rgba(). Das steht für Rot-Grün-Blau-Alpha. In den Klammern bei rgba() geben Sie zuerst den Rot-, gefolgt vom Grün- und Blauanteil an. Als Letztes bestimmen Sie den Grad der

Transparenz (Alphakanal) als Bruchzahl zwischen 0 (ganz durchsichtig) und 1 (ganz opak).

6.6.1 rgba() am Beispiel

Über folgende Angabe werden alle Absätze rot und halbtransparent:

```
p {
    background-color: rgba(255, 0, 0, 0.5);
}
```

Das folgende Beispiel zeigt verschiedene Grade der Transparenz. Es gibt mehrere Absätze, die mit Klassen versehen sind. In diesen Klassen werden unterschiedliche Grade an Transparenz definiert.

Listing 6.1:
Die Absätze erhalten
unterschiedlich transparente
Hintergründe über Klassen
zugewiesen (rgba.html).

```
<!DOCTYPE html>
<html
<head>
<meta charset="utf-8" />
<title>RGBA</title>
<style>
.eins {
    background-color: rgba(255, 0, 0, 0.8);
}
.zwei {
    background-color: rgba(255, 0, 0, 0.6);
}
.drei {
    background-color: rgba(255, 0, 0, 0.4);
}
.vier {
    background-color: rgba(255, 0, 0, 0.2);
}
</style>
</head>
<body>
    <p class="eins">Transparenz von 0.8</p>
    <p class="zwei">Transparenz von 0.6</p>
    <p class="drei">Transparenz von 0.4</p>
    <p class="vier">Transparenz von 0.2</p>
</body>
</html>
```

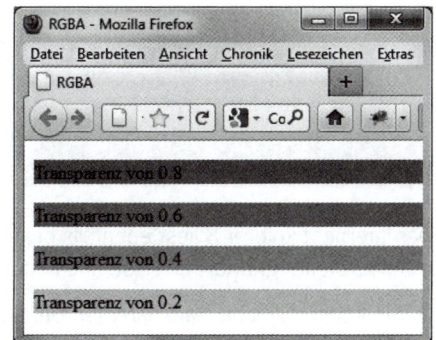

Übrigens können Sie statt `rgba()` auch `hsla()` benutzen. Ein halb transparentes Rot lässt sich auf folgende Arten darstellen:

```
background-color: hsla(0, 100%, 50%, 0.5);
```

Das ist dasselbe, was Sie über `rgba()` auf die folgende Art schreiben:

```
background-color: rgba(255, 0, 0, 0.5);
```

6.6.2 rgba() in Vorgänger-Versionen des Internet Explorer 9 simulieren

`rgba()` ist eine wunderbare Möglichkeit, Farben mit Transparenzwerten anzugeben. Leider gibt es derzeit noch einen kleinen Haken. Der Internet Explorer versteht diese Angabe erst ab Version 9.

Für ältere IEs haben Sie mehrere Möglichkeiten:

1. In manchen Fällen verzichtet man einfach auf den transparenten Hintergrund und gibt stattdessen eine normale Farbe für den IE an. Das geht folgendermaßen:

```
.eins {
  background: rgb(255, 0, 0);
  background: rgba(255, 0, 0, 0.8);
}
```

Wichtig ist dabei, dass die normale Farbe ohne Transparenzwert vor der anderen Farbangabe steht.

Ein Browser wie Firefox liest beide Farbangaben. Die zweite Farbangabe überschreibt aber den vorherigen Wert und so wendet er diese an.

Im Beispiel wird anstelle von background-color *die verkürzte Schreibweise* background *benutzt, da sonst die Fallbackfarbe im IE7 nicht funktioniert.*

> Diese Regel, dass eine spätere Angabe eine frühere über-
> schreibt, ist ja ein wichtiges Grundprinzip in CSS, das Sie
> auf diese Art kreativ nutzen können, um unterschiedlichen
> Browsern verschiedene Angaben zu liefern.

Der Internet Explorer 8 liest ebenfalls beide Farbangaben. Da er aber die zweite
nicht versteht, ignoriert er diese und nimmt die erste.

2. Sie können solche transparenten Bereiche in Vorgänger-Versionen des Internet Explorer 9 auch über Filter erreichen.

Filter sind eine proprietäre Erfindung von Microsoft. Die benötigte Filterangabe
sieht beispielsweise folgendermaßen aus:

```
filter: progid:DXImageTransform.Microsoft.gradient(startColorstr=#66FF0000
,endColorstr=#66FF0000);
```

Und wenn Sie gleichzeitig auch den Code für die anderen Browser angeben
wollen:

```
background: transparent;
background: rgba(255, 0, 0, 0.4);
filter: progid:DXImageTransform.Microsoft.gradient(startColorstr=#66FF0000
,endColorstr=#66FF0000);
zoom: 1;
```

Außerdem sehen Sie, dass am Schluss `zoom: 1` steht. Das stellt sicher, dass die
Filter im IE auch funktionieren – leider ist das auch proprietärer Code.

Die Filterangaben könnten Sie selbst schreiben – aber glücklicherweise gibt es
Tools, die Ihnen diese Arbeit abnehmen. Besonders praktisch ist *http://css3ple-
ase.com/*.

Suchen Sie auf der Webseite von CSS3Please den Bereich .BOX_RGBA(). Sollte
dieser Codeteil nicht aktiv sein, so klicken Sie auf TOGGLE RULE ON.

Abbildung 6.5:
Der Code-Teil mit rgba()
ist zuerst nicht aktiviert.

Dann editieren Sie die Farbangabe hinter `rgba()`. Die korrespondierenden Werte
für die `filter`-Angabe werden dabei automatisch erzeugt. Am Schluss können
Sie sich die Angaben kopieren und in Ihrem Stylesheet einfügen.

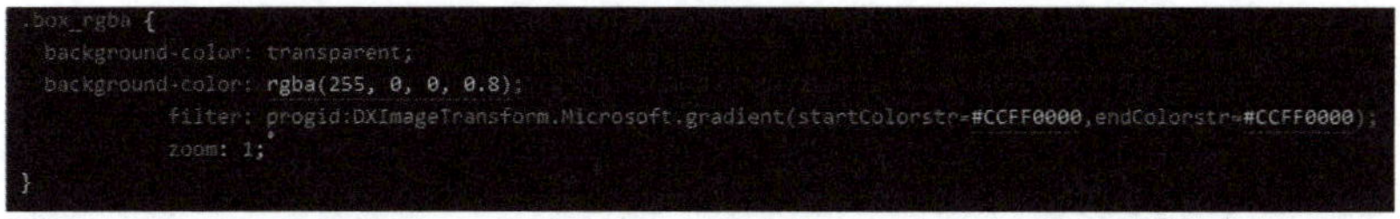

```
.box_rgba {
    background-color: transparent;
    background-color: rgba(255, 0, 0, 0.8);
            filter: progid:DXImageTransform.Microsoft.gradient(startColorstr=#CCFF0000,endColorstr=#CCFF0000);
        zoom: 1;
}
```

Abbildung 6.6:
Beim Editieren der rgba()*-Werte*
werden die zugehörigen filter-
Angaben automatisch angepasst.

Im folgenden Beispiel ist der Code so erweitert, dass das Beispiel ebenfalls im IE8 funktioniert.

Listing 6.2:
rgba() *mit ergänzten* filter-*Angaben für ältere IE (rgba_ie.html)*

```
<!DOCTYPE html>
<html>
<head>
 <meta charset="utf-8" />
 <title>RGBA</title>
<style>
.eins {
  background-color: transparent;
  background-color: rgba(255, 0, 0, 0.8);
  filter: progid:DXImageTransform.Microsoft.gradient(startColorstr=#CCFF00
00,endColorstr=#CCFF0000);
  zoom: 1;
}
.zwei {
  background-color: transparent;
  background-color: rgba(255, 0, 0, 0.6);
  filter: progid:DXImageTransform.Microsoft.gradient(startColorstr=#99FF00
00,endColorstr=#99FF0000);
  zoom: 1;
}
.drei {
  background-color: transparent;
  background-color: rgba(255, 0, 0, 0.4);
  filter: progid:DXImageTransform.Microsoft.gradient(startColorstr=#66FF00
00,endColorstr=#66FF0000);
  zoom: 1;
}
.vier {
  background-color: transparent;
  background-color: rgba(255, 0, 0, 0.2);
  filter: progid:DXImageTransform.Microsoft.gradient(startColorstr=#33FF00
00,endColorstr=#33FF0000);
  zoom: 1;
}
</style>
</head>
<body>
 <p class="eins">Transparenz von 0.8</p>
 <p class="zwei">Transparenz von 0.6</p>
 <p class="drei">Transparenz von 0.4</p>
 <p class="vier">Transparenz von 0.2</p>
</body>
</html>
```

125

6.7 opacity – noch mehr Transparenzen

Zusätzlich zu `rgba()` gibt es in CSS3 die Eigenschaft `opacity`, mit der Sie die Transparenz von Elementen bestimmen können.

> Opazität heißt so viel wie Deckkraft und ist das Gegenteil von Transparenz.

Der Standardwert ist `opacity: 1`, d.h. Elemente sind ganz deckend. Ein geringerer Wert als 1 macht ein Element durchsichtiger, `opacity: 0.5` ist folglich halb durchsichtig und `opacity: 0` vollständig durchsichtig.

Das folgende Beispiel führt ein paar Werte vor. Im HTML-Teil sind mehrere `div`-Elemente mit eindeutigen `id`s platziert.

```
<div id="eins">0</div>
<div id="zwei">0.2</div>
<div id="drei">0.4</div>
<div id="vier">0.6</div>
<div id="fuenf">0.8</div>
<div id="sechs">1</div>
```

Per CSS werden zuerst für alle `div`-Elemente geltende Eigenschaften definiert: Alle sollen die Hintergrundfarbe rot haben, die Schriftfarbe soll schwarz sein. Außerdem wird eine größere Schrift gewählt (zur Eigenschaft `font-size` kommen wir ausführlich noch in Kapitel 7.)

```
div {
  background-color: red;
  color: black;
  font-size: 300%;
}
```

Dann folgen die unterschiedlichen `opacity`-Werte für die einzelnen durch `id` gekennzeichneten `div`-Elemente.

Tipp

Statt opacity: 0.5 *können Sie auch* opacity: .5 *schreiben.*

Listing 6.3:
Verschiedene Werte für
opacity *(opacity.html)*

```
#eins {
  opacity: 0;
}
#zwei {
  opacity: 0.2;
}
#drei {
  opacity: 0.4;
}
#vier {
  opacity: 0.6;
}
```

```
#fuenf {
  opacity: 0.8;
}
#sechs {
  opacity: 1;
}
```

Die Auswirkung demonstriert die folgende Abbildung.

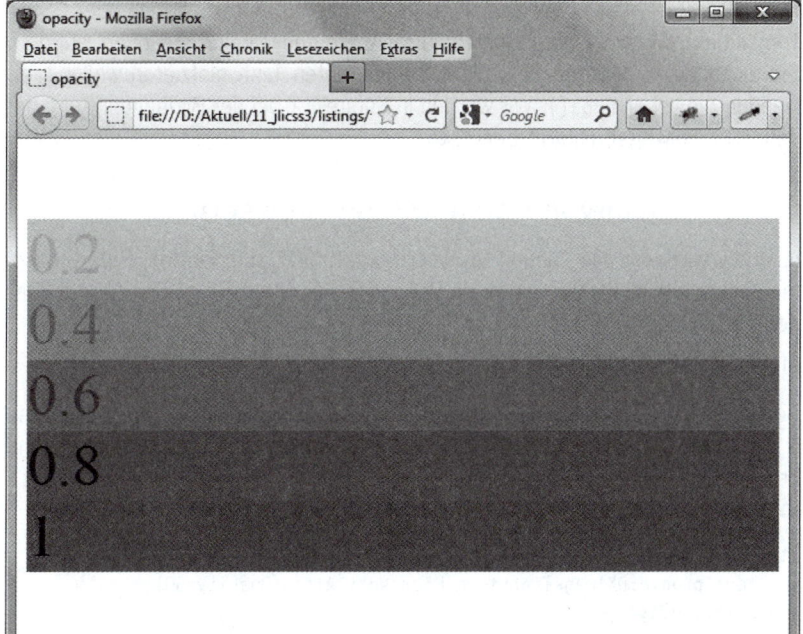

Abbildung 6.7:
Verschiedene Werte für opacity
im Vergleich

Tipp

Im Beispiel für die unterschiedlichen rgba()*-Werte wurde mit Klassen gearbeitet, hier allerdings mit ids. Prinzipiell ist bei solchen Beispielen beides möglich und es war hier eine gute Gelegenheit, die unterschiedliche Schreibweise von ID-Selektoren (am Anfang steht #) und Klassenselektoren (am Anfang steht .) zu wiederholen.*

Im echten Einsatz stellen Sie sich am besten immer die Frage:»Kommt diese Formatierung, die ich hier schreibe, mehrmals auf einer Seite vor?« Wenn Sie das bejahen können, dann sind Klassen die richtige Wahl, im anderen Fall ids.

Das Element mit opacity: 0 ist ganz transparent, damit unsichtbar, das Element mit opacity: 1 ist vollständig opak, d.h. deckend. Die anderen zeigen Zwischenstufen.

Eine Besonderheit sehen Sie beim Text des Elements mit opacity: 0.2 oder auch mit opacity: 0.4. Es sieht so aus, als hätten die Texte selbst leicht unterschiedliche Farben, als wären sie grau und nicht schwarz.

Abbildung 6.8:
Die Beschriftung der mehr oder minder transparenten Bereiche

Das liegt daran, dass opacity sich auf das Element als Ganzes auswirkt – es betrifft genauso die Hintergrundfarbe wie auch die Textfarbe.

> **!** Wenn Sie `opacity` bei einem Element angeben, so gilt das für alle Elemente, die drinnen stehen – und eben genauso auch für einen Text, der enthalten ist. Ein Text innerhalb eines Elements mit `opacity: 0.2` ist ebenfalls nur zu 20% sichtbar.

Damit eignet sich `opacity` gut, wenn Sie einen Bereich verschwinden lassen wollen (beispielsweise über JavaScript oder über CSS3-Animationen oder CSS3-Transitions). Wenn Sie aber einen halbtransparenten Bereich brauchen, auf dem Sie einen gut sichtbaren, d.h. nicht transparenten Text, platzieren wollen, verwenden Sie lieber `rgba()`. Wir werden in Kapitel 11 bei der Bildbeschriftung auf dem Bild deswegen `rgba()` benutzen.

6.7.1 opacity in den heutigen Browsern

`opacity` wird von allen neuen Browsern unterstützt, d.h. Firefox, Safari, Chrome, Opera und Internet Explorer ab Version 9. Für ältere IEs gibt es Abhilfe über den Alpha-Filter.

```
filter: progid:DXImageTransform.Microsoft.Alpha(Opacity=50);
```

Bei diesem schreiben Sie den Grad der Opazität/Transparenz als Wert zwischen 0 und 100, wobei wiederum 0 ganz durchsichtig ist, 100 ganz sichtbar. Eine browserübergreifende Transparenz von 50% lässt sich damit folgendermaßen realisieren

```
.transparent {
  filter: progid:DXImageTransform.Microsoft.Alpha(Opacity=50);
  opacity: 0.5;
  zoom: 1;
}
```

Tipp

Die Angabe zoom: 1 *beim* div*-Element sorgt dafür, dass auch der IE7 die Filterangabe interpretiert.*

Listing 6.4:
Mit Filterangaben für Vorgänger-Versionen des Internet Explorer 9 (opacity_ie.html)

Hier sehen Sie noch einmal die Angaben aus dem vorherigen Beispiel, bei denen jeweils die `filter`-Angaben für Vorgänger-Versionen des Internet Explorer 9 vorhanden sind.

```
div {
  background-color: red;
  color: black;
  font-size: 300%;
  zoom: 1;
}
#eins {
  opacity: 0;
  filter: progid:DXImageTransform.Microsoft.Alpha(Opacity=00);
}
```

```
#zwei {
  opacity: 0.2;
  filter: progid:DXImageTransform.Microsoft.Alpha(Opacity=20);
}
#drei {
  opacity: 0.4;
  filter: progid:DXImageTransform.Microsoft.Alpha(Opacity=40);
}
#vier {
  opacity: 0.6;
  filter: progid:DXImageTransform.Microsoft.Alpha(Opacity=60);
}
#fuenf {
  opacity: 0.8;
  filter: progid:DXImageTransform.Microsoft.Alpha(Opacity=80);
}
#sechs {
  opacity: 1;
}
```

6.8 Filter für den IE

Beim Nachbilden von `rgba()` und `opacity` für Vorgänger-Versionen des Internet Explorer 9 haben wir `filter` eingesetzt. Filter sind eine proprietäre Microsoft-Geschichte, d.h. sie sind kein Standard und kein anderer Browser kann etwas damit anfangen. Diese Filter werden auch nie in einer Spezifikation des W3C auftauchen.

Eigentlich ist es deswegen unschön, Filter einzusetzen. Wo Sie können, sollten Sie auch darauf verzichten. Andererseits sind `filter` mitunter die einzige Möglichkeit, bestimmte CSS3-Features nachzubilden. Und wenn das besagte Feature, um das es geht, eine sehr wichtige Rolle in Ihrem Designkonzept spielt, können Sie zu Filtern greifen.

6.8.1 Auch nicht schön, aber wichtig: hasLayout

Damit die `filter` auch im IE7 funktionieren, muss das entsprechende Element hasLayout besitzen. Auch hasLayout ist ein Konzept von Microsoft, das kein anderer Browser kennt. hasLayout erhalten Elemente implizit, indem man ihnen beispielsweise eine Breite über `width` gibt (mehr zu dieser Angabe in Kapitel 8). Oder aber man verwendet die ebenfalls proprietäre Angabe `zoom: 1`. Diese stellt den Zoomlevel des Elements auf 1. Da das dem Standard entspricht, bewirkt es nichts – außer dass es hasLayout auslöst und Filter funktionieren. Deswegen habe ich in den Beispielen `zoom: 1` ergänzt.

6.8.2 Schreibweise der Filter

Filter sind immer nach demselben Schema aufgebaut: Zuerst kommt die Eigenschaft filter, gefolgt von mehr oder minder kryptischen Angaben, wobei am Schluss in Klammern bestimmte Parameter übergeben werden. Diese Syntax entspricht nicht dem CSS-Standard, denn Doppelpunkte und = sind nicht in Werten üblich:

```
filter: progid:DXImageTransform.Microsoft.Alpha(Opacity=50);
```

Seit dem IE8 gibt es eine **alternative Syntax** für die Notation des Filters, die sich formal an die CSS-Syntax hält:

```
-ms-filter: "progid:DXImageTransform.Microsoft.Alpha(Opacity=50)";
```

Dass sich diese Syntax formal eher an die CSS-Syntax hält, macht diese Angabe aber nicht zu einer CSS-Standardangabe. Und da der IE8 sowieso auch die alte Variante mit filter liest, habe ich bei den Beispielen auf die –ms-Variante verzichtet.

Falls Sie die Variante mit –ms- aber einsetzen wollen, sollten Sie zuerst die filter und danach die –ms-filter-Angabe schreiben. (Dass Sie im Web oft noch das Gegenteil lesen, liegt daran, dass der IE8 in irgendeiner Beta die andere Reihenfolge gebraucht hat und diese Information hat sich dann im Internet an vielen Stellen festgesetzt, obwohl sie nicht mehr aktuell ist.)

```
filter: progid:DXImageTransform.Microsoft.Alpha(Opacity=50);
-ms-filter: "progid:DXImageTransform.Microsoft.Alpha(Opacity=50)";
```

6.9 Zusammenfassung

In diesem Kapitel haben Sie gesehen, wie Sie Farbangaben in CSS machen können. Ihnen stehen folgende Möglichkeiten zur Verfügung:

- Englische Farbnamen (z.B. red)

- Hinter rgb() können Sie die Farben dezimal angeben, also beispielsweise rgb(255, 0, 0) oder auch in Prozentwerten, rgb(100%, 0%, 0%).

- Außerdem können Sie Hexadezimalwerte verwenden wie #ff0000. Wenn die zwei Stellen für die jeweilige Farbe gleich sind, lässt sich das auch verkürzt schreiben als #f00.

- rgba() ist eine Erweiterung von rgb(). An vierter Stelle geben Sie den Grad der Transparenz als Wert zwischen 0 und 1 an. rgba(255, 0, 0, 0.5) bestimmt ein halbtransparentes Rot.

Transparente Bereiche können Sie auch über opacity festlegen. Dabei wirkt sich diese Transparenzangabe jedoch auf alle im Element enthaltenen Teile aus – also beispielsweise nicht nur auf eine Hintergrundfarbe, sondern auch auf einen Text.

rgba() und opacity sind Neuerungen aus CSS3. Sie werden in allen Browsern unterstützt, im Internet Explorer allerdings erst ab Version 9. Für ältere Internet Explorer können Sie über filter nachbessern.

Außerdem haben Sie zwei nützliche Tools für die Arbeit mit Farben kennengelernt: ColorZilla hilft bei der Auswahl einzelner Farben und Color Scheme Designer schlägt Ihnen schöne Farbkombinationen vor.

Die offizielle Spezifikation zu den Farbangaben finden Sie unter http://www.w3.org/TR/css3-color/.

Tabelle 6.2: Browserunterstützung für die Farb- und Transparenzangaben

Farbangabe	Beispiel	CSS	Firefox	Safari	Chrome	Opera	IE	Alternativen
rgb()	rgb(255, 255, 0);	2	ja	ja	ja	ja	ja	
hexcode	#ab2 #aabb22	2	ja	ja	ja	ja	ja	
Farbnamen	red	2	ja	ja	ja	ja	ja	
hsl()	hsl(0, 100%, 50%)	3	ja	ja	ja	ja	9	rgb(), Hexcode
rgba()	rgba(255, 255, 0, 0.5);	3	ja	ja	ja	ja	9	Gradient-Filter
hsla()	hsla(0, 100%, 50%, 0.5)	3	ja	ja	ja	ja	9	Gradient-Filter
opacity	opacity: 0.5;	2	ja	ja	ja	ja	9	Alpha-Filter

6.10 Übungen

1. #d4c ist die Kurzform einer Farbe. Wie sieht die Langform aus?

Um die Langform zu ermitteln, müssen Sie jede Stelle verdoppeln. Sie lautet also #dd44cc.

2. Wie kann man die Farbe Schwarz in CSS schreiben? Nennen Sie mindestens vier Varianten:

black, #000000, #000, rgb(0, 0, 0), rgb(0%; 0%, 0%), rgba(0, 0, 0, 1).

Die letzte Variante ist aber nicht zu empfehlen, weil sie im Gegensatz zu den anderen Angaben nicht in Vorgänger-Versionen des Internet Explorer 9 funktioniert. Und da keine Transparenz involviert ist, bringt diese Variante nichts.

3. Im Listingordner des Kapitels finden Sie den Unterordner *uebungen* mit dem Layoutbeispiel, das Sie aus Kapitel 3 kennen.

   – Binden Sie in die CSS-Datei *layout.css* ein anderes Bild ein, nämlich das Bild *duenen.jpg*, das Sie ebenfalls in Ihrem Ordner finden. Hierfür müssen Sie den Namen austauschen und statt *kranich.jpg* den Dateinamen *duenen.jpg* schreiben.

   – Passen Sie dann die Farben des Layouts an das neue Bild an. Benutzen Sie hierfür Colorzilla, um Farben aus dem Bild auszuwählen.

   – Ändern Sie die Farben der Links. Hierfür brauchen Sie die in Kapitel 5 vorgestellten Selektoren a:link, a:visited, a:hover, a:focus, a:active.

Sie können natürlich auch ein eigenes Bild nehmen, das Sie auf eine passende Größe zuschneiden und im Ordner abspeichern.

Es gibt natürlich keine Musterlösung für diese Übung. Wichtig ist einzig, dass Sie im Kopfbereich die Farbe des Textes ebenfalls ändern, damit diese Zeile lesbar ist. Eine der möglichen Lösungen zeigt folgende Datei:

```
body {
  background-color: #C4BB9E;
  color: #263224;
  font-family: sans-serif;
}
#container {
  background-color: #F7FFFF;
  width: 960px;
  margin: auto;
  -moz-box-shadow: #141817 2px 2px 10px;
  -webkit-box-shadow: #141817 2px 2px 10px;
  box-shadow: #141817 2px 2px 10px;
}
#kopf {
  background: url(duenen.jpg) no-repeat;
  padding: 40px;
  color: #fff;
}
#navigation {
  width: 300px;
  float: right;
}
#inhalt {
  margin-right: 300px;
  padding-left: 20px;
}
a:link, a:visited {
  color: #55554D;
}
a:hover, a:focus, a:active {
  color: #7796AB;
}
```

Sie finden das Dokument auch im Ordner des Kapitels im Unterordner *loesungen*. Die Änderungen wurden nur an der hier gezeigten *layout.css* vorgenommen.

7 Ohne Typografie nix los

Am Ende des Kapitels können Sie

- Schriften formatieren und Absätze ausrichten
- herunterladbare Schriften einsetzen und Textschatten definieren
- Fehler im Code mit der Fehlerkonsole aufspüren

In diesem Kapitel dreht sich alles um die Schrift- und die Absatzformatierung. Sie sehen, wie man Schriftarten festlegt und mit den in CSS3 definierten herunterladbaren Schriften arbeitet. Neben solchen schicken neuen Features geht es auch um Standarddinge wie Schriftgröße festlegen, die Definition von fetten und kursiven Texten, von Unterstreichungen und Absatzausrichtungen.

Außerdem lernen Sie mit `text-shadow` eine schöne Möglichkeit aus CSS3 kennen, Texten mehr Tiefe und Dreidimensionalität durch Schatten zu verleihen. Zum Schluss sehen Sie, wie Sie Fehler im Code aufspüren können – ganz wichtig, wenn die Stylesheets komplexer werden.

7.1 Schriftformatierung

CSS wird schon seit Langem für die Schriftformatierung benutzt – und das funktioniert auch ganz wunderbar.

7.1.1 Als Einstieg in das Thema …

… können Sie einmal das schöne Tool *http://csstypeset.com/* benutzen. Hier geben Sie im linken Bereich einen Text ein. Diesen können Sie dann über Buttons und Schieberegler ganz komfortabel formatieren. Der zugehörige CSS-Code wird Ihnen im rechten Bereich angezeigt. Wenn Sie sich dann fragen, was die Besonderheiten der einzelnen Eigenschaften sind, so wird das Kapitel hier sicher Ihre Fragen beantworten.

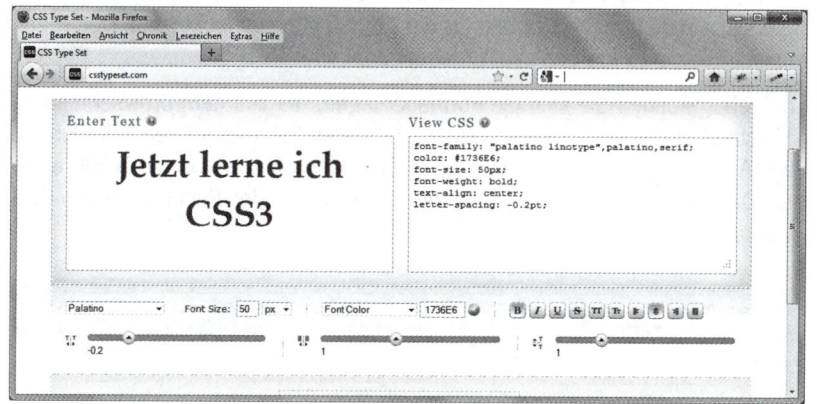

Abbildung 7.1:
http://csstypeset.com/ erlaubt ein komfortables Formatieren von Texten und erzeugt den CSS-Code.

Beginnen wir noch einmal mit der Schriftfarbe, die Sie in den Beispielen der letzten Kapitel bereits eingesetzt haben.

7.1.2 Schriftfarbe und nützliche Tipps

Um die Schrift einzufärben, verwenden Sie die Eigenschaft `color`. Dahinter geben Sie eine Farbbezeichnung an:

```
p {
  color: red;
}
```

Das sorgt dafür, dass alle Absätze rot sind.

Die globale Schriftfarbe legen Sie am besten für `body` fest. Da die Schriftfarbe **vererbt wird**, haben damit automatisch alle Elemente die gewünschte Schriftfarbe:

```
body {
  color: black;
  background-color: #333;
}
```

Damit wird die Schrift schwarz.

> Vererbung ist ein wichtiges Konzept in CSS. Es bedeutet, dass Eigenschaften, die Sie für ein umfassendes Element definieren, auch für dessen Kindelemente gelten. Das spart Schreibarbeit: Sie brauchen beispielsweise nicht alle Elemente aufzuzählen, die etwa eine schwarze Schriftfarbe haben sollen, sondern es genügt, dies für `body` festzulegen.

Wenn Sie die Schriftfarbe für `body` festlegen, so sind Links von dieser allgemeinen Regel allerdings nicht betroffen. Denn es gibt ein internes Stylesheet des Browsers, in dem eigene Farben für die Links festgeschrieben sind. Deswegen müssen Sie die Linkfarben explizit festlegen.

Im Firebug können Sie sich die Formatierungen, die aus dem browserinternen Stylesheet stammen, anzeigen lassen. Aktivieren Sie zuerst Firebug im Firefox über ANSICHT/FIREBUG. Dann kontrollieren Sie, dass Sie sich im Tab HTML befinden. Danach können Sie im rechten Bereich bei STYLES den Punkt USER-AGENT-CSS ANZEIGEN aktivieren.

Obwohl die Schriftfarbe standardmäßig Schwarz ist, ist es dennoch wichtig, sie per CSS als Schwarz festzulegen. Die Schriftfarbe und die Hintergrundfarbe kann der Benutzer nämlich auch über die Einstellungen seines Browsers festlegen. Im Firefox geht das etwa über EXTRAS / EINSTELLUNGEN / INHALT. Dort bestimmen Sie beim Button FARBEN die Schrift- und Hintergrundfarbe.

Die letztendliche Entscheidung darüber, ob die Webseite dann auch wirklich in Ihren festgelegten Farben angezeigt wird, hat immer der Benutzer. Aber wenn Sie die Farben festlegen, ist die Wahrscheinlichkeit größer, dass es auch so dargestellt wird und dass es nicht zu ungünstigen Kombinationen kommt.

Abbildung 7.2:
USER-AGENT-CSS ANZEIGEN: Jetzt werden die Formatierungen aus dem Browserstylesheet ebenfalls angezeigt.

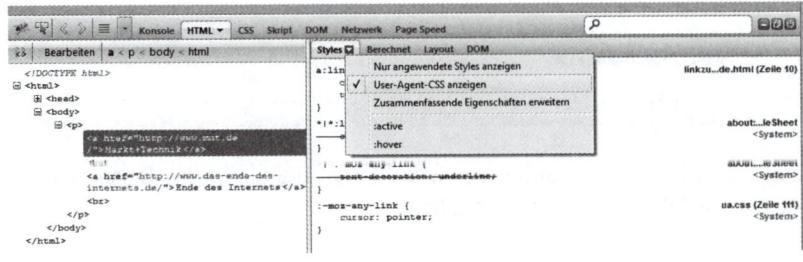

Wenn Sie dann im linken Bereich einen Link auswählen (beispielsweise aus dem Dokument *linkzustaende.html* im Kapitelordner), sehen Sie neben den Formatierungen, die Sie über CSS für Links festgelegt haben, die Formatierungen, die aus dem Browserstylesheet stammen.

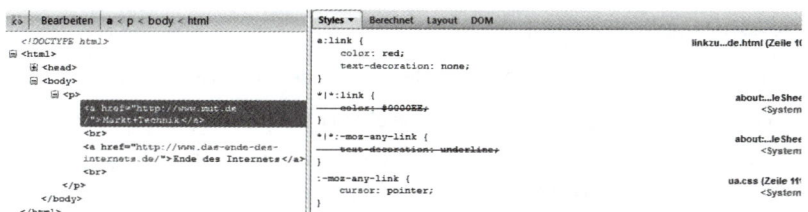

Abbildung 7.3:
Jetzt sehen Sie die
durchgestrichenen Regeln.

7.1.3 Schriftart festlegen, ganz klassisch

Zur Definition der Schriftart existiert die Eigenschaft `font-family`. Dahinter geben Sie die gewünschte Schrift an. Üblicherweise geben Sie hier Standardschriftarten an, denn die Schrift muss auf dem Computer des Surfers installiert sein, damit sie verwendet werden kann. Außerdem empfiehlt es sich, eine Liste von Schriften anzugeben. Ist die erste auf dem System nicht installiert, nimmt der Browser die zweite und so weiter.

Durch folgende Zeilen wird global für das Dokument Arial festgelegt. Ist diese Schriftart auf dem Computer nicht vorhanden, wird Helvetica genommen. Ist auch diese nicht installiert, wird die serifenlose Standardschrift gewählt.

```
body {
  font-family: Arial, Helvetica, sans-serif;
}
```

Serifen sind übrigens die kleinen Verzierungen an den Buchstaben.

ABC ABC

Über CSS3 gibt es mehrere Möglichkeiten Schriftarten zu bestimmen. Welche das sind, dazu gleich!

Abbildung 7.4:
Links serifenlos,
rechts mit Serifen.

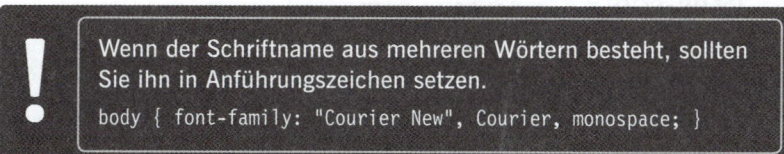

! Wenn der Schriftname aus mehreren Wörtern besteht, sollten Sie ihn in Anführungszeichen setzen.
`body { font-family: "Courier New", Courier, monospace; }`

Im Allgemeinen gelten serifenlose Schriften am Bildschirm als besser lesbar.

Zuletzt sollten Sie den Namen einer generischen Schriftfamilie einsetzen. Diese bezeichnen keine konkrete Schriftrealisierung, sondern nur Schrifttypen, die dann je nach Browser und Betriebssystem anders umgesetzt werden können. Die fünf vordefinierten generischen Schriftfamilien sehen Sie in Tabelle 7.1.

Tabelle 7.1:
Generische Schriftarten in CSS

Schriftfamilie	Steht für
serif	Serifenschrift, wie etwa Times oder Times New Roman
sans-serif	Serifenlose Schrift, wie etwa Arial, Verdana oder Helvetica
cursive	Verbundene Buchstaben, die an eine Handschrift erinnern, typischer Vertreter ist Zapf-Chancery
fantasy	Fantasie-Font mit dekorativen Elementen, z. B. Cotton Wood
monospace	Alle Buchstaben nehmen gleich viel Platz ein, erinnert an Schreibmaschinenschrift, z.B. Courier oder Courier New

Tipp

Die Screenshots zeigen, dass Sie etwa mit cursive als Schrift vorsichtig sein müssen, weil diese auf dem iPad schnell unlesbar wird.

Im folgenden Listing sind alle generischen Schriftarten aufgeführt. Wie diese in den Browsern Firefox, Safari, Internet Explorer sowie auf dem iPhone und iPad dargestellt werden, zeigen die folgenden Abbildungen.

Listing 7.1:
Generische Schriftarten
(generschriftarten.html)

```
<ul>
  <li style="font-family: sans-serif">sans-serif</li>
  <li style="font-family: serif">serif</li>
  <li style="font-family: monospace">monospace</li>
  <li style="font-family: cursive">cursive</li>
  <li style="font-family: fantasy">fantasy</li>
</ul>
```

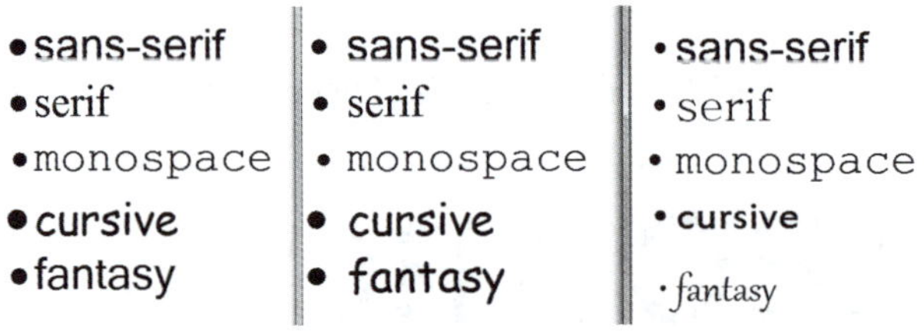

Abbildung 7.5:
Die generischen Schriftarten in Firefox (links), Safari (Mitte) und Internet Explorer (rechts)

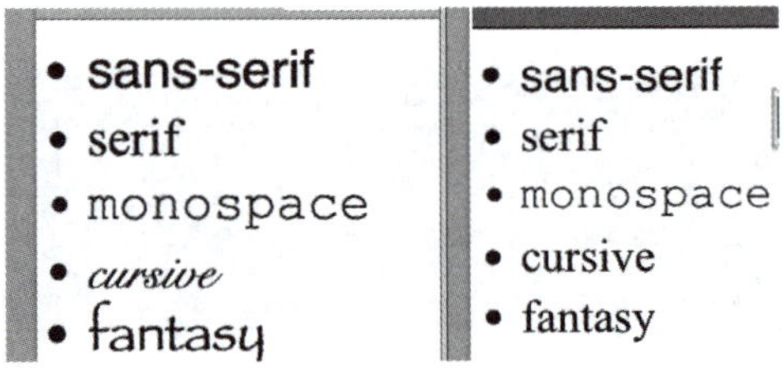

Abbildung 7.6:
... auf dem iPad (links) und dem iPhone (rechts)

Welche Schriftarten kann man wählen?

Eine Übersicht über typische Schriften auf Mac und Windows liefert *http://www. ampsoft.net/webdesign-l/WindowsMacFonts.html.*

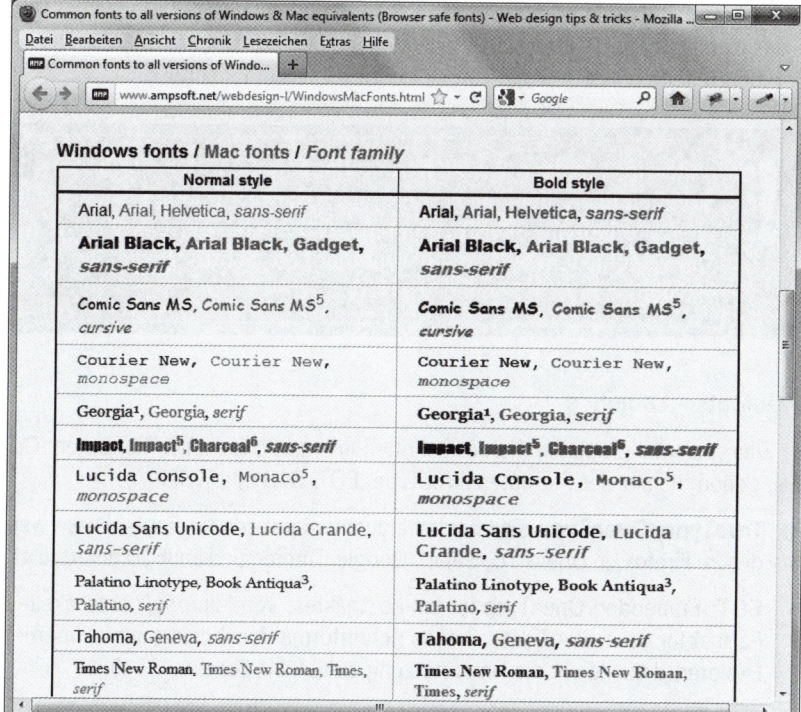

Abbildung 7.7:
Gängige Schriften auf Mac und
Windows

> *Diese Schriftenlisten (Font-stacks) auf der Webseite ent-halten typischerweise nur drei oder vier Schriften. Wie sich solche Fontstacks kreativer bauen lassen, zeigt ein Artikel auf Sitepoint, http://www. sitepoint.com/eight-definiti-ve-font-stacks/. Sie finden hier die Listen zum Herauskopie-ren und sehen auch in einem Screenshot, wie die einzelnen Schriften aussehen.*

7.1.4 Mehr Freiheit mit CSS3: herunterladbare Schriften

Mit Fontstacks können Sie zwar viele Schriften angeben, haben aber trotzdem auf diese Art sehr wenig Kontrolle. Und die Auswahl der Schriften ist arg beschränkt.

Webdesigner haben hier viele Tricks entwickelt, um die Einschränkungen zu umgehen – Bildersetzungen (Details bei *http://meiert.com/de/publications/ articles/20050513/*), Textersetzung mithilfe von Flash (sIFR) (*http://www.mike-industries.com/blog/sifr/*) oder Cufón (*https://github.com/sorccu/cufon/*).

All diese Techniken haben aber Nachteile. Teilweise involvieren sie andere Techniken oder sie setzen auf Bilder – und die Texte von Bildern lassen sich beispielsweise nicht skalieren oder nicht kopieren.

Besser geht es mit den in CSS3 definierten herunterladbaren Schriften. Genauso wie Sie Bilder in HTML extern einbinden, können Sie auch Schriften per CSS einbinden. Die Schrift muss auf dem Server vorhanden sein und wird bei der Darstellung der Seite heruntergeladen. Danach kann die Schrift auf der Seite verwendet werden.

Diese Technik wurde eigentlich in CSS 2 definiert, verschwand wegen der schlechten Browserunterstützung aus CSS 2.1 und ist in CSS3 wieder da. Und – das ist das Schöne – inzwischen funktionieren herunterladbare Schriften browserübergreifend solide – sogar zurück bis zum Internet Explorer 6.

Allerdings können Sie als herunterladbare Schriften nur Schriften benutzen, bei denen Sie explizit das Recht haben, sie als herunterladbare Schrift zu nutzen. Glücklicherweise gibt es an verschiedenen Stellen herunterladbare Schriften, die Sie kostenlos nutzen können.

Webfonts – so geht's

1. Zuerst einmal brauchen Sie die Schriften in unterschiedlichen Formaten. Genau genommen in vier Formaten: TrueType, EOT, SVG und WOFF.

- **TrueType/OpenType** sind beides Industriestandards für Fonts. Diese werden im Firefox, in Opera 10, Safari, Google Chrome und im IE10 unterstützt.

- **EOT**: Embedded OpenType ist ein kompaktes, von Microsoft entwickeltes Format für OpenType-Fonts. Dieses Schriftformat funktioniert nur im Internet Explorer, dafür reicht die Unterstützung zurück bis vor den IE6 (!).

- **SVG-Fonts** können für iPhone und iPad vor iOS 4.2 genutzt werden.

- Speziell fürs Web und für die Nutzung als eingebettete Schrift entwickelt ist das Web Open Font Format (**WOFF**). Dies ist das Format der Zukunft. WOFF wird im Firefox, in Google Chrome und im Internet Explorer 9 unterstützt. Es ist zu erwarten, dass sich das WOFF-Format auf Dauer als wichtigstes Format etablieren wird.

2. Dann können Sie in Ihrem Stylesheet den Webfont definieren. Damit das browserübergreifend klappt, brauchen Sie eine besondere Syntax, die folgendermaßen aussieht:

```
@font-face {
  font-family: 'MeineSchrift';
  src: url('meineschrift.eot'); /* IE9 im Kompatibilitätsmodus */
  src: url('meineschrift.eot?iefix') format('eot'), /* IE6-IE8 */
  url('meineschrift.woff') format('woff'), /* Moderne Browser */
  url('meineschrift.ttf') format('truetype'), /* Safari, Android, iOS */
  url('meineschrift#svgFontName') format('svg'); /* Älteres iOS */
}
```

3. Wenn diese beiden Hürden genommen sind, ist der Rest glücklicherweise einfach. Sie geben den Namen, den Sie bei `@font-face` vergeben haben, hinter `font-family` an. Außerdem sollten Sie noch eine Fallbackschrift angeben, d.h. eine Ersatzschrift, falls es mit dem Einbinden der Schrift nicht geklappt hat:

```
h1 {
  font-family: 'MeineSchrift', Arial, serif;
}
```

Der letzte Schritt ist einfach, aber die ersten beiden sind es nicht. Glücklicherweise gibt es Tools, die Ihnen die Schriften in allen Formaten zur Verfügung stellen und Ihnen bei der Syntax unter die Arme greifen. Mit ein paar Mausklicks geht die Einbindung von Schriften beispielsweise bei Google Webfonts.

Google Webfonts

Auf der Startseite (*http://www.google.com/webfonts*) können Sie durch die verschiedenen Fonts stöbern. Im linken Bereich gibt es Filter, um die Auswahl zu reduzieren.

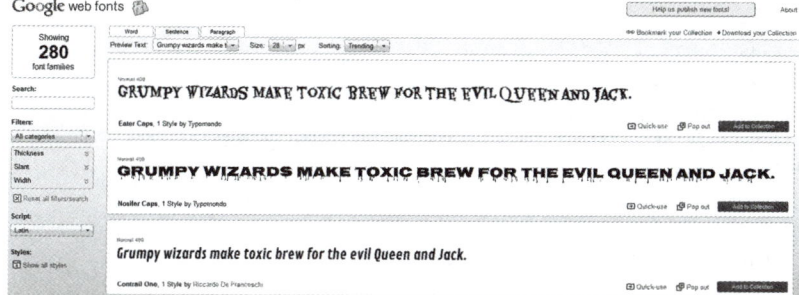

Abbildung 7.8:
Die Startseite von
Google Webfonts

Wenn Ihnen ein Font zusagt, können Sie durch Klick auf Pop out weitere Informationen zur Schrift sehen. Klicken Sie dann auf Quick Use.

Jetzt erhalten Sie weitere Informationen – zunächst den Hinweis, inwieweit die Verwendung des Fonts die Downloadzeit Ihrer Webseite beeinträchtigt.

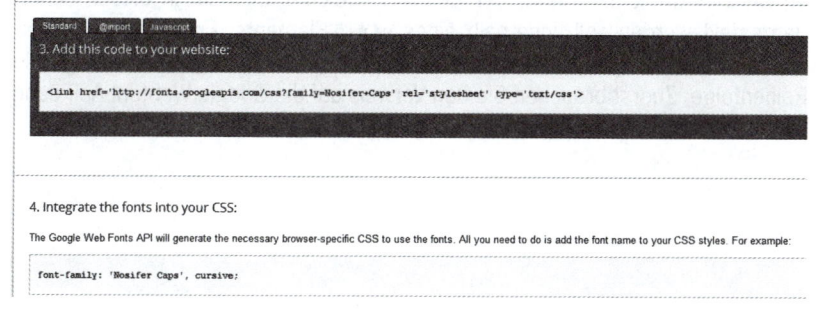

Abbildung 7.9:
Der Code zum Einbinden wird mitgeliefert

Bei Punkt 2 sehen Sie den Code, den Sie in Ihre Webseite einfügen müssen. Er sieht beispielsweise folgendermaßen aus:

```
<link href='http://fonts.googleapis.com/css?family=Nosifer+Caps'
rel='stylesheet' type='text/css'>
```

Diesen müssen Sie in den Kopfbereich Ihres Dokuments integrieren, so wie Sie auch andere externe Stylesheets verlinken (siehe Kapitel 4). Danach können Sie in Ihrer CSS-Datei definieren, wo die Schrift benutzt werden soll. Den Code hierfür finden Sie ebenfalls bei Google Webfonts:

```
font-family: 'Nosifer Caps', cursive;
```

Wenn beispielsweise die Überschrift in der Schrift Nosifer Caps gestaltet werden soll, schreiben Sie:

```
h1 {
    font-family: 'Nosifer Caps', cursive;
}
```

Ein kleines Beispiel:

Listing 7.2:
Webfonts im Einsatz
(googlewebfonts.html)
(als die Schriften
ausgewählt wurden,
war gerade Halloween)

```
<!DOCTYPE html>
<html>
<head>
<meta charset="utf-8" />
<title>Google Webfonts</title>
<link href='http://fonts.googleapis.com/css?family=Nosifer+Caps'
rel='stylesheet' type='text/css' />
<style>
h1 {
    font-family: 'Nosifer Caps', cursive;
}
</style>
</head>
<body>
<h1>All Hallows' Eve</h1>
</body>
</html>
```

Im Beispiel steht der Code, der definiert, welches Element in dieser Schrift dargestellt werden soll, innerhalb eines style-Elements. Er könnte selbstverständlich auch in einem externen Stylesheet stehen. Wichtig ist allerdings die Reihenfolge: Zuerst brauchen Sie den Verweis auf die Google Webfont-Api, dann erst können Sie die Schrift in einem Stylesheet angeben.

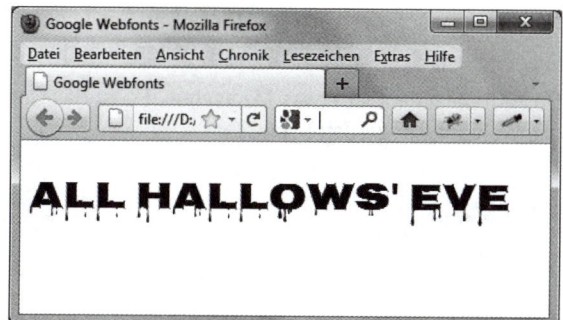

Dieses link-Element verweist auf ein Skript bei Google, das dafür sorgt, dass der für die Webfonts erforderliche Code erzeugt wird. Das heißt, je nachdem, mit welchem Browser Sie das Beispiel ansehen, sieht der erzeugte Quellcode auch etwas anders aus.

Tipps zu Google Webfonts:

- Das Ganze funktioniert nur, wenn Sie eine Internetverbindung haben.

- Benötigen Sie eine der Schriften für Ihre Layoutentwürfe in Photoshop oder Ähnliches, können Sie die Schrift als TIFF-Datei herunterladen. Wenn Sie eine Schrift ausgewählt haben, finden Sie dafür oben rechts den Link DOWNLOAD YOUR COLLECTION.

- Um mehrere Schriften zu nutzen, fügen Sie diese Ihrer COLLECTION hinzu. Der entsprechende Link befindet sich rechts oben: ADD TO YOUR COLLECTION.

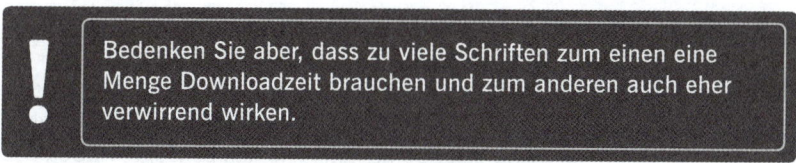

Bedenken Sie aber, dass zu viele Schriften zum einen eine Menge Downloadzeit brauchen und zum anderen auch eher verwirrend wirken.

Nützliches Eichhörnchen: FontSquirrel

Für Webfonts gibt es eine weitere ganz wichtige Anlaufstelle: FontSquirrel. Bei Google verbleiben normalerweise die Schriften auf den Google-Servern und werden von dort ausgeliefert. Im Gegensatz dazu liefert Ihnen das @font-face-Kit von FontSquirrel die Schriften in den benötigten Formaten, sodass Sie sie selbst von Ihrem Server ausliefern lassen können.

Wenn Sie eine Schrift durch Mausklick ausgewählt haben, erhalten Sie genauere Informationen über die Schrift und außerdem – in den meisten Fällen – einen direkten Link zum @font-face-Kit.

Nützlich ist auch der Link TEST DRIVE. Darüber können Sie einen Text eingeben und sehen, wie dieser in der ausgewählten Schrift wirkt.

Das @font-face-Kit ist etwas Magisches. Es ist das Survival-Kit, mit dem Sie für alle Webfontfälle gerüstet sind.

Abbildung 7.11:
Optionen bei der Erstellung
des @font-face-Kits

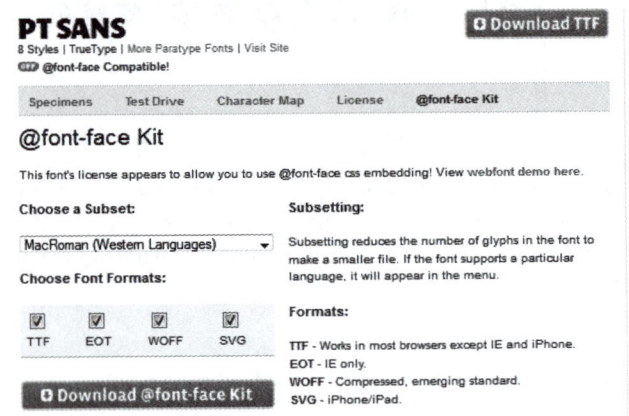

Bei der Konfiguration des Downloads sollten Sie bei Subset MACROMAN wählen – dann sind die im Deutschen benötigten Äs, Üs usw. auch dabei. Bei FONT FORMATS sind standardmäßig vier Schriftformate angekreuzt – das sollten Sie so belassen, weil Sie damit die beste Browserkompatibilität erzielen.

Dann klicken Sie auf DOWNLOAD @FONT-FACE KIT.

In dem Download-Paket sind zum einen die Schriften in allen notwendigen Formaten: TrueType, EOT, WOFF, SVG für iPad und iPhone, außerdem auch als Cufón, falls man auf diese Art der Schriftersetzung als Fallbacklösung zurückgreifen möchte. Zusätzlich sind im Download-Paket zwei weitere Dateien integriert: Wie die Schrift aussieht, zeigt *Demo.html*, und den benötigten CSS-Code liefert *stylesheet.css*.

Tipp

FontSquirrel listet nur Schriften, die auch für die kommerzielle Nutzung kostenlos sind. Trotzdem sollten Sie die Lizenzen der jeweiligen Schrift lesen, um sicherzugehen, dass Sie die Schrift als Webfont nutzen dürfen.

7.1.5 Maßeinheiten für Längenangaben

In CSS stehen mehrere Maße für relative Längenangaben und verschiedene Maße für absolute Längenangaben bereit. Diese sind beispielsweise für die Schriftgröße relevant, wie Sie gleich sehen werden, aber auch z.B. für Abstände zwischen einzelnen Elementen oder für Positionierungen.

Alle theoretisch möglichen Längenangaben zeigt die Tabelle – und danach geht's im Detail weiter mit den drei für den Bildschirm wichtigen Maßeinheiten.

Abkürzung	Bedeutung
cm	Zentimeter
mm	Millimeter
in	Zoll/Inch. Ein Zoll entspricht 2,54 Zentimetern.
pt	Punkt. Maßeinheit in der Typografie: Ein Punkt ist 1/72 Zoll, d.h. ca. 0,35 mm.
pc	Pica Maßeinheit in der Typografie: Ein Pica entspricht 12 Punkt, ergibt also 0,42 cm.
em	Höhe des großen M. Maßeinheit in der Typografie: orientiert sich an der aktuell gewählten Schriftgröße.
ex	Die x-Höhe des entsprechenden Fonts. Ebenfalls eine Maßeinheit in der Typografie: meist ungefähr so groß wie die Höhe des x und ca. 1/2 em.
px	Pixel sind relativ zur Auflösung des Ausgabegeräts – in den meisten Fällen des Bildschirms.
%	Prozentangaben beziehen sich auf das Elternelement, bei der Schriftgröße hingegen auf die aktuelle Schriftgröße.

Tabelle 7.2:
Mögliche Größeneinheiten in CSS

Aus der ganzen Reihe an möglichen Maßeinheiten, sind aber nur drei für den Bildschirm relevant: px (Pixel), em und % (Prozent).

Wie groß ist eigentlich ein Pixel (px)?

Die Einheit Pixel kennen Sie von den Bildern. Wenn Sie ein Bild in HTML über `img` einfügen, so geben Sie bei `height` und `width` die Ausmaße des Bildes in Pixeln an.

```
<img src="duenen.jpg" width="960" height="246" alt="Dünen" />
```

Bei den `width`- und `height`-Angaben in HTML dürfen Sie allerdings die Einheit nicht hinschreiben – im Gegensatz zu den Pixelwerten in CSS, wo Sie die Einheit hinschreiben müssen.

Pixel sind eine gängige Einheit für die Schriftgröße, aber auch um die Ausmaße von Layoutelementen in CSS zu bestimmen.

Wie groß 200px beispielsweise wirklich sind, hängt vom Monitor und von der Auflösung ab. Um ein Gespür für Pixelgrößen an Ihrem Monitor zu bekommen, können Sie das Maßwerkzeug der Webdeveloper Toolbar nutzen und Webinhalte vermessen.

Die Webdeveloper Toolbar ist eine sehr nützliche Erweiterung für den Firefox. Um sie zu installieren, surfen Sie mit dem Firefox zu *https://addons.mozilla.org/ de/firefox/addon/web-developer/*. Klicken Sie auf Zu FIREFOX HINZUFÜGEN. Eventuell müssen Sie eine Rückfrage bestätigen, dass Sie das wirklich möchten. Nun wird die Erweiterung heruntergeladen und Sie müssen Firefox neu starten.

Danach sollten Sie sehen, dass sich eine zusätzliche Zeile unterhalb der Adresszeile im Browserfenster integriert hat.

Abbildung 7.12:
Webdeveloper Toolbar integriert
sich als Leiste unterhalb der
Adresszeile im Firefox.

Diese Leiste können Sie aufrufen und ebenso auch abschalten über ANSICHT/ SYMBOLLEISTEN/WEB-DEVELOPER-SYMBOLLEISTE.

Abbildung 7.13:
Die Webdeveloper Toolbar kann
über das Menü ANSICHT ein- und
ausgeblendet werden.

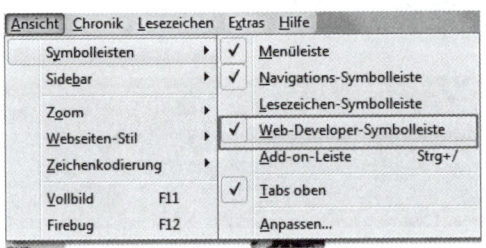

Die Web-Developer-Symbolleiste bietet neben vielen anderen nützlichen Features auch die Möglichkeit, Elemente einer Webseite zu messen. Hierfür wählen Sie in der Symbolleiste VERSCHIEDENES den Unterpunkt MASSWERKZEUG. Dann verwandelt sich der Mauszeiger in ein Kreuz und mit diesem können Sie ein Rechteck aufziehen. Oben sehen Sie seine Größe in Pixeln.

Abbildung 7.14:
Maßwerkzeug aus der
Webdeveloper Toolbar

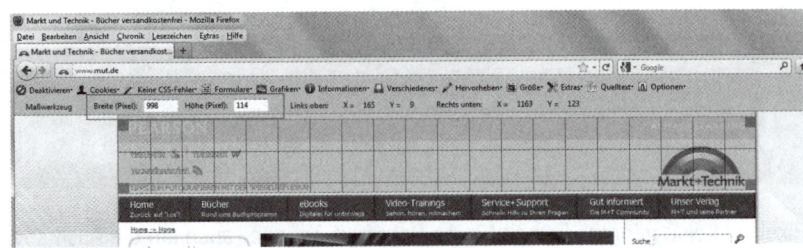

Bei Bedarf ziehen Sie einfach ein neues Rechteck auf, außerdem lässt sich das Rechteck an den Ecken auch vergrößern oder verkleinern. Das rote Kreuz rechts in der zusätzlichen Symbolleiste schließt das Maßwerkzeug wieder.

em – relativ zur Schriftgröße

em ist auf den ersten Blick wesentlich kryptischer als Pixel, denn em bezieht sich immer auf die aktuell gewählte Schriftgröße. Wenn der Benutzer die Schriftgröße nicht verändert hat und es auch keine diesbezüglichen Angaben im Stylesheet gibt, so entspricht 1em 16px. 0.5em entsprechen also 8px. Wenn Sie aber eine andere Schriftgröße festgelegt haben, ändert sich entsprechend auch der Wert von 1em. Dazu kommen wir noch näher.

Auch relativ, aber unterschiedlich

Die dritte übliche Einheit sind Prozent (%). Bei der Schriftgröße entsprechen 1em genau 100%, statt 0.8em können Sie 80% schreiben. Verwenden Sie hingegen Prozent, um die Breite von Elementen zu bestimmen, so beziehen sich die Angaben auf das Browserfenster oder das übergeordnete Element.

Bei den Längeneinheiten sind zwei Dinge zu beachten:

- Schreiben Sie Maßeinheiten in CSS immer direkt ohne Abstand hinter die Zahl. Bei Fließkommazahlen darf kein Komma, sondern muss ein Punkt verwendet werden. So heißt es etwa 0.8em.
- Bei allen Angaben muss immer die Maßeinheit angegeben werden – außer bei 0, da 0px nicht mehr und nicht weniger ist als 0em.

7.1.6 font-size für die Schriftgröße

Die Schriftgröße bestimmen Sie über font-size. Hier können Sie die vorgestellten Maßeinheiten nehmen, es empfehlen sich Pixel, em oder Prozent.

```
body { font-size: 14px; }
h1 { font-size: 16px; }
```

Daneben gibt es auch noch eine Reihe von Schlüsselwörtern, aber das ermöglicht Ihnen weniger genaue Kontrolle. Es sind die folgenden: xx-small, x-small, small, medium, large, x-large, xx-large, smaller, larger.

Pixel und der Internet Explorer

Pixel werden häufig für Schriftgrößen verwendet, da sie auch bei anderen Elementen von Webseiten, wie Bildern, benutzt werden. Andererseits haben Pixelwerte bei der Schriftgröße den Nachteil, dass sie im Internet Explorer nicht so leicht vergrößert werden können.

Der Internet Explorer hat zwei verschiedene Arten, Seiteninhalte zu vergrößern. Diese Einstellungen finden Sie beide über das Menü SEITE.

- Über den ZOOM werden die gesamten Seiteninhalte vergrößert. Hiervon betroffen sind auch Bilder und Texte, deren Schriftgröße in Pixeln angegeben ist.

- Über die TEXTGRÖSSE. Hier werden nur Texte in der Größe verändert, aber nur, wenn sie **nicht in Pixeln** angegeben sind.

Abbildung 7.15:
Zwei verschiedene Arten der Vergrößerung im Internet Explorer.

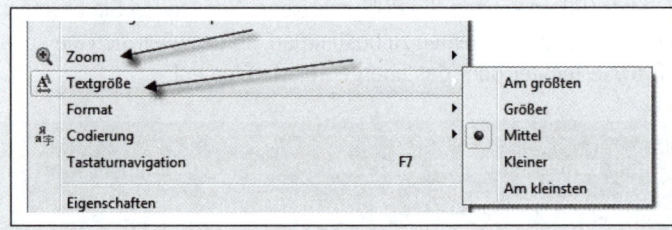

Em im praktischen Einsatz

Die Angabe em ist am Anfang etwas gewöhnungsbedürftig. Wenn Sie für body eine Schriftgröße von 1em festlegen, ist die absolute Größe jeweils eine andere – in Abhängigkeit davon, wie die Standardschriftgröße im Browser festgelegt ist. Ist es 16px, so entspricht 1em 16px. Wenn der Benutzer jedoch eine größere Schrift einstellt, so verändert sich die Größe von 1em entsprechend. Nimmt ein Benutzer keine Änderungen an der Anzeige vor, können Sie davon ausgehen, dass 16px 1em entsprechen. Das kann auch die Basis für Umrechnungen sein.

Ein kleines Beispiel zeigt den Einsatz von em.

Listing 7.3:
em im Einsatz (em.html)

```
<!DOCTYPE html>
<html>
<head>
<meta charset="utf-8" />
<style>
body {
  font-size: 100%;
}
```

```
h1 {
  font-size: 1.3em;
}
p {
  font-size: 1em;
}
.klein {
  font-size: 0.8em;
}
</style>
<title>em für die Schriftgröße</title>
</head>
<body>
<h1>h1-Überschrift mit 1.3em</h1>
<p>Absatz mit 1em</p>
<p class="klein">class=&quot;klein&quot;: 0.8em</p>
</body>
</html>
```

Abbildung 7.16:
Drei verschiedene Schriftgrößen

h1 erhält eine Schriftgröße von 1.3em, p hingegen 1em. Damit ist die Schrift für h1 um 30% größer als die von p. Die Klasse klein hat hingegen mit 0.8em nur 80% der Größe von p.

Für body ist ein Bezugspunkt gesetzt – nämlich der Wert 100%. Damit entspricht 1em 16px und wir können ausrechnen, dass folglich die Überschrift 1.3 * 16px groß sein muss. Der Computertaschenrechner spuckt mir hierfür 20.8px aus.

Dass diese Rechnung stimmt, können Sie mit dem Firebug kontrollieren. Im aktivierten Firebug klicken Sie auf die Überschrift und wählen im rechten Bereich neben dem Reiter STYLES den Reiter BERECHNET.

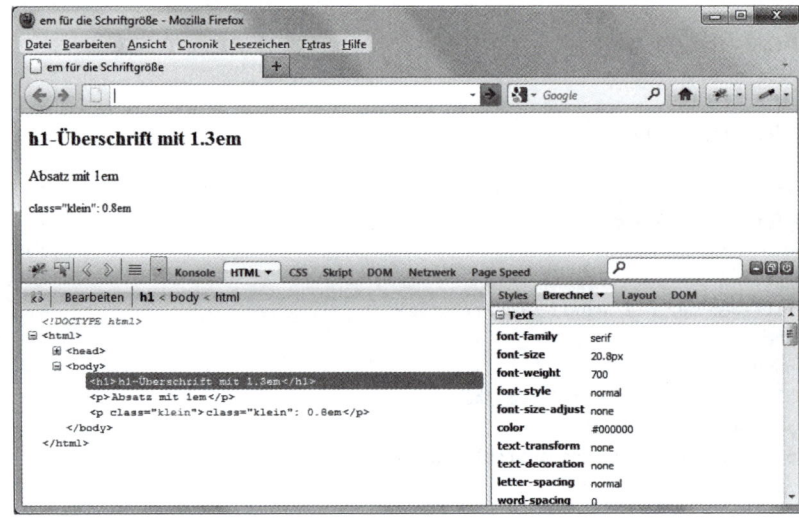

Die Werte ändern sich, wenn Sie den Bezugswert ändern. Im Beispiel wurde für body eine Schriftgröße von 150% festgelegt, sonst ist nichts verändert.

Listing 7.4:
Ein modifizierter Ausgangswert
(em_mod.html)

```
body {
  font-size: 150%;
}
```

Die Umrechnung ist nun 1,5 * 16, d.h. 24px ist der Faktor. Damit ist die h1-Überschrift 31.2px groß. Das Ergebnis lässt sich wieder gut im Firebug überprüfen.

Abbildung 7.18:
Für Absätze und Überschriften sind dieselben em-Werte angegeben; aber links wurde für body 100% als Schriftgröße festgelegt, beim rechten Beispiel hingegen 150%.

Tipp

Elemente wie Überschriften sind erst einmal fett – das schreibt das Browserstylesheet so vor. Um eine Überschrift nicht fett anzeigen zu lassen, schreiben Sie font-weight: normal:

```
h1, h2, h3 {
  font-weight: normal;
}
```

7.1.7 font-weight – Normal oder fett

Weniger Besonderheiten gibt es bei der Eigenschaft font-weight. Sie bestimmt die Dichte einer Schrift, sprich, ob sie fett (font-weight: bold) oder normal (font-weight: normal) ist.

Im folgenden Beispiel werden die Überschriften nicht fett dargestellt und hingegen alle Absätze fett gemacht.

```
<!DOCTYPE html>
<html>
<head>
<meta charset="utf-8" />
<style>
h1, h2, h3 {
  font-weight: normal;
}
p {
  font-weight: bold;
}
</style>
<title>Schlanke Überschriften - Fette Absätze</title>
</head>
<body>
  <h1>Startseite</h1>
  <h2>Herzlich Willkommen</h2>
  <p>Lorem.</p>
  <h2>Was Sie alles hier finden</h2>
  <h3>at vero eos!</h3>
  <p>Lorem ipsum </p>
</body>
</html>
```

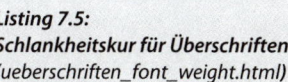

Listing 7.5:
Schlankheitskur für Überschriften
(ueberschriften_font_weight.html)

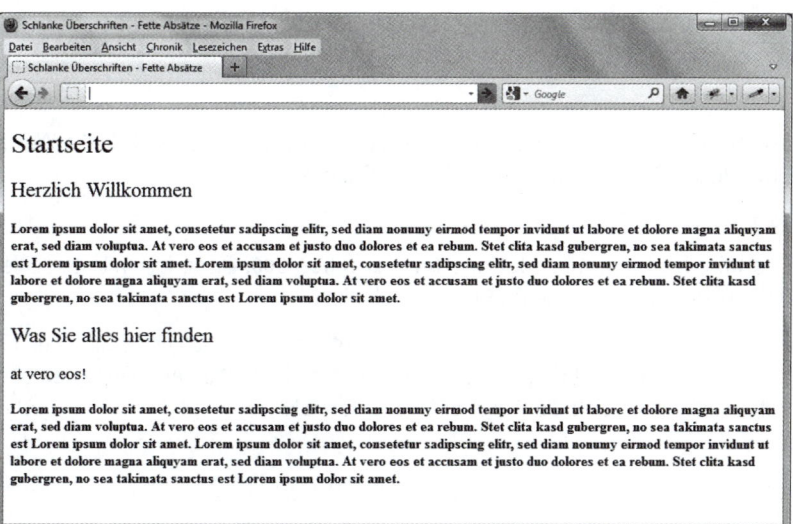

Abbildung 7.19:
Die Überschriften sind nicht fett,
die Absätze fett.

Das Zusammenspiel von browserinternen Vorgaben, die über das Stylesheet überschrieben werden, sehen Sie gut im Firebug. Aktivieren Sie Firebug, klicken Sie die h1-Überschrift an. Kontrollieren Sie dann im rechten Bereich, dass USER-AGENT-CSS ANZEIGEN ausgewählt ist.

Abbildung 7.20:
Die Formatierungen
für die Überschrift zeigt
Firebug genau.

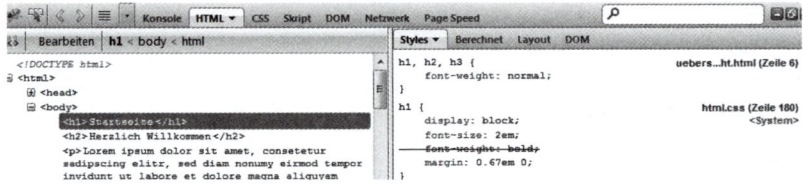

Dann sehen Sie zuerst Ihre Formatierungen, die auf die Überschrift zutreffen, nämlich:

Abbildung 7.21:
Die CSS-Regel im Firebug

```
h1, h2, h3 {                                        uebers...ht.html (Zeile 6)
    font-weight: normal;
}
```

Darunter steht die Formatierung, die aus dem browserinternen Stylesheet stammt. Unter anderem steht hier die Angabe `font-weight: bold`. Sie ist jedoch durchgestrichen, um zu zeigen, dass sie nicht gilt – weil sie eben durch unsere Angabe überschrieben wurde.

Abbildung 7.22:
Formatierungen aus
dem browserinternen
Stylesheet im Firebug

```
h1 {                                                html.css (Zeile 180)
    display: block;                                          <System>
    font-size: 2em;
    font-weight: bold;
    margin: 0.67em 0;
}
```

Eigentlich gibt es für `font-weight` genauere Abstufungen, nämlich die Werte 100, 200, 300, 400, 500, 600, 700, 800 und 900.

`font-weight: 200;`

Das wäre folglich nicht so fett wie `font-weight: 300`. Diese feinen Unterschiede funktionieren in der Realität meist noch nicht.

Außerdem können Sie über `bolder` eine Schrift fetter machen und über `lighter` schlanker. Auch das bringt in der Praxis noch nicht so viel. Am häufigsten und gebräuchlichsten sind die Werte `bold` und `normal`.

7.1.8 Kursiver Text

Für kursiven Text ist font-style zuständig. Mögliche Werte sind italic, oblique und normal. Sie sollten immer italic verwenden, denn im Unterschied
zu oblique wird bei italic ein vorhandener kursiver Schriftschnitt verwendet,
bei oblique hingegen die normale Schrift schräg gestellt.

7.1.9 Kapitälchen

Kapitälchen (font-variant) zeichnen sich dadurch aus, dass alle Buchstaben zu
Großbuchstaben unterschiedlicher Größe werden. Kapitälchen eignen sich damit
für Überschriften. font-variant kennt nur zwei Werte: normal und small-caps
für Kapitälchen. Den Unterschied zwischen Kapitälchen und normalen Großbuchstaben zeigt Abbildung 7.23.

*Das Beispiel finden Sie auch
als font-variant.html bei den
Listings.*

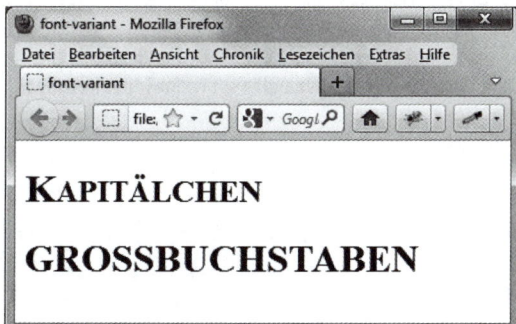

*Abbildung 7.23:
Oben Kapitälchen, unten
normale Großbuchstaben*

7.1.10 Zeilenhöhe

Die Zeilenhöhe lässt sich in CSS über line-height bestimmen. Als Einheit können Sie neben den in CSS üblichen Maßeinheiten auch eine Zahl ohne Maßan-
gabe schreiben, das ist in diesem Fall auch die beste Variante. Damit wird ein
Skalierungsfaktor angegeben. Browser haben unterschiedliche Standardzeilen-
höhen, die so ungefähr dem Faktor 1.2 entsprechen.

Im Beispiel gibt es zwei Klassen. Die eine definiert eine größere Zeilenhöhe:

```
.mehrabstand {
  line-height: 1.5;
}
```

Die andere Klasse legt eine kleinere Zeilenhöhe als der Standard fest:

```
.wenigerabstand {
  line-height: 1;
}
```

Im folgenden Beispiel werden diese beiden Klassen bei Absätzen eingesetzt.
Der mittlere Absatz hat keine Klasse und sieht so aus wie der Standard.

```
<!DOCTYPE html>
<html>
<head>
<meta charset="utf-8" />
<title>Zeilenabstand</title>
<style>
.mehrabstand {
   line-height: 1.5;
}
.wenigerabstand {
   line-height: 1;
}
</style>
</head>
<body>
<p class="mehrabstand"><strong>line-height: 1.5: </strong>Lorem ipsum </
p>
<p><strong>Standardwerte des Browsers: </strong>Lorem ipsum.</p>
<p class="wenigerabstand"><strong>line-height: 1;: </strong>Lorem ip-
sum </p>
</body>
</html>
```

Abbildung 7.24:
Der erste Absatz hat eine Zeilen-
höhe von 1.5, der mittlere den
Standardwert des Browsers, der
unter einer Zeilenhöhe von 1 liegt.

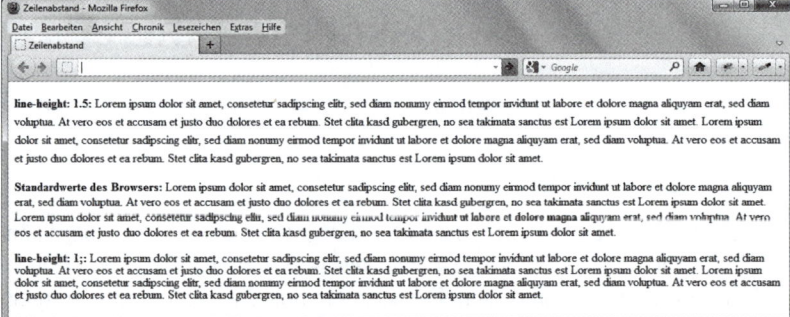

7.1.11 Kurz und knackig: die font-Kurzschreibweise

Wenn Sie mehrere Zeichenformatierungen gleichzeitig festlegen, bedeutet das einiges an Schreibarbeit. Praktischer ist hier die Kurzschreibweise, mit der alle Eigenschaften zur Zeichenformatierung, die mit dem Wort font beginnen, und zusätzlich die Zeilenhöhe gleichzeitig festgelegt werden können.

Die ausführliche Schreibweise

```
p {
   font-weight: bold;
   font-size: 1.2em;
   font-family: sans-serif;
```

```
  font-style: italic;
  line-height: 1.3;
  font-variant: normal;
}
```

lässt sich kürzer fassen, indem Sie alle gewünschten Angaben hinter dem Schlüsselwort font notieren.

> Bei der Kurzschreibweise über font müssen am Ende immer die Angaben zu font-size und font-family stehen. Die Zeilenhöhe wird nach einem / hinter der Schriftgröße angegeben, sofern benötigt. Bei den anderen drei Zeichenformatierungen spielt die Reihenfolge keine Rolle.

Wenn Sie für eine der Eigenschaften nichts angeben, wird automatisch von normal ausgegangen. Damit lassen sich die Formatierungen folgendermaßen verkürzt schreiben:

```
p {
  font: bold italic 1.2em/1.3 sans-serif;
}
```

> Eine Besonderheit gibt es bei der verkürzten Schreibweise mit font. Nehmen wir an, Sie verwenden sie bei einer Überschrift:
>
> ```
> h1 {
>   font: italic 1.2em sans-serif;
> }
> ```
>
> Dann werden Sie feststellen, dass die Überschrift nicht mehr fett ist, obwohl Sie das nicht explizit angegeben hatten! Das liegt daran, dass alle Eigenschaften, die nicht explizit angegeben sind, auf »normal« gesetzt sind.

7.1.12 Abstände zwischen Wörtern und Buchstaben

Über word-spacing und letter-spacing lässt sich der Abstand zwischen den Wörtern und zwischen den Buchstaben genauer steuern. Der Standardwert bei beiden Eigenschaften ist normal, was dem numerischen Wert 0 entspricht. Das bedeutet, wenn Sie word-spacing: 0 oder letter-spacing: 0 angeben, entfernen Sie nicht die Abstände, sondern belassen sie auf dem normalen Wert. Wie groß dieser konkret ist, hängt von der gewählten Schrift ab und ist als digitale Information innerhalb des jeweiligen Schriftsatzes gespeichert. Bei word-spacing entspricht das häufig 0.25em.

Wenn Sie einen positiven Wert bei letter-spacing oder word-spacing neh-men, so wird dieser zum normalen Wert addiert. Entsprechend verringert ein negativer Wert den normal vorhandenen Abstand zwischen Buchstaben und Wörtern.

word-spacing und letter-spacing sollten Sie, wenn überhaupt, gezielt und dosiert einsetzen, beispielsweise bei Überschriften. Auf die folgende Art könnte man eine Überschrift etwas gesperrter machen:

```
h3 {
  letter-spacing: 2px;
}
```

Oder bei der eigentlichen großen Überschrift den Abstand zwischen den Zeichen um einen Tick verringern:

```
h1 {
  letter-spacing: -1px;
}
```

Ein Beispiel sehen Sie gleich – aber hier sind noch andere Eigenschaften invol-viert.

7.1.13 Unterstreichungen und mehr

Unter dem Begriff »Textausschmückungen« (text-decoration) werden un-terschiedliche Effekte zusammengefasst: Unterstreichungen (underline), Überstreichungen (overline), Durchstreichungen (line-through) und Blinken (blink). blink ist ein rascher Wechsel zwischen sichtbar und nicht sichtbar. blink muss jedoch laut CSS-Spezifikation nicht von den Browsern unterstützt werden – und der Internet Explorer tut das auch nicht.

Das folgende Listing zeigt einen Einsatz der gerade vorgestellten Zeichenforma-tierungen. Dieses Mal werden die Angaben über Inline-Stile realisiert.

Listing 7.7:
text-decoration *im Einsatz*
(text-decoration.html)

```
<!DOCTYPE html>
<html>
<head>
  <meta charset="utf-8" />
  <title>Zeichenformatierungen</title>
</head>
<body>
  <p style="text-decoration: underline">text-decoration: underline - un-
terstrichen</p>
  <p style="text-decoration: overline">text-decoration: overline - über-
strichen</p>
  <p style="text-decoration: line-through">text-decoration: line-
through - durchgestrichen</p>
  <p style="text-decoration: blink">text-decoration: blink - blinkend</p>
</body>
</html>
```

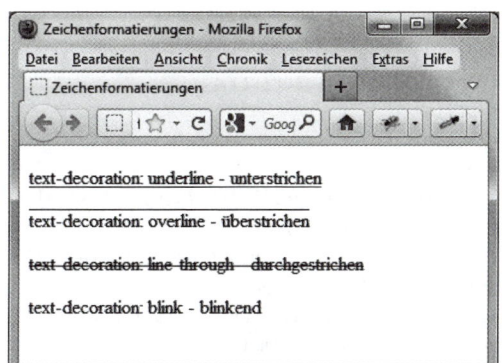

Abbildung 7.25:
Verschiedene »Textdekorationen«

text-decoration: line-through *wird gerne in Blogartikeln benutzt, um nachträgliche Streichungen anzuzeigen.*

Sie finden bei den Listings auch text-transform.html, das die einzelnen Werte zeigt.

Ansonsten ist `text-decoration: underline` die Domäne der Hyperlinks. Über `text-decoration: none` können Sie die Standardunterstreichung bei Hyperlinks entfernen; beim Hover-Zustand lässt sie sich über `text-decoration: underline` dann wieder ergänzen. Ein Beispiel dazu gab es in Kapitel 5 und Sie finden es auch noch einmal in diesem Ordner unter dem Namen *linkzustaende.html*.

7.1.14 Groß- und Kleinschreibung per CSS

Ebenfalls nützlich ist die Eigenschaft `text-transform`, um Text in Großbuchstaben (`uppercase`) oder in Kleinbuchstaben (`lowercase`) zu verwandeln. Bei `capitalize` wird jeweils der erste Buchstabe jedes Worts großgeschrieben, was fürs Deutsche weniger gut zu gebrauchen ist.

7.2 Absätze einrücken und ausrichten

Über `text-indent` können Sie die erste Zeile eines Absatzes von links einrücken:

```
p {
  text-indent: 2em;
}
```

In Schriften mit umgekehrter Schriftrichtung wäre die Einrückung von rechts.

Zur Ausrichtung von Absätzen dient die CSS-Eigenschaft `text-align`. Sie kann die Werte `left`, `right`, `center` und `justify` annehmen. `justify` bewirkt eine Blocksatzausrichtung. Das folgende Beispiel zeigt die verschiedenen Werte von `text-align`. Beim letzten Absatz wird der Text über `text-indent` eingerückt:

```
<!DOCTYPE html>
<html>
<head>
<meta charset="utf-8" />
<title>Absätze gestalten</title>
```

`text-transform: lowercase` *ist praktisch, wenn Sie Menüpunkte durchgängig in Kleinbuchstaben darstellen möchten. Wenn Sie die Menüpunkte »normal« schreiben und die Transformation per CSS durchführen, können Sie bei Bedarf die Menüpunkte normal anzeigen lassen. Dafür müssen Sie nur die entsprechende Zeile im Stylesheet löschen.*

Listing 7.8:
Absatzformatierung mit
text-align *und* text-indent
(absaetze_formatieren.html)

```
<style>
body {
   font: 100% sans-serif;}
</style>
</head>
<body>
<p style="text-align: left"><strong>text-align:left:</strong> Lorem ip-
sum dolor sit amet</p>
<p style="text-align: right"><strong>text-align:right</strong>: Lorem ip-
sum dolor sit amet </p>
<p style="text-align: center"><strong>text-align:center:</strong> Lo-
rem ipsum dolor sit amet</p>
<p style="text-align: justify"><strong>text-align:justify</strong>: LLo-
rem ipsum dolor sit amet</p>
<p style="text-indent: 2em"><strong>text-indent: 2em</strong>: Lorem ip-
sum dolor sit amet </p>
</body>
</html>
```

Abbildung 7.26:
Textausrichtungen mit
text-align; *beim letzten*
Absatz ist der Text über
text-indent *eingerückt.*

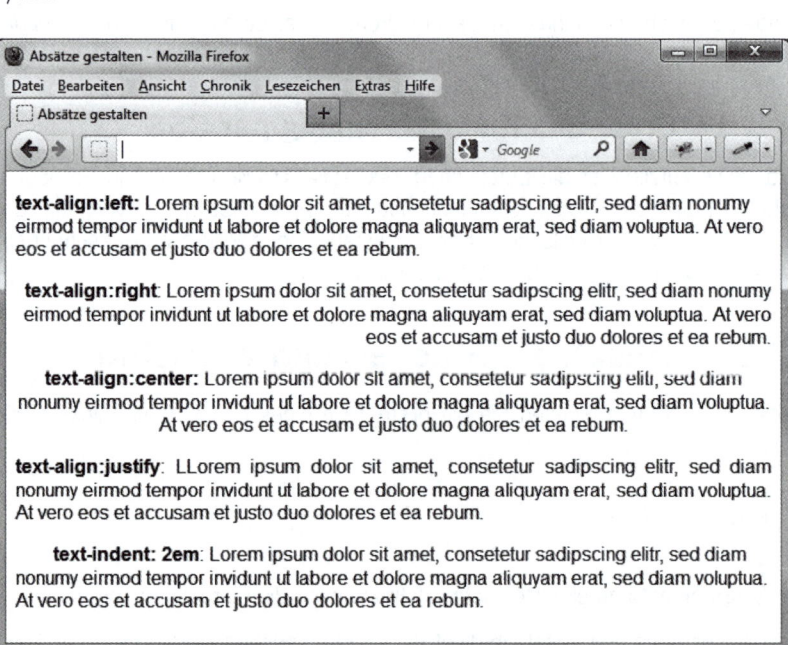

7.3 Überschriften als Hingucker

Über die Kombination von Eigenschaften kann man viele Effekte erzielen. Schöne Textformatierungen zeigt beispielsweise die Webseite *http://coudal.com/*.

Formatiert werden sollen wie im Beispiel zwei Überschriften – die erste Überschrift ist wie eine Rubriküberschrift, danach folgen die eigentliche Überschrift und ein Absatz:

```
<h1>Die Neuigkeiten des Jahresendes</h1>
<h2>Geschenke einmal anders</h2>
<p>Lorem ipsum.</p>
```

Zuerst beginnen wir mit der h1-Überschrift:

```
h1 {
```

Sie erhält eine graue Schriftfarbe, außerdem wird als Schrifttyp Gill Sans bestimmt.

```
color: #444444;
font-family: "Gill Sans",Verdana, sans-serif;
```

Die Schriftgröße wird mit 11px relativ klein definiert, außerdem soll der Abstand der Buchstaben zueinander etwas größer sein – die Schrift soll gesperrt gedruckt sein.

```
font-size: 11px;
letter-spacing: 2px;
```

Die Zeilenhöhe wird auf 14px gesetzt:

```
line-height: 14px;
```

Und über text-transform wird das Ganze in Großbuchstaben verwandelt.

```
text-transform: uppercase;
```

Schließlich – hier verlassen wir den Bereich der Schriftformatierung – werden noch die Abstände definiert über margin und padding. Diese beiden Eigenschaften werden ausführlich beim Boxmodell in Kapitel 8 behandelt.

Hinweis

Informationen zu dieser
Schrift finden Sie unter
http://de.wikipedia.org/wiki/
Gill_Sans.

```
    margin: 0;
    padding: 11px 0 5px;
}
```

Weiter geht es mit der Formatierung der h2-Überschrift.

```
h2 {
```

Als Farbe wird ein dunkles Grau definiert und als Schriftart eine Serifenschrift.

```
    color: #444444;
    font-family: times,"Times New Roman",times-roman,georgia,serif;
```

Die Schriftgröße ist mit 51px recht groß.

```
    font-size: 51px;
```

Über einen negativen Wert bei letter-spacing werden die Buchstaben näher aneinandergerückt.

```
    letter-spacing: -2px;
```

Außerdem wir eine Zeilenhöhe festgelegt:

```
    line-height: 44px;
```

Schließlich werden wieder die Abstände angepasst – margin und padding beschäftigen uns noch ausführlich in Kapitel 8.

```
    margin: 0;
    padding: 0 0 6px;
}
```

Nun folgen noch die Formatierungen für die Absätze: Sie erhalten ein noch dunkleres Grau als Textfarbe, als Schriftart ist Verdana angegeben und zum Schluss gibt es wieder Abstandsdefinitionen.

```
p {
    color: #222222;
    font-family: Verdana,Geneva,Arial,sans-serif;
    margin: 0;
    padding: 0 0 7px;
}
```

Hier sehen Sie das Beispiel noch einmal komplett:

Listing 7.9:
Kombination von mehreren
Schriftformatierungen
(ueb_formatieren.html)

```
<!DOCTYPE html>
<html>
  <head>
    <meta charset="utf-8" />
<style>
h1 {
    color: #444444;
    font-family: "Gill Sans",Verdana, sans-serif;
    font-size: 11px;
    letter-spacing: 2px;
    line-height: 14px;
```

```
  text-transform: uppercase;
  /* margin und padding wurde hier ergänzt, um die Abstände anzupassen.
Diese beiden Eigenschaften werden in Kapitel 8 behandelt */
  margin: 0;
  padding: 11px 0 5px;
}
h2 {
  color: #444444;
  font-family: times,"Times New Roman",times-roman,georgia,serif;
  font-size: 51px;
  letter-spacing: -2px;
  line-height: 44px;
  margin: 0;
  padding: 0 0 6px;
}
p {
  color: #222222;
  font-family: Verdana,Geneva,Arial,sans-serif;
  margin: 0;
  padding: 0 0 7px;
}
</style>
    <title>Schriftformatierungen</title>
  </head>
  <body>
   <h1>Die Neuigkeiten des Jahresendes</h1>
   <h2>Geschenke einmal anders</h2>
   <p>Lorem ipsum dolor sit amet ..</p>
  </body>
</html>
```

Abbildung 7.28:
Das Ergebnis

7.3.1 Listen formatieren

Dass Listen häufig bei Webseiten eingesetzt werden, wissen Sie schon. Per CSS können Sie die Art des Aufzählungszeichens und seine Position beeinflussen.

Standardmäßig werden die einzelnen Punkte von ungeordneten Listen mit einem gefüllten Punkt angezeigt. Über `list-style-type` können Sie jedoch andere Zeichen wählen. Möglich sind die Werte `disc` (gefüllter Kreis), `circle` (nicht gefüllter Kreis), `square` (Quadrat) oder `none` (kein Aufzählungszeichen).

Außerdem können Sie auch eine beliebige Grafik als Aufzählungszeichen verwenden, indem Sie das Bild über `list-style-image` festlegen. In Klammern hinter `url` folgt der Pfad zur Bilddatei.

```
ul { list-style-image: url(pfeil.gif);}
```

Wir werden in den folgenden Kapiteln noch häufiger mit der Listenformatierung zu tun haben – und jedes Mal `list-style-type` mit der Eigenschaft `none` verwenden, um die Aufzählungspunkte zu entfernen.

7.4 text-shadow: schöne Textschatten

Schatten um Texte können schöne Effekte ergeben – der Text kann dadurch leicht hervorgehoben werden oder im Gegenstück auch wie eingraviert wirken. Und reif für Spielereien sind 3D-Textsäulen, die ebenfalls rein über CSS möglich sind.

Das ist alles realisierbar mit der CSS-Eigenschaft `text-shadow`. Sie erwartet drei Zahlenwerte und eine Farbangabe. Das Beispiel definiert einen sehr diskreten leichten Schatten, wodurch der Text etwas erhaben wirkt.

```
.erhaben {
  text-shadow: 0px 1px 1px #444;
}
```

Übrigens können Sie über `list-style-position` *bestimmen, ob die Aufzählungszeichen innerhalb oder außerhalb des Textblocks positioniert werden sollen. Entsprechend gibt es die Werte* inside *und* outside *(Standardwert).*

Abbildung 7.29:
Ein etwas erhabener Text durch einen minimalen Schatten

Die Farbe des Schattens – im Beispiel Grau – kann am Anfang oder Ende stehen. Bei den drei Längenangaben ist die Reihenfolge hingegen relevant:

- Der erste Wert (0px) bestimmt die Position des Schattens von rechts.

- Der zweite Wert (1px) legt die Position des Schattens von oben fest.

- Der dritte Wert (1px) definiert den Grad der Unschärfe. Je höher der Wert, desto verschwommener ist der Schatten.

Beim ersten und zweiten Wert können Sie auch negative Werte angeben. Dann wird der Schatten in die entgegengesetzte Richtung verschoben.

text-shadow: -2px -2px 2px #444;

Abbildung 7.30:
Mit zwei negativen Werten ist der Schatten nach oben und nach links verschoben.

Durch die folgende Definition können Sie Text wie eingraviert wirken lassen. Eingesetzt werden dabei zwei Schatten gleichzeitig, deren Angaben durch Komma getrennt hintereinandergeschrieben werden. Da es in der Realität meistens ebenfalls mehrere Lichtquellen und damit mehrere unterschiedlich starke Schatten gibt, sind mehrfache Schatten ein spannendes Feature.

```
.eingraviert {
  background-color: #333;
  color: #555;
  text-shadow: -1px -1px 1px #fff, 1px 1px 1px #000;
}
```

Tipp

Bei ersten Experimenten mit der Eigenschaft sollten Sie deutliche Werte nehmen, um die Auswirkungen zu sehen. Für den echten Einsatz sind diskrete Werte meist eleganter.

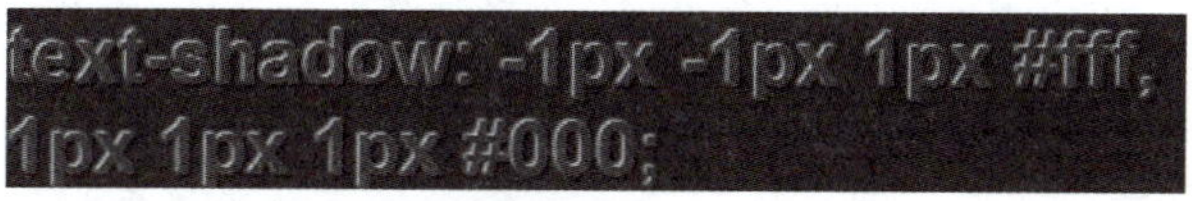

Abbildung 7.31:
Mehrfache Schatten

text-shadow: -1px -1px 1px #fff, 1px 1px 1px #000;

7.4.1 Profitrick: Textsäulen über text-shadow

Beliebt sind mit `text-shadow` realisierte Textsäulen. Dafür verwenden Sie mehrere Textschatten, die jeweils um ein Pixel verschoben und gleichzeitig immer dunkler werden.

```
.textsaeule {
  font-size: 400%;
  text-transform: uppercase;
  text-shadow:
  0px 1px 0px #999, 0px 2px 0px #888, 0px 3px 0px #777, 0px 4px 0px #666
, 0px 5px 0px #555, 0px 6px 0px #444, 0px 7px 0px #333, 0px 8px 0px #222;
}
```

Listing 7.10:
Mehrfache Schatten für Textsäulen (text-shadow.html)

Im Beispiel sehen Sie, dass die Farben verschiedene Grautöne durchlaufen, von einem recht hellen Grau (#999) bis zu einem recht dunklen Grau (#222). Parallel dazu ändert sich die Position des Schattens, und zwar die Position des Schattens von oben. Am Anfang ist er um 1px verschoben, beim letzten Schatten um 8px.

Abbildung 7.32:
Der Schatten wurde auf das Wort CSS3 angewandt.

7.4.2 Profiwissen: text-shadow im IE

Alle modernen Browser unterstützen die Textschatten – mit Ausnahme des Internet Explorer bis einschließlich Version 9. Erst in Version 10 funktioniert endlich `text-shadow`. Einfache Schatten können Sie über verschiedene Filter nachbilden.

 Allerdings kann das zu unschöner krissliger Schrift führen, weil bei manchen Filtern automatisch Cleartype deaktiviert wird. Sie müssen entscheiden, ob der Preis für den Textschatten im IE akzeptabel ist.

Den DropShadow-Filter können Sie verwenden, um einen Schatten bei Texten oder Boxen hinzuzufügen. Wenn das Element, das mit dem Filter behandelt wurde, eine Hintergrundfarbe hat, so wird der Schatten der Box zugewiesen. Das Element darf also in unserem Fall keine Hintergrundfarbe haben.

Da wir aber eine Hintergrundfarbe für das Beispiel benötigen, muss darum herum ein Container eingefügt werden, der die Hintergrundfarbe beinhaltet:

```
<div id="wrapper">
<p id="eins">Textschatten - auch im IE</p>
</div>
```

Per CSS wird die Hintergrundfarbe nicht mehr dem Element, sondern dem umfassenden Element zugewiesen:

```
#wrapper {
  background-color: #333;
}
```

Jetzt zum eigentlichen Filter. Der DropShadow-Filter (*http://msdn.microsoft.com/en-us/library/ms532985%28VS.85%29.aspx*) sieht folgendermaßen aus:

```
filter:progid:DXImageTransform.Microsoft.DropShadow(color:#010101, offx=-1, offy=-1);
```

Das heißt, Sie geben die Farbe des Schattens und die beiden Offsets (Verschiebungen) an, die auch negativ sein dürfen. Auch mehrfache Schatten sind möglich.

```
text-shadow: -1px -1px 0px #010101, 1px 1px 0px #666; filter:progi
d:DXImageTransform.Microsoft.DropShadow(color:#010101, offx=-1, offy=-
1) progid:DXImageTransform.Microsoft.DropShadow(color:#666666, offx=1,
offy=1);
zoom: 1;
```

Hier sehen Sie das Beispiel in seiner Gesamtheit:

```html
<!DOCTYPE html>
<html>
<head>
<meta charset="utf-8" />
<title>Textschatten im IE</title>
<style>
body {
  font: 300% sans-serif;
}
#wrapper {
  background-color: #333;
}
#eins {
  text-shadow: -1px -1px 0px #010101, 1px 1px 0px #666;
filter:progid:DXImageTransform.Microsoft.DropShadow(color:#010101, offx=-
1, offy=-1) progid:DXImageTransform.Microsoft.DropShadow(color:#666666, o
ffx=1, offy=1);
  zoom: 1;
}
</style>
</head>
<body>
<div id="wrapper">
  <p id="eins">Textschatten - auch im IE</p>
</div>
</body>
</html>
```

Listing 7.11:
Über Filter lassen sich Textschatteneffekte simulieren (textschatten_ie.html).

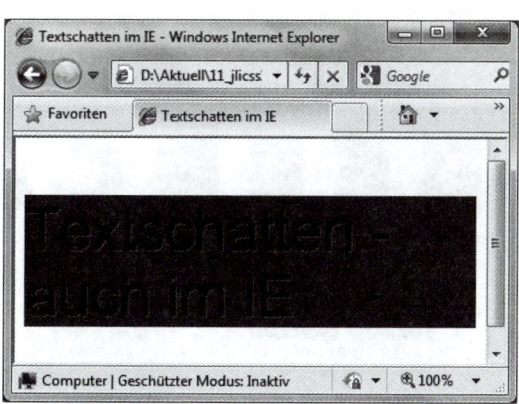

Abbildung 7.33:
Ein bisschen pixelig beim genauen Hinsehen – aber eindeutig auch eine Schrift mit Schatten in den Vorgänger-Versionen des Internet Explorer 10.

163

7.4.3 Unterschiede akzeptieren

Eleganter als die Nachbildung des Textschattens ist es, sofern möglich, auf den Textschatten zu verzichten. Das machen beispielsweise die Beercamp-Seite oder auch Twitter.

Abbildung 7.34:
Sieht doch eigentlich ganz
nett aus – Ausschnitt aus der
Beercamp-Seite (http://beercamp.
com/2010/) im IE8 ...

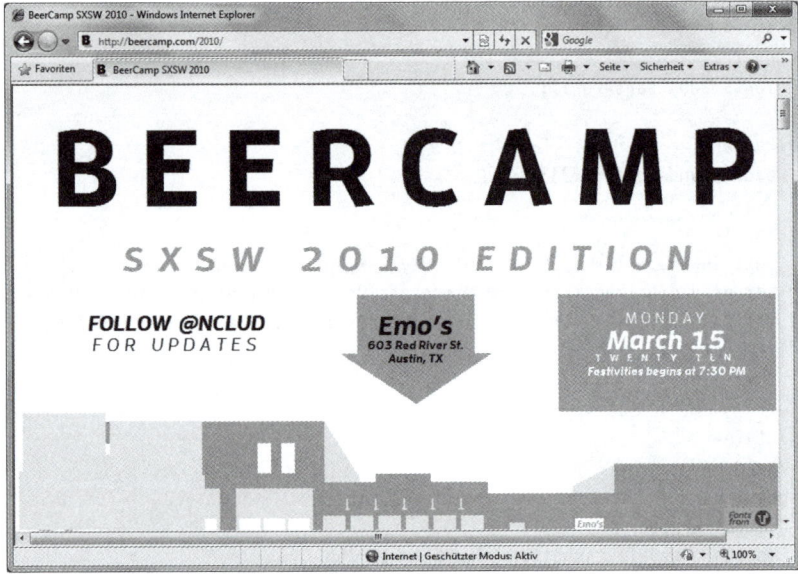

Denn Nutzer älterer IEs bekommen meist nicht mit, dass ihnen etwas fehlt.

Abbildung 7.35:
... und im Firefox.

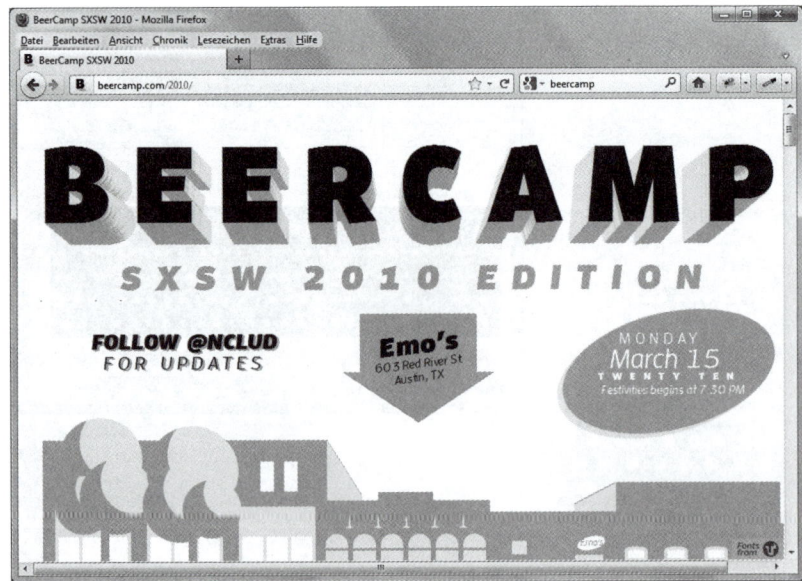

Etwas diskreter sind die Unterschiede zwischen der Darstellung der Twitterseite in Vorgänger-Versionen des Internet Explorer 10 und im Firefox.

Abbildung 7.36:
Zweimal http://twitter.com/:
Links in einer Vorgänger-Version des Internet Explorer 10 ohne irgendwelche Schatten, rechts im Firefox mit eleganten und diskreten Textschatten.

7.5   Fehler suchen und finden

Bei Ihren Experimenten haben Sie sicher auch schon die Erfahrung gemacht: Die Browser sind, was CSS anbelangt, etwas pingelig. Eine geschweifte Klammer vergessen, und schon funktionieren die Formatierungen nicht mehr. Bei der Fehlersuche hilft die Fehlerkonsole vom Firefox.

Als Material für die Fehlersuche dient folgendes Dokument:

Listing 7.12:
Das Dokument für die Fehlersuche (fehlersuche_urspr.html)

```
<!DOCTYPE html>
<html>
<head>
<meta charset="utf-8" />
<style>
h1 {
  colour: #444444;
  font-family: "Gill Sans",Verdana, sans-serif;
  font-size: 11 px;
  font-weigt: bold;
  letter-spacing: 2px
  line-height: 14px;
  text-transform: uppercase;
  margin: 0;
  padding: 11px 0 5px;
}
</style>
<title>Schriftformatierungen</title>
</head>
 <body>
<h1>Die Neuigkeiten des Jahresendes</h1>
</body>
</html>
```

Tipp

Sie finden das Dokument ebenfalls im Ordner des Kapitels. Zudem gibt es die korrigierte Variante unter dem Namen fehlersuche_korr.html.

Rufen Sie zuerst das Dokument im Firefox auf. Aktivieren Sie dann die Fehlerkonsole über Extras / Web-Entwickler / Fehlerkonsole.

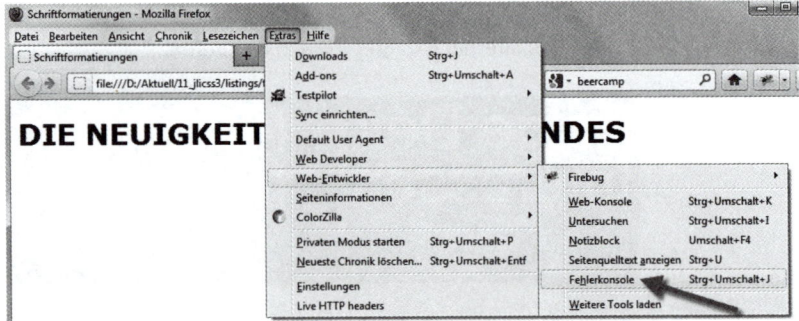

Die Fehlerkonsole protokolliert Fehlermeldungen und Warnungen der Seiten, die Sie besucht haben. Deswegen finden Sie beim ersten Aufruf der Fehlerkonsole viele Meldungen, die Sie nicht interessieren. Löschen Sie deshalb erst alle Meldungen.

Abbildung 7.38:
Zuerst müssen Sie die
Angaben löschen.

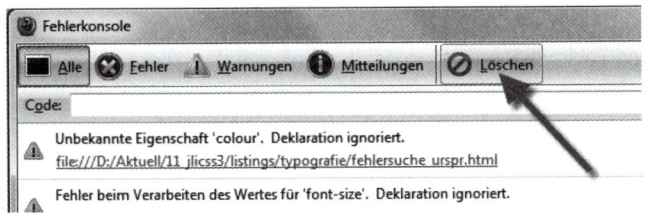

Aktualisieren Sie dann das Dokument über den Aktualisierungsbutton:

Abbildung 7.39:
Dann aktualisieren Sie Ihre Seite.

Rufen Sie nun erneut die Fehlerkonsole auf. Vergewissern Sie sich, dass wirklich bei den oberen Tabs der erste – ALLE – aktiviert ist.

Abbildung 7.40:
ALLE – der erste Button links – soll-
te aktiviert sein, damit Sie alle
Meldungen sehen.

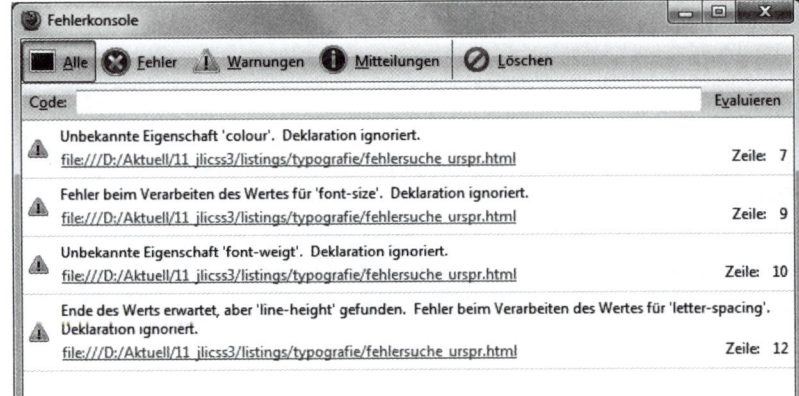

Jetzt sehen Sie die Meldungen. Unterhalb einer Fehlermeldung gibt es immer einen Link. Ein Klick auf diesen zeigt eine Quellcodeansicht Ihres Dokuments, bei der die Zeile hervorgehoben ist, in der der Fehler bemerkt wurde.

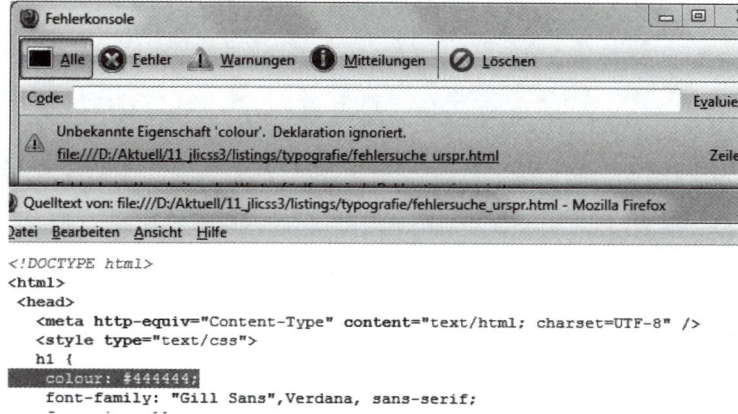

Abbildung 7.41:
Unter jeder Fehlermeldung gibt es einen Link, über den Sie direkt zur entsprechenden Stelle in der Quellcode-Ansicht springen.

In diesem Code können Sie allerdings nicht die Fehler editieren, sondern müssen dafür wieder in Ihren Editor wechseln.

Jetzt zu den Fehlermeldungen im Einzelnen:

Unbekannte Eigenschaft 'colour'. Deklaration ignoriert.

Die Fehlerkonsole bemängelt, dass sie die Eigenschaft `colour` nicht kennt. Der Fehler liegt in der Schreibweise, es muss `color` heißen (die englische Schreibweise `colour` ist nicht erlaubt.) Zudem erhalten Sie einen Hinweis, was der Browser mit diesem Fehler macht – er ignoriert die Deklaration.

Fehler beim Verarbeiten des Wertes für 'font-size'. Deklaration ignoriert.

Die entsprechende Zeile lautet:

```
font-size: 11 px;
```

Das Leerzeichen zwischen Zahl und Einheit stört. Mit 11px liegen Sie richtig.

Unbekannte Eigenschaft 'font-weigt'. Deklaration ignoriert.

Hier ist es wieder ein Tippfehler, korrekt lautet die Eigenschaft `font-weight`.

Ende des Wertes erwartet, aber line-height gefunden.

Dieser Fall ist etwas kniffeliger. Ein Klick auf den Link hebt folgende Zeile hervor:

```
line-height: 14px;
```

Diese Zeile sieht recht vernünftig aus. In solchen Fällen hilft es, sich die Zeile davor anzusehen. Sie lautet:

```
letter-spacing: 2px
line-height: 14px;
```

Am Ende der ersten Zeile hinter 2px fehlt der Strichpunkt. Das genau hat eigentlich auch die Fehlermeldung gesagt: Ende der Deklaration erwartet, aber `line-height` gefunden. Der Fehler war also genau vor dem `line-height` – das fehlende Semikolon.

Tipp

Die Fehlerkonsole meldet den Fehler dann, wenn er ihr auffällt. Er kann auch vorher passiert sein wie im Beispiel.

Wenn Sie mit Filtern tricksen, um in älteren IEs CSS3-Effekte zu simulieren, so meldet die Fehlerkonsole die `filter`-Angaben als Fehler. Sie hat recht, denn es ist kein standardkonformer Code. Die Fehlerkonsole ist aber kein Selbstzweck, sie hilft Ihnen dabei Fehler zu finden, die Sie übersehen hätten.

7.6 Zusammenfassung

Dieses Kapitel hat Ihnen eine Fülle von CSS-Eigenschaften für die Schrift- und Absatzformatierung vorgestellt. Sie haben gesehen, wie Sie über `font-family` die Schriftart festlegen oder mit `@font-face` mit herunterladbaren Schriften arbeiten. `font-size` ändert die Schriftgröße, wobei Sie als Einheiten px, em oder % einsetzen sollten.

Mit `font-weight` können Sie Texte fett machen, `font-style: italic` macht etwas kursiv. `font-variant: small-caps` sorgt für Kapitälchen, `line-height` dient zur Bestimmung der Zeilenhöhe. Über `text-decoration` steuern Sie Unterstreichungen etc. Mit `text-align` bestimmen Sie die Ausrichtung von Text, über `text-indent` können Sie die erste Zeile von Absätzen einrücken.

Schließlich gibt es `word-spacing`, um die Abstände zwischen den Wörtern zu verändern und Sie haben gesehen, wie Sie mit `letter-spacing` eine gesperrt gedruckt aussehende Überschrift definieren. `text-transform` kann aus Großbuchstaben Kleinbuchstaben machen und umgekehrt. Außerdem haben Sie die schöne Eigenschaft `text-shadow` kennengelernt, mit der Sie Schatten auf Texte zaubern können.

Die folgende Tabelle fasst alle vorgestellten Eigenschaften alphabetisch zusammen und verrät auch, wie es mit der Browserunterstützung aussieht. Vorweg: Es sieht gut aus – bis auf `text-shadow`, das im Internet Explorer erst ab Version 10 funktioniert.

CSS-Eigenschaft	Erläuterung	CSS	Firefox	Safari	Chrome	Opera	IE	Alternativen
@font-face	Code am besten von FontSquirrel erzeugen lassen!	2, nicht 2.1, 3	ja	ja	ja	ja	ja	
color	Schriftfarbe	1	ja	ja	ja	ja	ja	
font-family	Schriftart	1	ja	ja	ja	ja	ja	
font-size	Schriftgröße	1	ja	ja	ja	ja	ja	
font-style	kursiv	1	ja	ja	ja	ja	ja	
font-variant	Kapitälchen	1	ja	ja	ja	ja	ja	
font-weight	fett oder nicht	1	ja	ja	ja	ja	ja	
letter-spacing	Abstand zwischen Buchstaben	1	ja	ja	ja	ja	ja	
line-height	Zeilenhöhe	1	ja	ja	ja	ja	ja	
text-align	Ausrichtung	1	ja	ja	ja	ja	ja	
text-decoration	Unter-, Überstreichungen etc.	1	ja	ja	ja	ja	ja	
text-indent	Texteinrückung	1	ja	ja	ja	ja	ja	
text-shadow	Textschatten	2, nicht 2.1, 3	ja	ja	ja	ja	Ab 10	Abhilfe über Filter
text-transform	Groß- und Kleinschreibung	1	ja	ja	ja	ja	ja	
word-spacing	Abstand zwischen Wörtern	1	ja	ja	ja	ja	ja	

Tabelle 7.3:
Übersicht über die Browserunterstützung der vorgestellten CSS-Eigenschaften

Die Spezifikation zu den Textformatierungen finden Sie unter http://www.w3.org/TR/css3-text/, die Webfonts unter http://www.w3.org/TR/css3-fonts/.

7.7 Übungen

1. Im Listing 7.2 *googlewebfonts.html* haben Sie gesehen, wie Sie die Google Webfonts nutzen. Dabei stehen die Schriftformatierungen in einem eingebetteten Stylesheet. Lagern Sie die Schriftformatierungen aus, sodass Sie zwei link-Elemente nutzen.

Die internen CSS-Formatierungen werden in ein eigenes Stylesheet ausgelagert, das im Beispiel *typo.css* lautet und folgenden Inhalt hat:

```
h1 {
  font-family: 'Nosifer Caps', cursive;
}
```

In der HTML-Datei gibt es einen Verweis mithilfe des `link`-Elements, der nach dem `link`-Element zum Aufruf der Google Webfonts steht:

```
<!DOCTYPE html>
<html>
<head>
<meta charset="utf-8" />
<title>Google Webfonts</title>
<link href='http://fonts.googleapis.com/css?family=Nosifer+Caps' rel='sty
lesheet' type='text/css' />
<link rel="stylesheet" href="typo.css" />
</head>
<!-- Rest wie gehabt à
```

2. Im Übungsordner finden Sie die Datei *tabelle.html*, die Sie schon aus Kapitel 2 kennen. Sorgen Sie dafür, dass die Tabellenüberschriften linksbündig und nicht fett angezeigt werden!

Hierfür müssen Sie folgende CSS-Regel ergänzen:

```
th {
  font-weight: normal;
  text-align: left;
}
```

3. Wie lässt sich die folgende Anweisung verkürzt schreiben?

```
font-size: 18px;
line-height: 1.5;
font-weight: bold;
font-style: italic;
font-variant: small-caps;
font-family: Verdana, sans-serif;
```

Stattdessen können Sie auch schreiben:

```
font: italic bold small-caps 18px/1.5 Verdana, sans-serif;
```

4. Im Übungsordner finden Sie ein Dokument mit Namen *textformatierung.html*. In diesem gibt es bereits Absätze mit vorgegebenen Klassen. Ergänzen Sie ein eingebettetes Stylesheet mit folgenden Formatierungen:

- `.stil1`: Schriftfarbe: orange, Schriftgewicht: fett, Schriftgröße; 3em, Schriftart: Verdana

- `.stil2`: Schriftfarbe: blau, kursiv, Schriftart: Arial

- `.stil3`: Schriftfarbe: schwarz, Schriftart: "Times New Roman", Schriftgröße 2em

- `.stil4`: Schriftfarbe #3377ff, Schriftart: "Courier New", Schriftgröße: 2.5em. Vergeben Sie einen Erstzeileneinzug über `text-indent`.

- `.stil5`: Schriftfarbe: #eee, Hintergrundfarbe: #555, Schriftgröße: 3em, Schriftart: serifenlos, Absatz rechtsbündig

- Außerdem sollen alle h1-Überschriften in Kapitälchen dargestellt werden und eine Schriftgröße von 5em haben. Sie sollen außerdem zentriert sein.

- Definieren Sie noch für body die Schriftfarbe Rot und als Hintergrundfarbe #eee. Geben Sie außerdem bei body eine Schriftgröße von 110% an.

Eine Lösung der Übung besteht in einem eingebetteten Stylesheet mit folgenden Formatierungen:

Listing 7.15:
Die CSS-Angaben der Übung
(loesungen/textformatierung.html)

```
body {
  color: red;
  background-color: #eee;
  font-size: 110%;
}
.stil1 {
  color: orange;
  font-weight: bold;
  font-size: 3em;
  font-family: Verdana, sans-serif;
}
.stil2 {
  color: blue;
  font-style: italic;
  font-family: Arial, sans-serif;
}
.stil3 {
  color: black;
  font-family: "Times New Roman", TimesNr, serif;
  font-size: 2em;
}
.stil4 {
  color: #3377ff;
  font-family: Courier, monospace;
  font-size: 2.5em;
  text-indent: 3em;
}
.stil5 {
  color: #eee;
  background-color: #555;
  font-size: 3em;
  font-family: sans-serif;
  text-align: right;
}
h1 {
  font-variant: small-caps;
  font-size: 5em;
  text-align: center;
}
```

5. Wenn Sie die Formatierungen wie in der letzten Übung beschrieben durchgeführt haben, so sind nur die Überschrift und der letzte Absatz rot. Warum
   ist nicht mehr rot eingefärbt, obwohl body { `color: red;` } angegeben ist
   und diese Formatierung vererbt wird?

Die bei `body` angegebene Schriftfarbe wirkt sich nur auf die Elemente aus, bei
denen keine eigene Schriftfarbe angegeben ist.

8 Boxmodell – Ausmaße der Kästchen

Am Ende des Kapitels können Sie

- Breite und Höhe von Elementen definieren
- Souverän Außen- und Innenabstände zuweisen
- Rahmen definieren
- Ecken abrunden und Schatten als Hingucker einsetzen

Ein Absatz oder andere Blockelemente ohne weitere Formatierungen werden automatisch so breit wie das Browserfenster. Für Layouts muss es Möglichkeiten geben, diese Breite zu beschränken. Um die dafür notwendigen Angaben dreht es sich in diesem Kapitel: Sie erfahren alles über Breiten- und Höhenangaben, Innen- und Außenabstände und Rahmen.

Außerdem sehen Sie im zweiten Teil, wie Sie Boxen mit abgerundeten Rahmen versehen und Schatten ergänzen.

8.1 Breiten und Höhenangaben

Um die verschiedenen CSS-Eigenschaften für Blockelemente zu zeigen, nehmen wir ein Dokument mit ein paar Absätzen. Die Absätze haben eine Hintergrundfarbe, damit Sie erkennen, wie weit sie reichen.

```html
<!DOCTYPE html>
<html>
<head>
<meta charset="utf-8" />
<title>Breitenangaben</title>
<style>
body {
  font-family: sans-serif;
}
p {
  background-color: yellow;
}
</style>
</head>
<body>
<p>Lorem ipsum dolor sit amet</p>
<p>Lorem ipsum consetetur sadipscing </p>
<p>Lorem ipsum dolor sit amet </p>
</body>
</html>
```

Listing 8.1:
Die Basis für unsere Formatierungen (einstieg.html)

Tipp

Bei Blockelementen wie Absätze oder Überschriften gibt es automatisch davor und danach einen Zeilenumbruch, sie "bilden einen Block". Die folgenden Ausführungen beziehen sich zunächst einmal auf solche Blockelemente. Wie die hier vorgestellten Eigenschaften bei Inline-Elementen wie a oder span wirken, erfahren Sie in Abschnitt 8.7.

Abbildung 8.1:
Das Ergebnis im Browser

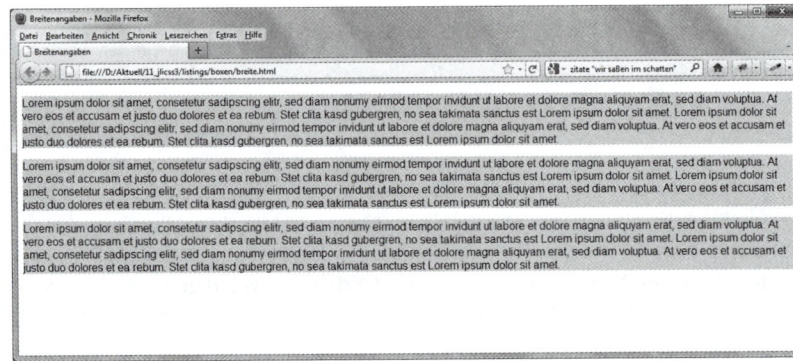

Ohne Breitenangabe gehen die gelb eingefärbten Absätze über das gesamte Browserfenster. Das können Sie mit `width` beschränken. Die folgende Angabe legt die Breite aller Absätze auf 600px fest.

Listing 8.2:
Ausschnitt aus breite.html – im Vergleich zum Beispiel einstieg.html wurde eine Breitenangabe ergänzt.

```
p {
  background-color: yellow;
  width: 600px;
}
```

Abbildung 8.2:
Die Absätze haben eine feste Breite.

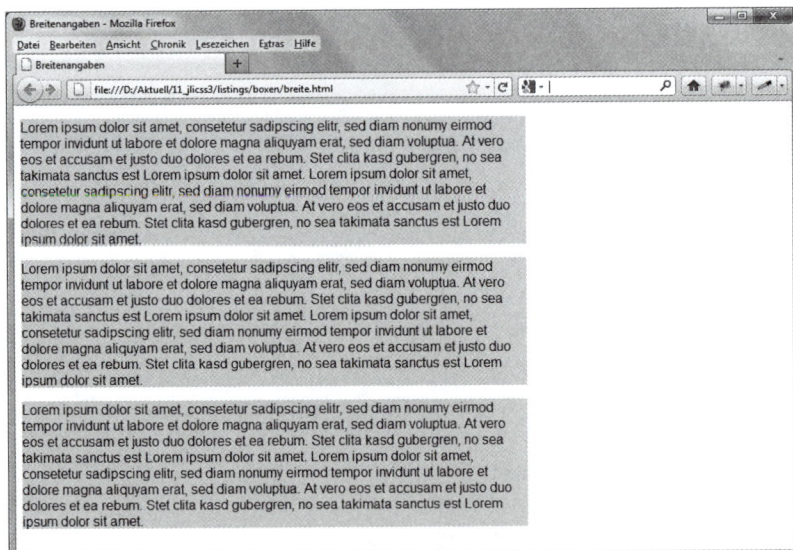

Tipp

Bei em passt sich die Breite der Schriftgröße an. Wenn jemand die Schriftgröße höher setzt, wird entsprechend das Element größer. Das ist besonders praktisch für vertikale Navigationsleisten: Wenn Sie die Breite in em spezifizieren, wächst der Navigationsbereich bei einer größeren Schriftgröße mit.

Neben Pixel können Sie auch Prozent oder em als Einheit einsetzen.

Prozentangaben für die Breite

Praktisch sind auch Prozentangaben für die Breite. Diese beziehen sich – außer die Elemente sind weiter ineinander verschachtelt – auf das Browserfenster. Ändern wir die Pixelangabe in Prozent um:

```
p {
  background-color: yellow;
  width: 80%;
}
```

Listing 8.3:
Ausschnitt aus breite_prozent.html

Wenn Sie das Beispiel ausprobieren und die Größe des Browserfensters verändern, sehen Sie, wie sich die Breite der Elemente verändert und jeweils 80% einnimmt.

 Layouts mit Breitenangaben in Prozent nennt man »flüssige Layouts«.

Tipp

Bei sehr langen Zeilen besteht die Gefahr, dass man beim Lesen die Zeilen verliert. Ganz schlecht ist es, wenn man beim Lesen den Kopf leicht drehen muss, um von Anfang bis Ende zu lesen. Deswegen ist es besser, die Breite zu beschränken.

In der Praxis ist eine reine Breitenangabe in Prozent jedoch schwierig: Meist gibt es Grenzen, innerhalb derer das flexible Layout gut aussieht. Oberhalb der Grenze, das heißt, wenn das Browserfenster zu groß ist, werden beispielsweise die Zeilen zu lang, um sie gut lesen zu können.

Außerdem benötigen die meisten Layouts eine Mindestbreite an Platz, um noch zu funktionieren. Bei zu wenig Platz würden sonst die Elemente/Texte ineinanderlaufen.

Mindest- und Maximalbreite

Solche Beschränkungen der Flexibilität erreichen Sie über die Werte `min-width` und `max-width`, über die Mindest- und die Maximalbreite.

Im folgenden Beispiel sind Mindest- und Maximalbreite ergänzt. Das heißt, die Absätze nehmen immer 80% des Browserfensters ein, sie werden aber nicht breiter als 960px und nicht schmaler als 400px.

Tipp

Testen Sie das Beispiel selbst aus und verändern Sie die Größe des Browserfensters. Sie sehen dann, wie die Absätze in gewissen Schranken eine flexible Breite haben.

```
p {
  background-color: yellow;
  width: 80%;
  max-width: 960px;
  min-width: 400px;
}
```

Listing 8.4:
Breitenangabe in Prozent (breite_min_max.html)

Natürlich wird man bei einem echten Beispiel Absätze nicht bis 960px breit werden lassen – das ist zu viel für eine gute Lesbarkeit. Diese Werte wie `max-width` und `min-width` kann man aber natürlich verwenden, um die Gesamtbreite eines umfassenden Containers flexibel zu gestalten. Eine Möglichkeit ist es beispielsweise einen umfassenden Container auf 90% zu setzen und eine Maximalbreite in em, etwa `max-width: 75em`, und eine Minimalbreite in Pixeln, etwa `min-width: 760px`.

Weitere Möglichkeiten der Beschränkung der Breite sehen Sie in Kapitel 16 bei den Media Queries.

8.2 Stürmische Höhen

Mit `height` bestimmen Sie die Höhe von Elementen.

Listing 8.5:
Höhen- und Breitenangaben
(breite_hoehe.html)

```
p {
    background-color: yellow;
    width: 600px;
    height: 200px;
}
```

Abbildung 8.3:
Jetzt gibt es eine zusätzliche
Höhenangabe

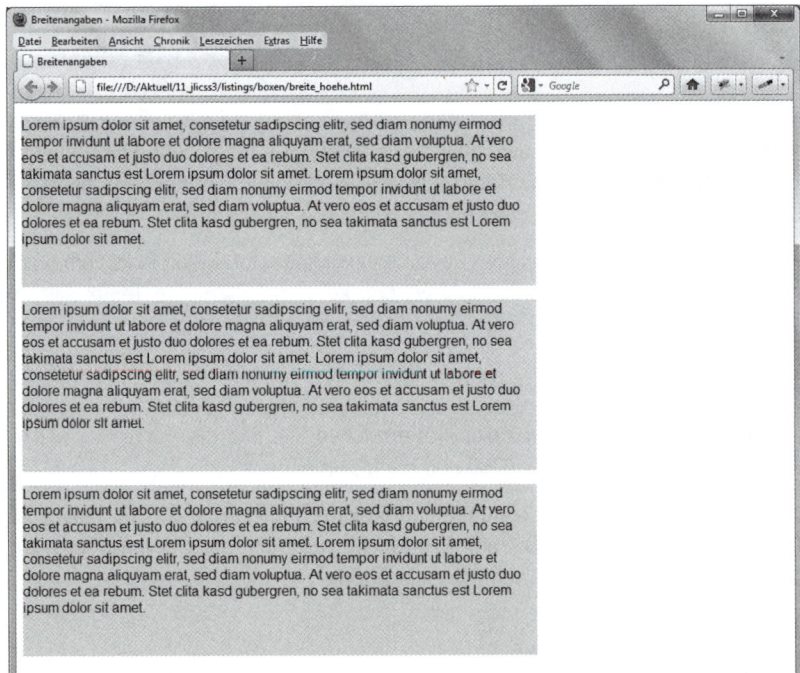

Die Höhenangabe werden Sie aber weniger häufig brauchen als die Breitenangabe. Denn ohne Höhenangabe verhalten sich Elemente recht vernünftig: Sie werden einfach so hoch, wie es der Inhalt erfordert. Bei mehr Inhalt höher, bei weniger Inhalt niedriger.

Umgekehrt gilt aber: Wenn Sie eine Höhe bei einem Element festlegen und es kommt mehr Inhalt hinzu (das Layout sollte nicht den Inhalt in dieser Weise diktieren) oder aber jemand stellt die Schrift größer – dann kommt es zu Problemen: Die Texte laufen aus den vorgesehenen Bereichen heraus und überdecken andere Inhalte.

Eine maximale und eine minimale Höhe können Sie ebenfalls bestimmen über die Eigenschaften `min-height` und `max-height`.

8.3 Innenabstand

Bei unserem Beispiel sehen Sie dank der Hintergrundfarbe deutlich, dass der Inhalt bis an den Rand des Elements geht.

> Lorem ipsum dolor sit amet, consetetur sadipscing elitr, sed diam nonumy eirmod tempor invidunt ut labore et dolore magna aliquyam erat, sed diam voluptua. At vero eos et accusam et justo duo dolores et ea rebum. Stet clita kasd gubergren, no sea takimata sanctus est Lorem ipsum dolor sit amet. Lorem ipsum dolor sit amet.

Für Abstand zwischen dem eigentlichen Inhalt und dem Rand des Elements sorgt `padding`.

```
p {
  background-color: yellow;
  width: 600px;
  padding: 20px;
}
```

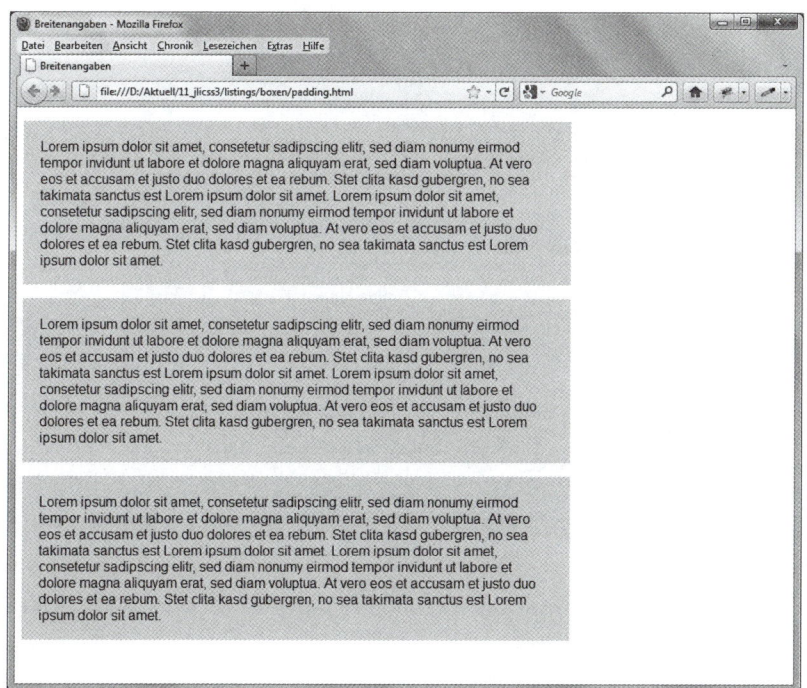

Dass nicht passende Höhenangaben problematisch sind, können Sie sich einmal ansehen, wenn Sie im Beispiel die Höhe auf 100px setzen – das reicht nämlich nicht.

Abbildung 8.4:
Der Inhalt klebt direkt am Rand des Elements – wie man links sieht. Rechts gibt es mehr oder weniger Abstand, was am Flattersatz liegt, d.h. dass der Text linksbündig ist.

Listing 8.6:
`padding` **wird ergänzt**
(padding.html)

Abbildung 8.5:
Mit `padding`

177

8.3.1 Aber bitte einzeln!

Mit `padding: 20px` wird an allen vier Innenseiten ein Abstand von 20px ergänzt. Sie können die Innenabstände für alle vier Seiten auch einzeln bestimmen über die vier Eigenschaften:

* `padding-top` – Innenabstand oben

* `padding-right` – Innenabstand rechts

* `padding-bottom` – Innenabstand unten

* `padding-left` – Innenabstand links

So lassen diese sich einsetzen:

Listing 8.7:
Einzelne Werte für alle vier Seiten
(padding_einzeln.html)

```
p {
    background-color: yellow;
    width: 600px;
    padding-top: 30px;
    padding-right: 80px;
    padding-bottom: 0px;
    padding-left: 100px;
}
```

Abbildung 8.6:
Der Innenabstand ist an allen Seiten unterschiedlich.

Tipp

Übrigens ist die Reihenfolge egal, in der Sie `padding-top`*,* `padding-right`*,* `padding-bottom` *und* `padding-left` *angeben. Dass ich diese Reihenfolge gewählt habe, hat aber einen tieferen Sinn – es hat etwas mit der Nackenrolle zu tun. Zu dieser gleich mehr.*

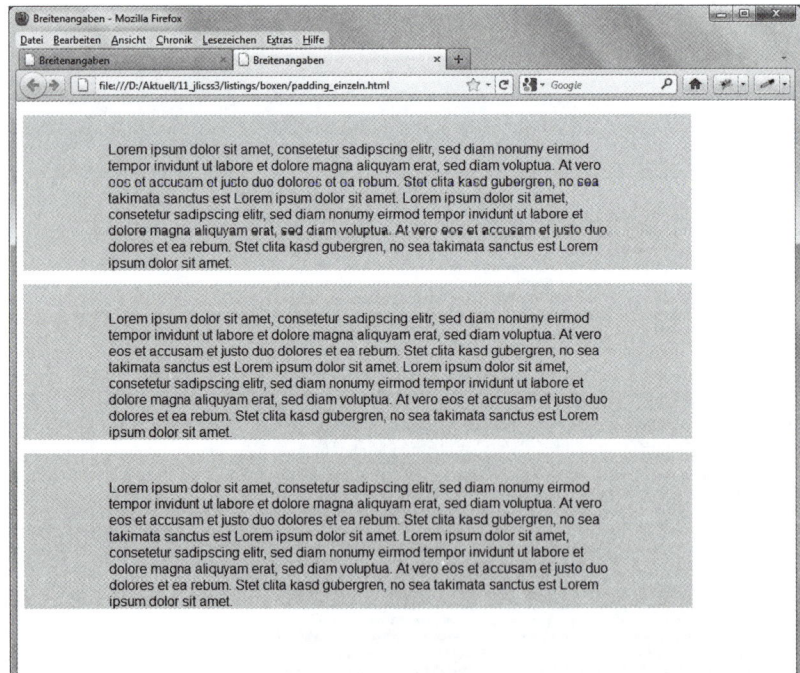

Diese Schreibweise ist explizit, aber umständlich. Zum Glück gibt's Abkürzungen: Sie können hinter `padding` **vier Werte** schreiben. Diese werden dann wie bei einer Pilates-Nackenrolle – aber im Uhrzeigersinn! – zugeordnet:

- Der erste Wert gilt für oben.

- Der zweite Wert gilt für rechts.

- Der dritte Wert gilt für unten.

- Der vierte Wert gilt für links.

Das heißt, anstelle von

```
padding-top: 30px;
padding-right: 80px;
padding-bottom: 0px;
padding-left: 100px;
```

können Sie in eine Zeile schreiben:

```
padding: 30px 80px 0px 100px;
```

 **Die einzelnen Werte werden dabei durch Leerzeichen getrennt.**

Noch mehr Verkürzungen – zwei Werte hinter padding

Oft hat man oben und unten denselben Abstand wie rechts und links. Das könnten Sie also folgendermaßen schreiben:

```
padding: 30px 10px 30px 10px;
```

Auch für diesen Fall gibt es eine Abkürzung. Sie schreiben nur **zwei Werte** hinter `padding`:

- Der erste gilt für oben und unten.

- Der zweite gilt für rechts und links.

```
padding: 30px 10px;
```

Weitere Verkürzungen – drei Werte hinter padding

Schließlich gibt es noch eine weitere Abkürzung, die mir persönlich am wenigsten gut gefällt, weil ich immer kurz nachdenken muss und sie mir nicht so intuitiv erscheint. Aber hier ist sie: Sie schreiben drei Werte hinter `padding`:

```
padding: 30px 5px 0px;
```

- Dann gilt der erste für oben.
- Der zweite gilt für rechts und links.
- Der dritte gilt für unten.

Tabelle 8.1:
Verteilung bei mehreren
Werten

Anzahl der Werte	Gilt für
1 Wert	für alle vier Seiten
2 Werte	erster Wert für oben und unten, der zweite für rechts und links
3 Werte	erster Wert für oben, der zweite für rechts und links, der dritte für unten
4 Werte	erster Wert für oben, der zweite für rechts, der dritte für unten und der vierte für links (im Uhrzeigersinn)

Tipp

Übrigens gelten diese Regeln,
wie sich die einzelnen Anga-
ben auf die Seiten verteilen,
ebenfalls für margin, *die Au-*
ßenabstände, und für border,
die Ränder.

8.4 Rahmen

An den Innenabstand anschließend kann sich ein Rahmen befinden. Sein Aussehen bestimmen Sie über drei Eigenschaften:

- border-color legt die Rahmenfarbe fest.
- border-width legt die Rahmenbreite fest.
- border-style bestimmt den »Rahmenstil«.

Im Beispiel wird für alle Absätze ein Rahmen definiert. Er soll blau sein (border-
color), 50px breit (border-width) und durchgezogen (border-style: solid).

Listing 8.8:
Zusätzlich wird ein Rahmen defi-
niert (border.html).

```
p {
    background-color: yellow;
    width: 600px;
    padding: 20px;
    border-color: blue;
    border-width: 50px;
    border-style: solid;
}
```

Im Beispiel wurde als Rahmentyp solid für einen durchgezogenen Rahmen definiert. Neben solid stehen eine Reihe von weiteren Stilen zur Verfügung, die das
folgende Beispiel demonstriert.

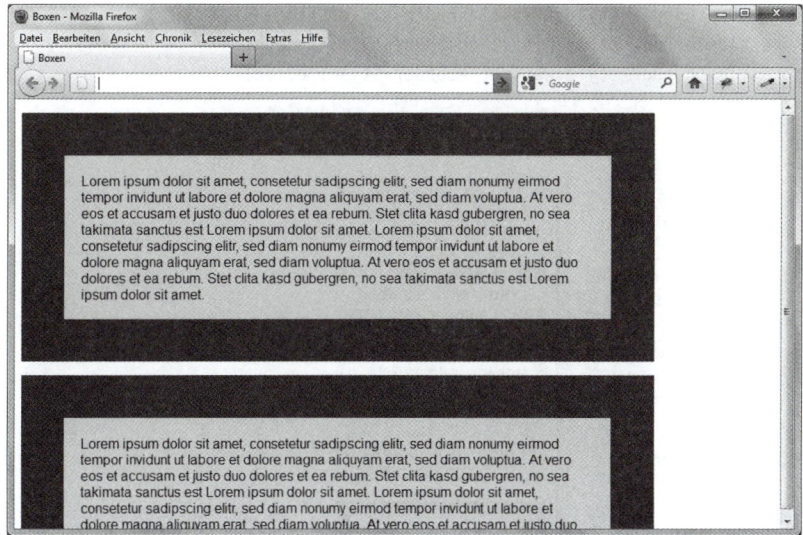

Alle Absätze erhalten im eingebetteten Stylesheet grundlegende Formatierungen. Dieses Mal sind diese in em gehalten: Die Breite wird auf 9em festgelegt, die Rahmenbreite auf 0.8em und der Innenabstand auf 0.2em. Als Rahmenfarbe wird Silber bestimmt.

Der Rahmenstil fehlt in der allgemeinen Definition. Dieser wird als Inline-Stilangabe den einzelnen Absätzen direkt zugewiesen.

```
<!DOCTYPE html>
<html>
<head>
<meta charset="utf-8" />
<title>Rahmenstile</title>
<style>
p {
  width: 9em;
  font-family: sans-serif;
  border-color: silver;
  border-width: 0.8em;
  padding: 0.2em;
}
</style>
</head>
<body>
<p style="border-style: dotted">border-style: dotted </p>
<p style="border-style: dashed">border-style: dashed </p>
<p style="border-style: solid">border-style: solid </p>
<p style="border-style: double">border-style: double </p>
<p style="border-style: groove">border-style: groove </p>
```

Listing 8.9:
Unterschiedliche Rahmenstile
für die einzelnen Absätze
(rahmenstile.html)

```
<p style="border-style: ridge">border-style: ridge </p>
<p style="border-style: inset">border-style: inset </p>
<p style="border-style: outset">border-style: outset </p>
</body>
</html>
```

Abbildung 8.8:
Die unterschiedlichen Rahmen-
stile im Firefox (links) und im
Internet Explorer (rechts)

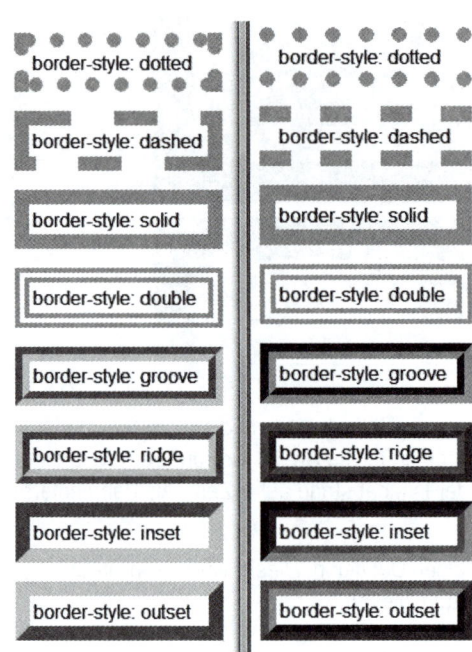

Nicht im Bild: der Rahmenstil none. Der bedeutet: kein Rahmen.

Einzelne Rahmenteile definieren

Wenn Sie die border-Eigenschaften auf diese Art verwenden, wird an allen Seiten ein Rahmen gezeichnet. Stattdessen können Sie nur einzelne Rahmenteile bestimmen.

* Für oben lauten die Eigenschaften: border-top-style, border-top-color und border-top-width

* Für die rechte Seite entsprechend border-right-style, border-right-color, border-right-width

* Unten gibt's auch: border-bottom-style, border-bottom-color, border-bottom-width

* Oder nur links: border-left-style, border-left-color, border-left-width

So können Sie beispielsweise einen linken Rahmen mit 10px Breite, vom Typ dotted und in Rot definieren:

```
border-left-width: 10px;
border-left-style: dotted;
border-left-color: red;
```

Abkürzungen

Das schreit natürlich nach Abkürzungen, und die gibt es: Um einen linken Rahmenabschnitt festzulegen, schreiben Sie die drei Werte hinter border-left:

```
border-left: 10px dotted red;
```

Die einzelnen Werte trennen Sie durch Leerzeichen. Die Reihenfolge spielt keine Rolle.

Genauso geht es für die rechte Seite mit border-right, für unten mit border-bottom und schließlich für oben mit border-top.

Abkürzungen für den Rahmen rundherum

Außerdem gibt es die Eigenschaft border, mit der Sie die drei Zeilen aus dem Beispiel

```
border-color: blue;
border-width: 50px;
border-style: solid;
```

zu einer Zeile Code machen:

```
border: 50px solid blue;
```

8.4.1 Praxisbeispiel: Bilderrahmen

Sehen wir uns an, wie Sie Bilder per CSS rahmen können. Der HTML-Code besteht aus einem div-Element mit den beiden zu rahmenden Bildern.

```
<div>
<img class="rahmen" src="steine_1.jpg" alt="Steine" />
<img class="rahmen" src="steine_2.jpg" alt="weitere Steine" />
</div>
```

Die beiden Bilder haben eine Klasse rahmen erhalten.

Über diese Klasse werden die Bilder im internen Stylesheet angesprochen:

```
.rahmen {
  background-color: #FEFFE0;
  padding: 10px;
  border-top: #ccc 1px solid;
  border-left: #ccc 1px solid;
  border-right: #888 1px solid;
  border-bottom: #888 1px solid;
}
```

Weil mehrere Bilder dieselbe Formatierung erhalten sollen, ist es gut, mit Klassen zu arbeiten.

Listing 8.10:
Rahmen um Bilder
(bilderrahmen.html)

Die Bilder erhalten eine Hintergrundfarbe und 10px Innenabstand. Außerdem werden die vier Rahmenabschnitte einzeln festgelegt. Oben und links wird ein helleres Grau festgelegt als unten und rechts. Das ergibt einen diskreten 3D-Effekt.

Abbildung 8.9:
Gerahmte Bilder

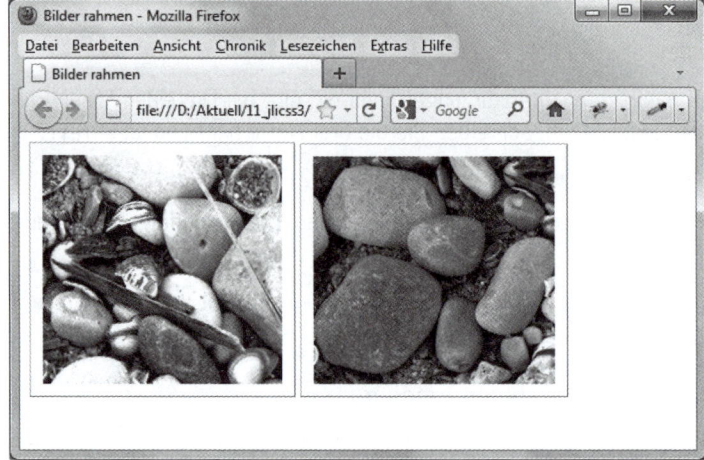

Der weiße Rahmen um die Bilder herum kommt durch die Hintergrundfarbe (background-color: #FEFFE0) in Verbindung mit dem Innenabstand (padding) zustande.

Um den weißen Innenabstand herum ist der feine diskrete Rahmen, bei dem für alle Seiten die Eigenschaften einzeln bestimmt werden.

Alternativschreibung

Die Rahmeneigenschaften für die Rahmenteile sind so gut wie identisch, sie unterscheiden sich nicht in Rahmendicke oder Rahmenstil, nur in der Rahmenfarbe:

```
border-top: #ccc 1px solid;
border-left: #ccc 1px solid;
border-right: #888 1px solid;
border-bottom: #888 1px solid;
```

Das ließe sich wiederum verkürzen:

```
border: 1px solid #ccc;
border-color: #ccc #888 #888 #ccc;
```

Zuerst wird für alle Seiten derselbe Rahmen festgelegt, wie Sie es bereits über die Schreibweise mit border kennen. Dann werden die Rahmenfarben alle hinter border-color notiert. Vier Angaben, das ist die Nackenrolle – die Werte für oben, rechts, unten und links.

Genauso wie Sie hinter `padding` mehrere Werte angeben, die dann den einzelnen Seiten zugewiesen werden, können Sie es bei der Eigenschaft `border-color` machen, um unterschiedliche Farben zu bestimmen.

8.5   Boxen messen

Wenn Sie Boxen bei Layouts nebeneinander stellen, müssen Sie manchmal wissen, wie breit die Boxen insgesamt sind. Nehmen wir das Beispiel *border.html*. Hier erhalten die Absätze eine Breite von 600px, es gibt einen Innenabstand von 20px und einen Rahmen von 50px.

```
p {
    background-color: yellow;
    width: 600px;
    padding: 20px;
    border-color: blue;
    border-width: 50px;
    border-style: solid;
}
```

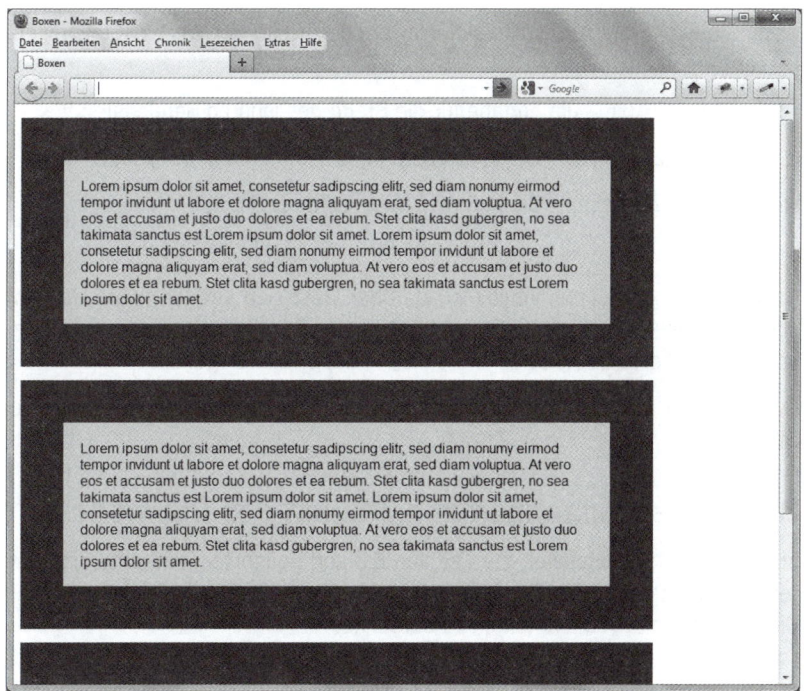

Vielleicht haben Sie es bereits vermutet: Auch bei border-style *können Sie mehrere Angaben machen, die auf die einzelnen Seiten verteilt werden, ebenso bei* border-width. *Die Aufteilung entspricht immer Tabelle 8.1.*

Listing 8.11:
Die Formatierungen für die Absätze mit width, padding *und* border
(border.html)

Abbildung 8.10:
Ein fetter Rahmen um die Absätze

Die genaue Gesamtbreite lässt sich mit der Webdeveloper Toolbar messen. Rufen Sie die Firefox-Erweiterung auf über ANSICHT / SYMBOLLEISTEN / WEB-DEVELOPER-SYMBOLLEISTE. Wählen Sie unter VERSCHIEDENES den Punkt MASSWERKZEUG EINBLENDEN. Dann können Sie mit dem Mauscursor einen Bereich über der Box aufziehen.

Abbildung 8.11:
Mit der Webdeveloper Toolbar
kann man messen, wie groß
Bereiche auf Webseiten sind.

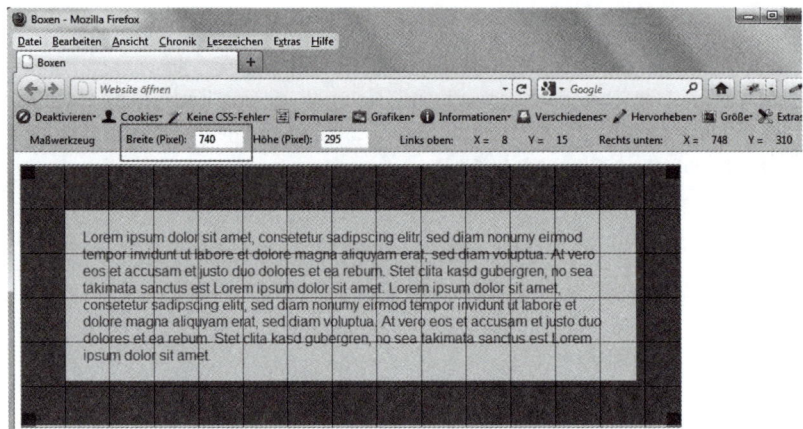

Wenn Sie exakt messen, sollte sich hier bei der Breite der Wert 740px zeigen. Dieser berechnet sich aus:

  600px (`width` – die Angabe für die Breite des inneren Bereichs)

+ 40px (2 * 20px) – der Innenabstand, der ja rechts und links ist

+ 100px (2 * 50px) – die Rahmenbreite rechts und links

= 740px

Ob diese Art zu rechnen intuitiv ist, darüber lässt sich streiten. Wäre es nicht sinnvoller gewesen, wenn 600px wirklich die Gesamtbreite bezeichnen würde, von der die Werte für Rahmen und `padding` nach innen abgehen?

Eventuell. Und diese andere Rechnung gibt es auch. Ihnen begegnet sie an zwei Stellen.

8.5.1 Vergangenheit und Zukunft des Boxmodells

Im düsteren CSS-Mittelalter, zur Zeit von IE5 und Konsorten herrschte ein erbitterter Kampf um das Boxmodell, das heißt darüber, wie denn die richtige Art sei, die Gesamtbreite von Elementen zu berechnen.

Vom W3C war die eben vorgestellte Art vorgesehen, width bezeichnet den Innenbereich, die Gesamtbreite ergibt sich aus der Addition von Innenabstand und Rahmen.

Der IE5.x und früher interpretierte genau das aber anders: Er nahm width als Gesamtbreite. Das macht 140px Unterschied bei unserem Beispiel, in W3C-konformen Browsern ist die Box 740px breit im IE5.x nur 600px.

Eigentlich braucht Sie das heute nicht mehr zu interessieren. Aber ... selbst der IE9 kennt noch einen Kompatibilitätsmodus, genannt **Quirksmodus** (frei übersetzt »Murksmodus«). In diesem erinnert er sich seiner Urahnen und verhält sich genauso. Das heißt, wenn Sie den IE9 in den Quirksmodus versetzen, stellt er die Absätze in unserem Beispiel in einer Breite von 600px dar und nicht 740px breit.

Das ist natürlich alles andere als erwünscht. Um zu verhindern, dass ein moderner IE in den Quirksmodus schaltet, müssen Sie immer eine Doctype-Angabe am Anfang Ihres Dokuments ergänzen.

Hierfür können Sie alle gängigen Doctype-Angaben nehmen, beispielsweise die von HTML5, die in den Beispielen benutzt wird:

```
<!DOCTYPE html>
```

Oder auch die von HTML 4.01:

```
<!DOCTYPE HTML PUBLIC "-//W3C//DTD HTML 4.01 Transitional//EN" "http://
www.w3.org/TR/html4/loose.dtd">
```

Oder auch eine der möglichen Doctypes von XHTML.

 Eine Doctype sorgt dafür, dass Browser nicht in den Quirksmodus schalten.

Wenn Sie hingegen im Beispiel *border.html* die erste Zeile herauslöschen, so wie ich es im Beispiel *quirks.html* gemacht habe, dann sehen Sie eine große Diskrepanz in der Darstellung vom Firefox (oder irgendeinem anderen standardkonformen Browser) zum Internet Explorer.

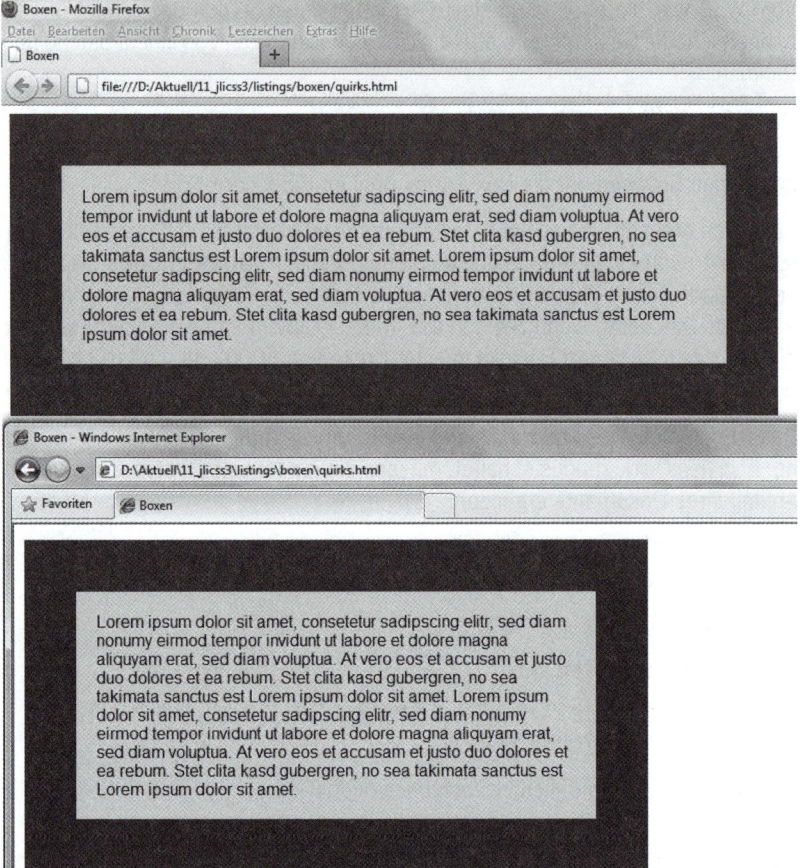

Hinweis

Mehr Informationen zu
dieser Eigenschaft unter
http://www.css3-lernen.de/
boxsizing.php.

Das andere Box-Modell begegnet Ihnen auch bei CSS3. Über die neu eingeführte Eigenschaft box-sizing definieren Sie, ob die Gesamtbreite klassisch wie beim W3C oder wie in den alten IEs (box-sizing: border-box) berechnet werden soll.

8.6 Außenabstände

padding definiert den Abstand zwischen dem eigentlichen Inhalt und dem Rand. Um den Abstand zwischen Boxen oder zwischen den einzelnen Boxen und dem Rand des Browserfensters kümmert sich die Eigenschaft margin.

```
p {
  background-color: yellow;
  width: 600px;
  padding: 20px;
  border: blue 50px solid;
  margin: 40px;
}
```

Listing 8.12:
Bei den Absätzen gibt es einen
zusätzlichen Außenabstand
(margin.html).

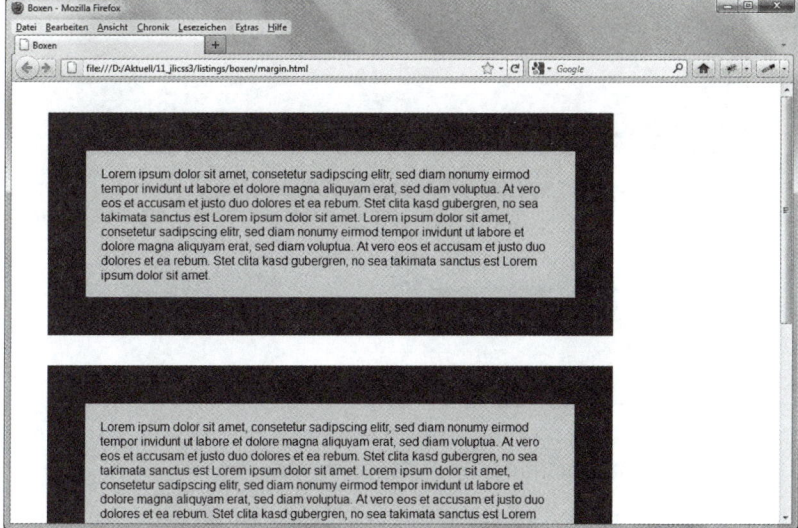

Abbildung 8.13:
Abstand zwischen den Boxen

Eine gute visuelle Hilfe, um sich zu merken, wo margin und wo padding ist, bietet der Firebug.

Rufen Sie ihn im Firefox auf über ANSICHT/FIREBUG. Kontrollieren Sie, dass HTML als Reiter aktiviert ist. Dann wählen Sie einen Absatz aus, indem Sie auf das p klicken, und schalten im rechten Bereich auf LAYOUT. Jetzt sehen Sie das ausgewählte Element und bei diesem die aktuellen Werte für width, padding, border und margin angezeigt.

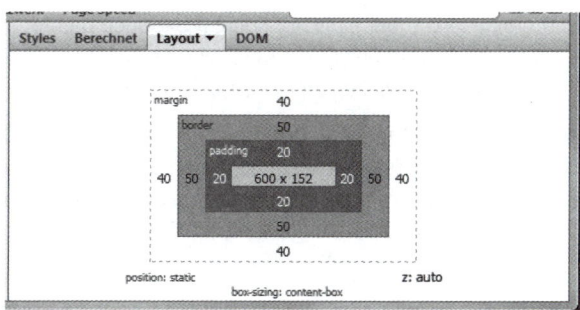

Abbildung 8.14:
Das Boxmodell, vom
Firebug visualisiert

Während Sie im unteren Bereich die Maus über die Bereiche bewegen, wird im oberen Bereich das Element hervorgehoben und zusätzlich ein Lineal eingeblendet.

Abbildung 8.15:
Boxmodell im Firebug:
margin *wird gelb angezeigt,*
padding *lila.*

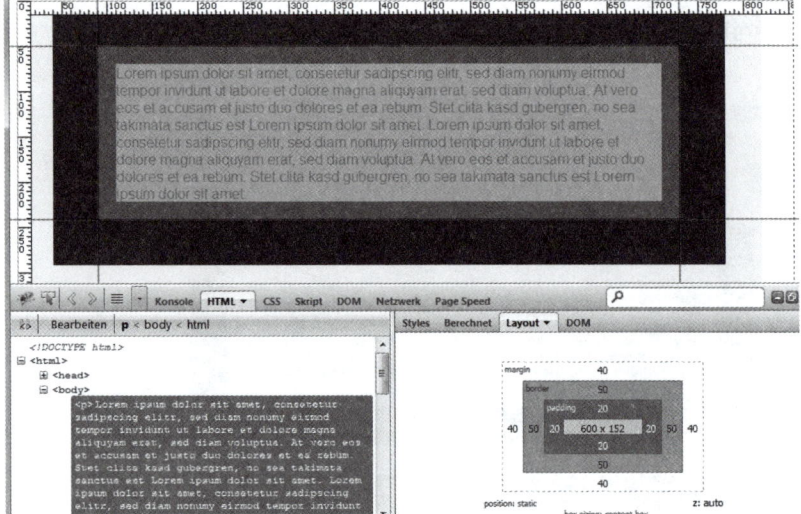

Unterschiedliche Abstände für die einzelnen Seiten

Genauso wie Sie bei den Innenabständen die Seiten einzeln definieren können, so geht das auch bei margin.

* margin-top definiert den Außenabstand nach oben.

* margin-right legt den Außenabstand rechts fest.

* margin-bottom kümmert sich um den Außenabstand unten.

* margin-left sorgt für den Außenabstand nach links.

Abkürzungen

Und genauso wie bei padding können Sie auch mehrere Angaben direkt hinter margin notieren, um nicht die Einzeleigenschaften mit dem damit verbundenen Schreibaufwand auflisten zu müssen. Es gilt Tabelle 8.1.

Wenn Sie keine Angaben zum margin machen, gelten die Standardabstände, die im Browserstylesheet festgelegt sind. Sie sehen diese im Firefox, wenn Sie einen Absatz auswählen. Kontrollieren Sie außerdem, ob bei STYLES der Punkt USER-AGENT-CSS ANZEIGEN ausgewählt ist. Dort finden Sie bei Absätzen folgende Angaben:

```
p {
  margin: 1em 0;
}
```

Das bedeutet, dass Absätze durch das Browserstylesheet im Firefox nach oben und unten einen Abstand haben, der ihrer Schriftgröße (1em) entspricht, nach links und rechts hingegen 0px.

8.6.1 Collapsing Margins

Eine Besonderheit zeigt sich bei Margins in folgendem Beispiel:

```
p {
    background-color: yellow;
    width: 600px;
    padding: 20px;
    border: blue 1px solid;
    margin: 20px 30px 50px 20px;
}
```

Listing 8.13:
Zusammenfallende Außenab-
stände (collapsing_margins.html)

Der Abstand nach oben beträgt 20px, nach rechts sind es 30px, nach unten 50px und nach links 20px.

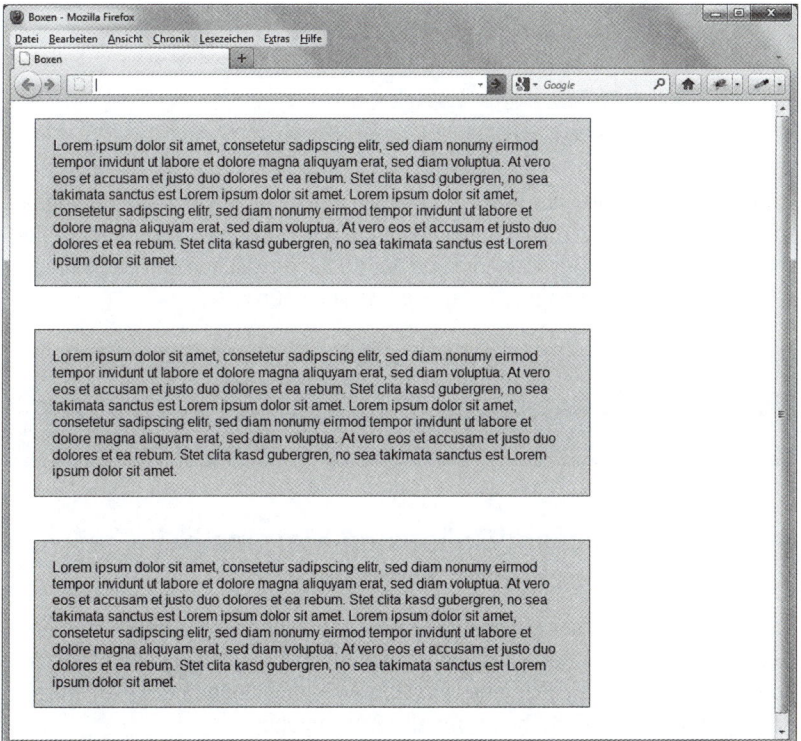

Abbildung 8.16:
Die Absätze mit den definierten
Abständen

Wie groß ist aber der Abstand zwischen den Absätzen? Nach oben 20px, nach unten 50px.

Am besten messen Sie es einmal mit der Webdeveloper-Toolbar nach (in der Symbolleiste der Toolbar über VERSCHIEDENES den Punkt MASSWERKZEUG EINBLENDEN auswählen).

Abbildung 8.17:
Die Webdeveloper Toolbar verrät,
dass der Abstand zwischen zwei
Absätzen genau 50px ist.

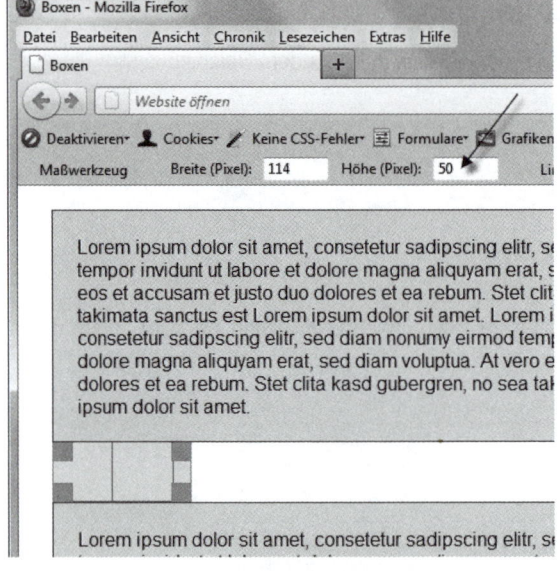

Die Collapsing Margins er-
lauben ein recht intuitives Ar-
beiten. Wenn Sie wollen, dass
alle Absätze 20px auseinan-
der sind, genügt es margin:
20px 0px *anzugeben – und*
Sie müssen sich nicht darum
sorgen, dass der Wert addiert
werden könnte.

Dass der Abstand hier nur 50px ist, liegt an den zusammenfallenden Außenabständen. Wenn zwei vertikale Außenabstände wie im Beispiel zusammentreffen, so frisst der größere den kleineren und der Abstand zwischen den Elementen ist nur so groß wie der größere Abstand. Im Beispiel 50px.

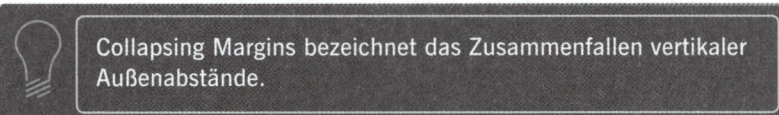

Collapsing Margins bezeichnet das Zusammenfallen vertikaler Außenabstände.

8.6.2 Profiwissen: Collapsing Margins bei verschachtelten Elementen

Das Zusammenfallen der Außenabstände betrifft auch verschachtelte Elemente. Hierzu ein Beispiel mit Absätzen, die sich innerhalb eines div-Elements befinden. Sowohl div- als auch p-Elemente erhalten Außenabstände und außerdem eine Hintergrundfarbe – der Kürze halber als Inline-Angabe.

Listing 8.14:
div- *und* p-*Elemente haben*
Außenabstände *(collapsing_*
margins_verschachtelt.html).

```
<div style="margin: 50px; background-color: yellow">
  <p style="margin: 40px; background-color: orange">Ein Absatz</p>
  <p style="margin: 40px; background-color: orange">Ein weiterer Absatz</p>
</div>
```

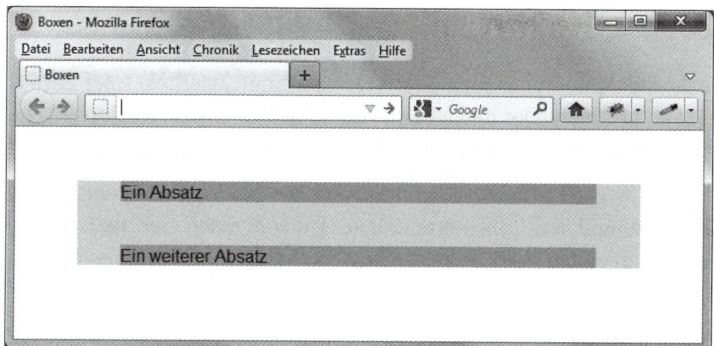

Abbildung 8.18:
Zusammenfallen der Außen-
abstände von p *und* div

In Abbildung 8.18 erkennen
Sie auch deutlich, dass das
Zusammenfallen nur für die
vertikalen Abstände gilt:
rechts und links fallen keine
Abstände zusammen. Da
gibt es vom Absatz aus 90px
Abstand – 40px innerhalb des
Containers, und deswegen
gelb eingefärbt, und zusätz-
lich 50px Abstand zum Rand
des Browserfensters.

Oberhalb des gelben div-Containers sind 50px Abstand, innerhalb des gelben div-Containers schließt der orangefarbene Absatz direkt – ohne Abstand – oben an. Das liegt daran, dass der obere Abstand des div-Containers mit dem oberen Abstand des ersten Absatzes zusammenfällt.

Zusammenfallen verhindern

Dieses Zusammenfallen von Außenabständen ist nicht immer erwünscht, besonders wenn Sie unterschiedliche Hintergrundfarben einsetzen. Verhindern lässt es sich, indem Sie padding oder border angeben. Durch padding: 1px beim umfassenden Container bleiben die Außenabstände erhalten.

```
<div style="margin: 50px; background-color: yellow; padding: 1px">
  <p style="margin: 40px; background-color: orange">Ein Absatz</p>
  <p style="margin: 40px; background-color: orange">Ein weiterer Absatz</p>
</div>
```

Listing 8.15:
padding *ist beim* div-*Element*
*ergänzt (collapsing_margins_*
verhindern.html).

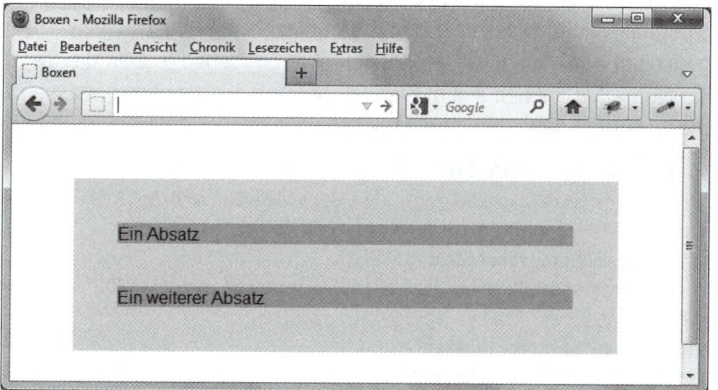

Abbildung 8.19:
Jetzt fallen die Außenabstände
nicht mehr zusammen.

border *verhindert ebenfalls*
zuverlässig das Zusammen-
fallen und ist, wenn Sie als
Rahmenfarbe die zugewiese-
ne Hintergrundfarbe verwen-
den, genauso »unsichtbar«.

8.7 Boxmodell bei Inline-Elementen

Inline-Elemente wie `a`, `span` oder `strong` werden innerhalb einer Zeile dargestellt und es erfolgt weder davor noch danach ein Umbruch. Auch bei diesen kommt das Boxmodell zur Anwendung, allerdings gibt es einige wichtige Abweichungen.

1. Die Angabe von `width` und `height` hat bei Inline-Elementen keinerlei Auswirkung. Ein `a { height: 20px; }` macht einen Link also nicht höher. Was hingegen die Höhe bei Inline-Elementen bestimmt, ist `line-height`: dadurch wird die Zeilenbox vergrößert.

Auch bei `padding`, `border` und `margin` unterscheiden sich Inline- von Blockelementen.

2. `padding` und `border` machen seitlich angewendet ein Inline-Element breiter, in der Höhe angewendet vergrößert sich jedoch die Zeilenbox nicht, sondern das Element ragt darüber hinaus und es kommt zu Überschneidungen.

3. Auch bei `margin` gibt es Besonderheiten: Es wirkt bei Inline-Elementen nur seitlich. Nach oben und unten hat `margin` dagegen keine Auswirkung.

8.8 overflow – mehr Inhalt als Platz

Was passiert eigentlich, wenn der Inhalt zu groß ist für den Bereich, den Sie für ihn vorgesehen haben? Das genaue Verhalten steuern Sie über die Eigenschaft `overflow`. Die kann dafür sorgen, dass das Element trotzdem ganz angezeigt wird (`overflow: visible`), dass es abgeschnitten wird (`overflow: hidden`) oder dass Scrollleisten eingeblendet werden (`overflow: scroll`).

Nehmen wir einmal ein `div`-Element mit einem Bild. Die `div`-Elemente haben unterschiedliche Klassen – damit wir ihnen unterschiedliche Werte für die Eigenschaft `overflow` zuweisen können. Wie Sie sehen, haben die Elemente zwei Klassen – Sie können einem Element nämlich auch mehrere Klassen zuweisen. Diese werden dann durch Leerzeichen voneinander getrennt angegeben.

```
<div class="bild sichtbar">
  <img src="strandkoerbe.jpg" alt="Strandkörbe" width="400" height="300" />
</div>
<div class="bild versteckt">
  <img src="strandkoerbe.jpg" alt="Strandkörbe" width="400" height="300" />
</div>
<div class="bild rollbalken">
  <img src="strandkoerbe.jpg" alt="Strandkörbe" width="400" height="300" />
</div>
```

Das Bild ist 400px mal 300px groß. Im CSS-Teil definieren wir kleinere Ausmaße für den umfassenden Container – er soll nur 300px * 200px groß sein. Außerdem gibt es einen Außenabstand über `margin`.

Diese mehrfachen Klassen werden Ihnen bei komplexeren Projekten häufiger begegnen – beispielsweise arbeiten die Standardthemes von Wordpress mit mehrfachen Klassen.

Für die Abbildung wurden die Bilder per float nebeneinander angeordnet. Zu float kommen wir ausführlich in Kapitel 10.

```
.bild {
  width: 300px;
  height: 200px;
  margin: 80px
}
```

Wir vergeben die unterschiedlichen Werte für overflow. visible bewirkt, dass der Inhalt ganz sichtbar ist; über hidden sorgen wir dafür, dass er abgeschnitten wird und mit scroll blenden wir Scrollleisten ein.

```
.sichtbar {
  overflow: visible;
}
.versteckt {
  overflow: hidden;
}
.rollbalken {
  overflow: scroll;
}
```

Listing 8.16:
Verschiedene Werte für overflow
(overflow.html)

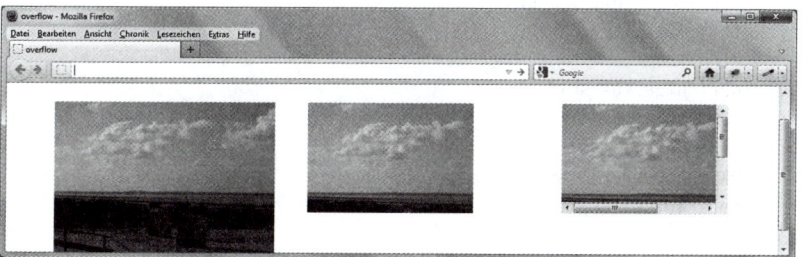

Abbildung 8.20:
Die verschiedenen Werte
von overflow

overflow *wird Ihnen auch noch einmal in Kapitel 10 begegnen, denn man kann es dazu nutzen, gefloatete Elemente zu umschließen.*

8.8.1 Profitrick: Scrollleisten im Firefox einblenden über overflow-y

Neben overflow definiert CSS3 auch die Eigenschaften overflow-x und over-flow-y, womit Sie beispielsweise steuern können, dass nur vertikal (overflow-y) oder nur horizontal (overflow-x) gescrollt werden kann. Das ist nützlich, um das Springen der Seiten im Firefox zu verhindern.

Wenn Sie Layouts erstellen, die zentriert sind und unterschiedlich viele Inhalte auf den einzelnen Seiten haben, so gibt es im Firefox häufig das Problem der »springenden« Seiten. Das liegt daran, dass Firefox nur bei den längeren Inhalten die Scrollleisten einblendet, sie ansonsten aber ausgeblendet sind. Diese 15px oder wie viel es ist, die am rechten Rand dann für die Scrollleisten benötigt werden, verschieben die Inhalte entsprechend: Das nimmt man beim Seitenwechsel als unschönes Springen wahr.

overflow: scroll *ermöglicht, Einzelbereiche der Webseite mit scrollbarem Inhalt zu belegen. So faszinierend das auf den ersten Blick ist, ist es jedoch nicht unbedingt empfehlenswert, was die Usability betrifft.*

Weiteres Minus: Solche Bereiche sind auf Smartphones schwer oder sogar unmöglich zu bedienen.

195

Abhilfe ist möglich durch folgenden Code:

```
body { overflow-y: scroll; }
```

Dann blendet Firefox immer eine Scrollleiste rechts ein und damit ist der Platz hierfür reserviert. Wenn so viel Text auf der Seite vorhanden ist, dass man scrollen muss, ist diese Scrollleiste aktiviert, sonst nicht.

8.9 Abgerundete Ecken

Eines sind die Boxen aber bisher, unabhängig davon, ob sie Rahmen haben, zusammenfallende Außenabstände usw. – sie sind eckig. Das ändert die in CSS3 definierte Eigenschaft `border-radius`.

Hinter `border-radius` geben Sie einen Wert an, der den Radius eines Kreises bestimmt, den Sie sich über die Ecke gezeichnet vorstellen können. Dabei gilt: je höher der Wert, desto abgerundeter die Ecke.

Listing 8.17:
border-radius im Einsatz
(borderradius.html)

```
p {
    background-color: yellow;
    width: 600px;
    padding: 20px;
    border: blue 1px solid;
    margin: 20px;
    -moz-border-radius: 20px;
    -webkit-border-radius: 20px;
    border-radius: 20px;
}
```

Abbildung 8.21:
Abgerundet

Tipp

Mit `border-radius: 50%` *können Sie Kreise zeichnen, siehe auch http://davidwalsh. name/css-circles.*

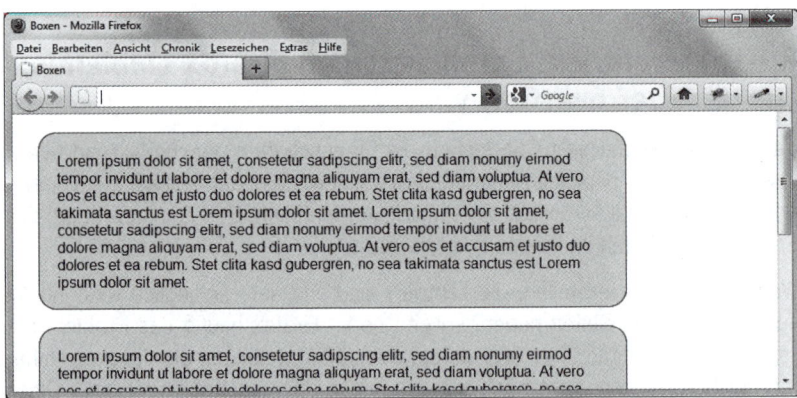

Sie sehen im Beispiel, dass vor `border-radius` dieselben Angaben auch noch bei `–moz-border-radius` stehen, das Sie für ältere Firefox-Browser (vor Version 4) brauchen, entsprechend ist `–webkit-border-radius` für ältere Safari (vor

Version 5) gedacht. Die Eigenschaft `border-radius` wird hingegen von neueren Firefox, neuen Safari, Chrome, Opera und IE9 implementiert.

8.9.1 Ecken einzeln definieren

Nicht immer sollen alle Ecken und alle Ecken auf dieselbe Art gerundet sein. Sie können die Ecken auch einzeln definieren über folgende Eigenschaften:

- `border-top-left-radius` – obere linke Ecke

- `border-top-right-radius` – obere rechte Ecke

- `border-bottom-right-radius` – untere rechte Ecke

- `border-bottom-left-radius` – untere linke Ecke

Für Vorgänger-Versionen von Firefox 4 brauchen Sie wieder –moz- als Präfix. Außerdem heißen diese Eigenschaften etwas anders:

- `-moz-border-radius-topleft` – obere linke Ecke

- `-moz-border-radius-topright` – obere rechte Ecke

- `-moz-border-radius-bottomright` – untere rechte Ecke

- `-moz-border-radius-bottomleft` – untere linke Ecke

In folgendem Beispiel wird nur die obere rechte Ecke abgerundet:

```
p {
  background-color: yellow;
  width: 600px;
  padding: 20px;
  border: blue 1px solid;
  margin: 20px;
  -moz-border-radius-topright: 20px;
  -webkit-border-top-right-radius:  20px;
  border-top-right-radius:  20px;
}
```

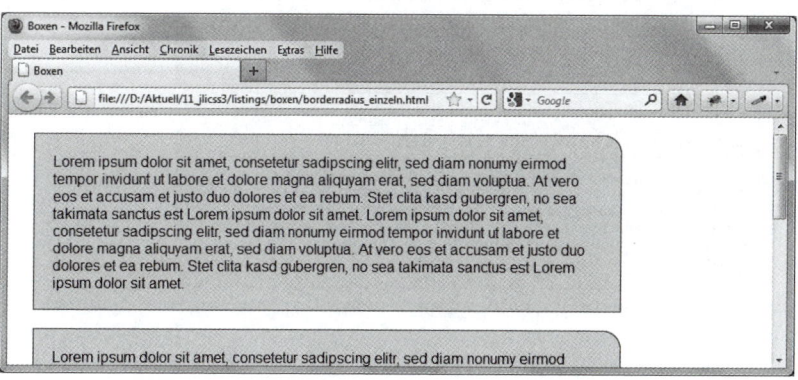

Listing 8.18:
Obere rechte Ecke abrunden (borderradius_einzeln.html)

Zur Frage, wie man border-radius auch in älteren IEs implementiert, kommen wir noch (Abschnitt 8.11).

Abbildung 8.22:
Jetzt ist nur die rechte obere Ecke abgerundet.

Abkürzungen

Wenn Sie für jede der vier Ecken gesonderte Werte festlegen wollen, so ist das viel Schreibarbeit. Stattdessen können Sie auch eine verkürzte Schreibweise nutzen. Das funktioniert prinzipiell genauso, wie Sie mehrere Werte hinter padding angeben können (siehe Tabelle 8.1).

- Ein Wert bei border-radius gilt für alle vier Ecken.

- Bei zwei Werten hinter border-radius gilt der erste für oben links und unten rechts, der zweite für rechts oben und links unten.

- Bei drei Werten hinter border-radius gilt der erste für oben links, der zweite für die rechte obere und die linke untere Ecke, der dritte für die obere rechte Ecke.

- Bei vier Werten hinter border-radius gilt der erste für oben links, der zweite für oben rechts, der dritte für unten rechts und der vierte für unten links. Womit wir wieder bei der Nackenrolle wären.

Listing 8.19:
Zwei Werte hinter border-radius
(borderradius_einzeln2.html)

```
p {
  background-color: yellow;
  width: 600px;
  padding: 20px;
  border: blue 1px solid;
  margin: 20px;
  -moz-border-radius: 20px 40px;
   border-radius:  20px 40px;
}
```

Abbildung 8.23:
Unterschiedliche Ecken

Hinweis

Bei diesem Beispiel wurde auf die Angabe der Möglichkeiten für Vorgänger-Versionen von Safari 5 verzichtet, weil sie mehrere durch Leerzeichen getrennte Angaben hinter –webkit-border-radius als asymmetrische Ecken interpretieren.

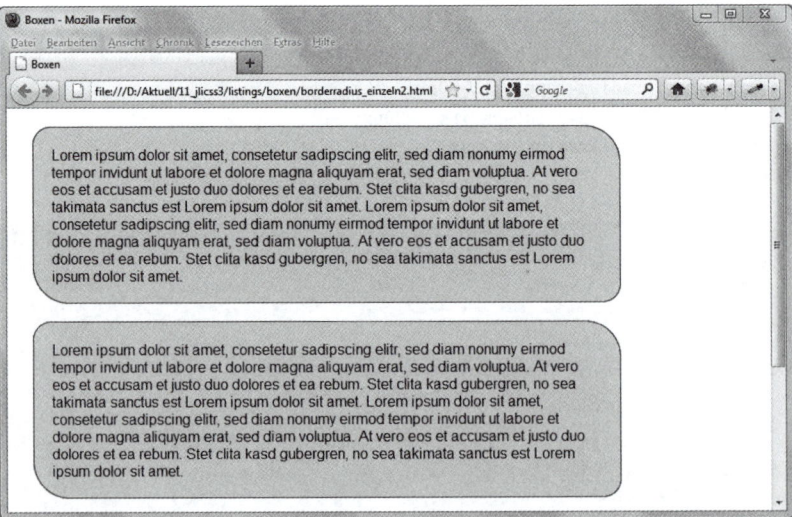

Zur Frage, wie man border-radius auch in älteren Browsern wie dem IE8 darstellt, kommen wir gleich – erst einmal geht es um eine zweite schöne CSS3-Eigenschaft: box-shadow.

8.10 box-shadow

Beim Layoutbeispiel aus Kapitel 3 hatten wir schon einen Schatten um den Hauptcontainer gesetzt und hierfür die Eigenschaft box-shadow genutzt. Nun ist der richtige Zeitpunkt gekommen, box-shadow die ihm gebührende Aufmerksamkeit zu widmen. Es funktioniert ähnlich wie das in Kapitel 7 bereits vorgestellte text-shadow, hat aber ein paar schöne zusätzliche Optionen.

Hinter box-shadow schreiben Sie vier Angaben:

```
box-shadow: 10px 20px 15px #333;
```

Diese vier Angaben bedeuten:

*   #333 legt die Farbe des Schattens fest, im Beispiel ein Grauton. Diese Farbangabe könnte auch ganz am Anfang stehen.

Die drei Pixelangaben bestimmen, wo der Schatten platziert sein soll, und ob er verschwommen sein soll. Im Detail:

*   Der erste Wert legt die horizontale Verschiebung (links/rechts) fest. Im Beispiel ist der Schatten um 10px von links verschoben.

*   Der zweite Wert bestimmt die vertikale Verschiebung (oben/unten). Im Beispiel ist der Schatten um 20px von oben verschoben.

*   Der dritte legt den Grad der Verschwommenheit fest. Je größer der Wert, umso verschwommener und unschärfer erscheint der Schatten.

box-shadow ist die offizielle W3C-Eigenschaft, die vom Internet Explorer ab 9, Firefox ab 4, Opera ab 10.5 und Chrome ab 10 unterstützt wird. Für den Firefox 3.x benötigen Sie die Angabe –moz-box-shadow, für Safari und ältere Chrome schreiben Sie entsprechend –webkit-box-shadow.

```
p {
    background-color: yellow;
    width: 600px;
    padding: 20px;
    border: blue 1px solid;
    margin: 50px;
    -moz-box-shadow: 10px 20px 15px  #333;
    -webkit-box-shadow: 10px 20px 15px  #333;
    box-shadow: 10px 20px 15px  #333;
}
```

Listing 8.20:
Ein Schatten um die Absätze
(boxshadow.html)

199

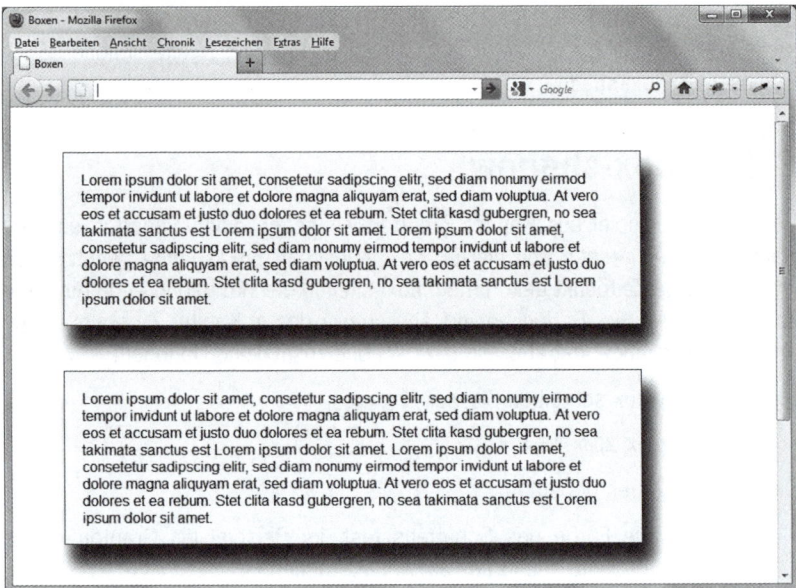

8.10.1 Raffiniert: Schatten nach innen über inset

Bei den bisherigen Beispielen befinden sich die Schatten außerhalb des Elements, für das sie definiert sind. Das lässt sich durch die zusätzliche Angabe von inset ändern, wodurch die Schatten nach innen gezeichnet werden.

Die Auswirkungen lassen sich am besten sehen, wenn die Varianten mit und ohne inset nebeneinander stehen. Hierfür nehmen wir wieder unser Beispiel mit den Absätzen, aber der erste Absatz erhält eine Klasse, damit man ihm eine gesonderte Formatierung zuweisen kann.

```
<p class="inset">Lorem ipsum …</p>
```

Im CSS-Teil wird für alle Absätze ein Schatten ohne Verschiebung definiert.

```
p {
    background-color: yellow;
    width: 600px;
    padding: 20px;
    border: blue 1px solid;
    margin: 50px;
    -moz-box-shadow: 0px 0px 15px #333;
    -webkit-box-shadow: 0px 0px 15px  #333;
    box-shadow: 0px 0px 15px  #333 ;
}
```

Tipp

Wenn Sie einen Schatten ohne Verschiebung angeben, so ist der Schatten gleichmäßig um das Element gezeichnet; ein Effekt, den man auch Glühen nennt.

Die Elemente mit der Klasse inset erhalten denselben Schatten mit der Ergänzung von inset:

```
.inset {
  -moz-box-shadow: 0px 0px 15px  #333 inset;
  -webkit-box-shadow: 0px 0px 15px  #333 inset;
  box-shadow: 0px 0px 15px  #333 inset;
}
```

Listing 8.21:
inset *für einen Schatten, der nach innen geht (boxshadow_inset.html)*

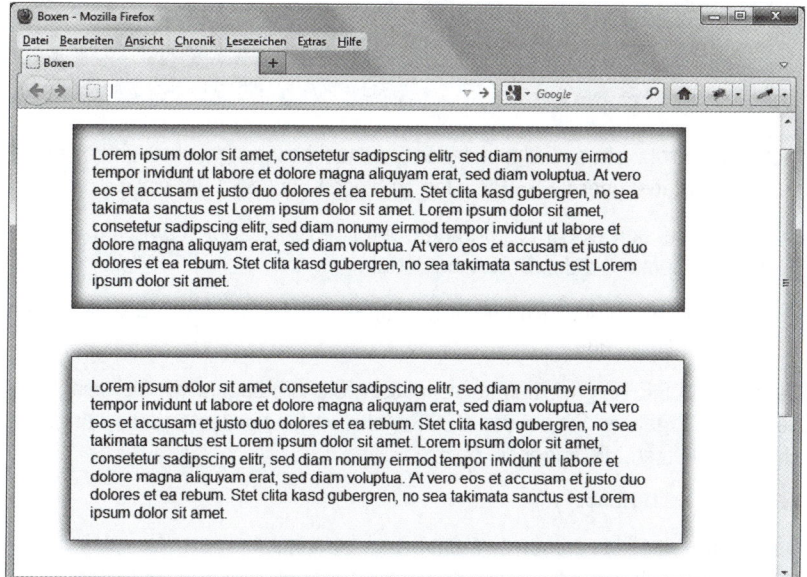

Abbildung 8.25:
Oben Schatten nach innen mit inset, *unten ist der Schatten außen*

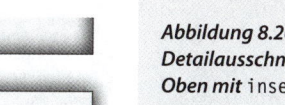

Abbildung 8.26:
Detailausschnitt:
Oben mit inset, *unten ohne*

8.11 Sonderangaben für den IE

Diese beiden schönen CSS3-Eigenschaften funktionieren wunderbar in allen modernen Browsern – und sie funktionieren selbstverständlich auch auf den gängigen Smartphones wie den Android-Handys oder dem iPhone. Auch der iPad bleibt nicht außen vor. Nicht mitspielen hingegen können der IE7 und der IE8.

Nicht immer ist das so dramatisch. Durch Eigenschaften wie border-radius erzielen Sie ohne großen Aufwand einen kleinen schönen Effekt für fähige Browser – und die Webseite sieht ebenfalls gut und akzeptabel im IE7/IE8 aus, aber eben ohne abgerundete Ecke hier und Schatten dort.

Die Twitter-Seite zeigt, dass diese Strategie gangbar ist.

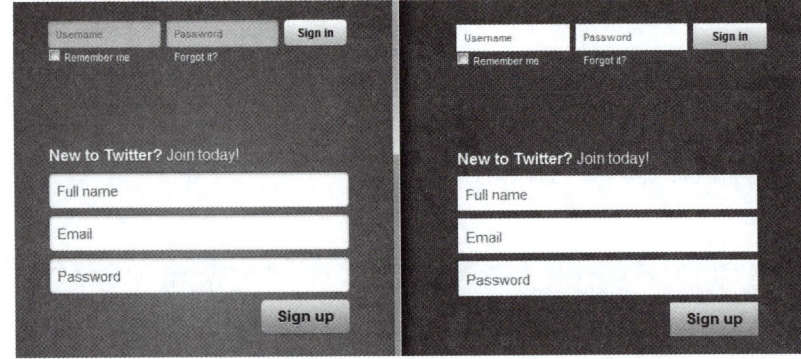

Nichtsdestotrotz gibt es Fälle, in denen man nachbessern möchte, und das geht sehr komfortabel über CSS3 PIE. Und so binden Sie CSS3 PIE ein:

1. Laden Sie sich CSS3 PIE herunter unter *http://css3pie.com/*. Im rechten Bereich sehen Sie den Download-Button.

2. Im gezippten Ordner sind mehrere Dateien. In den meisten Fällen kommen Sie mit *PIE.htc* aus.

Damit CSS3 PIE tätig werden kann, müssen Sie ihm sagen, wo Sie seine Hilfe benötigen: Ergänzen Sie bei den CSS-Regeln, wo Sie `border-radius` oder `box-shadow` benutzen, die folgende Zeile:

```
behavior: url(PIE.htc);
```

Dabei muss der Pfad stimmen. Wenn Sie es so angeben wie im Beispiel, bedeutet es, dass sich `PIE.htc` im selben Ordner befindet.

 Mit dem Pfad gibt es eine Besonderheit, die mit der `htc`-Datei im Zusammenhang steht. Der Pfad muss nämlich relativ zum HTML-Dokument angegeben werden und nicht relativ zur CSS-Datei.

Nehmen wir das Beispiel mit `border-radius`:

```
p {
  background-color: yellow;
  width: 600px;
  padding: 20px;
  border: blue 1px solid;
  margin: 20px;
  -moz-border-radius: 20px;
  -webkit-border-radius. 20px,
  border-radius: 20px;
  behavior: url(PIE.htc);
}
```

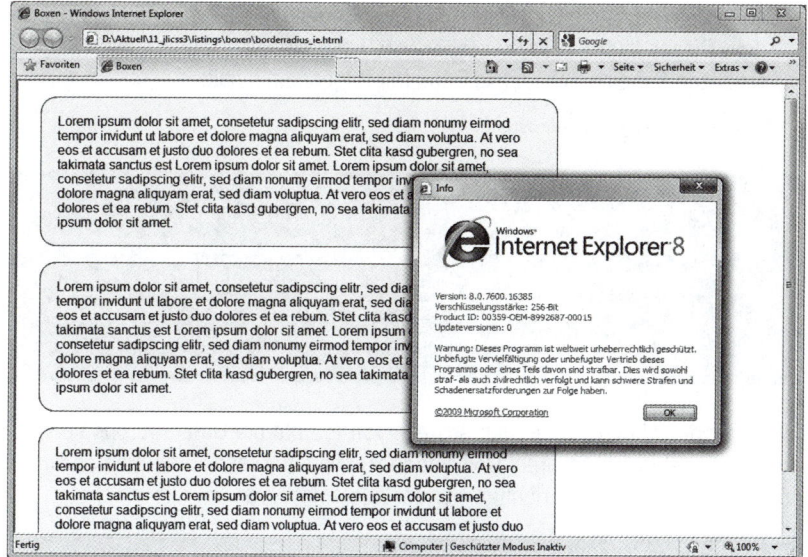

Abbildung 8.28:
Runde Ecken mit border-radius im
IE8 – CSS3 PIE macht's möglich.

Ein weiteres Beispiel zeigt, wie Sie mit CSS3 PIE box-shadow zum Laufen bringen.

Listing 8.23:
Jetzt klappen die Schatten auch in
älteren IEs (boxshadow_ie.html).

```
p {
  background-color: yellow;
  width: 600px;
  padding: 20px;
  border: blue 1px solid;
  margin: 50px;
  -moz-box-shadow: 10px 20px 15px  #333;
  -webkit-box-shadow: 10px 20px 15px  #333;
   box-shadow: 10px 20px 15px  #333;
  behavior: url(PIE.htc);
}
```

Falls CSS3 PIE bei Ihnen einmal nicht funktioniert, wie es soll, so kann das mehrere Ursachen haben.

- Kontrollieren Sie, ob Sie PIE.htc auch im richtigen Verzeichnis abgespeichert haben und ob der Pfad bei behavior stimmt. Beim Pfad ist entscheidend, dass Sie von der HTML-Datei ausgehen müssen – nicht von der CSS-Datei.

- CSS3 PIE versteht nur die verkürzte Eigenschaft mit border-radius. Eine Angabe wie border-top-right-radius: 1em; funktioniert nicht.

- Je nach Gesamtkonstellation der Styles sollten die Elemente, auf die die CSS3-Eigenschaften angewendet werden position: relative haben.

- Außerdem muss die HTC-Datei mit dem richtigen MIME-Typ ausgeliefert werden. Dieser lautet `text/x-component`. Falls das nicht automatisch klappt, ergänzen Sie eine `.htaccess`-Datei mit folgendem Inhalt:

```
AddType text/x-component .htc
```

Eine .htaccess-Datei ist eine Konfiguration für den Apache-Webserver. Sie muss wirklich diesen kryptischen Namen .htaccess tragen und wird im Ordner abgespeichert, in dem sie tätig werden soll. Weitere Informationen hierzu unter http://de.selfhtml.org/servercgi/server/htaccess.htm.

Alternativ dazu können Sie auch anstelle von *PIE.htc* die Datei *PIE.php* verwenden, die Sie ebenfalls in Ihrem Downloadpaket finden. Diese kümmert sich eigenständig darum, dass der richtige Header gesendet wird.

```
behavior: url(PIE.php);
```

Dann funktioniert das Ganze allerdings nur, wenn Sie Ihre HTML-Datei samt Verweis auf PHP-Datei auf einem Server mit PHP-Unterstützung ausführen.

Wie Sie sehen, ist CSS3 PIE wirklich ein sehr praktisches und schönes Tool. Dass es CSS3 PIE gibt, heißt aber natürlich nicht, dass man es immer einsetzen muss. Manchmal kann man es auch machen wie Twitter und den Unterschied in der Darstellung in den verschiedenen Browsern in Kauf nehmen.

8.12 Zusammenfassung

In diesem Kapitel haben Sie gesehen, wie Sie das Aussehen der Boxen gestalten, aus denen die Webseiten gemacht sind. Am wichtigsten sind `width` für die Breitenangebe, `padding` für den Innenabstand und `margin` für den Außenabstand. Einen Rahmen definieren Sie mit `border`.

Sie haben gesehen, wie sich die Gesamtbreite von Elementen berechnet und dass diese sich aus `width` + `padding` + `border` zusammensetzt.

Schön sind die Eigenschaften `border-radius` für abgerundete Ecken und `box-shadow` zur Definition von Schatten um Boxen. Bei beiden brauchen Sie herstellerspezifische Präfixe für ältere Firefox- oder Webkit-Browser. Der Internet Explorer unterstützt diese Eigenschaften erst ab Version 9, für ältere Versionen können Sie sich durch CSS3 PIE helfen lassen.

Eigenschaft	Erläute-rung	Version	Firefox	Safari	Chrome	Opera	IE	Alternativen
box-shadow		3	3.5 –moz–ab 4 ohne Präfix	–webkit–	–webkit–ab 10 ohne Präfix	10.5	9	Alternativrahmen, Nachbilden über CSS3 PIE, Filter
border	Rahmen	1/2	ja	ja	ja	ja	ja	
border-radius	Abgerundete Ecken	3	–moz–ab 4 ohne Präfix	–webkit–ab 5 ohne Präfix	ja	10.5	9	Nachbilden über CSS3 PIE o. Ä.
height	Höhe	1	ja	ja	ja	ja	ja	
margin	Außenabstand	1	ja	ja	ja	ja	ja	
max-height, min-height	Minimal-, Maximalhöhe	2	ja	ja	ja	ja	7	
max-width, min-width	Minimal-, Maximalbreite	2	ja	ja	ja	ja	7	
overflow	Verhalten, wenn mehr Inhalt als Platz	2	ja	ja	ja	ja	ja	
padding	Innenabstand	1	ja	ja	ja	ja	ja	
width	Breite	1	ja	ja	ja	ja	ja	

Tabelle 8.2:
Browserunterstützung der vorgestellten Eigenschaften

8.13 Übungen

1. Wie lassen sich die folgenden Angaben zusammenfassen?

```
margin-top: 20px;
margin-left: 5px;
margin-right: 5px;
margin-bottom: 20px;
```

Das lässt sich zusammenfassen als:

```
margin: 20px 5px;
```

2. Sie finden in Ihrem Übungsordner die Datei *bilderrahmen.html*, die Sie schon kennen. Verändern Sie das Beispiel: Der untere weiße Teil soll größer sein, wie bei Polaroids üblich, außerdem soll es rundherum einen Schatten geben.

Abbildung 8.29:
Das modifizierte Beispiel

Eine mögliche Lösung sieht so aus:

Listing 8.24:
Der erweiterte Bilderrahmen
(loesungen/bilderrahmen.html)

```
.rahmen {
  background-color: #FEFFE0;
  padding: 10px 10px 25px 10px;
  border-top: #ccc 1px solid;
  border-left: #ccc 1px solid;
  border-right: #888 1px solid;
  border-bottom: #888 1px solid;
  -webkit-box-shadow: 1px 2px 6px #333;
  -moz-box-shadow: 1px 2px 6px #333;
  box-shadow: 1px 2px 6px #333;
  margin: 10px;
  behavior: url(PIE.htc);
}
```

3. Experimentieren Sie einmal mit geeigneten Werten für padding bei dem Layoutbeispiel aus Kapitel 3!

9 Die Macht im Hinter-grund – background-image und Konsorten

Am Ende des Kapitels können Sie

- Hintergrundbilder zu-weisen und feintunen
- CSS-Sprites verwenden für performante Web-seiten
- Hintergrundbilder bild-schirmfüllend einsetzen
- CSS3-Farbverläufe nutzen

Bevor CSS3 Einzug gehalten hatte, war background-image das Mittel der Wahl für raffinierte Tricks. Runde Ecken? Gingen durch eine komplexe Trickserei mit Hintergrundbildern. Auch Schatten hat man über Hintergrundbilder getrickst.

Heute geht vieles glücklicherweise ohne Trickserei. Aber Hintergrundbilder braucht man weiter und sie geben den Layouts das gewisse Etwas. Erinnern Sie sich an das Projekt Zen Garden, das in Kapitel 3 vorgestellt wurde? Dass die Layouts so frappierend unterschiedlich aussehen, liegt zu einem großen Teil ebenfalls an den per CSS eingebundenen Hintergrundbildern.

CSS3 steuert dann noch weitere schöne Ergänzungen bei – wie mehrfache oder bildschirmfüllende Hintergrundbilder und Farbverläufe per CSS.

9.1 Hintergrundbilder

Beginnen wir mit den klassischen Möglichkeiten für Hintergrundbilder.

Im Web gibt es drei Formate für Bilder, die zur Auswahl stehen: GIF, JPEG und PNG. Welches Format wählt man wofür? Für flächige Darstellungen wie Logos bietet sich GIF an oder, wenn es moderner sein soll, PNG 8. JPEG und PNG 24 sind hingegen mit ihren 16 Mio. möglichen Farben die Formate der Wahl bei Fotos und Darstellungen mit feinen Farbverläufen.

JPEG-Bilder werden komprimiert abgespeichert, den Grad der Komprimierung können Sie in gängigen Bildbearbeitungsprogrammen bestimmen. Je stärker die Komprimierung, umso kleiner wird die Datei. Ab einer bestimmten Stelle wird die Qualität schlechter und es gibt unschöne Artefakte.

9.1.1 Hintergrundbild einbinden

Ein erstes Dokument zeigt das Grundprinzip von background-image. Das Hinter-grundbild ist ein einfacher Pfeil:

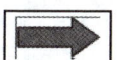

Abbildung 9.1:
Das Hintergrundbild

Dieses Hintergrundbild wird dem Element body zugewiesen. Weitere Parameter werden nicht bestimmt.

Listing 9.1:
Ein Hintergrundbild wird einge-
bunden (hintergrundbild.html).

```
<!DOCTYPE html>
<html>
<head>
<meta charset="utf-8" />
<title>Hintergrundbild</title>
<style>
body {
   background-image: url(pfeil.gif);
}
</style>
</head>
<body>
</body>
</html>
```

Abbildung 9.2:
Bildschirmfüllend

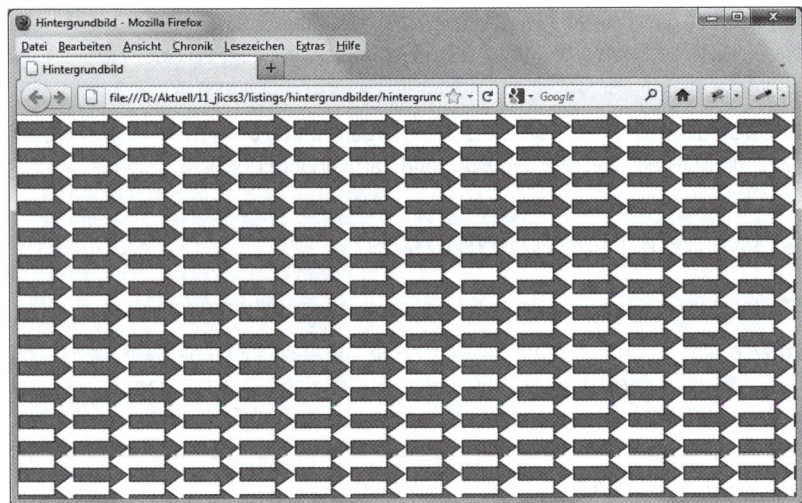

In der Abbildung sehen Sie das Ergebnis: Der Pfeil wird so oft wiederholt, bis der ganze Bildschirm gefüllt ist. Diesen Effekt nennt man auch »Kacheln«.

Zur Einbindung des Bildes dient die CSS-Eigenschaft background-image. Als Wert benötigen Sie das Schlüsselwort url, bei dem Sie in runden Klammern den Pfad zum Bild angeben.

Tipp

Falls Sie im Dateinamen Leer-zeichen haben – was prinzipi-ell aber nicht empfehlenswert ist – müssten Sie diesen hinter url() in Anführungszeichen setzen. Die Anführungszei-chen dürfen Sie auch sonst schreiben, brauchen es aber nicht.

Sie dürfen zwischen url und der öffnenden Klammer kein Leerzeichen einfügen, sonst funktioniert es nicht!

Wenn Sie eine externe CSS-Datei einsetzen und hier Hintergrundbilder angeben, so müssen Sie bei der Pfadangabe auch von der CSS- und nicht von der HTML-Datei ausgehen.

Die auf Webseiten benutzten Hintergrundbilder lassen sich gut im Firebug untersuchen. Wenn Sie bei den CSS-Stilen im rechten Bereich die Eigenschaft background sehen, zeigt Ihnen Firebug beim Darüberhovern eine Vorschau des Bildes.

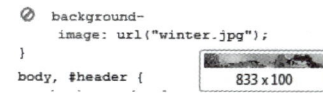

Abbildung 9.3:
Firebug zeigt eine kleine Vorschau des Hintergrundbilds

Ein rechter Mausklick auf das Bild bietet die Option GRAFIK IN NEUEM TAB ÖFFNEN.

9.1.2 Wiederholung festlegen

Wie Sie im Beispiel eben gesehen haben, wird ohne weitere Angabe das Hintergrundbild so oft wiederholt, bis das Element gefüllt ist. Das lässt sich über die Eigenschaft background-repeat ändern. Sie kann die Werte repeat-x, repeat-y, no-repeat oder repeat annehmen:

• background-repeat: repeat-x bewirkt eine Wiederholung untereinander.

• Mit background-repeat: repeat-y wird das Hintergrundbild nebeneinander wiederholt.

• Über background-repeat: no-repeat schalten Sie die Wiederholung ganz aus.

• Die Kachelung können Sie auch über background-repeat: repeat explizit angeben.

Das folgende Dokument führt die Optionen für die Wiederholung vor. Hier gibt es mehrere p-Elemente mit unterschiedlichen Klassen. Das Hintergrundbild wird für alle p-Elemente bestimmt – über den Typselektor p. Mithilfe von Klassenselektoren werden für die einzelnen Elemente unterschiedliche Wiederholungsarten festgelegt.

```
<!DOCTYPE html>
<html>
<head>
<meta charset="utf-8" />
<title>Hintergrundbild</title>
<style>
p {
  background-image: url(pfeil.gif);
  border: 5px solid blue;
```

Listing 9.2:
Unterschiedliche Werte
für background-repeat
(hintergrundbild_repeat.html)

```
    font-size: 300%;
    text-align: right;
}
.x {
    background-repeat: repeat-x;
}
.y {
    background-repeat: repeat-y;
}
.no {
    background-repeat: no-repeat;
}
</style>
</head>
<body>
<p class="x">repeat-x</p>
<p class="y">repeat-y</p>
<p class="no">no-repeat</p>
</body>
</html>
```

Abbildung 9.4:
Die Art der Wiederholung be-
stimmt background-repeat.

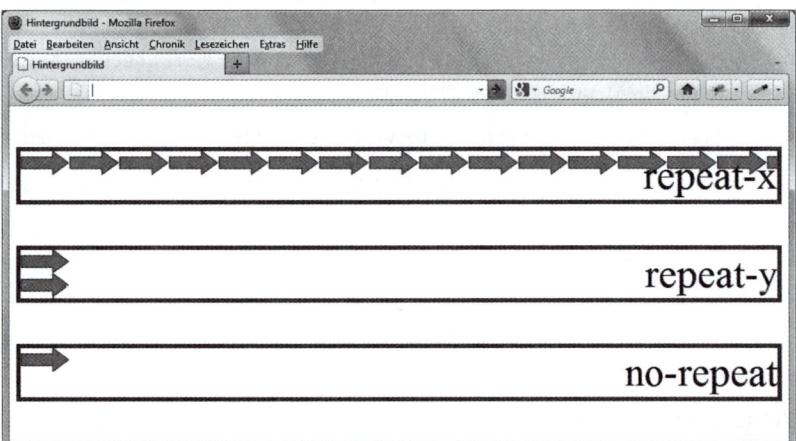

Wenn das Hintergrundbild über background-repeat: no-repeat nur einmal dargestellt wird, wird es oben links platziert. Das ist die Standardeinstellung.

9.1.3 Position des Hintergrundbilds festlegen

Andere Positionen legen Sie über background-position fest. Als Wert können Sie die Schlüsselwörter top (oben), bottom (unten), left (links), right (rechts) und center (zentriert) angeben. Ein paar der möglichen Werte führt das nächste Beispiel vor.

Wieder wird für alle p-Elemente ein Hintergrundbild eingebunden und über Klassen werden unterschiedliche Werte – dieses Mal für die Position des Hintergrundbilds – definiert.

```
<!DOCTYPE html>
<html>
<head>
<meta charset="utf-8" />
<title>Hintergrundbild</title>
<style>
p {
  background-image: url(pfeil.gif);
  background-repeat: no-repeat;
  height: 150px;
 border: 5px solid blue;
  font-size: 200%;
  text-align: right;
}
.obenrechts {
  background-position: top left;
}
.mitte {
  background-position: center center;
}
.untenmitte {
  background-position: bottom center;
}
</style>
</head>
<body>
<p class="obenrechts">background-position: top left;</p>
<p class="mitte">background-position: center center</p>
<p class="untenmitte">background-position: bottom center</p>
</body>
</html>
```

Listing 9.3:
Mit background-position *bestimmen Sie, wo das Hintergrundbild angezeigt wird (hintergrundbild_position.html).*

Abbildung 9.5:
Verschiedene Positionen für das
Hintergrundbild

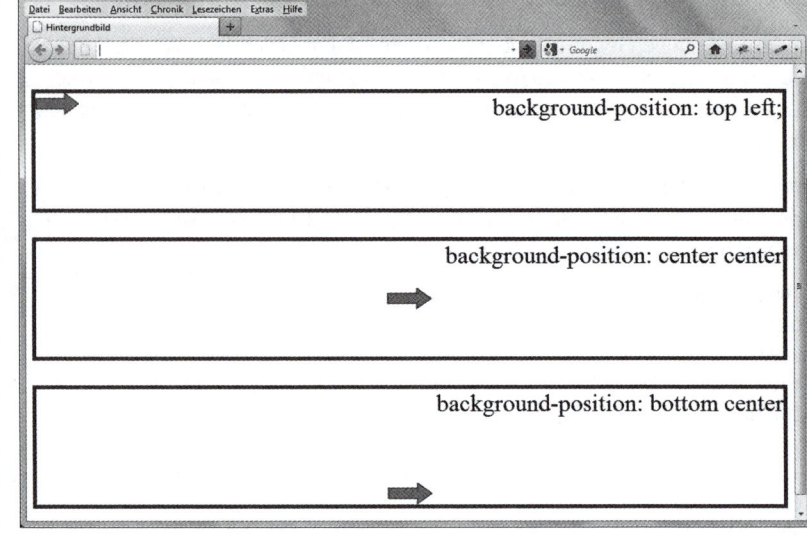

Tipp

Prozentangaben für die
Position von Hintergrundbil-
dern sind raffiniert. Mit einer
Angabe wie 50% positionie-
ren Sie nämlich **die Mitte**
des Hintergrundbilds auf
der Mitte des Elements. Das
brauchen wir bei den Layouts
in Kapitel 10.

Neben den Schlüsselwörtern können Sie auch Prozentwerte verwenden. Dabei entspricht 0% ganz oben bzw. ganz links und 100% ganz unten oder ganz rechts, über 50% 50% wird ein Hintergrundbild mittig platziert.

Außerdem können Sie die Position von Hintergrundbildern ganz exakt bestimmen, indem Sie zwei Längenangaben notieren. Dabei ist die Reihenfolge der Angaben wichtig. Der horizontale Wert muss zuerst geschrieben werden, danach der vertikale. Mit diesen Werten bestimmen Sie die Position der linken oberen Ecke des Hintergrundbilds.

Über background-position: 10px 100px; platzieren Sie ein Hintergrundbild 10px von links (horizontaler Wert) und 100px von oben. Wenn Sie die Reihenfolge der Zahlen vertauschen, befindet sich das Hintergrundbild um 100px von oben und 10px von links verschoben.

Listing 9.4:
Es sind auch Zahlenangaben
hinter background-position
*möglich (hintergrundbild_*
position_2.html).

```
<!DOCTYPE html>
<html>
<head>
<meta charset="utf-8" />
<title>Hintergrundbild</title>
<style>
p {
  background-image: url(pfeil.gif);
  background-repeat: no-repeat;
  height: 150px;
  border: 5px solid blue;
  font-size: 200%;
  text-align: right;
}
```

```
.eins {
  background-position: 10px 100px;
}
.zwei {
  background-position: 100px 10px;
}
</style>
</head>
<body>
<p class="eins">background-position: 10px 100px</p>
<p class="zwei">background-position: 100px 10px</p>
</body>
</html>
```

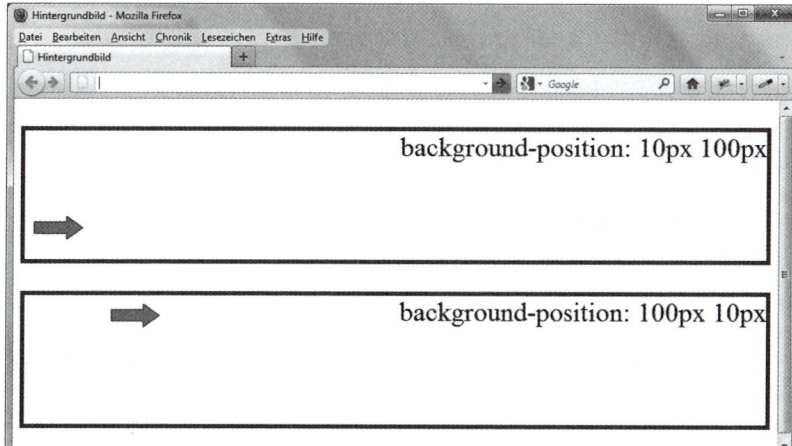

Abbildung 9.6:
Die Position des Hintergrundbilds ist über Pixelwerte bestimmt.

9.1.4 Großes Hintergrundbild bei kleinerem Element

Bei den bisherigen Beispielen war das Hintergrundbild kleiner als das Element, dem es als Hintergrundbild zugewiesen wurde; der Pfeil war kleiner als der Absatz.

Auch der umgekehrte Fall ist möglich. Wenn nämlich das Hintergrundbild größer ist als das Element, ist nur ein Ausschnitt aus dem Hintergrundbild zu sehen. Das demonstriert das folgende Beispiel mit drei div-Elementen von unterschiedlicher Größe, denen ein großes Hintergrundbild zugewiesen wird.

```
<!DOCTYPE html>
<html>
<head>
<meta charset="utf-8" />
<title>Hintergrundbild</title>
```

Listing 9.5:
Dasselbe Hintergrundbild bei unterschiedlich großen Elementen
(hintergrundbild_groesse.html)

```
<style>
p {
  background-image: url(duenen.jpg); /* großes Bild! */
  background-repeat: no-repeat;
  height: 200px;
  border: 1px solid #333;
}
.eins {
  width: 500px;
}
.zwei {
  width: 800px;
}
.drei {
  width: 80%;
  background-color: #655D74;
}
</style>
</head>
<body>
<p class="eins"></p>
<p class="zwei"></p>
<p class="drei"></p>
</body>
</html>
```

Abbildung 9.7:
Es sind immer nur Ausschnitte aus
dem Hintergrundbild zu sehen –
je größer das Element ist, desto
mehr sieht man.

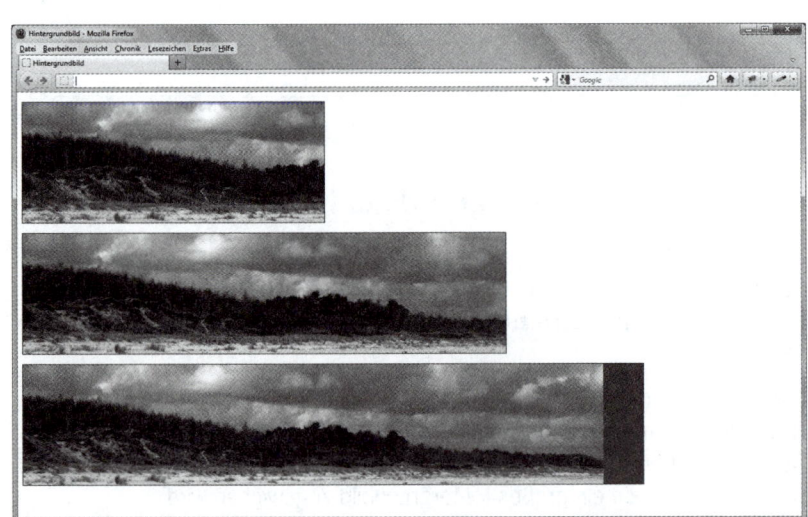

Tipp

Bei flüssigen Layouts, die sich
in der Breite dem Browser-
fenster anpassen, wird oft mit
Hintergrundbildern gearbei-
tet, von denen man mehr oder
weniger sieht.

Ein schönes Beispiel hierfür ist
die Webseite von Eric Meyer
(http://meyerweb.com/).
Sehen Sie sich hier einmal den
Kopfbereich an und ändern
Sie die Größe des Browser-
fensters.

9.1.5 Profitrick: Sprites

Die nächste beschriebene Technik ist eine ganz entscheidende, denn sie sorgt für performante Webseiten, d.h. Webseiten, die schnell laden.

Im YUI-Blog gab es eine Serie zum Thema, wie sich die Ladezeit von Webseiten reduzieren lässt. Der wichtigste Punkt ist folgender: Möglichst wenig HTTP-Requests (*http://developer.yahoo.com/performance/rules.html*). In Kapitel 4 ging es schon einmal um die HTTP-Requests.

> HTTP-Requests sind die Anfragen, die ein Browser an den Server macht, um alle für die Webseite notwendigen Dateien anzufordern.

Sie können die HTTP-Requests im Firebug sehen. Aktivieren Sie dort den Tab NETZWERK und rufen Sie ein Dokument im Webbrowser auf. Dann sehen Sie die einzelnen Ressourcen, die geladen werden, und ihre Ladezeit.

Hinweis

Die Performance von Webseiten ist ein wichtiges Thema. So spielt die Ladegeschwindigkeit beispielsweise für das Page Ranking bei Google eine Rolle. Und auch wenn die Desktop-Verbindungen in letzter Zeit stetig schneller geworden sind, gibt es immer noch Gebiete mit eingeschränktem DSL, und nicht vergessen sollte man die Nutzer, die mobil ins Internet gehen, wo die Verbindungen im Allgemeinen schlechter sind.

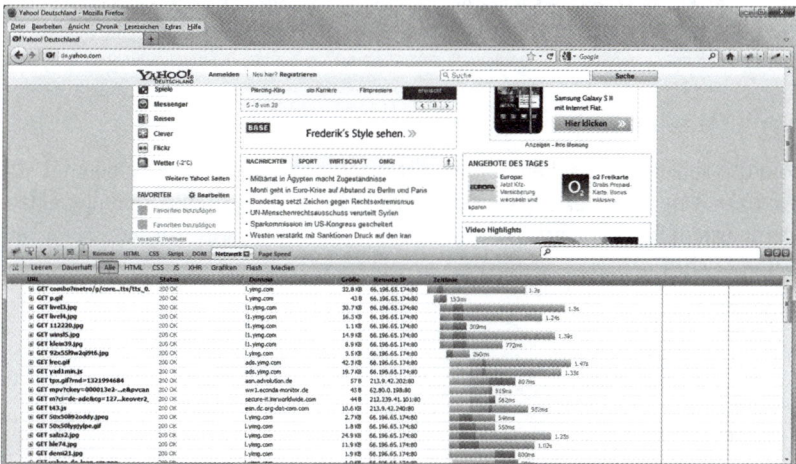

Abbildung 9.8:
Die für eine Webseite benötigten Ressourcen im Firebug

Für Webseiten ist es also sinnvoll, so wenig wie möglich solcher einzelnen Ressourcen zu laden. Hier kommen CSS-Sprites ins Spiel.

Sprites in freier Wildbahn

Bei der JavaScript-Bibliothek jQuery UI werden viele kleine Icons eingesetzt, etwa kleine Pfeile beim Kalender.

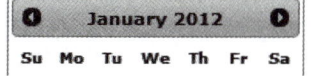

Abbildung 9.9:
Kleine Icons, beispielsweise beim Kalender (*http://jqueryui.com/ themeroller/*)

215

Man hätte für diese Icons einzelne kleine Bilder erstellen und diese einbinden können. Das würde aber eine große Anzahl an HTTP-Requests bedeuten, was es zu vermeiden gilt. Besser ist es, alle Icons gesamt in einem Bild abzuspeichern, das wie in Abbildung 9.10 aussieht

Abbildung 9.10:
Ein Bild ist für sämtliche
Icons zuständig.

Per CSS wird dieses große Bild den Elementen zugewiesen. Diese sind jedoch nur so groß, dass ein einzelnes Icon zu sehen ist. Über background-position wird das Hintergrundbild so verschoben, dass jeweils der richtige Ausschnitt zu sehen ist.

Sprites am Beispiel

Wie das funktioniert, sehen Sie nun praktisch am Beispiel. Hierfür nehmen wir ein paar Bilder weniger als bei jQuery, nämlich drei Icons. Diese sind übereinander in einem Bild montiert:

Abbildung 9.11:
Beispiel-Icons – sie stammen
übrigens aus der Sammlung
freier Icons von Oliver Twar-
dowski (http://twitter.com/
mywayhome), wie sie unter
http://www.smashingmagazine.
com/2010/04/15/the-ultimate-free-
web-designer-s-icon-set-750-icons-
incl-psd-sources/ zu finden sind.

Erst einmal zum HTML-Code: Es gibt drei Absätze mit den eigentlichen Rubriken. Innerhalb der Absätze steht zu Beginn ein span-Element, das die Icons aufnehmen soll:

```
<p><span class="icon geschenk"></span>Geschenke</p>
<p><span class="icon kalender"></span>Kalender</p>
<p><span class="icon notiz"></span>Notizen</p>
```

Diesen span-Elementen sollen die passenden Hintergrundbilder zugewiesen werden. Um sie gut ansprechen zu können, erhalten sie Klassen, und zwar jeweils zwei Klassen.

Es wird grundlegende Formatierungen geben, die für alle Elemente mit den Icons gelten. Diese können wir bei der Klasse icon festlegen. Aber es sollen ja bei den einzelnen Elementen unterschiedliche Ausschnitte des Bildes angezeigt werden, was wir über unterschiedliche Werte für background-position lösen. Deswegen vergeben wir bei den einzelnen Elementen eine zweite jeweils eigene Klasse.

Beginnen wir mit den Formatierungen für die icon-Klasse, die für alle Iconelemente gelten sollen.

Zuerst definieren wir die richtigen Ausmaße. Im Beispiel sind die Icons 60px * 60px groß, deswegen vergeben wir diese Werte für die Breite und die Höhe.

```
.icon {
  width: 60px;
  height: 60px;
```

Ein bisschen Abstand nach links sorgt dafür, dass der Text nicht direkt am Icon klebt.

```
  padding-left: 10px;
```

Jetzt gibt es aber noch ein Problem: Breiten- und Höhenangaben funktionieren nur bei Blockelementen, wie Sie sich vielleicht erinnern (Kapitel 8). Deswegen machen wir kurzerhand das span-Element zu einem Blockelement über display: block.

```
  display: block;
```

Wenn das span-Element zu einem Blockelement geworden ist, können wir ihm zwar die Ausmaße zuweisen, aber danach würde der Text unterhalb des Elements stehen – so wie das bei Blockelementen üblich ist. Es soll aber links vom Text angeordnet sein. Das erreichen Sie, indem Sie das Icon links floaten:

```
  float: left;
```

Schließlich kommen die entscheidenden Angaben: Das Hintergrundbild wird zugewiesen und die Wiederholung ausgeschaltet.

```
  background-image: url(icons.png);
  background-repeat: no-repeat;
}
```

Es kommen die einzelnen separaten Angaben für background-position, damit der jeweils richtige Teil des Hintergrundbilds angezeigt wird:

```
.geschenk {
  background-position: 0 -80px;
}
```

Mit display: block *verwandeln Sie ein Inline-Element in ein Blockelement. Umgekehrt können Sie ein Blockelement über* display: inline *in ein Inline-Element verändern. Beides werden wir mehrfach bei den Navigationsleisten (Kapitel 12) brauchen.*

Ein weiterer interessanter Wert bei display *ist* none. *Darüber können Sie Elemente ausblenden. Ein Beispiel dazu sehen Sie in Kapitel 15.*

Zur Eigenschaft float *kommen wir im nächsten Kapitel ausführlich.*

```
.kalender {
  background-position: 0 0;
}
.notiz {
  background-position: 0 -150px;
}
```

Hier das Beispiel in seiner Gesamtheit:

Listing 9.6:
Sprites am Beispiel (sprites.html)

```
<!DOCTYPE html>
<html>
<head>
<meta charset="utf-8" />
<title>Hintergrundbild</title>
<style>
body {
  font-size: 200%;
  font-family: sans-serif;
}
.icon {
  width: 60px;
  height: 60px;
  padding-left: 10px;
  display: block;
  float: left;
  background-repeat: no-repeat;
  background-image: url(icons.png);
}
.geschenk {
  background-position: 0 -80px;
}
.kalender {
  background-position: 0 0;
}
.notiz {
  background-position: 0 -150px;
}
p {
  line-height: 60px;
  height: 60px;
}
</style>
</head>
<body>
<p><span class="icon geschenk"></span>Geschenke</p>
<p><span class="icon kalender"></span>Kalender</p>
<p><span class="icon notiz"></span>Notizen</p>
</body>
</html>
```

Abbildung 9.12:
Das Ergebnis – die verschiedenen
Icons werden den einzelnen Ele-
menten zugeordnet.

Sprites made easy

Zwei Schritte sind für die Erstellung von Sprites notwendig:

1. Sie müssen die Einzelbilder in einem Bild zusammenfassen. Dabei hilft ein Bildbearbeitungsprogramm.

2. Danach müssen Sie die richtigen Positionen für background-position aus-lesen. Hierbei können Sie sich von der Sprite Cow (*http://www.spritecow. com/*) unterstützen lassen.

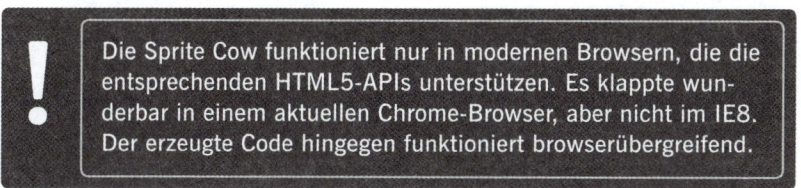

> **!** Die Sprite Cow funktioniert nur in modernen Browsern, die die entsprechenden HTML5-APIs unterstützen. Es klappte wun-derbar in einem aktuellen Chrome-Browser, aber nicht im IE8. Der erzeugte Code hingegen funktioniert browserübergreifend.

Wenn Sie Sprite Cow aufgerufen haben, müssen Sie zuerst einmal das Bild laden, das als Sprite dienen soll.

Wenn es geladen ist, sollten Sie die Hintergrundfarbe des Bilds auswählen, in-dem Sie PICK BACKGROUND anklicken und auf den Hintergrund des Bildes klicken.

Nachdem Sie SELECT SPRITE aktiviert haben, können Sie auf ein Bildelement kli-cken, es wird blau markiert. Unterhalb des Bearbeitungsfensters sehen Sie den benötigten Code – die Höhe und die Breite sowie die benötigten Werte für background-position.

*Abbildung 9.13:
Sprite Cow hilft die richtigen
Werte für* background-position
auszulesen.

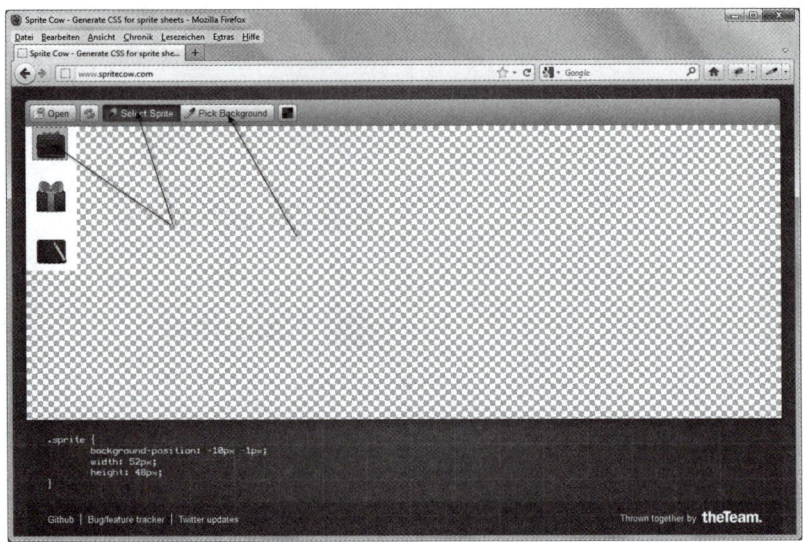

9.1.6 Fest oder mitscrollend

Eine weitere interessante Eigenschaft ist background-attachment. Sie bestimmt, ob das Hintergrundbild beim Scrollen mitscrollen oder feststehen soll. Was das bedeutet, wird am Beispiel am klarsten. Wichtig ist erst einmal, dass wir ein Beispiel mit genügend Text haben, sodass der Benutzer scrollen muss. Ein solches finden Sie im Dokument *hintergrundbild_attachment_standard.html*. Hier ist innerhalb des body-Bereichs viel Blindtext in Überschriften und Absätzen eingefügt.

Innerhalb eines eingebundenen Stylesheets stehen folgende Formatierungen:

*Listing 9.7:
Standardverhalten von Hintergrundbildern (hintergrundbild_
attachment_standard.html)*

```
body {
    font: 120% sans-serif;
    background-image: url(landschaft2.jpg);
    background-repeat: no-repeat;
    margin-left: 120px;
}
```

Es wird ein Hintergrundbild eingefügt, definiert, dass es nicht wiederholt werden soll, und zusätzlich gibt es einen Außenabstand nach links von 120px.

Wenn Sie das Beispiel ausprobieren, sehen Sie links das Hintergrundbild. Scrollt man nach unten, bewegt sich das Hintergrundbild mit. Ist man unten angekommen, ist der obere Teil des Hintergrundbilds – der Himmel – nicht mehr zu sehen.

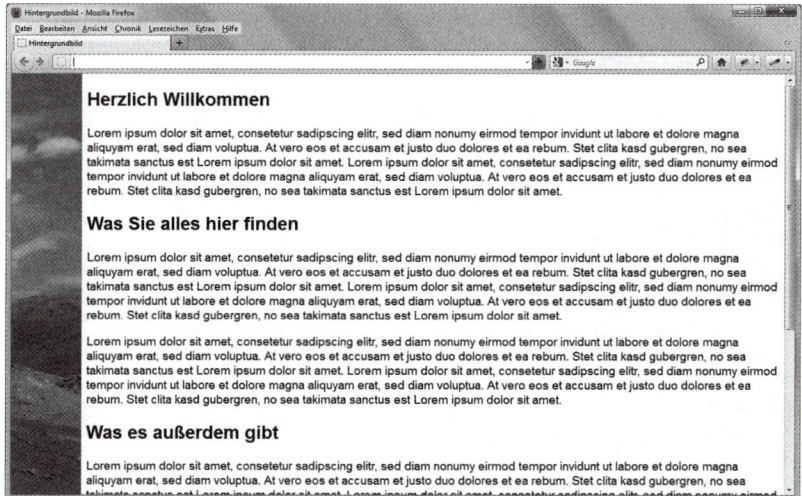

Abbildung 9.14:
Der Himmel ist oben.

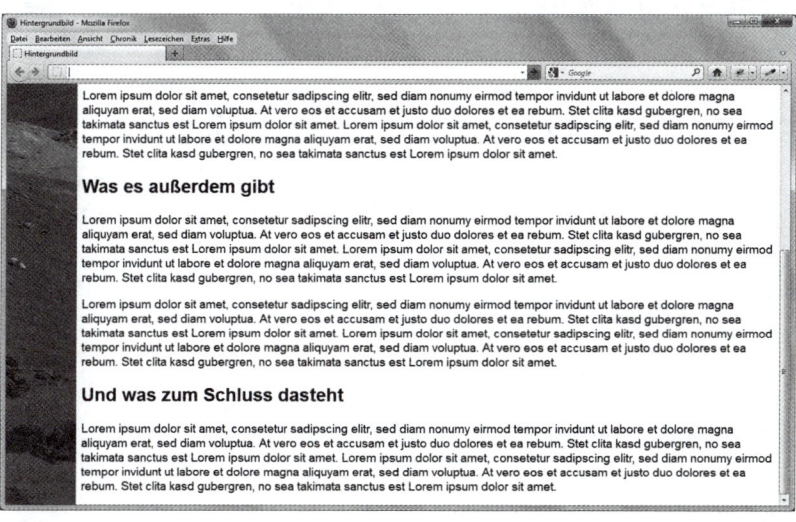

Abbildung 9.15:
Nichts vom Himmel zu sehen,
wenn man nach unten scrollt

Jetzt modifizieren wir das Beispiel und ergänzen background-attachment: fixed:

```
body {
  font: 120% sans-serif;
  background-image: url(landschaft2.jpg);
  background-repeat: no-repeat;
  background-attachment: fixed;
  margin-left: 120px;
}
```

Listing 9.8:
Mit background-attachment:
fixed *(hintergrundbild_attach-*
ment.html)

Wenn Sie sich das Beispiel nun anschauen und nach unten scrollen, werden Sie bemerken, dass das Hintergrundbild fix bleibt und sich nicht mitbewegt.

Abbildung 9.16:
Unten im Text ist immer noch
oben der Himmel zu sehen.

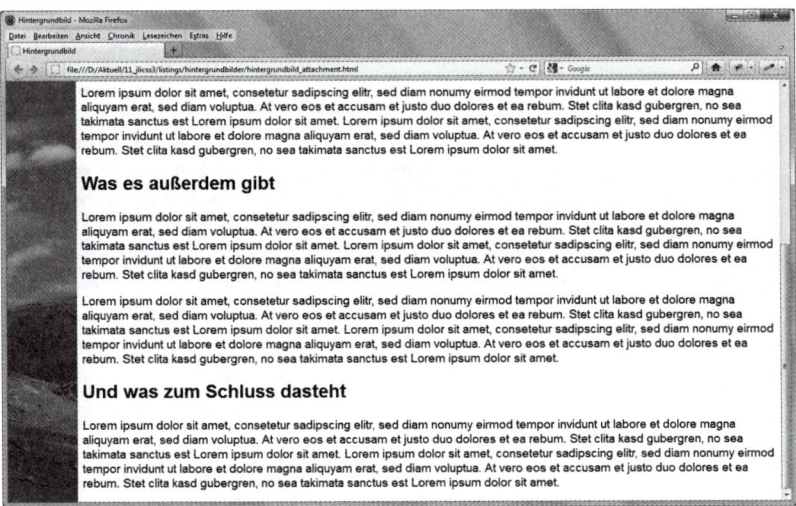

> *Wenn Sie explizit festlegen wollen, dass der Hintergrund mitscrollt, dann können Sie es über* background-attach-ment: scroll; *. Das ist der Standardwert.*

9.1.7 Kurzgefasst – background-Eigenschaft

Die verschiedenen Eigenschaften für Hintergrundbilder können auch verkürzt hinter background geschrieben werden, die Reihenfolge spielt dabei keine Rolle. So können Sie anstelle von

```
body {
    background-image: url(bg_fixed.gif);
    background-position: 50% 50%;
    background-attachment: fixed;
    background-repeat: no-repeat;
    background-color: white;
}
```

auch einfach Folgendes schreiben:

```
body {
    background: white url(bg_fixed.gif) no-repeat 50% 50% fixed;
}
```

Eine recht praktische Verkürzung!

9.1.8 Mehr des Guten: Mehrere Hintergrundbilder pro Element

Seit CSS3 ist es möglich, einem Element mehrere Hintergrundbilder zuzuweisen. Dafür schreiben Sie die Hintergrundbilder in der üblichen Syntax mit `url()`, zwischen die einzelnen Hintergrundbilder setzen Sie ein Komma.

```
background-image: url(bild1.png), url(bild2.png), url(bild3.png);
```

Bei den weiteren Eigenschaften, die die Anzeige der Hintergrundbilder beeinflussen, können Sie entsprechend ebenfalls mehrere Werte zuweisen. Durch die folgende Zeile wird definiert, dass das erste Hintergrundbild einmal dargestellt, das zweite auf der y-Achse wiederholt und das dritte gekachelt wird.

```
background-repeat: no-repeat, repeat-y, repeat;
```

9.1.9 background-size: Mach das groß!

Eine weitere neue CSS3-Errungenschaft ist `background-size`: Damit können Sie die Größe von Hintergrundbildern verändern – etwas, wovon Webentwickler schon lange träumen.

Wenn Sie zwei Werte hinter `background-size` schreiben, dann bestimmt der erste die Breite des Hintergrundbildes, der zweite seine Höhe.

```
background-size: 20px 40px;
```

Diese Zeile definiert beispielsweise, dass das Hintergrundbild 20px breit und 40px hoch sein soll.

Spannend sind Hintergrundbilder, die Elemente ganz ausfüllen. Das erreichen Sie über:

```
background-size: 100% 100%;
```

Falls das Hintergrundbild und das Element, das ausgefüllt wird, nicht dieselben Ausmaße haben, wird in diesem Fall das Hintergrundbild verzerrt.

Soll das nicht geschehen, so können Sie die Schlüsselwörter `contain` oder `cover` benutzen.

- `contain` bedeutet, dass das Hintergrundbild eventuell in Breite oder Höhe kleiner ist als der Bereich. Es ist aber immer ganz zu sehen.

- Die andere Möglichkeit ist `cover`. Damit bedeckt das Hintergrundbild den gesamten Bereich, wird aber bei Bedarf abgeschnitten.

Das nächste Beispiel zeigt die verschiedenen Möglichkeiten von `background-size`. Es gibt mehrere `div`-Elemente mit ids. Allen `div`-Elementen wird dasselbe Hintergrundbild zugewiesen – es ist ein Kreis.

Mehrfache Hintergrundbilder werden im IE erst ab Version 9 unterstützt. Für den IE8 können Sie über die Pseudoelemente `:before` und `:after` nachbessern, wie Nicolas Gallagher zeigt (http://nicolasgallagher.com/multiple-backgrounds-and-borders-with-css2/).

Diese Eigenschaft wird im CSS Backgrounds and Borders Module Level 3 definiert (http://www.w3.org/TR/css3-background/).

```
div {
    color: #DCDBDA;
    width: 400px;
    height: 250px;
    background: url(kreis.png) #011 no-repeat;
    border: 10px solid  #066;
    margin: 30px;
    float: left;
}
```

Die einzelnen Elemente erhalten unterschiedliche Angaben bei `background-size`:

Bei `#eins` ist nichts angegeben, das Hintergrundbild wird in seiner normalen Größe angezeigt.

Bei `#zwei` wird das Hintergrundbild auf die Größe 20px * 40px gesetzt und außerdem ist definiert, dass es wiederholt werden soll:

Tipp

Ältere Firefox- und Webkit-Browser benötigen die An-gabe background-size *mit ihrem Präfix.*

```
#zwei {
    -moz-background-size: 20px 40px;
    -webkit-background-size: 20px 40px;
    background-size: 20px 40px;
    background-repeat: repeat;
}
```

Bei `#drei` wird das Hintergrundbild auf 100% * 100% gesetzt – das Hintergrund-bild passt sich dadurch dem Element an, aus dem Kreis wird eine Ellipse:

```
#drei {
 -moz-background-size: 100% 100%;
 -webkit-background-size: 100% 100%;
 background-size: 100% 100%;
}
```

Bei `#vier` ist contain angegeben, d.h. dass der Kreis ganz zu sehen ist.

```
#vier {
 -moz-background-size: contain;
 background-size: contain;
}
```

Bei `#fuenf` ist cover gewählt – der Kreis füllt das ganze Element aus, ist aber dafür etwas abgeschnitten.

Listing 9.9:
Verschiedene Angaben
für background-size
(background-size.html)

```
#fuenf {
 -moz-background-size: cover;
 background-size: cover;
}
```

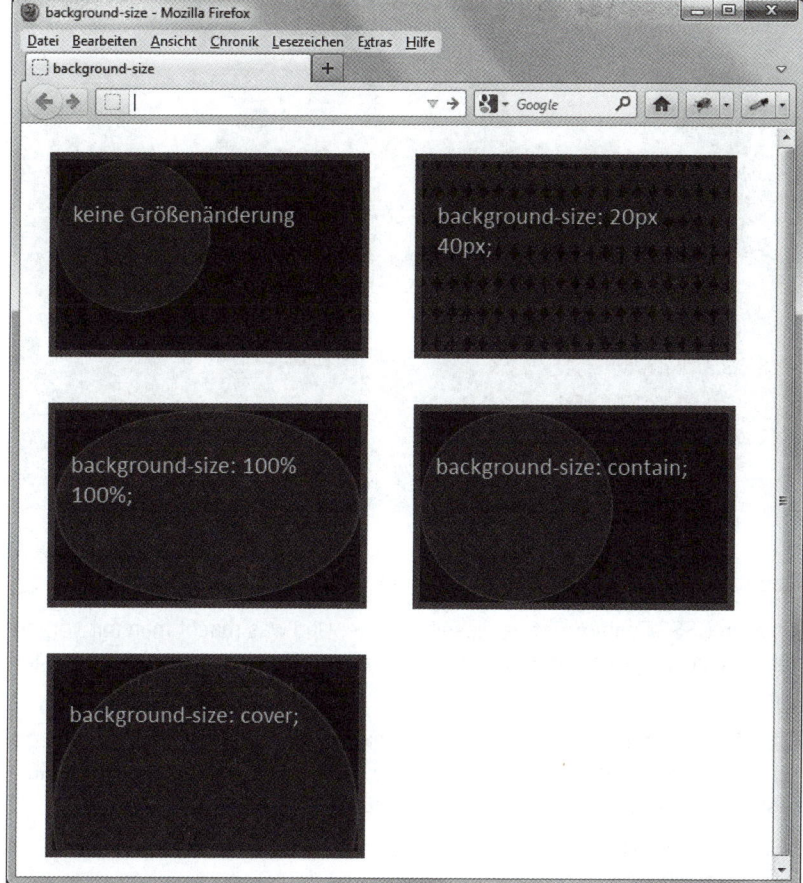

Abbildung 9.17:
Beim ersten Element sehen Sie das
Hintergrundbild in Originalgröße,
beim zweiten ganz klein, sodass
es ein Muster ergibt. Beim dritten
ist mit background-size:
100% 100% *eine Ellipse aus dem*
Kreis geworden. Das vierte Bild
zeigt die Wirkung von contain,
das letzte diejenige von cover.

Browserfensterfüllendes Hintergrundbild

Damit können Sie Hintergrundbilder definieren, die das gesamte Browserfenster
ausfüllen. Erst einmal müssen Sie dafür sorgen, dass html und body den gesamten Bereich ausfüllen:

```
html, body { height: 100%}
```

Dann kommt die Definition des Hintergrundbildes, wobei Sie sich zwischen drei
Varianten entscheiden können: Zur Auswahl stehen 100% 100%, wodurch das
Bild eventuell verzerrt wird, sowie contain oder cover. Im Beispiel wird cover
gewählt.

```
body {
  background-repeat: no-repeat;
  background-image: url(winter.jpg);
  -moz-background-size: cover;
  background-size: cover;
}
```

Listing 9.10:
Ein Hintergrundbild, das das
Browserfenster immer ausfüllt
(fuellend.html)

225

Nachbessern für Vorgänger-Versionen des Internet Explorer 9

Bei allen CSS3-Features ist es dieselbe Frage: Und was macht man mit Vorgänger-Versionen des Internet Explorer 9, die dieses Feature noch nicht unterstützen?

Hier gibt es wieder Nachhilfe über Filter, dieses Mal ist es der AlphaImageLoader. In runden Klammern geben Sie bei src den Pfad zum Bild an und außerdem bestimmen Sie als Skalierungsmethode scale.

```
filter: progid:DXImageTransform.Microsoft.AlphaImageLoader(src='winter.
jpg', sizingMethod='scale');
```

IE-spezifische Angaben in konditionalen Kommentaren

Ähnliche Filterangaben haben Sie auch schon in anderen Kapiteln gesehen. Eigentlich ist es unschön, wenn auch standardkonforme Browser diesen proprietären Code zu sehen bekommen. Es gibt eine Methode, besondere Angaben für einzelne IEs zu machen, die sogenannten konditionalen Kommentare. Die konditionalen Kommentare sehen für standardkonforme Browser aus wie HTML-Kommentare, werden von Internet Explorern jedoch gelesen. Besonders praktisch: Sie können sogar spezifizieren, welche Internet Explorer-Versionen sich angesprochen fühlen sollen:

```
<!--[if lt IE 9]>

<![endif]-->
```

Bei diesem Kommentar steht lt IE 9, das lässt sich übersetzen mit »kleiner als IE 9«, d.h. dass die Codezeilen, die sich dazwischen befinden, nur vom IE8, IE7 und kleiner gelesen werden.

Wenn wir jetzt innerhalb dieser Kommentare ein `style`-Element einfügen, so werden die angegebenen Kommentare nur von den ausgewählten IE-Versionen gelesen. Genau das können wir für unsere Filter brauchen:

```
<!--[if lt IE 9]>
<style>
body {
  filter: progid:DXImageTransform.Microsoft.AlphaImageLoader(src='winter.jpg', sizingMethod='scale');
  zoom: 1;
}
</style>
<![endif]-->
```

Listing 9.11:
Im Listing sind die konditionalen Kommentare für ältere IEs ergänzt ((fuellend_ie.html).

Im Beispiel wurde im Kommentar `lt` für less than, »kleiner als«, angewandt. Weitere mögliche Ausdrücke zeigt die Tabelle.

Angabe	Bedeutung
=	gleich
!	nicht
gt	greater than: größer als die angegebene Version
gte	greater than or equal: größer oder gleich der angegebenen Version
lt	less than: kleiner als die angegebene Version
lte	less than or equal: kleiner oder gleich der angegebenen Version

Tabelle 9.1:
Ausdrücke für konditionale Kommentare

Tipp

Konditionale Kommentare sind eine sehr saubere Methode, um Sonderangaben für einzelne Internet Explorer zu machen – aber natürlich nur, wenn Sie es auch wirklich brauchen!

9.2 Farbverläufe

Farbverläufe werden gerne als Designelement eingesetzt. Ein diskreter Farbverlauf im Hintergrund gibt einem Layout mehr Tiefe. Buttons, Tabs und andere Bedienelemente wirken durch Farbverläufe dreidimensional.

Farbverläufe können Sie ganz klassisch einsetzen, indem Sie ein entsprechendes Bild erzeugen und als Hintergrundbild einbinden. Mit CSS3 haben Sie aber auch die Möglichkeit, Farbverläufe über den CSS-Code zu erstellen. Sie sehen jetzt beide Techniken.

9.2.1 Klassisch: Hintergrundbild mit Farbverlauf

Nehmen wir an, Sie wollen einen Farbverlauf als Hintergrund für eine Seite benutzen. Bei der klassischen Methode müssen Sie hierfür erst einmal ein Bild in einem Bildbearbeitungsprogramm erstellen. Außerdem gibt es nützliche Online-Tools, um das Bild zu erstellen, wie etwa den Gradient Image Maker von Dynamic Drive (*http://tools.dynamicdrive.com/gradient/*).

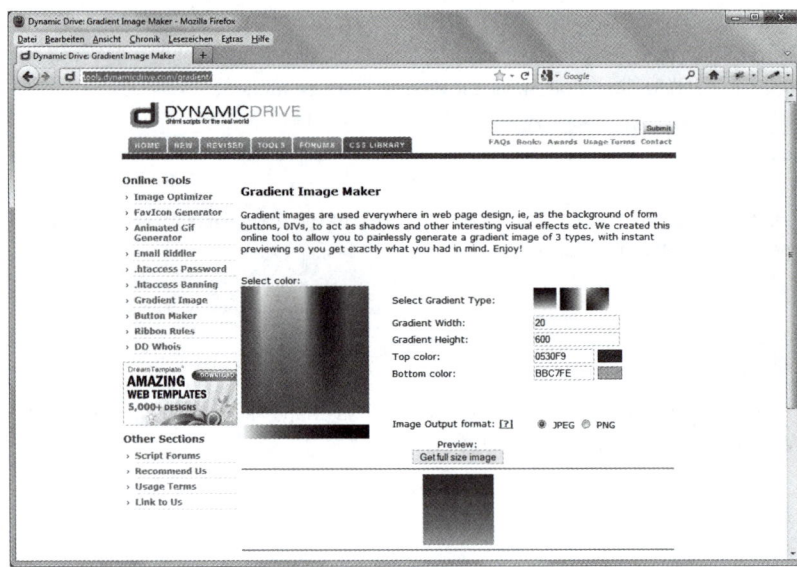

Rufen Sie die Seite auf. Zuerst bestimmen Sie die Art des Farbverlaufs. Für unsere Zwecke soll der Farbverlauf von oben nach unten gehen.

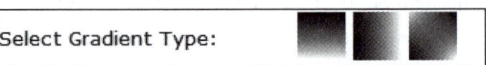

Dann können Sie die Ausmaße des Bildes bestimmen. Eine Breite von 20px reicht, da wir das Bild dann nebeneinander wiederholen lassen. Für die Höhe habe ich 600px gewählt.

Danach können Sie die Farbe für den Anfang und das Ende des Farbverlaufs bestimmen.

> **!** Merken oder kopieren Sie sich den Farbwert am Ende – den brauchen wir!

Ein Klick auf Get Full Image Size erstellt Ihnen das Bild und zeigt es in einem neuen Tab an. Das Bild speichern Sie, indem Sie mit der rechten Maustaste darauf klicken und Grafik speichern unter wählen.

Danach können Sie das Hintergrundbild für body einbinden.

```
body {
  background: url(farbverlauf.jpg) #BBC7FE repeat-x;
}
```

repeat-x legt fest, dass das Hintergrundbild nur nebeneinander wiederholt wird. Geben Sie außerdem als Hintergrundfarbe die Farbe an, mit der der Farbverlauf aufhört. Damit sieht man nicht den Übergang zwischen Farbverlauf und durchgängiger Hintergrundfarbe und der Farbverlauf scheint weiterzulaufen.

Abbildung 9.21:
Ein schöner Farbverlauf
im Browserfenster

9.2.2 Farbverläufe über CSS3 erstellen

Mit CSS3 können Sie Farbverläufe rein codebasiert erstellen. Das hat mehrere Vorteile:

• Änderungen lassen sich direkt am Code vornehmen, ohne dass Sie ein Bildbearbeitungsprogramm anwerfen müssen.

• Sie sparen HTTP-Requests für die Bilder.

• Der Farbverlauf passt sich an den Bereich an, den er ausfüllen soll. Ein Farbverlauf kann also genauso das ganze Browserfenster oder nur einen Teil ausfüllen. Hierfür müssten Sie sonst zur CSS3-Eigenschaft background-size greifen.

Die Spezifikation, die Farbverläufe behandelt, trägt den Namen »CSS Image Values and Replaced Content Module Level 3«. Sie finden sie unter http://www.w3.org/TR/css3-images/.

Einen Farbverlauf, der von Blau nach Weiß verläuft, erstellen Sie folgendermaßen:

```
background-image: linear-gradient(blue, white);
```

Sie sehen, Sie geben hinter `background-image` den Wert `linear-gradient` an. In den Klammern von `linear-gradient` schreiben Sie Anfangs- und Endwert des Farbverlaufs. Damit haben Sie einen Farbverlauf, der von oben nach unten verläuft.

> `linear-gradient` müssen Sie mit allen browserherstellerspezifischen Präfixen schreiben: IE10 benötigt `-ms-`, `-moz-` brauchen Sie für Firefox, `-o-` für Opera und `-webkit-` für Safari und Chrome.

Hinweis

Der Vorschlag für Farbverläufe stammt ursprünglich vom Webkit-Team. Das W3C hat den Vorschlag aufgegriffen, aber dann eine etwas andere Syntax genommen. Moderne Webkit-Browser wie Safari ab 5.1 und Chrome ab Version 10 verstehen inzwischen beide Schreibweisen, frühere implementieren hingegen nur die ältere.

Außerdem gibt es für ältere Versionen von Safari und Chrome eine eigene Syntax, die etwas von der anderen Syntax abweicht.

Damit sieht der CSS3-Code, der alle Browserversionen berücksichtigt, folgendermaßen aus:

```
#eins {
    background-image: -ms-linear-gradient(blue, white);
    background-image: -moz-linear-gradient(blue, white);
    background-image: -o-linear-gradient(blue, white);
    background-image: -webkit-gradient(linear,center top, center bottom, from(blue), to(white));
    background-image: -webkit-linear-gradient(blue, white);
    background-image: linear-gradient(blue, white);
}
```

Angewandt wird dieser Farbverlauf auf ein `div`-Element, das eine Breite und eine Höhe erhalten hat.

```
div {
    width: 200px;
    height: 200px;
    text-align: center;
    line-height: 200px;
}
```

Tipp

Sie sehen hier außerdem, dass Sie einzeilige Inhalte vertikal zentrieren können, indem Sie denselben Wert für `height` und `line-height` vergeben – im Beispiel jeweils 200px.

Im HTML-Code gibt es ein `div`-Element mit der `id="eins"`:

```
<div id="eins">Ein Farbverlauf</div>
```

*Listing 9.13:
Ein rein per CSS erzeugter Farbverlauf (Ausschnitt aus farbverlauf_css3.html)*

Schrecklich viel Code – da haben Sie natürlich recht. Glücklicherweise gibt es Tools, die Ihnen den benötigten Code automatisch erstellen. Trotzdem ist es hilfreich zu wissen, wie CSS3-Gradients prinzipiell funktionieren und welche Optionen Sie haben. So verstehen Sie die Tools und ihre eventuellen Beschränkungen besser.

Abbildung 9.22:
Farbverlauf mit CSS3

Richtung des Farbverlaufs bestimmen

Wenn Sie keine weiteren Angaben machen wie im Beispiel verläuft der Farbverlauf von oben nach unten. Um eine andere Richtung zu bestimmen, können Sie Schlüsselwörter wie top, bottom, left oder right benutzen.

```
background-image: linear-gradient(left, white, blue);
```

definiert einen Farbverlauf, der am linken Rand beginnt. Der folgende Farbverlauf beginnt oben rechts:

```
background-image: linear-gradient(top right, white, blue);
```

Listing 9.14:
Ausschnitt aus
farbverlauf_css3.html

Abbildung 9.23:
Dieser Farbverlauf beginnt
in der rechten oberen Ecke
und verläuft schräg.

Statt dieser Schlüsselwörter können Sie den Winkel auch in Grad bestimmen. Das hat man sich folgendermaßen vorzustellen: 0 Grad entspricht einer horizontalen Linie, die durch den Mittelpunkt des Elements geht, das mit dem Farbverlauf gefüllt werden soll. Entlang dieser Linie erstreckt sich der Farbverlauf.

```
background-image: linear-gradient(0deg, white, blue);
```

ist folglich dasselbe wie:

```
background-image: linear-gradient(left, white, blue);
```

Bestimmen, wann welche Farbe erreicht sein soll

Im Beispiel geht der Farbverlauf kontinuierlich von der einen zur anderen Farbe. Sie können aber bestimmen, dass beispielsweise die Endfarbe früher erreicht werden soll. Durch folgenden Code wird die Endfarbe Blau nach 60% angezeigt:

```
background-image: linear-gradient(white, blue 60%);
```

Mehr Farben angeben

Bisher wurden nur zwei Farben angegeben, es dürfen aber auch mehr sein:

```
background-image: linear-gradient(yellow, red, blue);
```

Schließlich können Sie bei allen Farben bestimmen, wann genau sie erreicht werden sollen, und das Ganze noch drehen.

Im Beispiel verläuft der Farbverlauf schräg, beginnt bei Schwarz, erreicht Weiß nach 10%, wieder Schwarz bei 20%, bei 30% ist es ein Grau, bei 50% ein Schwarz, bei 70% wieder Weiß und bei 90% ist es wieder Schwarz.

Listing 9.15:
Ausschnitt aus
farbverlauf_css3.html

```
background-image: linear-gradient(45deg, #000, #fff 10%, #000 20%,
#666 30%, #000 40%, #fff 70%, #000 90%);
```

Abbildung 9.24:
Sieht aus wie 3D-Röhren, dabei
sind es nur lineare Farbverläufe.

Ein großer Vorteil von Farbverläufen per CSS3 ist, dass sie sich automatisch dem Element anpassen, dem sie zugewiesen werden. Vergrößert man beispielsweise das Element im letzten Beispiel, so passt sich der Farbverlauf an.

9.2.3 Radiale Farbverläufe

Neben den linearen Farbverläufen gibt es radiale Farbverläufe, für die Sie als Wert `radial-gradient` benutzen.

So erstellen Sie einen Farbverlauf, der die Form einer Ellipse hat und im Zentrum beginnt.

```
background-image: radial-gradient(center, circle, white, blue);
```

Wieder müssen Sie die Angaben mit den browserspezifischen Präfixen, d.h. `-ms-`, `-moz-`, `-o-` und `-webkit-`, machen:

```
#eins {
  background-image: -ms-radial-gradient(center, circle , white, blue);
  background-image: -moz-radial-gradient(center, circle , white, blue);
  background-image: -o-radial-gradient(center, circle , white, blue);
  background-image: -webkit-gradient(radial, center center, 0, center
center, 170, from(white),to(blue));
  background-image: -webkit-radial-gradient(center, circle , white,
blue);
  background-image: radial-gradient(center, circle , white, blue);
}
```

Schöne Effekte lassen sich erzielen, wenn Sie den Mittelpunkt des Farbverlaufs verschieben:

```
background-image: radial-gradient(40px 40px, circle, white, blue);
```

Listing 9.16:
Radialer Farbverlauf
(farbverlauf_radial.html)

Abbildung 9.25:
Zwei radiale Farbverläufe – der obere hat seinen Mittelpunkt in der Mitte des Rechtecks, beim unteren ist der Mittelpunkt 40px von oben und 40px von links.

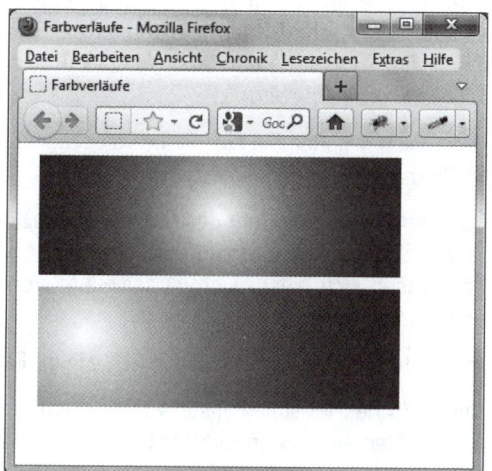

9.2.4 Browserübergreifende Farbverläufe

Die Unterstützung für Farbverläufe in den aktuellen Browsern ist ordentlich.

- Der Internet Explorer kann sie ab Version 10.

- Webkit-Browser wie Safari und Chrome können sie schon länger, benötigen in älteren Versionen jedoch eine andere Syntax.

- Opera interpretiert lineare Farbverläufe ab Version 11.10 und radiale ab Version 11.60

- Auch Firefox interpretiert Farbverläufe schon länger.

Als Hauptproblem bleiben die älteren Versionen des Internet Explorer.

Für diese gibt es verschiedene Lösungen.

- Für den Internet Explorer 9 können Sie auf per SVG erstellte Farbverläufe zurückgreifen. Das hilft dann auch den älteren Operas, die Farbverläufe noch nicht implementiert haben.

- Für den Internet Explorer 7 und 8 können Sie Farbverläufe über den sogenannten Gradient-Filter erzeugen. Allerdings haben Sie dabei nicht dieselben Möglichkeiten wie bei den CSS3-Farbverläufen. So können Sie nur horizontale oder vertikale Farbverläufe erstellen und es sind keine Farbzwischenschritte möglich.

9.2.5 Farbverläufe erstellen lassen

Klingt nach einer komplizierten Situation, erschwerend kommt noch hinzu, dass es unterschiedliche Syntaxvarianten für die Browser gibt. Glücklicherweise gibt es nützliche Tools wie den Ultimate CSS Gradient Generator (*http://www.color-zilla.com/gradient-editor/*).

Unter PRESETS finden Sie eine Reihe von schönen Farbverläufen, die Sie als Basis für Ihren Farbverlauf nehmen können.

Darunter ist das Feld, um den Farbverlauf anzupassen. Wenn Sie auf einen der Farbzwischenschrittsanzeiger klicken, können Sie die Farbe anpassen. Bei Bedarf lassen sich diese auch verschieben, wenn die Farbe früher oder später erreicht sein soll.

Im rechten großen Fenster sehen Sie, wie Ihr Farbverlauf derzeit aussieht.

Unterhalb des Vorschaufensters bestimmen Sie die Richtung des Farbverlaufs und könnten auch einen radialen Farbverlauf auswählen.

Der Standard SVG ist eine XML-basierte Sprache zur Definition von skalierbaren Vektorgrafiken. Salopp gesagt, steht bei SVG die Beschreibung von Bildern im Markup. <rect> beispielsweise leitet ein Rechteck ein, <circle> einen Kreis etc. Der Browser kümmert sich dabei um die Darstellung.

Unter dem großen Fenster gibt es eine Checkbox IE. Wenn Sie dieses ankreuzen, sehen Sie wie die Behelfslösung für den Internet Explorer aussieht.

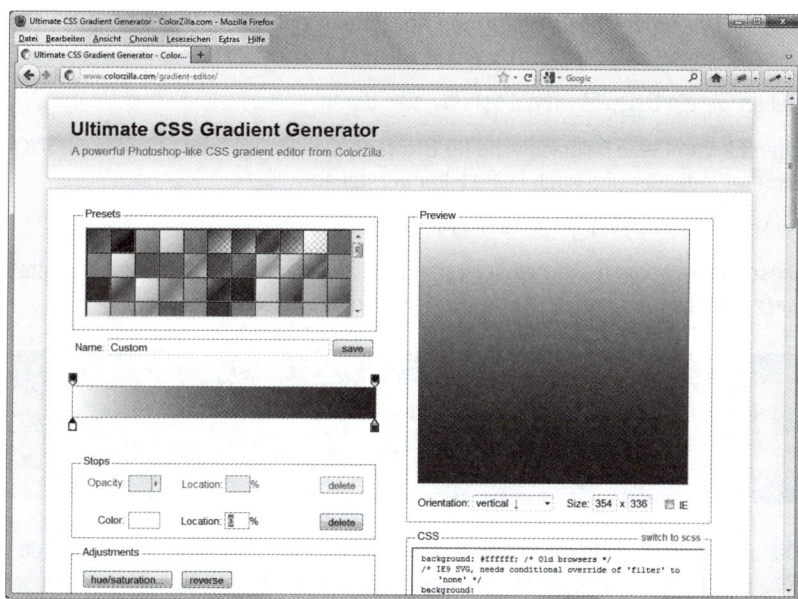

Abbildung 9.26:
Gradient Generator

 Wenn der Farbverlauf genauso auch in Vorgänger-Versionen des Internet Explorer 9 aussehen soll, dürfen Sie nur einen Farbverlauf wählen, der von oben nach unten verläuft und nur zwei Farben einsetzt. Mehr kann der Gradientfilter, der für Vorgänger-Versionen des Internet Explorer 9 benutzt wird, nicht.

Wenn Ihnen alles gefällt, kopieren Sie sich den Code aus dem großen Fenster. Davor sollten Sie allerdings kontrollieren, ob IE9 Support angekreuzt ist. Nur wenn Sie das ankreuzen, erzeugt Ihnen das Tool auch den für den Internet Explorer 9 benötigten SVG-Code. Außerdem können Sie das Format der Farbangaben wählen.

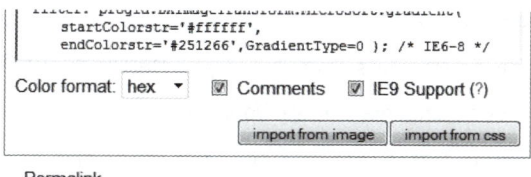

Abbildung 9.27:
COMMENTS und IE9 SUPPORT sollten ausgewählt sein. Das Format für die Farbbezeichnungen ist reine Geschmackssache.

Das Tool generiert Ihnen eine große Anzahl an Codezeilen. Diese kopieren Sie beispielsweise zwischen `.farbverlauf {` und `}`.

Gehen wir ein Beispiel einmal schrittweise durch.

Zuerst kommt eine Fallbackfarbe für Browser, die weder Farbverläufe noch SVG-Hintergrundbilder und auch keine Filter verstehen.

```
background: #1e5799; /* Alte Browser */
```

Diese Farbe können Sie selbstverständlich anpassen. Sie sollten einen Mittelwert zwischen Anfang und Ende des Farbverlaufs wählen.

Die SVG-Angaben würde man normalerweise in eine eigene Datei schreiben. Das würde aber bedeuten, dass man wieder einen zusätzlichen HTTP-Request hat. Um das zu vermeiden, wurde die Datei base64-kodiert und im DATA-URL-Format eingebettet – das sieht dann sehr kryptisch aus.

 Wichtig ist, dass Text auch lesbar ist, wenn kein Farbverlauf, sondern nur die Hintergrundfarbe angezeigt wird.

Dann kommt ein äußerst kryptischer Code. Das ist eine kodierte Version des SVG-Bildes. Sie können nicht verstehen, was das heißt, wichtig ist nur, dass sie es zeichengetreu übernehmen (im Folgenden gekürzt wiedergegeben):

```
background: url(data:image/svg+xml;base64,PD94bWwgdmVyc2lvbj0iMS4wIiA/);
/* Angabe gekürzt */
```

Es folgt der Code für Firefox – in einer ausführlichen Variante:

```
background: -moz-linear-gradient(top, #1e5799 0%, #f2f2f2 100%);
```

Der Code für die älteren Webkit-Browser:

```
background: -webkit-gradient(linear, left top, left bottom, color-
stop(0%,#1e5799), color-stop(100%,#f2f2f2));
```

Der Code für die neuen Webkit-Browser:

```
background: -webkit-linear-gradient(top,  #1e5799 0%,#f2f2f2 100%);
```

Die folgende Angabe braucht Opera:

```
background: -o-linear-gradient(top,  #1e5799 0%,#f2f2f2 100%);
```

Das ist für den IE10:

```
background: -ms-linear-gradient(top,  #1e5799 0%,#f2f2f2 100%);
```

Dann gibt es noch die offizielle Variante:

```
background: linear-gradient(top,  #1e5799 0%,#f2f2f2 100%);
```

Informationen zum Einbinden von externen Dateien über DataURLs finden Sie unter http://de.wikipedia.org/wiki/Data-URL.

Und eine Filterversion für den IE6-IE8:

```
filter: progid:DXImageTransform.Microsoft.gradient(
startColorstr='#1e5799', endColorstr='#f2f2f2',GradientType=0 );
}
```

Damit der Internet Explorer 9 das bessere SVG-Bild nimmt, müssen Sie für diesen Browser die filter-Angabe auf none setzen. Das geht etwa mithilfe unserer neuen Freunde, der konditionalen Kommentare. Im Beispiel werden mit gte IE9 alle IEs größer oder gleich Version 9 ausgewählt.

```
<!--[if gte IE 9]>
<style>
.farbverlauf {
  filter: none;
}
</style>
<![endif]-->
```

Diese Angabe schreiben Sie **nach Ihren** CSS-Angaben. Bei einem eingebetteten Stylesheet nach </style>, bei einem extern eingebundenen Stylesheet hinter die Zeile <link …/>.

Das vollständige Beispiel finden Sie unter farbverlauf_browseruebergreifend.html.

9.3 Zusammenfassung

Das Kapitel hat Ihnen einen Überblick über per CSS eingebundene Hintergrundbilder gegeben. Dabei haben Sie eine Reihe von CSS-Angaben kennengelernt: background-image ist die Basis zum Einbinden des Hintergrundbilds. Mit background-repeat bestimmen Sie, ob das Hintergrundbild wiederholt werden soll, background-position legt die Position fest und mit background-attachment erstellen Sie Hintergrundbilder, die sich beim Scrollen nicht mitbewegen.

background-size ist eine neue in CSS3 eingeführte Eigenschaft, mit der Sie Hintergrundbilder vergrößern können. So lassen sich bildschirmfüllende Hintergrundbilder erstellen. Ebenfalls spannend und neu in CSS3 sind die Farbverläufe rein per CSS. Um diese browserübergreifend zum Laufen zu bringen, sollten Sie sich von Tools helfen lassen.

Außerdem haben Sie CSS-Sprites kennengelernt, eine wichtige CSS-Technik, um performante Seiten zu erstellen.

Hintergrundbilder werden Ihnen auch weiter im Buch begegnen. In Kapitel 10 nutzen Sie diese beispielsweise, um gleichlange Spalten bei Layouts zu simulieren.

Tabelle 9.2:
Browserunterstützung für die
vorgestellten CSS-Eigenschaften

CSS-Eigen-schaft	Erläute-rung	Version	Firefox	Safari	Chrome	Opera	IE	Alternativen
background-image	Hinter-grundbild	1	ja	ja	ja	ja	ja	
	Mehrfache HG-Bilder	3	ja	ja	ja	ja	9	HG-Bilder einfügen über :before und :after (für IE8)
background-repeat	Wiederho-lung des HG-Bilds	1	ja	ja	ja	ja	ja	
background-position	Position	1	ja	ja	ja	ja	ja	
background-attachment	Mitscrol-lend oder fest	1	ja	ja	ja	ja	ja	
background-size	Größe HG-Bild	3	-moz- (ab 4 ohne)	-webkit- (ab 5 ohne)	ja	ja	9	Filter
	Farbverläufe		-moz-	-webkit- inkl. 5 andere Syntax	-webkit- ab 10 Standard-syntax	11.10, ab 11.6 auch radiale	-ms- 10	Hintergrund-bild, Gradi-ent-Filter, SVG-Hinter-grundbild

9.4 Übung

1. Die folgende Variante verwendet die Kurzschreibangabe `background`. Wie lautet es, wenn man die Einzeleigenschaften verwendet?

```
background: url(bodybg.png) repeat-x scroll 0 0 #EEE;
```

Auf Einzeleigenschaften aufgeteilt lautet die Zeile:

```
background-image: url(bodybg.png);
background-repeat: repeat-x;
background-attachment: scroll; /* könnte man weglassen, ist der Stan-
dard */
background-position: 0 0; /* könnte man auch weglassen, ist der Stan-
dard */
background-color: #EEE;
```

2. In Ihrem Übungsordner finden Sie *dateitypen.html* mit einer Linkliste auf Word- und Exceldateien. Außerdem gibt es in Ihrem Übungsordner zwei klei-ne Icons *word_icon.png* und *excel_icon.png*. Je nachdem, ob die Links auf Word- oder Exceldateien gehen, sollen jetzt die passenden Icons angezeigt werden. Sie brauchen dafür die in Kapitel 5 vorgestellten Attributselektoren. Außerdem sollten Sie den Links ein `padding-left` in der Größe der Icons (20px) geben, damit die Texte nicht über den Icons stehen.

```
<p>
<a href="beispiel.doc">Word-Dokument</a><br />
<a href="beispiel.xls">Excel-Stylesheet</a> <br />
<a href="index.html">Link auf HTML-Dokument</a>
</p>
```

Die Lösung sieht folgendermaßen aus:

```
a[href$=".doc"] {
  background: url(word_icon.png) no-repeat 0px 2px;
  padding-left: 20px;
}
a[href$=".xls"] {
  background: url(excel_icon.png) no-repeat 0px 2px;
  padding-left: 20px;
}
```

3. Warum heißt es in Abschnitt 9.2.5, wo es um das Nachbessern der Farbverläufe in den IEs geht, dass die konditionalen Kommentare mit den Angaben filter: none für den IE9 nach dem allgemeinen Stylesheet stehen müssen?

Hier gilt wieder, dass sich die Angaben durchsetzen, die zuletzt kommen. Und da innerhalb der konditionalen Kommentare die filter-Angabe überschrieben wird, muss das auch nach der anderen filter-Angabe stehen.

10 Float für flexible Layouts und mehr

float kam im Buch schon ein paar Mal vor. Es ist – immer noch – das Mittel der Wahl, um flexible Layouts zu gestalten. In diesem Kapitel dreht sich alles um die Besonderheiten von float. Zudem erfahren Sie praktisch, wie Sie Layouts erstellen: Zweispalter und Dreispalter in verschiedenen Variationen – fest oder flüssig. Außerdem sehen Sie, wie Sie ein Layout dazu bringen, dass es die Höhe des Browserfenster ausfüllt, und wie Sie über float eine flexible Bildergalerie realisieren.

10.1 Das Grundprinzip von float

Bevor es an die Layouts geht, zuerst noch einmal detailliert zur Eigenschaft float. Im folgenden Beispiel gibt es zwei div-Container mit ids:

```
<div id="eins">
  <h1>Der erste Bereich</h1>
  <p>Lorem ipsum dolor sit </p>
</div>
<div id="zwei">
  <h1>Der zweite Bereich</h1>
  <p>Lorem ipsum dolor </p>
  <p>Lorem ipsum </p>
</div>
```

Per CSS gibt es zuerst ein paar grundlegende Formatierungen und beide Bereiche erhalten eine Hintergrundfarbe. Der erste Bereich erhält außerdem eine Breite von 300px und wird links (float: left) gefloatet:

```
#eins {
  width: 300px;
  float: left;
  background-color: yellow;
}
#zwei {
  background-color: orange;
}
```

Listing 10.1:
Der erste Bereich wird links gefloatet (float_prinzip.html).

In der Abbildung 10.1 sehen Sie das Ergebnis. Der gefloatete Bereich ist links angeordnet. Außerdem wird er vom Text im rechten Bereich »umflossen«.

Im Beispiel wurde float: left eingesetzt, mit float: right erreichen Sie, dass der erste Bereich rechts angeordnet wird.

Abbildung 10.1:
Der gefloatete Bereich ist links angeordnet und der Inhalt des zweiten Bereichs fließt darum.

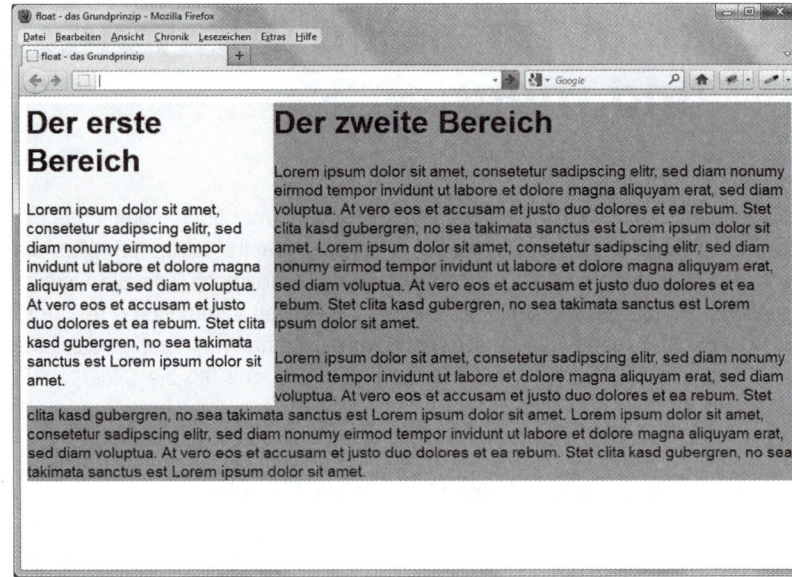

Listing 10.2:
Ausschnitt aus dem Listing float_right.html

```
#eins {
   width: 300px;
   float: right;
   background-color: yellow;
}
#zwei {
   background-color: orange;
}
```

Abbildung 10.2:
Jetzt ist der gefloatete Bereich rechts angeordnet.

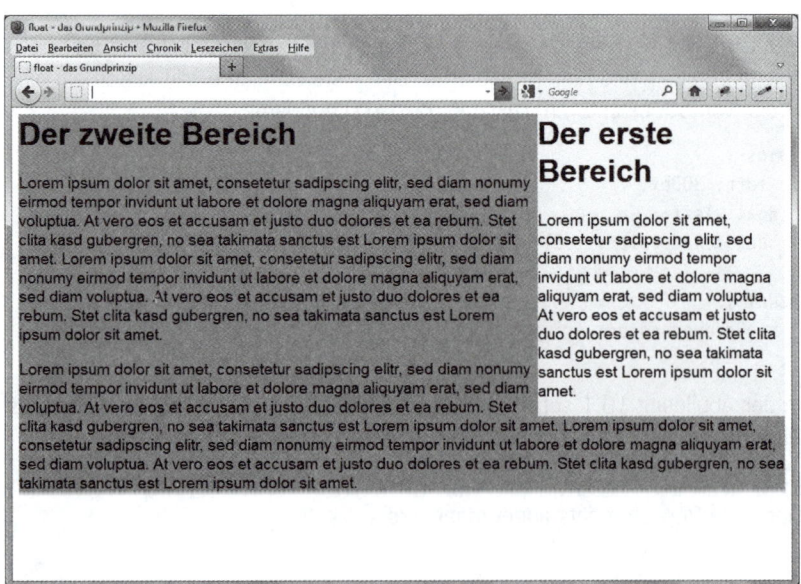

float kann drei Werte annehmen: left, right oder none.

Mit float: none *können Sie eine Angabe wie* float: right *aufheben.*

10.1.1 Besonderheiten von float

Jetzt gibt es ein paar Besonderheiten im Zusammenhang mit float. Dafür werden wir die Datei modifizieren.

So etwas wie float: center *gibt es nicht. Aber es gibt Methoden, das zu simulieren. Ein Beispiel finden Sie unter http://css-tricks.com/9048-float-center/.*

Mehr Abstand zwischen den Bereichen

Nehmen wir an, wir wollen etwas mehr Abstand zwischen den Bereichen #zwei und #eins haben. Wenn wir hierfür bei #zwei ein margin-left von 100px eingeben, so hat das nicht die gewünschte Wirkung.

```
#eins {
  width: 300px;
  float: left;
  background-color: yellow;
}
#zwei {
  background-color: orange;
  margin-left: 100px;
}
```

Listing 10.3:
margin-left *ist beim Element* #zwei *ergänzt (float_abstand.html).*

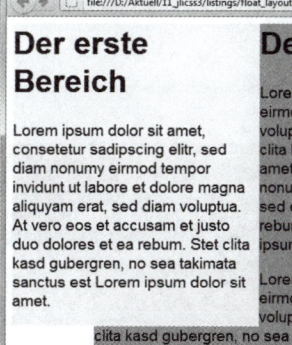

Abbildung 10.3:
margin-left *bei Bereich* #zwei

Damit Sie das sehen können, müssen Sie das Browserfenster so klein ziehen, dass #zwei *höher ist als* #eins.

margin-left wird nicht – wie man vielleicht vermuten würde – zwischen #eins und #zwei eingefügt, sondern ist am linken Rand des Browserfensters zu sehen.

Wenn wir einen Abstand zwischen #eins und #zwei wollen, so hilft es hingegen, wenn Sie #eins ein margin-right zuweisen:

Listing 10.4:
Jetzt ist ein rechter Außen-
abstand bei #eins definiert
(float_abstand_mod.html).

```
#eins {
  width: 300px;
  float: left;
  background-color: yellow;
  margin-right: 100px;
}
#zwei {
  background-color: orange;
}
```

Abbildung 10.4:
Mehr Abstand zwischen den
Texten der beiden Bereiche

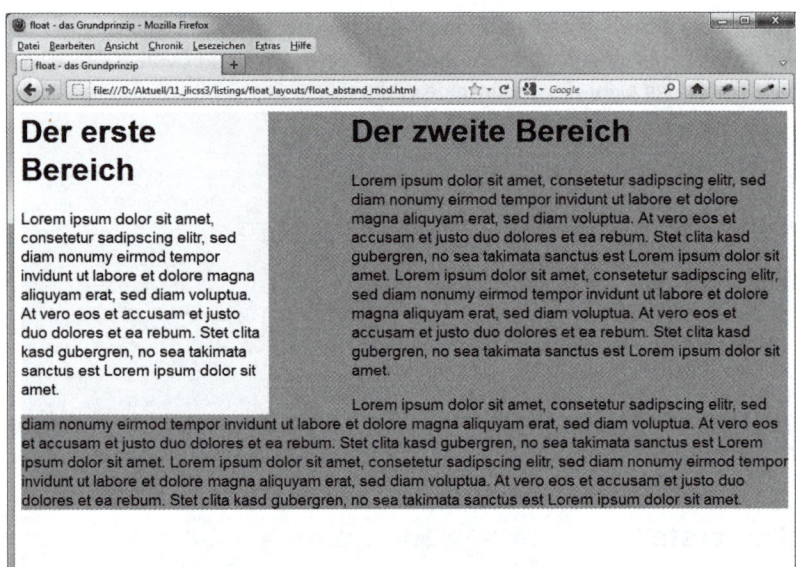

 Das englische Wort float heißt unter anderem schwimmen. Dieser Ausdruck passt hier gut: Ein Element, das die Eigenschaft float hat, schwimmt rechts oder links im Strom des Textes der darauffolgenden Elemente.

An diesen Beispielen sehen Sie deutlich, dass float nicht die nachfolgenden Elemente, sondern deren Inhalte beeinflusst – in diesem Fall den Text. Das div-Element #zwei wird durch das gefloatete Element nicht beeinflusst, sondern nur der textliche Inhalt.

Das gefloatete Element muss zuerst stehen

Eine weitere Besonderheit zeigt sich, wenn wir einmal versuchen, nur das zweite Element zu floaten. Am Quellcode hat sich nichts geändert; zuerst steht #eins, dann #zwei:

```
<div id="eins"></div>
<div id="zwei"></div>
```

Per CSS wird dieses Mal nur #zwei gefloatet und erhält ebenfalls eine Breitenangabe.

```
#eins {
  background-color: yellow;
}
#zwei {
  background-color: orange;
  width: 300px;
  float: left;
}
```

Wenn Sie bei gefloateten Elementen keine Breite angeben, werden diese so schmal, wie es eben geht. Das kann bei Punkten einer horizontalen Navigation erwünscht sein, sonst aber nicht.

Listing 10.5:
Dieses Mal wird nur das zweite Element gefloatet (float_reihenfolge.html).

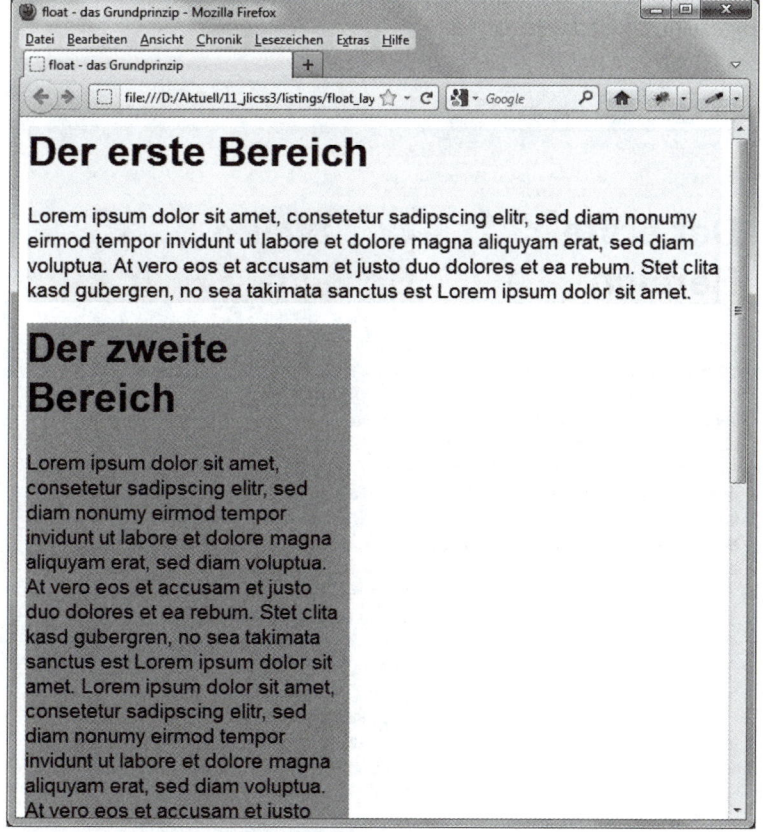

Abbildung 10.5:
Wenn das zweite Element gefloatet wird, das nach dem ersten steht, so hat dies keine Auswirkung auf das erste Element.

Tipp

Dass gefloatete Elemente zuerst stehen müssen, spielt eine Rolle bei der Erstellung von Layouts. Wenn Sie float benutzen, sind Sie nicht vollkommen frei in der Anordnung der einzelnen Bereiche im HTML-Code.

Sie sehen in der Abbildung, dass das erste Element ganz normal dasteht und seine Inhalte nicht das zweite Element umfließen. Das liegt daran, dass #zwei im HTML-Quellcode nach #eins steht. Gefloatete Elemente beeinflussen aber immer nur die **Inhalte der nachfolgenden Elemente**.

Mehrere Elemente floaten

Sie können beide Elemente floaten.

```
#eins {
    background-color: yellow;
    width: 300px;
    float: left;
}
#zwei {
    background-color: orange;
    width: 300px;
    float: left;
}
```

*Listing 10.6:
Beide Elemente werden gefloatet
(float_mehrere.html).*

Reicht der verfügbare Platz aus, werden die beiden Elemente nebeneinander angezeigt, sonst untereinander.

*Abbildung 10.6:
Beide gefloateten Elemente sind
nebeneinander angeordnet*

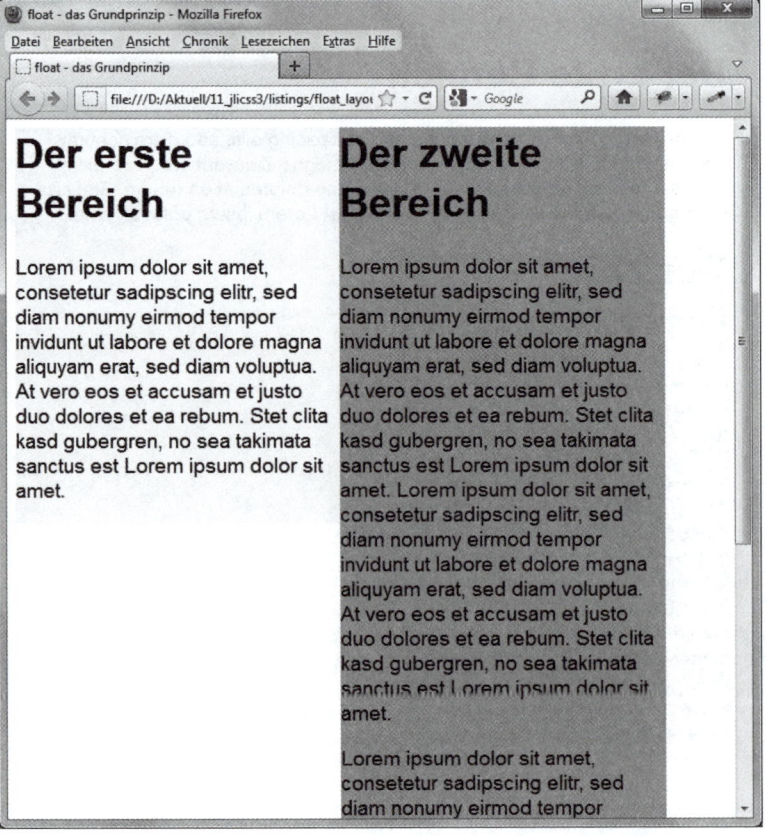

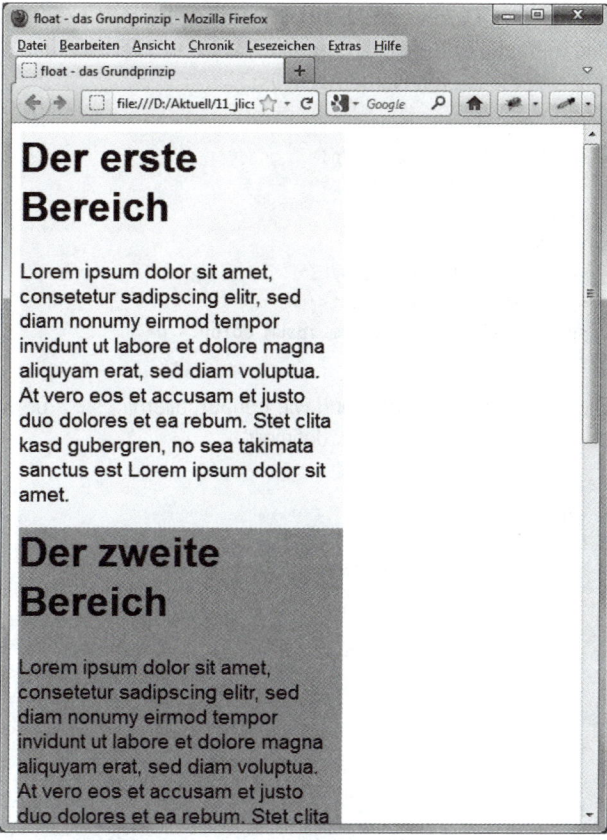

Die Darstellung ist also abhängig davon, wie viel Platz zur Verfügung steht. Ist weniger Platz vorhanden, als das zweite Element braucht, um neben dem ersten dargestellt zu werden, springt das zweite Element unter das erste Element.

10.1.2 clear – Schluss mit dem Umfließen

Die Eigenschaft clear, um die es jetzt geht, ist nur im Zusammenhang mit float sinnvoll. Floatet ein Bereich links (float: left), so können Sie bei einem folgenden Element über clear: left dafür sorgen, dass der Text nicht mehr neben dem schwimmenden Element angeordnet wird, sondern darunter.

> Sie heben mit clear: left also die Wirkung von float: left auf. Das nennt man auch »Clearen«.

Parallel zu clear: left gibt es clear: right, um die Wirkung von float: right zu unterbrechen.

Ein Beispiel: Der zweite Absatz im zweiten Bereich #zwei soll immer unterhalb des gefloateten Bereichs dargestellt werden. Hierfür erhält der Absatz erst einmal eine Klasse mit Namen schluss:

```
<div id="eins">
  <h1>Der erste Bereich</h1>
  <p>Lorem ipsum dolor </p>
</div>
<div id="zwei">
  <h1>Der zweite Bereich</h1>
  <p>Lorem ipsum dolor sit</p>
  <p class="schluss">Lorem ipsum dolor.</p>
</div>
```

Die CSS-Formatierungen sind wie gehabt, allerdings ist für die Klasse .schluss zusätzlich ein clear: left definiert.

Listing 10.7:
Der Absatz mit der Klasse
schluss *erhält die Formatierung*
clear: left *(float_clear.html).*

```
#eins {
  width: 300px;
  float: left;
  background-color: yellow;
}
#zwei {
  background-color: orange;
}
.schluss {
  clear: left;
}
```

Abbildung 10.8:
Der zweite Absatz ist durch
clear: left *unterhalb des*
gefloateten Bereichs platziert.
Er fließt nicht wie der andere
Text daneben.

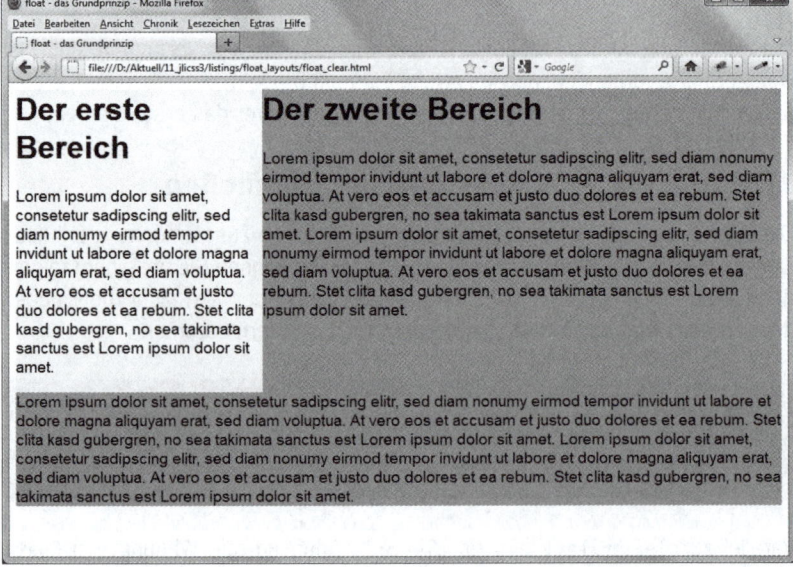

Mit `clear` können Sie zuverlässig bewirken, dass bestimmte Elemente immer unterhalb von gefloateten Elementen stehen. Später brauchen wir das bei einer Fußzeile.

10.1.3 Floats umschließen

Aber float hat noch weitere Eigentümlichkeiten parat. Für die nächste Besonderheit modifizieren wir das Beispiel etwas: Es gibt nun einen umfassenden Container `<div id="umfassend">`, in dem beide Bereiche drinnen stehen. Außerdem kürzen wir den Text aus `#zwei` etwas:

```html
<div id="umfassend">
  <div id="eins">
    <h1>Der erste Bereich</h1>
    <p>Lorem ipsum dolor </p>
  </div>
  <div id="zwei">
    <h1>Der zweite Bereich</h1>
    <p>Lorem ipsum dolor.</p>
    <p>Lorem.</p>
  </div>
</div>
```

Im CSS-Code wird wie vorher `#eins` gefloatet. Neu ist die Formatierung für `#umfassend`. Damit Sie sehen, wie weit es reicht, erhält es einen dicken blauen Rahmen.

```css
#umfassend {
  border: 10px solid blue;
}
#eins {
  width: 300px;
  float: left;
  background-color: yellow;
}
#zwei {
  background-color: orange;
}
```

Listing 10.8:
Ein umfassender Container
mit einem dicken Rand
(float_umschliessen.html)

Abbildung 10.9:
Das gefloatete Element ragt
aus seinem umfassenden
Container heraus.

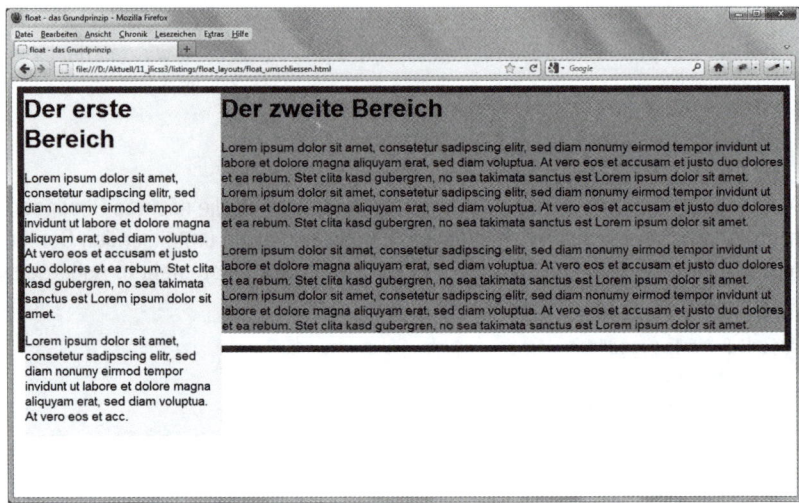

Abbildung 10.9 zeigt es deutlich: Obwohl das div-Element #umfassend ja eigentlich um das gefloatete und das nicht gefloatete Element steht, ragt der gefloatete Bereich aus dem Elternelement heraus. Sie sehen in der Abbildung, dass der blau umrandete Bereich – das Element #umfassend – nur so groß ist, dass er das nicht gefloatete Element umschließt. Das gefloatete Element ragt hingegen darüber hinaus.

In manchen Situationen ist es aber wichtig, dass wir das umfassende Element dazu bringen, unser gefloatetes Element wirklich zu umfassen.

clear bei einem zusätzlichen Element

Eine Möglichkeit ergibt sich durch clear: Wir können ein weiteres Element mit der Formatierung clear: left innerhalb des umfassenden Elements platzieren.

Dafür ändern wir zuerst den HTML-Code und ergänzen das Element ganz zum Schluss:

```
div id="umfassend">
  <div id="eins"></div>
  <div id="zwei"> </div>
  <div class="clearen"></div>
</div>
```

Dieses erhält über CSS clear: left:

Tipp

Die Anzeige variiert je nach Größe des aufgezogenen Browserfensters. Ziehen Sie auf jeden Fall das Browserfenster einmal so groß (klein) auf, dass Sie diese Erscheinung beobachten können.

Listing 10.9:
Ein weiteres Element zum Clearen ist am Ende von #zwei ergänzt (float_umschliessen_1.html).

```
.clearen {
  clear: left;
}
```

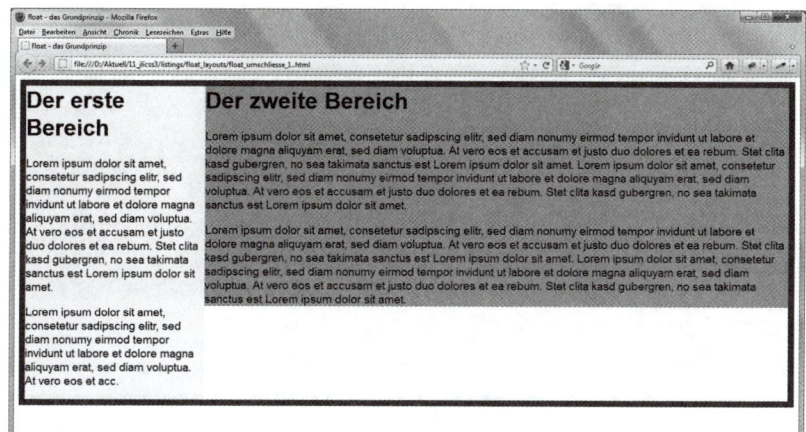

Abbildung 10.10:
Umschließen klappt – der
Rahmen umfasst jetzt auch
das gefloatete Element.

Diese Lösung funktioniert, hat allerdings einen Nachteil: Wir müssen ein zusätzliches HTML-Element einfügen, um einen bestimmten optischen Effekt zu erreichen. Das ist unschön.

Besser wäre es, man könnte Elemente »clearen«, ohne zusätzliches Markup einzufügen. Und genau für dieses »How to clear CSS floats without extra markup« gibt es eine Reihe von Lösungen.

Umschließen mit overflow

Wenn Sie dem umfassenden Element ein `overflow: hidden` spendieren, bewirkt das ebenfalls, dass das umfassende Element die gefloateten Elemente umfasst.

```
#umfassend {
  border: 10px solid blue;
  overflow: hidden;
}
#eins {
  width: 300px;
  float: left;
  background-color: yellow;
}
#zwei {
  background-color: orange;
}
```

Listing 10.10:
Beim Element #umfassend *ist*
overflow: hidden *ergänzt*
(float_umschliessen_2.html).

Das Ergebnis ist genau dasselbe, das auch schon Abbildung 10.10 zeigt: Der durch einen dicken Rahmen gekennzeichnete Bereich umschließt deutlich das gefloatete Element.

*Abbildung 10.11:
Es klappt: Der blaue Rahmen umfasst auch das gefloatete Element.*

Tipp

*In Kapitel 12 bei den Naviga-
tionsleisten lernen Sie aber
einen Fall kennen, bei dem
diese Methode mit* overflow:
hidden *zum Umschließen von
gefloateten Elementen nicht
klappt.*

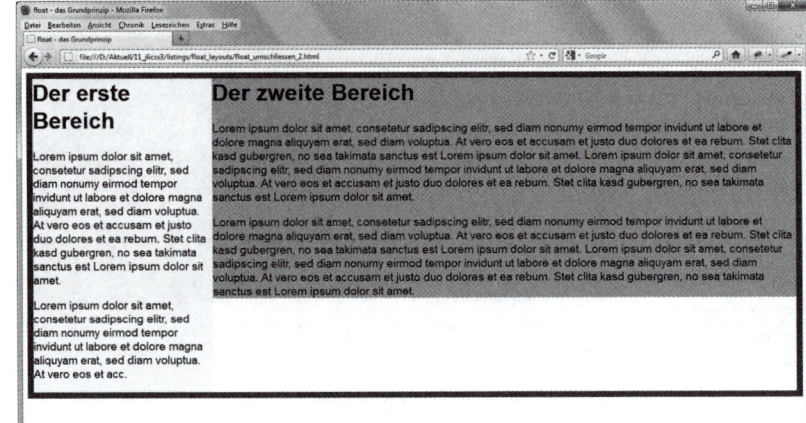

Hinweis

*Es gibt verschiedene Varian-
ten der clearfix-Lösung. Die
hier gezeigte basiert auf der
Lösung von http://nicolasgal-
lagher.com/micro-clearfix-
hack/.*

*Listing 10.11:
clearfix im Einsatz (float_um-
schliessen_3.html)*

CSS-Woodoo: clearfix

Jetzt wird's magisch. Die nun vorgestellte Lösung wurde unter dem Namen clearfix bekannt, und so wird üblicherweise die Klasse genannt, bei der die Formatierungen vorgenommen werden.

```
.clearfix:before, .clearfix:after {
  content: ""; display: table;
}
.clearfix:after {
  clear: both;
}
.clearfix {
  zoom: 1;
}
```

Diesen Code müssen Sie in Ihrem Stylesheet ergänzen. Dann können Sie die Klasse clearfix denjenigen Elementen zuweisen, bei denen Sie möchten, dass sie die in ihnen stehenden gefloateten Elemente umschließen.

Konkret zeigt dies das Beispiel *float_umschliessen_3.html*. Zuerst werden im CSS-Teil die gerade vorgestellten Formatierungen eingefügt. Im HTML-Code ergänzen Sie die Klasse clearfix beim umfassenden Element:

```
<div id="umfassend" class="clearfix">
  <div id="eins"></div>
  <div id="zwei"></div>
</div>
```

Das war's auch schon – nun wird das gefloatete Element umschlossen.

Kurz dazu, was dieser doch etwas seltsam anmutende Code macht. Im Endeffekt erzeugt er einen Inhalt, der das Clearen übernimmt – und gleichzeitig wird aber auch dafür gesorgt, dass dieser erzeugte Inhalt keine weiteren optischen Auswirkungen hat, d.h. keine Ausdehnung.

Die Pseudoelemente :before und :after haben Sie bereits in Kapitel 5 gesehen. Im Beispiel wird über sie am Anfang und am Ende des Elements ein Nichts – content: ""; – eingefügt. Außerdem wird als Darstellung Tabelle gewählt – was hier aber auch bedeutet, dass es keine Ausmaße bekommt.

```
.clearfix:before, .clearfix:after {
  content: "";
  display: table;
}
```

Diese Nichts-Inhalte erhalten clear: both – sie wirken also genauso, wie wenn wir ein div-Element am Ende des umfassenden Elements einfügen und diesem das Clearen übergeben:

```
.clearfix:after {
  clear: both;
}
```

Damit das auch im Internet Explorer 6 das gewünschte Ergebnis zeigt, gibt es für diese älteren Browser noch die Angabe zoom: 1.

```
.clearfix {
  zoom: 1;
}
```

float hoch zwei

Es gibt noch eine weitere Möglichkeit, um dafür zu sorgen, dass gefloatete Elemente wirklich umfasst werden: Wenn Sie das umfassende Element selbst floaten, umschließt es alle gefloateten Elemente drinnen.

```
#umfassend {
  border: 10px solid blue;
  float: left;
}
```

Diese Lösung passt nicht immer – weil Sie dann ja ein zusätzliches gefloatetes Element haben, um das Sie sich u.U. kümmern müssen.

Sie müssen den clearfix-Hack nicht bis ins Detail verstehen, wichtig ist, dass Sie wissen, wie Sie ihn anwenden können.

Listing 10.12:
Dieses Mal wird das umfassende Element selbst gefloatet (Ausschnitt aus float_umschliessen_4.html).

10.2 Zweispaltenlayout mit float

Ein Beispiel für ein Layout haben Sie bereits im ersten Schnupperkapitel gesehen. Dieses Beispiel wollen wir etwas umbauen und erweitern, damit Sie weitere Strategien für Layouts kennenlernen. Der HTML-Code wurde um ein umfassendes #container-Element ergänzt.

```
<div id="container">
  <div id="kopf"></div>
  <div id="navigation"></div>
  <div id="inhalt"></div>
</div>
```

Im #container befinden sich #kopf, #navigation und #inhalt.

Zu den CSS-Formatierungen: Zuerst werden für body grundlegende Dinge wie Schriftart und Farben definiert.

```
body {
  font: 100% sans-serif;
  color: #000;
  background-color: #fff;
}
```

Der umfassende #container erhält eine Breite von 960px.

```
#container {
  width: 960px;
}
```

Dann geht es an die Formatierung des Kopfbereichs. Er wird zentriert, Farben werden festgelegt, ein Rahmen nach unten gezogen. padding: 40px 0 bewirkt mehr Abstand zwischen Text und Rand des Elements nach oben und unten. Das Element wird dadurch höher.

```
#kopf {
  font: 1.8em serif;
  text-align: center;
  background-color: #e3f5f3;
  color: #000;
  border-bottom: #6f7400 2px solid;
  padding: 40px 0px;
}
```

Die entscheidenden Formatierungen: Die #navigation erhält eine Breite und wird links gefloatet.

```
#navigation {
  background-color: #ebeae3;
  width: 300px;
  float: left;
  padding-top: 40px;
}
```

Tipp

Das Layout, das wir basteln wollen, zeigt Abbildung 10.13.

Tipp

Wie Sie sich vielleicht erinnern (Kapitel 8) gilt bei zwei Werten hinter padding *der erste für oben und unten und der zweite für rechts und links.*

Nach diesen Formatierungen sieht das Beispiel folgendermaßen aus:

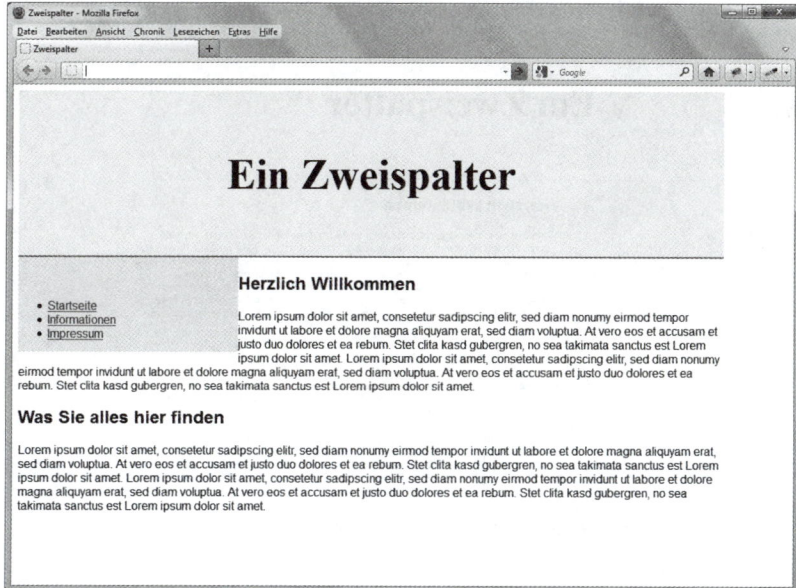

Um zu verhindern, dass der Inhaltsbereich unterhalb der Navigation fließt, erhält der Inhaltsbereich einen Außenabstand in der Größe der Navigation:

```
#inhalt {
  margin-left: 350px;
}
```

Außerdem werden noch die h2-Überschriften eingefärbt und die Absätze erhalten einen Außenabstand nach unten.

```
h2 {
  color: #565919;
}
p {
  margin-bottom: 20px;
}
```

Das Ergebnis zeigt Abbildung 10.13.

Abbildung 10.13:
Jetzt fließt der Inhalts-
bereich nicht mehr unterhalb
der Navigation.

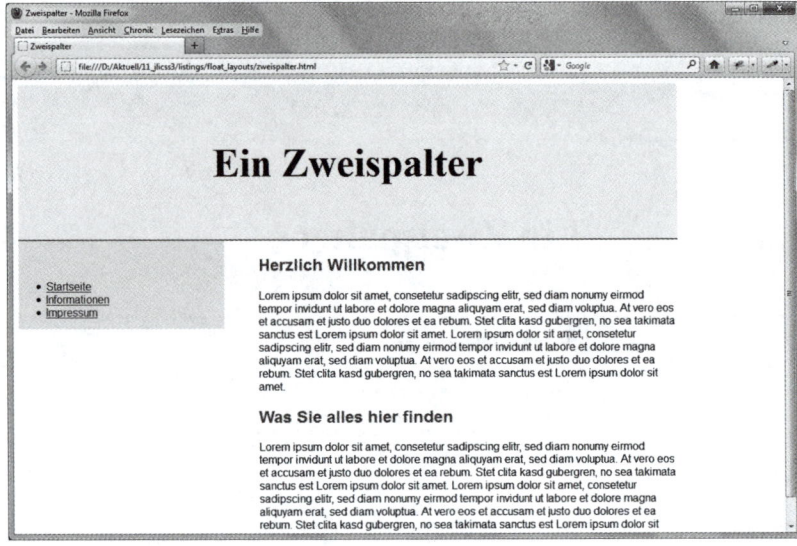

Hier sehen Sie den gesamten Code des Beispiels:

Listing 10.13:
Der Code für den Zweispalter
(zweispalter.html)

```html
<!DOCTYPE html>
<html>
<head>
<meta charset="utf-8" />
<title>Zweispalter</title>
<style>
body {
  font: 100% sans-serif;
  color: #000;
  background-color: #fff;
}
#container {
  width: 960px;
}
#kopf {
  font: 1.8em serif;
  text-align: center;
  background-color: #e3f5f3;
  color: #000;
  border-bottom: #6f7400 2px solid;
  padding: 40px 0px;
}
```

```
#navigation {
  background-color: #ebeae3;
  width: 300px;
  float: left;
  padding-top: 40px;
}
#inhalt {
  margin-left: 350px;
}
h2 {
  color: #565919;
}
p {
  margin-bottom: 20px;
}
</style>
</head>
<body>
  <div id="container">
    <div id="kopf"></div>
    <div id="navigation"></div>
    <div id="inhalt"></div>
</div>
</body>
</html>
```

Sehen wir uns einzelne Details der Lösung genauer an.

10.2.1 Gesamtbreite – in Pixel, Prozent oder was?

Als Gesamtbreite für das Layout wird ein Wert von 960px gewählt. Das ist ein häufig gewählter Wert, bei dem man davon ausgeht, dass das Layout auf einem 1024px breiten Monitor auch noch gut dargestellt wird. Da Sie dabei immer etwas abziehen müssen für Scrollbars und mögliche Sidebars, können Sie nicht von den 1024px ausgehen.

Gleichzeitig sind die Bildschirme, auf denen Webseiten betrachtet werden, heutzutage äußerst unterschiedlich. Da gibt es die Riesenmonitore, die etwa auf den Schreibtischen von Architekten stehen, »normale« Laptop-Monitore (für die es wenig einheitliche Formate gibt), Netbooks, iPads und andere Tablets bis hin zu Smartphones und Nicht-Smartphone-Handys.

Tipp

Sie können statt 960px als Gesamtbreite des #container natürlich etwa 980px oder Ähnliches nehmen. 960px hat jedoch den Vorteil, dass es sich wunderbar durch ganz viele Zahlen teilen lässt und deswegen viele verschiedene Aufteilungen ermöglicht.

Tipp

960px ist eine so schöne Zahl, dass sie gleich auch der Name eines CSS-Frameworks zur Erstellung von Gridlayouts, d.h. Rasterlayouts geworden ist (http://960.gs/). Auch wenn man nicht dieses CSS-Framework nutzen möchte, sind Raster ein probates Mittel, um Layouts zu entwerfen.

Eine Möglichkeit, mit den unterschiedlichen Bildschirmgrößen umzugehen, ist es, das Layout nicht in Pixeln, sondern in Prozent anzulegen, ein sogenanntes flüssiges Layout zu erstellen. Das ist eine Lösung, um mit den unterschiedlichen Desktop- und Laptop-Monitoren umzugehen, aber auf einem Smartphone ist das Layout immer noch nicht komfortabel zu bedienen. Dafür kann man dann auf die Media Queries zurückgreifen, über die sich unterschiedliche CSS-Angaben je nach verfügbarer Breite des Bildschirms erstellen lassen. Das ist natürlich auch mehr Aufwand, aber eine wichtige Technik, die Sie in Kapitel 16 kennenlernen. Basis für Letzteres ist aber, dass Sie mit Prozenten als Einheiten arbeiten – und wie das geht, sehen Sie noch in diesem Kapitel.

Meiner Erfahrung nach ist es aber am Anfang leichter mit Pixel als Einheit zu arbeiten. So hat man ein Verhältnis zwischen dem Layout als Ganzem und den eingefügten Bildern und es ist eine Technik, die immer noch häufig gewählt wird.

10.2.2 Navigation und Inhalt nebeneinander

Damit Navigation und Inhalt wirklich nebeneinander platziert werden, wurde im Beispiel der Inhalt mit einem linken Außenabstand in der Breite der Navigation versehen. Eine andere Möglichkeit besteht darin, dass Sie dem Inhaltsbereich eine Breite (`width`) geben und ihn ebenfalls floaten. Die hier vorgestellte Lösung hat jedoch den Vorteil, dass wir keine weiteren Anpassungen durchführen müssen, wenn wir den `#container` breiter machen wollen. Und es funktioniert auch problemlos, wenn wir die Breite von `#inhalt` nicht kennen.

10.2.3 Gleich lange Spalten

Ein Problem aber gibt es noch beim Layout. Wenn der Hintergrund der Navigation eingefärbt ist, sieht man deutlich, dass die beiden Spalten nicht gleich lang sind.

Hierfür behilft man sich mit einem Trick: Man erstellt ein Hintergrundbild, das genauso eingefärbt ist wie die beiden Spalten, aber nur 10px oder ähnlich hoch ist:

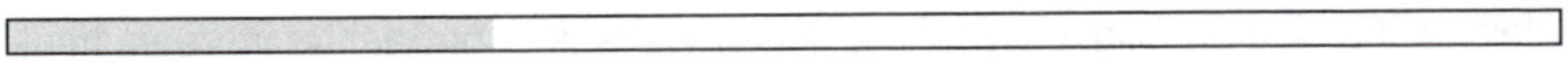

Abbildung 10.14:
Das Hintergrundbild ist genauso
eingefärbt wie die Spalten.

Dieses Hintergrundbild wird dem umfassenden Element zugewiesen, `repeat-y` bewirkt, dass es nur nach unten wiederholt wird.

Listing 10.14:
Ausschnitt aus dem Listing zwei-
spalter_gleichlangespalten.html

```
#container {
  width: 960px;
  background: url(spalten_simulieren.gif) repeat-y;
}
```

 Der Trick mit dem Hintergrundbild zur Simulation von Spalten wird als »Faux Columns« (»unechte Spalten«) bezeichnet.

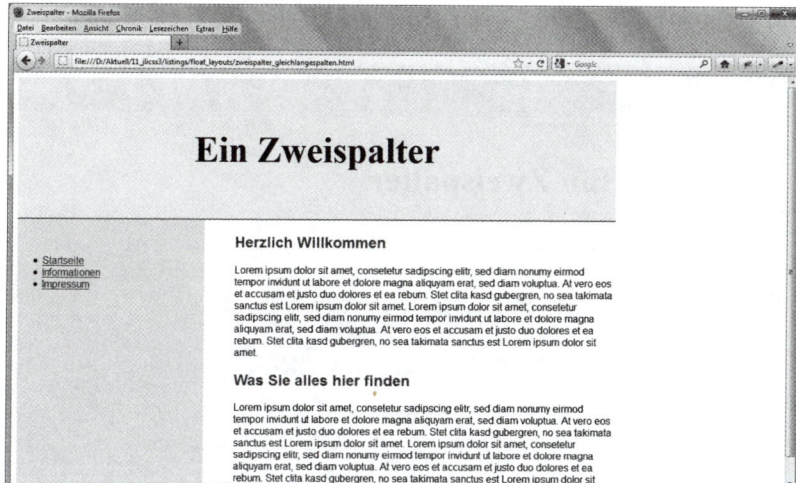

Abbildung 10.15:
Jetzt geht scheinbar die Naviga-
tion ganz bis nach unten – es ist
aber eigentlich nur das Hinter-
grundbild, das so weit geht.

10.2.4 Fußzeile ergänzen

Jetzt können wir noch eine Fußzeile ergänzen. Diese müssen wir zuerst im HTML-Code einfügen. Die Fußzeile wird nach #inhalt platziert, aber noch innerhalb von #container:

```
<div id="container">
  <div id="kopf"></div>
  <div id="navigation"></div>
  <div id="inhalt"></div>
  <div id="fuss">Copyright usw. usf.</div>
</div>
```

 Hier ist die Verschachtelung wichtig. Das div-Element des #container muss wirklich ganz am Ende – nach #fuss – geschlossen werden.

Im CSS-Teil wird die Formatierung der Fußzeile ergänzt. Wichtig ist die Angabe von clear: left, die dafür sorgt, dass die Fußzeile immer unten ist.

```
#fuss {
  background-color: #dad6b1;
  padding: 40px;
  color: #000;
  border-top: 1px solid #b08580;
  clear: left;
}
```

Listing 10.15:
Mit Fußzeile
(zweispalter_fuss.html)

Das Ergebnis ist folgendes – eine Fußzeile ganz unten:

Abbildung 10.16:
Die Fußzeile ist ergänzt.

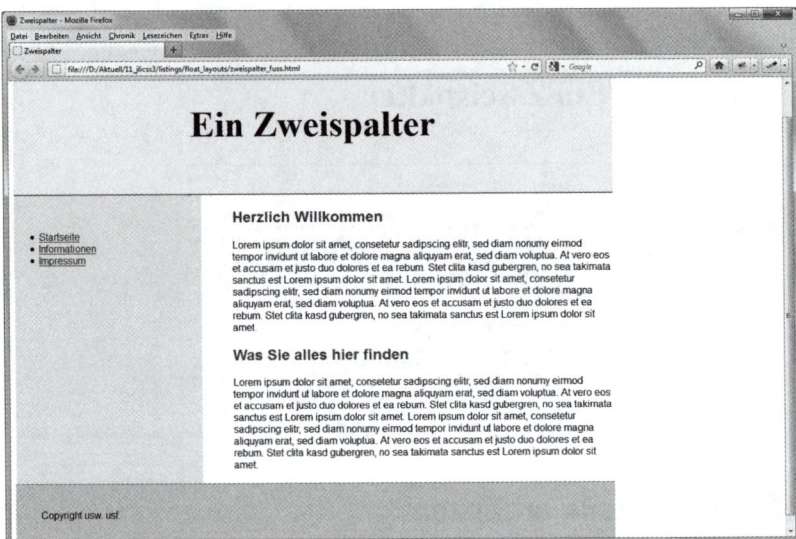

Die Ergänzung von clear: left ist wichtig, falls einmal der Inhaltsbereich kürzer wird als die Navigation. Mit clear: left sieht es dann richtig aus:

Abbildung 10.17:
Das Layout funktioniert auch,
wenn der Inhaltsbereich kürzer ist
als die Navigation.

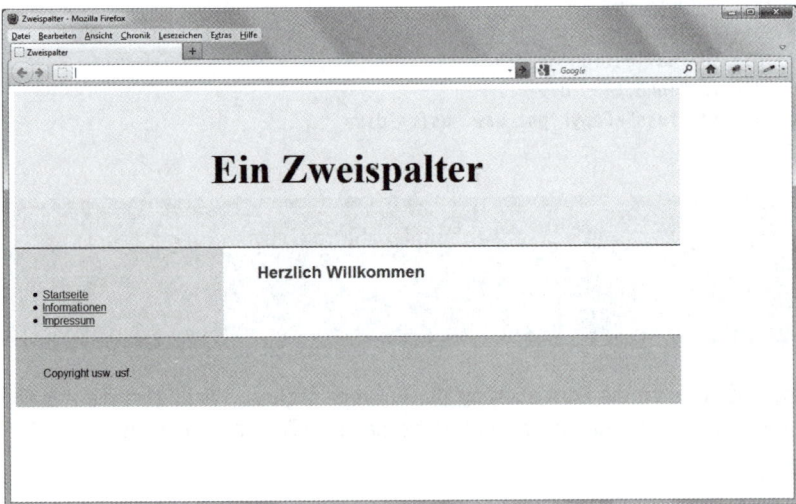

Ohne clear: left rutscht hingegen in diesem Fall die Fußzeile unterhalb des Inhaltsbereichs und ist nicht mehr unterhalb der Navigation.

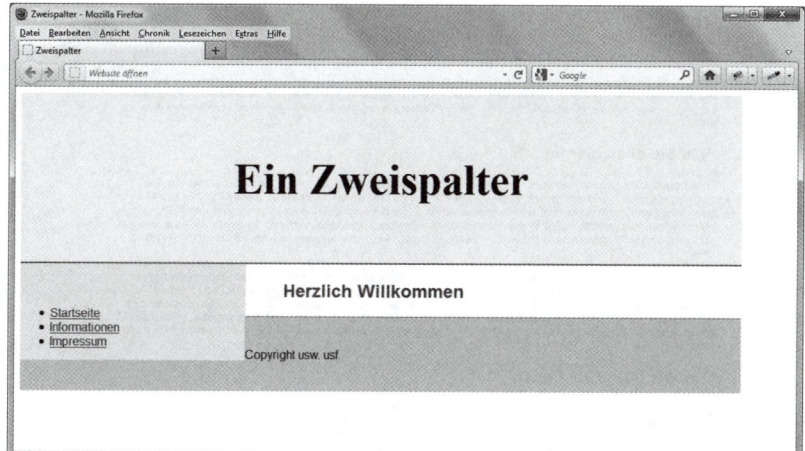

Abbildung 10.18:
Ohne clear: left *umfließt*
die Fußzeile die Navigation,
was nicht erwünscht ist.

Gute Layouts sind so flexibel, dass sie mit den unterschiedlichsten Situationen zurechtkommen – und eben auch etwa mit dem Fall, dass der Inhaltsbereich kürzer wird als die Navigation; auch wenn es einem vielleicht unwahrscheinlich vorkommt, dass dieser Fall auftritt.

10.2.5 Zentrieren

Häufig werden Layouts auf dem Bildschirm zentriert. Um ein Element zu zentrieren, müssen der rechte und der linke Außenabstand gleich groß sein.

Box mit flexibler Breite zentrieren

Wenn Sie eine Box mit einer flexiblen Breite hätten, könnten Sie sie zentrieren, indem Sie den rechten und den linken Außenabstand auf den gleichen Wert setzen.

Ein Beispiel demonstriert das. Im HTML-Teil befindet sich ein Element mit einer passenden id:

```
<div id="zentriert">
<!-- dadrinnen stehen Absätze etc. -->
</div>
```

Im CSS-Teil erhält der Bereich eine Hintergrundfarbe, damit gut zu erkennen ist, wie weit er sich erstreckt. Zusätzlich wird als Außenabstand für rechts und links der Wert 10% gewählt.

```
#zentriert {
  background-color: yellow;
  margin: 0 10%;
}
```

Listing 10.16:
*Ausschnitt aus zentrierung_*
flexible_box.html

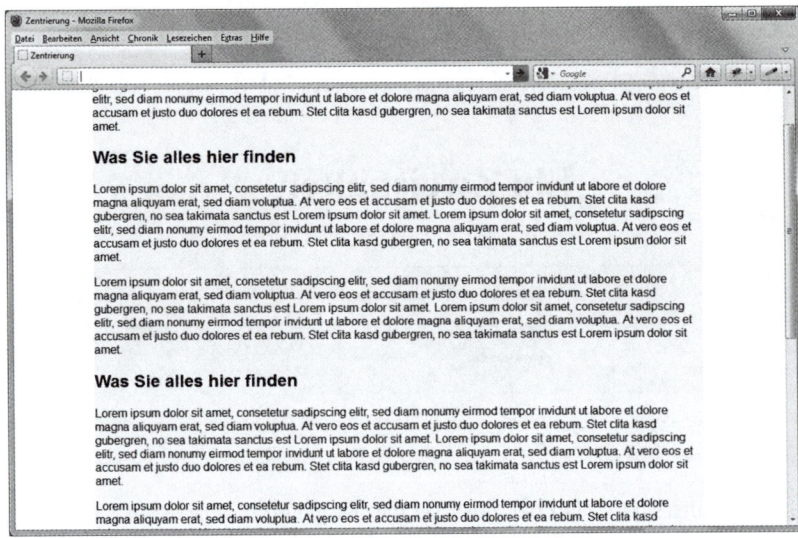

Elemente mit fester Breite zentrieren

Wenn wir das Layout aus dem Beispiel zentrieren wollen, ist der Fall anders gelagert: Die Breite des Bereichs ist festgelegt und nicht flexibel wie im letzten Beispiel. Wir brauchen keine festen Werte für `margin` anzugeben, denn diese sollen flexibel sein, je nach Größe des Browserfensters. Das geht über den Wert `auto`:

Listing 10.17:
Durch Ergänzung von margin
wird der #container *zentriert*
(zweispalter_zentriert.html).

```
#container {
  width: 960px;
  background: url(spalten_simulieren.gif) repeat-y;
  margin: 0 auto;
}
```

Abbildung 10.20:
Das Layout ist zentriert.

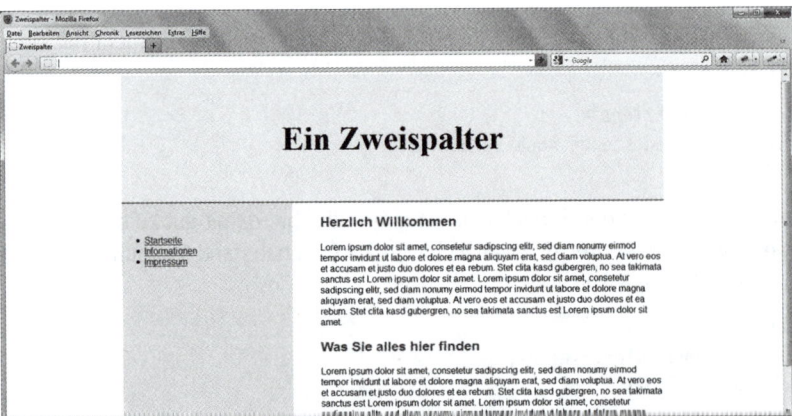

10.3   Seitenfüllende Kopf- und Fußzeile

Bei der folgenden Layoutvariante, die man insbesondere häufig bei Blogs sieht, gehen Kopf- und Fußzeile über die gesamte Breite des Bildschirms.

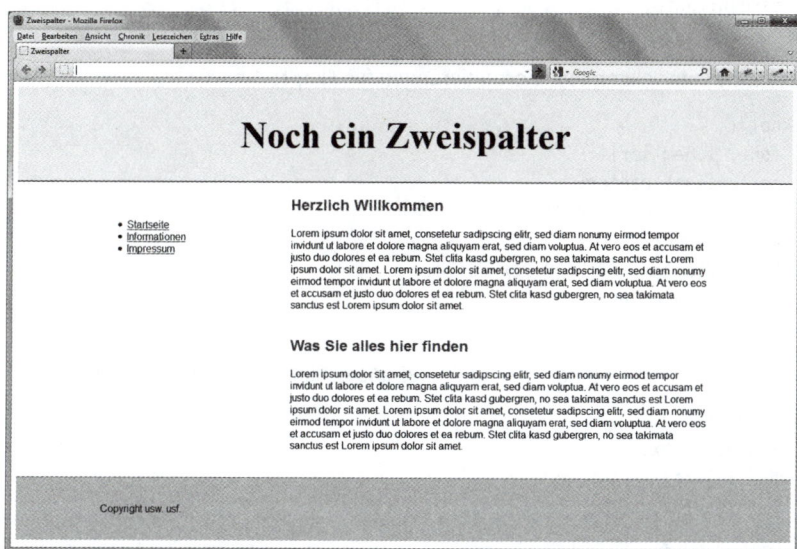

Abbildung 10.21:
Die Kopf- und die Fußzeile gehen über die gesamte Breite des Bildschirms.

Um das nachzubauen, müssen wir die HTML-Struktur ein bisschen anpassen. Es gibt keinen umfassenden Container mehr, sondern dieser umspannt nur noch #navigation und #inhalt. #kopf und #fuss befinden sich außerhalb.

```
<div id="kopf">
  <h1>Noch ein Zweispalter</h1>
</div>
<div id="container">
  <div id="navigation"></div>
  <div id="inhalt"> </div>
</div>
<div id="fuss"> <p>Copyright usw. usf.</p></div>
```

Beim CSS-Code bleibt der Anfang wie gehabt: body erhält grundlegende Formatierungen:

```
body {
  font: 100% sans-serif;
  color: #000;
  background-color: #fff;
}
```

Der `#container`, der ja hier nur noch `#navigation` und `#inhalt` umfasst, erhält wieder die gewünschte Breite und wird zentriert.

```
#container {
  width: 960px;
  margin: auto;
}
```

Es gibt wieder allgemeine Formatierungen für `#kopf`:

```
#kopf {
  font: 1.8em serif;
  text-align: center;
  background-color: #e3f5f3;
  color: #000;
  border-bottom: #6f7400 2px solid;
  padding: 40px 0px;
}
```

`#navigation` wird wieder links gefloatet und erhält die gewünschte Breite:

```
#navigation {
  width: 300px;
  float: left;
  padding-top: 40px;
}
```

`#inhalt` wird durch `margin-left` von `#navigation` weggehalten:

```
#inhalt {
  margin-left: 300px;
}
h2 {
  color: #565919;
}
p {
  margin-bottom: 40px;
}
```

Das klassische Verhalten von Blockelementen – und div *ist ein Blockelement – ist ja, dass sie so breit werden, wie ihnen Platz zur Verfügung steht.*

Jetzt wird `#fuss` formatiert. Dabei gibt es keine Breitenangabe. `#fuss` ist durch keinen `#container` oder so beschränkt und wird damit so breit, wie er werden kann.

```
#fuss {
  background-color: #dad6b1;
  padding: 40px;
  color: #000;
  border-top: 1px solid #b08580;
  clear: left;
}
```

Auch wenn sich #kopf und #fuss über die gesamte Breite des Browserfensters erstrecken sollen, soll der Inhalt von #kopf und #fuss sich nur in dem inneren Bereich von 960px befinden, in dem auch die sonstigen Inhalte platziert sind. Hierfür werden die Elemente innerhalb von #kopf und #fuss ausgewählt, sie erhalten eine Breite von 960px und den Wert margin: auto zur Zentrierung.

```css
#kopf h1, #fuss p {
  width: 960px;
  margin: auto;
}
```

Das gesamte Beispiel:

```html
<!DOCTYPE html>
<html>
<head>
<meta charset="utf-8" />
<title>Zweispalter</title>
<style>
body {
  font: 100% sans-serif;
  color: #000;
  background-color: #fff;
}
#container {
  width: 960px;
  margin: auto;
}
#kopf {
  font: 1.8em serif;
  text-align: center;
  background-color: #e3f5f3;
  color: #000;
  border-bottom: #6f7400 2px solid;
  padding: 40px 0px;
}
#navigation {
  width: 300px;
  float: left;
  padding-top: 40px;
}
#inhalt {
  margin-left: 300px;
}
h2 {
  color: #565919;
}
```

Listing 10.18:
Kopf- und Fußzeile gehen über die gesamte Breite (zweispalter_kopffussbildschirmf.html).

Tipp

Im Beispiel passt diese Variante, weil sich innerhalb von #kopf und #fuss jeweils nur ein Kindelement – ein h1 und ein p befinden. Wären es mehrere, würde es sich empfehlen, diese wiederum in einem div-Element zusammenzufassen.

```
p {
  margin-bottom: 40px;
}
#fuss {
  background-color: #dad6b1;
  padding: 40px;
  color: #000;
  border-top: 1px solid #b08580;
  clear: left;
}
#kopf h1, #fuss p {
  width: 960px;
  margin: auto;
}
</style>
</head>
<body>
  <div id="kopf"></div>
  <div id="container">
    <div id="navigation"></div>
    <div id="inhalt"></div>
  </div>
 <div id="fuss"> <p>Copyright usw. usf.</p></div>
</body>
</html>
```

10.4   Layout in Prozent

Bisher wurde durchgängig mit Pixeln als Einheit gearbeitet, aber es lassen sich auch Layouts erstellen, die sich an die Breite des Bildschirms anpassen.

10.4.1 Container flüssig – Navigation feste Breite

In der ersten Variante machen wir es uns leicht: Wir nehmen *zweispalter_fuss. html* als Basis und ändern nur die Breitenangaben des umfassenden Containers. Wir geben einfach keine Breite an – damit nimmt er so viel Platz ein, wie er bekommen kann.

Dadurch gibt es aber zu viel Spielraum für das Layout – bei einem Riesenbildschirm würden die Zeilen im Inhaltsbereich sehr breit werden, was die Lesbarkeit erschweren würde. Deswegen begrenzen wir die Breite durch einen Maximalwert. Ebenso geben wir einen Minimalwert an – bis zu welcher Breite das Layout immer schmaler werden soll.

```css
#container {
  background: url(spalten_simulieren.gif) repeat-y;
  margin: 0 auto;
  min-width: 700px;
  max-width: 65em;
}
```

Listing 10.19:
Ein flüssiger Zweispalter mit Mini-mal- und Maximalbreitenangabe (zweispalter_fluessig.html)

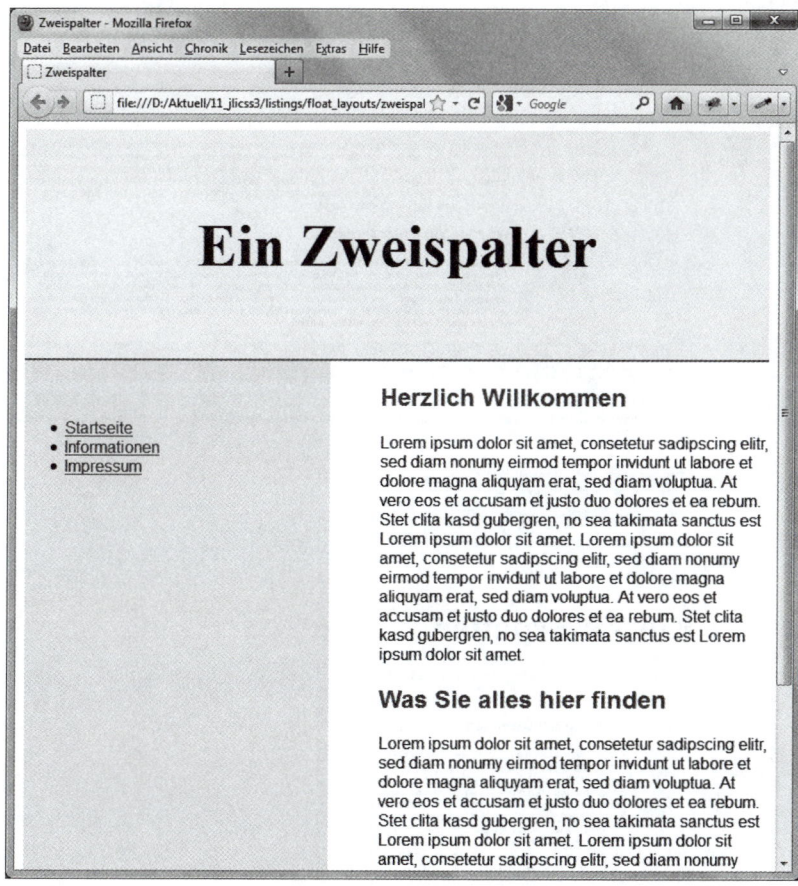

Abbildung 10.22:
Jetzt kann das Layout auch ganz schmal werden ...

Wenn Sie das Beispiel betrachten und ausprobieren, werden Sie merken, dass sowohl Gesamtbreite als auch Inhaltsbereich sich flexibel in Maßen anpassen. Allerdings bleibt die Navigation in derselben Breite – hier hatten wir auch keine Änderung durchgeführt.

10.4.2 Navigation und Inhaltsbereich ganz flüssig

Um ein Layout zu erstellen, bei dem die beiden Bereiche flüssig sind, ist ein bisschen mehr Aufwand notwendig.

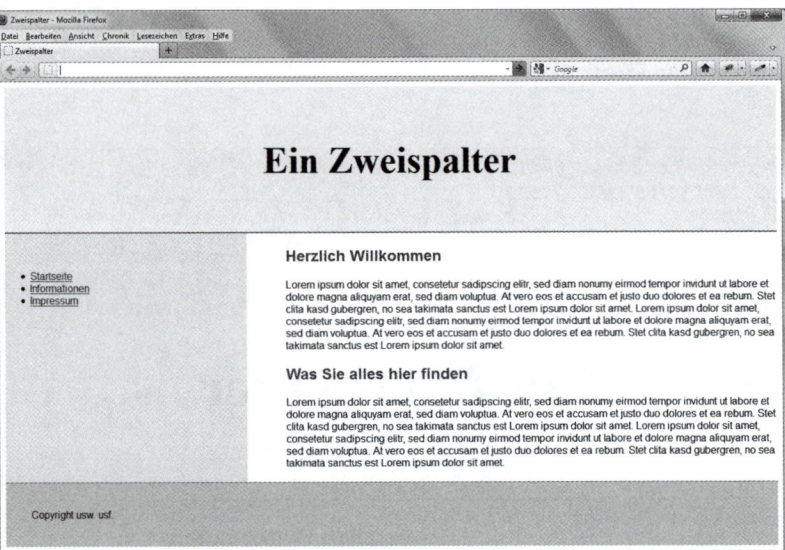

Abbildung 10.23:
Bei der erweiterten Variante ist
auch die Navigation flüssig, d.h.
sie passt sich in der Breite an.
Hier mal breiter …

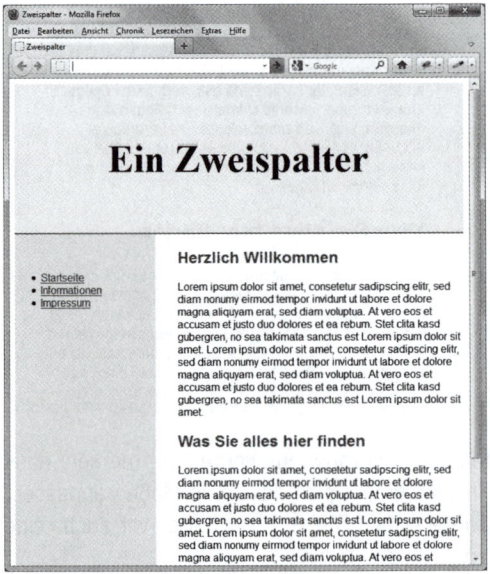

Abbildung 10.24:
… und mal schmaler.

Die Formatierungen für den #container können wir übernehmen – die Angabe zum Hintergrundbild müssen wir allerdings herausnehmen, da das mit seinen festen Werten nicht passt.

```
#container {
  margin: 0 auto;
  min-width: 650px;
  max-width: 75em;
}
```

Außerdem habe ich weniger für die Mindestbreite und einen größeren Wert für die Maximalbreite angegeben, damit Sie die verschiedenen Varianten besser austesten können. Bei echten Projekten müssen Sie pragmatisch an diese Frage herangehen und schauen, wie viel Breite mindestens notwendig sind, damit es benutzbar ist, und bis zu welcher Maximalbreite die Texte noch gut lesbar sind.

Die Breite der Navigation soll jetzt in Prozent angegeben werden. Aber was ist der richtige Prozentwert? Um ihn zu ermitteln, müssen wir von der ursprünglichen Breite ausgehen – das waren 300px – und dies durch den ursprünglichen Kontext – die 960px Gesamtbreite – teilen. Mein Taschenrechner gibt hier 0,312 als Wert an. Wenn wir das mit 100 multiplizieren, haben wir den gewünschten Prozentwert von 31.25%.

> Denken Sie daran, dass Sie bei CSS-Fließkommazahlen immer einen Punkt statt eines Kommas schreiben müssen!

Die Formel, die wir hier verwendet haben, stammt übrigens von Ethan Marcotte (*http://www.alistapart.com/articles/fluidgrids/*).

> Um Pixelangaben in Prozent umzurechnen, nehmen Sie die Zielbreite geteilt durch die Breite des Kontexts.

Genauso berechnen wir den Außenabstand für den Inhaltsbereich. Er war ursprünglich 350px. In Prozent ergibt das den Wert 36.458% (350px/960px * 100).

Damit haben wir die beiden Angaben für `#navigation` und `#inhalt`.

```
#navigation {
  background-color: #ebeae3;
  width: 31.25%;
  float: left;
  padding-top: 40px;
}
#inhalt {
  margin-left: 36.458%;
}
```

Tipp

Am einfachsten ist es – und das geht etwa beim Format Gif unproblematisch – das ursprünglich passende Bild im Bildbearbeitungsprogramm zu skalieren.

Listing 10.20:
Ausschnitt aus zweispalter_fluessig_2.html

Tipp

Dass das klappt, liegt an der Bedeutung von Prozentangaben bei Hintergrundbildern. Bei einer Angabe von 50% 0 wird die Stelle, die 50% auf dem Bild entspricht, bei 50% des umgebenden Elements platziert.

Abbildung 10.25:
Dreispalter – hinzugekommen ist eine weitere Spalte rechts.

Bleibt noch das Problem der gleich langen Spalten. Und auch dafür gibt es einen Trick. Sie erstellen ein Hintergrundbild, das so eingefärbt ist wie die ursprünglichen Bereiche, aber so breit, dass es auch für den größten Bildschirm ausreicht. Ich habe hier einmal 2400px Breite genommen. Die Bereiche müssen jetzt im selben Verhältnis eingefärbt sein wie die beiden Spalten, die Sie brauchen. Im Beispiel müssen 31,25% des Hintergrundbilds die Farbe der Navigation haben, die restlichen haben die Farbe des Hintergrunds des Inhaltsbereichs.

Damit das Bild beim Einfügen immer an der richtigen Stelle ist, geben Sie den Wert, den es von links haben soll, als Prozentwert an.

```
#container {
    background: url(spalten_simulieren_fluessig.gif) 31.25% 0% repeat-y;
    margin: 0 auto;
    min-width: 650px;
    max-width: 75em;
}
```

10.5 Dreispalter

Sehen wir uns an, wie sich ein Dreispalter realisieren lässt.

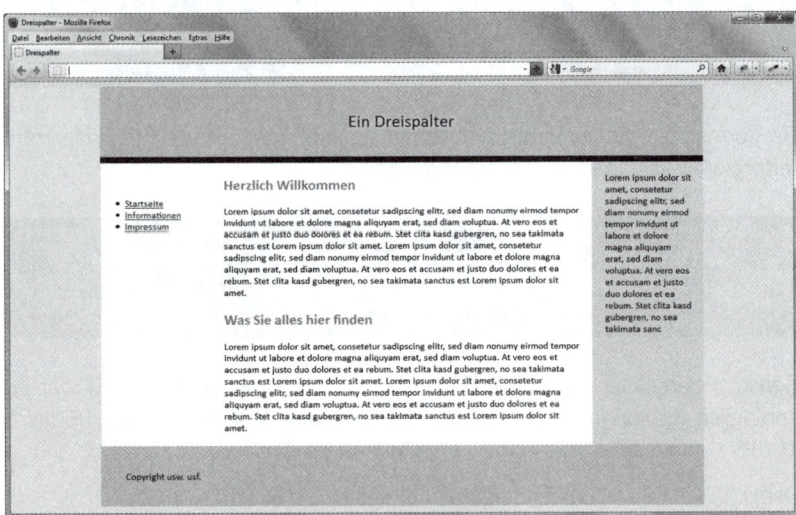

Im HTML-Code wird ein weiterer `div`-Bereich mit `id="seite"` ergänzt. Damit sieht die Grundstruktur jetzt folgendermaßen aus:

```
<div id="container">
  <div id="kopf"> </div>
  <div id="navigation"> </div>
```

```
    <div id="seite">  </div>
    <div id="inhalt">  </div>
    <div id="fuss"></div>
</div>
```

Bevor wir uns die Details ansehen, ein paar grundlegende Überlegungen zur Aufteilung:

*   #navigation wird wieder links gefloatet und #inhalt mit einem passenden Außenabstand versehen.

*   #seite wird hingegen rechts gefloatet – und braucht auch eine passende Breitenangabe.

```
#seite {
  background-color: #E3E4E4;
  width: 140px;
  padding: 0px 20px;
  float: right;
}
```

Beim Inhaltsbereich müssen wir zusätzlich nach rechts einen Außenabstand in der Größe von #seite angeben. Dafür müssen wir die Gesamtbreite des Seitenbereichs berechnen:

140px (width) + 20px (padding-left) + 20px (padding-right) = 180px;

Da nach rechts ein bisschen zusätzlicher Abstand sein soll, nehme ich hier im Beispiel für margin-right den Wert 200px.

```
#inhalt {
  background-color: #fff;
  margin-left: 200px;
  margin-right: 200px;
  padding-top: 1px;
}
```

Das sind die entscheidenden Formatierungen, um die drei Elemente nebeneinander anzuordnen.

Bleibt noch das Problem mit den gleich langen Spalten. Im Beispiel hat nur #seite eine Hintergrundfarbe. In diesem Fall brauchen wir also ein Hintergrundbild, das die Hintergrundfarbe von Navigation und Inhalt hat und deren Breite. Daran schließt sich dann die Hintergrundfarbe für #seite an.

Abbildung 10.26:
Das Hintergrundbild zur
Simulation der Spalten

Das sind die entscheidenden Formatierungen. Außerdem gibt es ein paar weitere Ergänzungen beim Layout. Gehen wir die gesamten Formatierungen schrittweise durch.

Zuerst stehen die Formatierungen für body.

```
body {
  font-size: 100%;
  color: #000;
  background-color: #EBEBEA;
  font-family: Frutiger, "Frutiger Linotype", Univers, Calib-
ri, "Gill Sans", "Gill Sans MT", "Myriad Pro", Myriad, "DejaVu Sans Con-
densed", "Liberation Sans", "Nimbus Sans L", Tahoma, Geneva, "Helveti-
ca Neue", Helvetica, Arial, sans-serif;;
}
```

Der #container ist auf 980px gesetzt – damit wir etwas mehr Platz haben, schließlich sind drei Spalten unterzubringen. Außerdem wird beim #container das angepasste Bild zum Simulieren von Spalten eingefügt. Er wird auch wieder zentriert.

```
#container {
  width: 980px;
  background-image: url(spalten_simulieren_2.gif);
  margin: 0 auto;
}
```

Beim Kopf werden ein paar farbliche Änderungen durchgeführt.

```
#kopf {
  text-align: center;
  background-color: #C3DFB7;
  color: #333;
  padding: 20px 0px;
  border-bottom: #333 10px solid;
}
```

Die Formatierungen für die im Kopfbereich befindliche Überschrift sind ein biss-chen Spielerei – wie etwa der Textschatten. Bei einem echten Layout hätte man hier üblicherweise ein Logo, das das Ganze etwas aufpeppt, was wir hier nicht haben.

```
#kopf h1 {
  font-weight: normal;
  text-shadow: white 2px 1px 5px;
  font-size: 1.8em;
}
```

Die Formatierung der Navigation ist fast unverändert, sie ist nur etwas schmaler geworden – 200px. Außerdem wird sie links gefloatet.

```
#navigation {
  width: 200px;
  float: left;
  padding-top: 40px;
}
```

Es folgen die Formatierungen für die dritte Spalte: Sie erhält eine Breitenangabe und wird rechts gefloatet.

```css
#seite {
  background-color: #E3E4E4;
  width: 140px;
  padding: 0px 20px;
  float: right;
}
```

Beim Inhaltsbereich gibt es jetzt Außenabstände nach rechts und links, in die die beiden Elemente – #navigation und #seite – hineinpassen.

```css
#inhalt {
  background-color: #fff;
  margin-left: 200px;
  margin-right: 200px;
  padding-top: 1px;
}
```

Beim Fußbereich gibt es noch eine wichtige Änderung, neben den kleinen Farbanpassungen. Wichtig ist ja, dass der Fußbereich **sowohl unterhalb der #navigation als auch unterhalb von #seite** platziert ist. Deswegen genügt clear: left nicht mehr, sondern wir brauchen ein clear: both.

```css
#fuss {
  background-color:#C3DFB7;
  padding: 40px;
  color: #000;
  clear: both;
}
```

Schließlich folgen noch ein paar allgemeine Formatierungen.

```css
h2 {
  color: #FF8546;
}
p {
  margin-bottom: 20px;
}
```

Auch die Links erhalten eine andere Farbe. In Kapitel 12 kümmern wir uns aber dann ausführlich um die Gestaltung von Navigationsleisten und werden diese auch in unsere Layouts integrieren.

```css
a {
  color: #333;
}
```

Hier sehen Sie das Beispiel einmal komplett:

Listing 10.21:
Der Code für den Dreispalter
(dreispalter_float.html)

```
<!DOCTYPE html>
<html>
<head>
<meta charset="utf-8" />
<title>Dreispalter</title>
<style>
body {
  font-size: 100%;
  color: #000;
  background-color: #EBEBEA;
  font-family: Frutiger, "Frutiger Linotype", Univers, Calib-
ri, "Gill Sans", "Gill Sans MT", "Myriad Pro", Myriad, "DejaVu Sans Con-
densed", "Liberation Sans", "Nimbus Sans L", Tahoma, Geneva, "Helveti-
ca Neue", Helvetica, Arial, sans-serif;;
}
#container {
  width: 980px;
  background-image: url(spalten_simulieren_2.gif);
  margin: 0 auto;
}
#kopf {
  text-align: center;
  background-color: #C3DFB7;
  color: #333;
  padding: 20px 0px;
  border-bottom: #333 10px solid;
}
#kopf h1 {
  font-weight: normal;
  text-shadow: white 2px 1px 5px;
  font-size: 1.8em;
}
#navigation {
  width: 200px;
  float: left;
  padding-top: 40px;
}
#seite {
  background-color: #E3E4E4;
  width: 140px;
  padding: 0px 20px;
  float: right;
}
```

```
#inhalt {
  background-color: #fff;
  margin-left: 200px;
  margin-right: 200px;
  padding-top: 1px;
}
h2 {
  color: #FF8546;
}
p {
  margin-bottom: 20px;
}
#fuss {
  background-color:#C3DFB7;
  padding: 40px;
  color: #000;
  clear: both;
}
a {
  color: #333;
}
</style>
</head>
<body>
  <div id="container">
    <div id="kopf"></div>
    <div id="navigation"></div>
    <div id="seite"></div>
    <div id="inhalt"></div>
    <div id="fuss">Copyright usw. usf.</div>
  </div>
</body>
</html>
```

10.6   Profitrick: 100% Höhe

Häufig wird ein Layout gewünscht, das immer 100% Höhe hat, wobei sich die Fußzeile immer unten befinden soll.

Ganz korrekt ist diese Formulierung allerdings nicht – denn genau genommen soll das Layout immer nur **mindestens 100% Höhe** haben. Wird es einmal mehr Inhalt, soll die Webseite natürlich höher werden, sodass man den unteren Teil durch Scrollen erreicht. Das verrät auch schon eine wichtige Zutat für dieses Layout: eine Mindesthöhe von 100%.

Abbildung 10.27:
Das Layout nimmt immer 100%
der Höhe des Browserfensters
ein – die Fußzeile befindet sich
ganz unten.

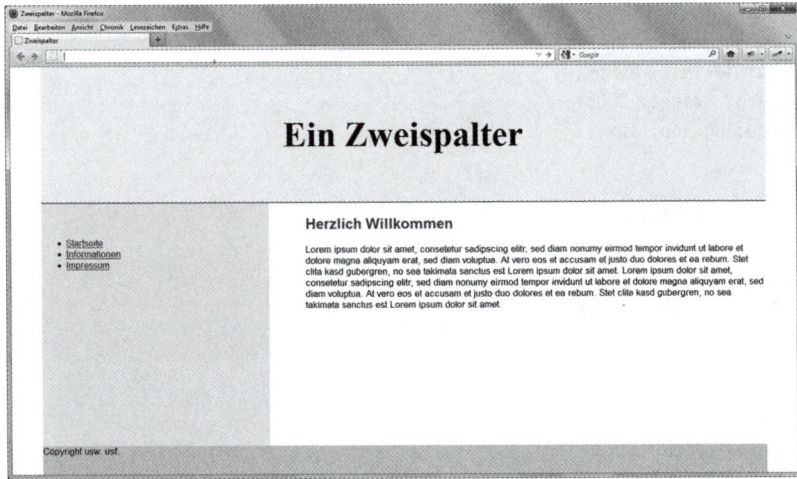

Als Basis nehmen wir das flüssige Zweispaltenlayout (*zweispalter_fluessig_2. html*).

Eine wichtige Änderung gibt es im HTML-Code: Die **Fußzeile wird außerhalb des umfassenden Containers** platziert.

```
<div id="container">
  <div id="kopf"></div>
  <div id="navigation"></div>
  <div id="inhalt"> </div>
</div>
<div id="fuss">Copyright usw. usf.</div>
```

Außerdem habe ich einige der Inhalte aus `#inhalt` entfernt, damit im Normalzustand das Layout eindeutig weniger hoch ist als das Browserfenster.

Zu den Formatierungen: Erst einmal müssen sowohl body als auch `html` auf 100% Höhe definiert werden und die Außen- und Innenabstände müssen entfernt werden:

```
body, html {
  height: 100%;
  margin: 0;
  padding: 0;
}
```

Eine Höhenangabe in Prozent, wie wir sie gleich anwenden werden, funktioniert nur, wenn das Elternelement ebenfalls eine definierte Höhe hat – daher müssen wir body und `html` auf 100% Höhe setzen.

Dann kommen die Formatierungen für #container: Er enthält wie gewohnt das Hintergrundbild, die Breitenangaben, die Außenabstände und – das ist neu – eine Mindesthöhe von 100%:

```
#container {
  background: url(spalten_simulieren_fluessig.gif) 31.25% 0% repeat-y;
  margin: 0 auto;
  min-width: 650px;
  max-width: 75em;
  min-height: 100%;
}
```

Bei der Formatierung von #kopf und #navigation ändert sich nichts. Eine wichtige Änderung betrifft jedoch #inhalt: Er erhält ein padding nach unten in der Höhe, die wir gleich für #fuss definieren werden.

```
#inhalt {
  margin-left: 36.458%;
  padding-bottom: 3em;
}
```

Neu ist hier das padding-bottom.

Dann kommt es zu den entscheidenden Formatierungen für den #fuss. Er erhält eine Höhe von 3em – dieselbe Höhe, die wir als padding-bottom für #inhalt definiert hatten. Außerdem erhält er einen **negativen Wert** für margin-top in derselben Größe (3em), der dafür sorgt, dass der Fuß in den freien Bereich hineingezogen wird.

Die weiteren Formatierungen bewirken, dass #fuss dieselbe Breite hat wie #container. Beim ursprünglichen Layout war #fuss ja im HTML-Code innerhalb von #container angeordnet und deswegen war dies dort nicht notwendig.

```
#fuss {
  background-color: #dad6b1;
  color: #000;
  clear: left;
  height: 3em;
  margin-top: -3em;
  min-width: 650px;
  max-width: 75em;
  margin-left: auto;
  margin-right: auto;
}
```

Listing 10.22:
Mit diesen Formatierungen füllt das Layout auch bei wenig Inhalt die gesamte Höhe des Browserfensters (100prozent_hoehe.html).

10.7 Bildergalerie mit float

Auch für Bildergalerien eignet sich float sehr gut. Das Schöne daran: Sie können ganz flexible Bildergalerien erstellen, bei denen sich die Anzahl der nebeneinander angezeigten Bilder an die Größe des Bildschirms anpasst.

Abbildung 10.28:
Bei viel Platz können vier und
mehr Bilder angezeigt werden.

Abbildung 10.29:
Bei etwas weniger Platz werden
drei Bilder nebeneinander
angezeigt ...

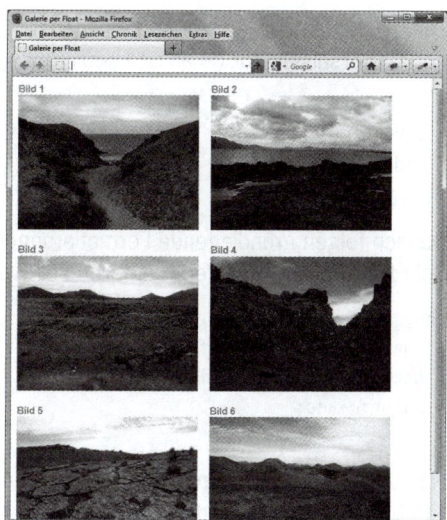

Abbildung 10.30:
... oder auch nur zwei
oder weniger Bilder.

Zur Umsetzung. Zuerst muss man sich überlegen, welcher HTML-Code für eine Bildergalerie passend ist. Eigentlich handelt es sich um eine Reihe von Bildern – eine Liste von Bildern. Eine untergeordnete Liste ist eine gute Struktur dafür. Innerhalb der Listenelemente werden die Bildüberschriften und die Bilder eingefügt.

```
<ul id="galerie">
  <li>
    <h4>Bild 1</h4>
    <img src="bilder/landschaft_01.jpg" alt="Landschaft" />
  </li>
  <li>
    <h4>Bild 2</h4>
    <img src="bilder/landschaft_02.jpg" alt="Landschaft" />
  </li>
<!-- und weitere Bilder -->
</ul>
```

Hinweis

*Diese Methode nennt man
auch den globalen Reset. Sie
funktioniert meist ganz gut,
ist aber nicht so schön wie
ein differenzierter Reset. Bei
dem werden für alle Elemente
aufgezählte und passende
Formatierungen vergeben.
Ein Beispiel hierzu sehen Sie in
Kapitel 16.*

Zuerst werden alle Außen- und Innenabstände auf 0 gesetzt. Dafür geben Sie den Universalselektor (*) an und setzen margin und padding auf 0.

```
* {
  margin: 0;
  padding: 0;
}
```

Danach folgen grundlegende Formatierungen für body: Es wird eine serifenlose Schrift gewählt, die Hintergrundfarbe soll Weiß sein und die Schriftfarbe Grau.

```
body {
  font: 100% sans-serif;
  background-color: white;
  color: #aaa;
}
```

Nun geht es an die Formatierung der eigentlichen Galerie. Hierfür müssen die li-Punkte gefloatet werden, damit sie nebeneinander dargestellt werden. Diese Formatierung soll sich nicht auf alle li-Elemente beziehen, sondern nur auf die li-Elemente in der Galerie. Das ul-Element der Galerie hatte die id="galerie" erhalten, sodass Sie über den Selektor #galerie li gezielt die li-Elemente innerhalb der Galerie ansprechen.

```
#galerie li {
  list-style: none;
  padding: 10px;
  float: left;
}
```

Über list-style: none werden die Aufzählungsbullets entfernt. padding: 10px bewirkt ein bisschen Abstand ringsherum.

Das Beispiel gesamt:

```
<!DOCTYPE html>
<html>
<head>
  <meta charset="utf-8" />
  <title>Galerie per Float</title>
<style>
* {
  margin: 0;
  padding: 0;
}
body {
  font: 100% sans-serif;
  background-color: white;
  color: #aaa;
}
```

```
#galerie li {
  list-style: none;
  padding: 10px;
  float: left;
}
</style>
</head>
<body>
<ul id="galerie">
  <li>
    <h4>Bild 1</h4>
    <img src="bilder/landschaft_01.jpg" alt="Landschaft" />
  </li>
<!-- weitere li-Elemente ausgelassen -->
</ul>
</body>
</html>
```

10.8 Zusammenfassung

float ist eine sehr wichtige Eigenschaft für die Erstellung von Layouts. Sie kann die Werte left, right oder none annehmen.

Wenn Sie ein Element floaten, also etwa float: left angeben, so bewirkt das zweierlei. Zuerst einmal wird das Element damit links angeordnet – und zwar soweit es geht nach oben. Außerdem fließen dann die Inhalte der nachfolgenden Elemente um das Element herum.

Um dieses Umfließen zu beenden, können Sie bei einem nachfolgenden Element clear angeben. clear: left beendet das Umfließen, das durch float: left ausgelöst war. Entsprechend macht es clear: right bei float: right. Mit clear: both stoppen Sie das Umfließen in beide Richtungen.

Eine etwas seltsame Erscheinung ist, dass eigentlich umfassende Elemente, in denen sich gefloatete Elemente befinden, so tun, als wären die gefloateten Elemente nicht da. Deswegen kann es sein, dass ein gefloatetes Element aus einem Elterncontainer herausragt. Es gibt verschiedene Methoden, um Elternelemente dazu zu bringen, die gefloateten Elemente zu umschließen. Einfach anzuwenden ist die Ergänzung von overflow: hidden beim Elternelement. Eine andere Möglichkeit ist die clearfix-Klasse.

Eine probate Möglichkeit, einen Zweispalter zu erstellen, ist es, das eine Element etwa links zu floaten und dem zweiten Element einen Außenabstand in der Breite des gefloateten Elements zu geben.

Sie haben mehrere Varianten für Layouts kennengelernt. Auch bei der Einheit kann man variieren: Es lassen sich Layouts in Pixel erstellen, in Prozent (oder auch in em). Layouts in Pixel haben den Vorteil, dass sie bei der Erstellung relativ »berechenbar« und vorhersagbar sind. Es gibt etwa ein vordefiniertes Verhältnis von Bildelementen zu Textelementen.

Layouts in Prozent sind flexibler und nutzen den zur Verfügung stehenden Platz besser aus. Allerdings sollten Sie die Flexibilität etwas begrenzen und mit Maximalbreite (`max-width`) und Minimalbreite (`min-width`) arbeiten, innerhalb derer sich Ihr Layout bewegen soll.

Außerdem haben Sie eine Formel gesehen, mit der sich die Größenangaben aus einem Pixellayout in Prozentwerte umrechnen lassen. Die magische Formel von Ethan Marcotte lautet: Breite geteilt durch Kontext ergibt den Zielwert.

Tabelle 10.1:
Browserunterstützung der
vorgestellten Eigenschaften

CSS-Eigenschaft	Erläuterung	CSS	Firefox	Safari	Chrome	Opera	IE	Alternativen
float	Element fließt in angegebener Richtung	1	ja	ja	ja	ja	ja	
clear	Umfließen beenden	1	ja	ja	ja	ja	ja	

10.9 Übungen

1. Sie finden in Ihrem Übungsordner das Dokument *galerie.html*. Führen Sie die notwendigen Formatierungen aus, damit es folgendermaßen aussieht:

Abbildung 10.31:
Gewünschte Anordnung
von Texten und Bildern

In Ihrem Dokument sind schon einige Formatierungen vorbereitet, ergänzen Sie folgende:

- Die Bilder sollen links gefloatet werden.

- Es soll einen Abstand zwischen den Bildern und dem Text geben.

- Die Kästen mit den Bildern und Texten sollen ebenfalls nebeneinander platziert werden!

Die Lösung finden Sie unter *loesungen/galerie.html*. Drei Zeilen müssen ergänzt werden:

```
div {
  width: 500px;
  border: 1px solid #333;
  float: left; /* Bildcontainer nebeneinander anordnen */
  margin: 20px;
}
div img {
  float: left; /* Bilder links anordnen */
  padding-right: 10px; /* Abstand zwischen Bildern und Text */
}
```

Listing 10.24:
Das ergänzte Stylesheet
(loesungen/galerie.html)

2. In Ihrem Übungsordner steht das Dokument *uebungen/zweispalter.html*. Führen Sie die notwendigen Formatierungen durch, damit die Navigation rechts statt links angeordnet wird!

Dafür müssen Sie an zwei Stellen Anpassungen durchführen:

```
#navigation {
  width: 300px;
  float: right;
  padding-top: 40px;
}
#inhalt {
  margin-right: 350px;
}
```

Listing 10.25:
Rechte Navigation
(loesungen/zweispalter.html)

3. Sie haben gesehen, wie Sie ein Layout erstellen, das immer mindestens 100% der Höhe des Browserfensters einnimmt. Bilden Sie das mit einem einfachen Layout nach! Als Basis können Sie das Dokument *uebungen/100prozent.html* nehmen. Es enthält einen #container, einen #inhalt und einen #fuss.

Abbildung 10.32:
Das Layout ist immer mindestens
100% des Browserfensters hoch.

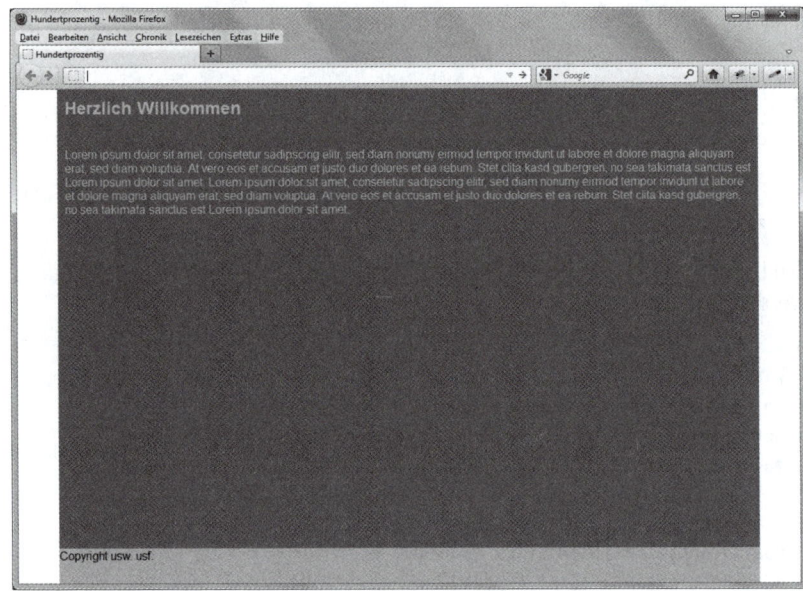

Die Lösung finden Sie auch unter *loesungen/100prozent.html*:

body und html müssen auf 100% gesetzt werden.

```
body, html {
  height: 100%;
  margin: 0;
  padding: 0;
}
```

#container erhält eine Mindesthöhe von 100%:

```
#container {
  margin: 0 auto;
  width: 960px;
  min-height: 100%;
  background-color: #4C9373;
  color: #DAD6B1;
}
```

Beim Inhaltsbereich gibt es nach unten einen Innenabstand von 3em:

```
#inhalt {
  padding-bottom: 3em;
}
```

Der #fuss braucht die Höhe von 3em und einen negativen Abstand nach oben von ebenfalls 3em. Damit er dieselbe Breite wie der Container hat, wird width: 960px definiert. margin-left und margin-right müssen außerdem auf auto gesetzt werden, damit auch die Fußzeile zentriert ist:

```
#fuss {
  background-color: #97DBBB;
  height: 3em;
  margin-top: -3em;
  width: 960px;
  margin-left: auto;
  margin-right: auto;
}
```

Listing 10.26:
Mindesthöhe von 100%
(loesungen/100prozent.html)

11 Positionierungen über position

Am Ende des Kapitels können Sie
- die verschiedenen Positionierungstypen benutzen
- ein Layout über `position` erstellen
- eine halbtransparente Bildbeschriftung auf einem Bild gestalten

Im letzten Kapitel haben Sie alles über die Eigenschaft `float` erfahren, mit der sich flexible Layouts gestalten lassen. Die Eigenschaft `position` ist eine weitere Möglichkeit, Elemente mit CSS anzuordnen.

In diesem Kapitel lernen Sie die verschiedenen Positionierungsarten kennen, bauen ein Layout und sehen, wie Sie eine halbtransparente Bildbeschriftung erstellen.

11.1 In Position!

Bei der Arbeit mit `position` sind meist zwei Dinge notwendig:

- Zunächst einmal legen Sie die Art der Positionierung fest. Zur Auswahl stehen `static`, `relative`, `absolute` und `fixed`.

- Außerdem legen Sie über die Eigenschaften `left`, `top`, `right` oder/und `bottom` fest, wo genau das Element positioniert werden soll.

```
#inhalt {
  position: absolute;
  left: 50px;
  top: 100px;
}
```

Im obigen Beispiel wird `#inhalt` absolut positioniert und um 100px von links und 50px von oben verschoben.

In CSS existieren verschiedene Arten der Positionierung, die über `position` bestimmt werden:

- `position: static` ist die Standardeinstellung. Mit dieser Eigenschaft werden die Elemente im normalen Textfluss des Dokuments angeordnet.

- Mit `position: relative` wird das Element durch die Angaben `left`, `top`, `right` oder/und `bottom` relativ zu seiner normalen Position verschoben. Mit normaler Position ist die Position gemeint, die das Element ohne Positionierung im HTML-Fluss hätte.

- Über `position: absolute` wird das Element aus dem normalen Dokumentfluss herausgenommen. Es wird in Relation zu seinem Elternelement verschoben, wenn dieses ebenfalls positioniert ist. Zur Angabe der Verschiebung dienen `left`, `top`, `right` oder/und `bottom`.

- position: fixed ist eine Abwandlung von position: absolute, bei der zusätzlich noch das betreffende Element fixiert ist, d.h., dass es beim Scrollen nicht mitscrollt.

Sehen wir uns die verschiedenen Positionierungsarten genauer anhand von Beispielen an.

11.2   Vorbereitung

Um die verschiedenen Arten der Positionierung zu vergleichen, nehmen wir folgendes HTML-Grundgerüst:

```
<div id="box1">Erste Box
</div>
<div id="box2">Zweite Box
  <div id="box3">Dritte Box</div>
</div>
<p>Lorem ipsum dolor sit amet.</p>
<!-- Hier folgt Text -->
```

Es gibt drei div-Bereiche:

- #box1 steht am Anfang.

- Dann folgt #box2.

- **Innerhalb** von #box2 befindet sich #box3.

Danach gibt es Text, der hier gekürzt wurde. Per CSS werden grundlegende Formatierungen festgelegt: Zuerst werden von body und html die Außen- und Innenabstände entfernt, damit die Inhalte ganz oben links beginnen:

```
body, html {
  margin: 0;
  padding: 0;
}
```

Dann werden für body grundlegende Farben und die Schrift definiert:

```
body {
  color: #312D2A;
  background-color: #FFF;
  font: 120% sans-serif;
}
```

Alle div-Elemente sollen dieselbe Breite (width) haben und erhalten außerdem einen Rahmen (border), damit man sie gut erkennen kann.

```
div {
  font-size: 20px;
  width: 300px;
  color: #DDCDC1;
  border: dotted 1px;
  padding: 50px;
}
```

Schließlich werden für die einzelnen div-Bereiche unterschiedliche Farben definiert, damit Sie sie besser voneinander unterscheiden können.

```
#box1 {
  background-color: #312D2A;   /* fast Schwarz */
}
#box2 {
  background-color: #E4AF3A;   /* Gelbton */
  color: #312D2A;
}
#box3 {
  background-color: #CD553C;  /* Rotton */
}
```

Listing 11.1:
Grundlage für die Position-
Beispiele (position.html)

Wie es derzeit aussieht, zeigt Abbildung 11.1.

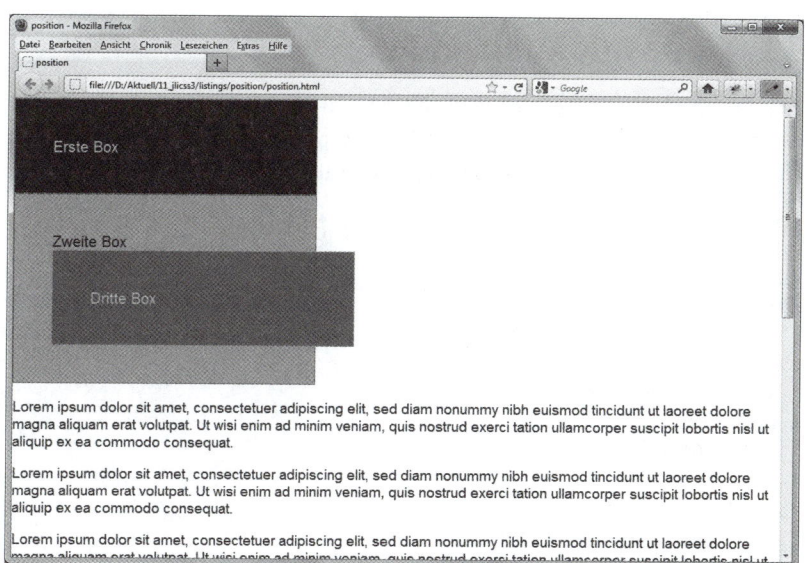

Abbildung 11.1:
Dieses Beispiel dient als Basis für
die Positionierungsexperimente.

11.3   position: static

Beginnen wir mit dem ersten Positionierungstyp. position: static ist der Normalfall: Die Elemente ordnen sich einfach im normalen Dokumentfluss an.

```
#box1 {
  background-color: #312D2A;  /* fast Schwarz */
  position: static;
}
#box2 {
  background-color: #E4AF3A;  /* Gelbton */
  color: #312D2A;
  position: static;
}
#box3 {
  background-color: #CD553C; /* Rotton */
  position: static;
}
```

Wenn Sie im Beispiel bei allen Boxen explizit position: static festlegen, so hat das keinerlei Auswirkungen. Das Beispiel sieht genauso aus, wie in Abbildung 11.1 gezeigt.

11.4   position: absolute

Interessanter wird es bei der Verwendung von position: absolute. Zuerst wenden wir dies bei #box2 an. Sie erhält neben position: absolute außerdem die Verschiebung, angegeben über top: 50px und left: 100px:

```
#box1 {
  background-color: #312D2A;
}
#box2 {
  background-color: #E4AF3A;
  color: #312D2A;
  position: absolute;
  top: 50px;
  left: 100px;
}
#box3 {
  background-color: #CD553C;
}
```

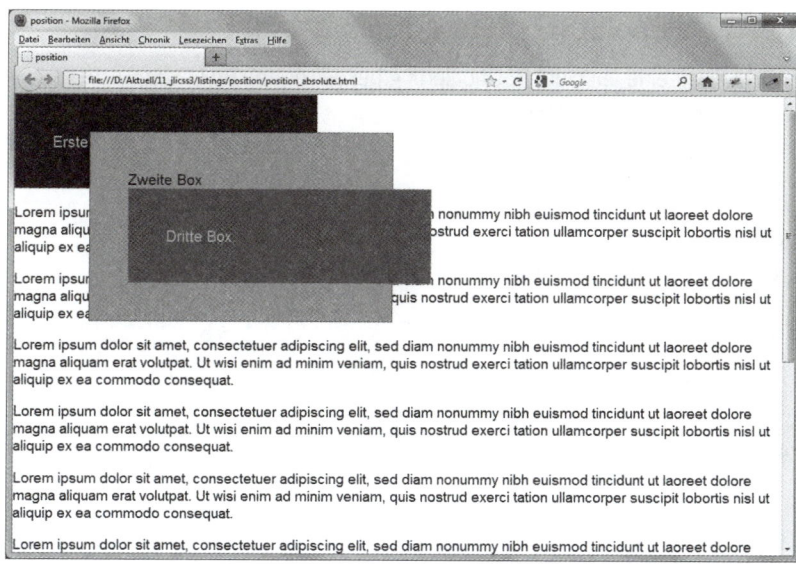

Sie sehen an der Abbildung, dass diese absolute Positionierung zweierlei bewirkt:

- Zuerst einmal wird die zweite Box samt ihrem Inhalt verschoben – um 50 Pixel von oben und 100px von links.

- Außerdem verhält sich der restliche Inhalt der Seite so, als würde die absolut positionierte Box nicht mehr existieren. Der Text schließt an die erste Box an. Es kommt hier auch zu Überlappungen, Teile des Textes sind verdeckt.

Dabei stellt sich die Frage, was der Bezugspunkt für die Verschiebung der zweiten Box ist. Von wo wird sie um 50px von oben und 100px von links verschoben? Im Beispiel ist es der Rand des Browserfensters.

 **Tipp**

> Ganz genau formuliert: Die obere linke Ecke des Browserfensters ist der Bezugspunkt für die Verschiebung mit position: absolute. Verschoben wird die linke obere Ecke der Box.

Aber nicht immer ist der Bezugspunkt bei der absoluten Positionierung das Browserfenster.

Das können Sie gut nachmessen über die Firefox-Erweiterung Webdeveloper Toolbar. Falls diese Toolbar nicht angezeigt wird, blenden Sie sie über ANSICHT / SYMBOLLEISTEN / WEB-DEVELOPER-SYMBOLLEISTE ein. Dann rufen Sie das Maßwerkzeug auf mit VERSCHIEDENES / MASSWERKZEUG EINBLENDEN. Jetzt können Sie ein Viereck in dem entsprechenden Bereich aufziehen und nachmessen.

11.4.1 Absolut ist nicht immer absolut

Ergänzen wir eine absolute Positionierung bei der dritten Box – die Werte für `top` und `left` können wir beibehalten.

```
#box1 {
    background-color: #312D2A;
}
#box2 {
    background-color: #E4AF3A;
    color: #312D2A;
    position: absolute;
    top: 50px;
    left: 100px;
}
#box3 {
    background-color: #CD553C;
    position: absolute;
    top: 50px;
    left: 100px;
}
```

Abbildung 11.3:
Die dritte Box ist jetzt ebenfalls
verschoben durch die absolute
Positionierung.

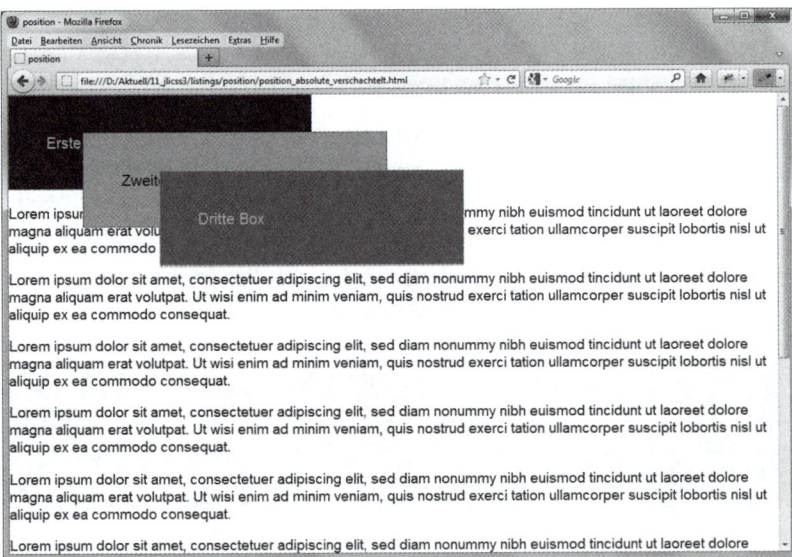

Wenn der Bezugspunkt für die Positionierung der dritten Box ebenfalls das Browserfenster wäre, so müssten sich die zweite und die dritte Box direkt übereinander befinden. Das tun sie aber nicht. Der Bezugspunkt für die Verschiebung der dritten Box ist hier die zweite Box!

Dafür verantwortlich sind zwei Dinge:

1. #box3 befindet sich innerhalb von #box2.

2. #box2 selbst ist positioniert.

Gegenbeweise

Die Position der dritten Box hängt wirklich damit zusammen, dass sie innerhalb einer positionierten Box ist. Das können Sie testen, indem Sie einmal die Positionierungsangaben von #box2 entfernen:

```
#box1 {
  background-color: #312D2A;
}
#box2 {
  background-color: #E4AF3A;
  color: #312D2A;
}
#box3 {
  background-color: #CD553C;
  position: absolute;
  top: 50px;
  left: 100px;
}
```

Listing 11.5:
Die absolute Positionierung ist bei der zweiten Box gelöscht (position_absolute_verschachtelt_a.html).

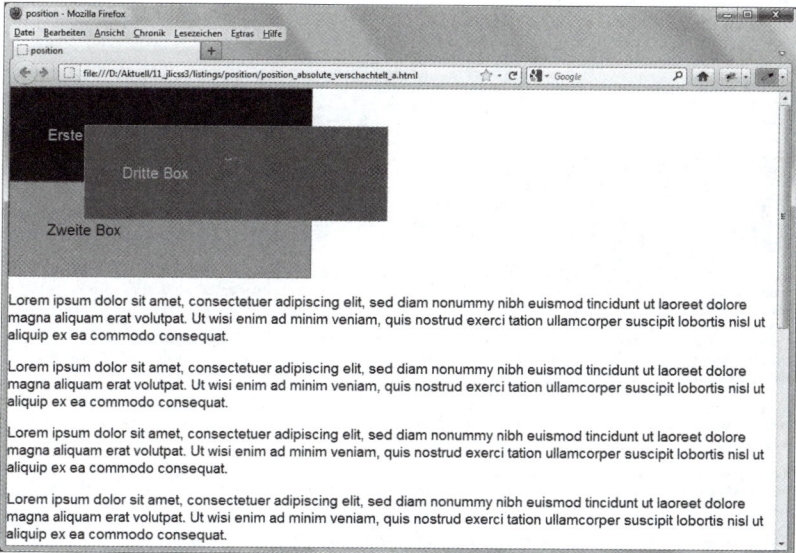

Abbildung 11.4:
Nur #box3 ist absolut positioniert – #box2 hingegen nicht.

In diesem Fall ist der Bezugspunkt für die Verschiebung von #box3 wieder der Rand des Browserfensters.

Dass die Verschachtelung eine wichtige Rolle spielt, wenn mehrere Elemente positioniert sind, können Sie ebenfalls testen: Vergleichen Sie das Beispiel *position_absolute_verschachtelt.html* (Abbildung 11.3) mit dem folgenden Fall, wo zwar beide Elemente absolut positioniert sind …

```css
#box1 {
    background-color: #312D2A;
}
#box2 {
    background-color: #E4AF3A;
    color: #312D2A;
    position: absolute;
    top: 50px;
    left: 100px;
}
#box3 {
    background-color: #CD553C;
    position: absolute;
    top: 50px;
    left: 100px;
}
```

… aber im HTML-Code die Verschachtelung der Bereiche aufgelöst ist:

Listing 11.6:
#box3 steht nicht mehr innerhalb von #box2, sondern unterhalb (position_absolute_verschachtelt_b.html).

```html
<div id="box1">Erste Box</div>
<div id="box2">Zweite Box</div>
<div id="box3">Dritte Box</div>
```

Abbildung 11.5:
#box2 ist nicht zu sehen, da sich #box3 genau über ihr befindet.

Tipp

Wenn mehrere positionierte Elemente übereinanderliegen, wird dasjenige zuoberst angezeigt, das im Quellcode am weitesten unten steht. Die Reihenfolge, in der sich überschneidende Elemente angezeigt werden, können Sie auch über die Eigenschaft z-index *steuern. Dazu etwas später mehr.*

In diesem Fall ist nur noch #box3 zu sehen: #box2 und #box3 befinden sich genau übereinander – die Position für die Verschiebung ist ja für beide der innere Rand des Browserfensters.

- Absolut positionierte Elemente werden aus dem Dokument-fluss herausgenommen, die anderen Elemente verhalten sich so, als wären die absolut positionierten Elemente nicht mehr da.

- Die Werte für top und left bewirken eine Verschiebung der linken oberen Ecke von absolut positionierten Elementen.

- Bezugspunkt für diese Verschiebung ist der innere Rand des Browserfensters, also das body-Element; außer die Elemente befinden sich selbst in einem positionierten Element, dann bietet dieses den Bezugspunkt.

11.4.2 Layout erstellen mit position: absolute

Mit position: absolute lassen sich Layouts erstellen – beispielsweise ein Zweispalter. Erst einmal brauchen wir den passenden HTML-Code – div-Elemente mit passenden ids:

```
<div id="kopf"></div>
<div id="navigation"></div>
<div id="inhalt"></div>
```

Wie das Layout aussehen soll, zeigt die Abbildung: eine große breite Kopfzeile oben, die Navigation links, rechts der Inhaltsbereich.

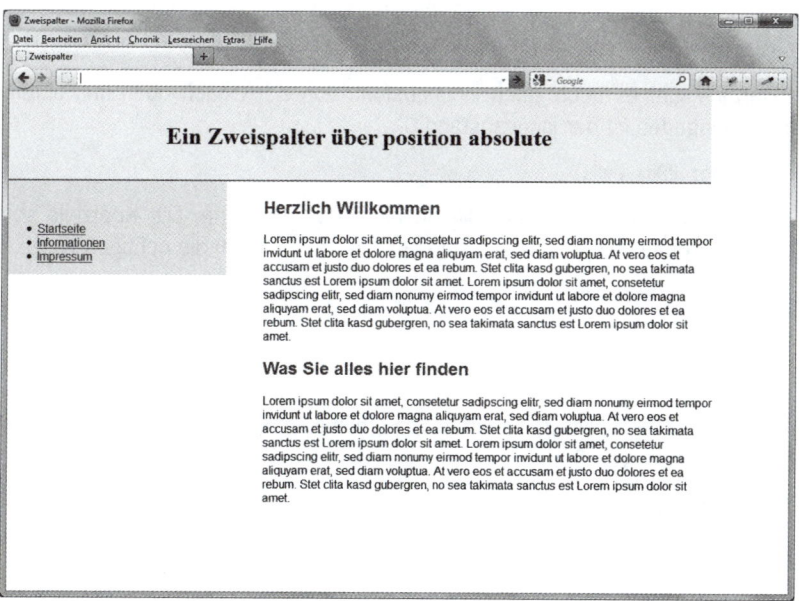

Abbildung 11.6:
So soll das über position: absolute *erstellte Layout aussehen.*

Alle Elemente sollen absolut positioniert werden – sie brauchen jedoch unterschiedliche Werte für top und left.

- Die **Kopfzeile** wird ganz oben links positioniert, hier müssen top und left auf 0 gesetzt werden.

- Die **Navigation** befindet sich ganz links, da ist left: 0 schon mal der richtige Weg. Die notwendige Verschiebung von oben ergibt sich durch die Höhe der Kopfzeile – wie Sie gleich sehen werden, ist das auch gleich eine Gelegenheit, die Besonderheiten des Boxmodells zu wiederholen und einen Taschenrechner zu zücken.

- Der **Inhaltsbereich** hat dieselbe Position von oben wie die Navigation – damit er aber rechts neben der Navigation angeordnet wird, müssen Sie den Wert für left berechnen.

Beginnen wir mit #kopf. Zuerst kommen allgemeine Formatierungen. Die Schriftgröße wird definiert, der Inhalt zentriert über text-align, eine Hintergrund- und eine Textfarbe werden bestimmt.

```
#kopf {
  font-family: serif;
  text-align: center;
  background-color: #e3f5f3;
  color: #000;
```

Breite und Höhe werden definiert und außerdem ein unterer Rand festgelegt.

```
  width: 960px;
  height: 80px;
  border-bottom: #6f7400 2px solid;
```

Zusätzlich gibt es noch einen Innenabstand von 20px nach oben und unten, rechts hingegen ist der Innenabstand 0.

```
  padding: 20px 0px;
```

Jetzt kommt das Eigentliche: die absolute Positionierung. Die Kopfzeile soll ganz links oben sein, deswegen sind top: 0 und left: 0 die richtigen Werte.

```
  position: absolute;
  top: 0;
  left: 0;
}
```

Als Nächstes ist die Navigation dran. Sie erhält eine Hintergrundfarbe und außerdem eine Breite von 300px.

```
#navigation {
  background-color: #ebeae3;
  width: 300px;
```

Etwas Innenabstand nach oben:

```
padding-top: 40px;
```

Fehlt noch die absolute Positionierung. Der Wert für links ist klar: `left: 0` ist richtig, da die Navigation ganz links angeordnet werden soll. Für den richtigen Wert für `top` müssen Sie die exakte Höhe des Kopfbereichs berechnen.

Sie erinnern sich? Die Gesamtbreite eines Elements ergibt sich durch den Wert für `width` + den Wert von `padding-left` + den Wert für `padding-right` und außerdem + `border-left-width` und `border-right-width`.

Parallel dazu berechnet sich auch die Höhe von Elementen. Auf unser Beispiel übertragen:

Die Höhe des Kopfbereichs ist 80px. Dazu addiert sich das `padding` nach oben und unten. Beim Kopfbereich steht `padding: 20px 0px` – das heißt, dass ein Innenabstand von 20px nach oben und 20px nach unten definiert ist. Macht schon mal 80px (`width`) + 20px (das Obere) + 20px (das Untere).

Außerdem gibt es noch einen schmalen Rahmen nach unten: `border-bottom: #6f7400 2px solid;`. Das heißt, dass noch 2px addiert werden müssen. Macht insgesamt 122px.

Und diese Werte geben wir an:

```
position: absolute;
top: 122px;
left: 0;
}
```

Weiter geht es mit dem Inhaltsbereich. Er erhält erst einmal eine passende Breite:

```
#inhalt {
width: 620px;
```

Auch der Inhaltsbereich soll absolut positioniert werden. Den Wert für `top` können wir von `#navigation` übernehmen. Für den Wert für `left` müssen wir von der Breite der Navigation ausgehen, diese beträgt 300px. Da allerdings `#inhalt` ein bisschen Abstand zur Navigation haben soll, nehmen wir 340px:

```
position: absolute;
top: 122px;
left: 340px;
}
```

Damit sind die wesentlichen Bestandteile des Layouts geschafft.

Es kommen noch ein paar Kleinigkeiten für die Überschriften und die Absätze:

```
h2 {
  color: #565919;
  margin-top: 20px;
}
p {
  margin-bottom: 20px;
}
```

Hier der Code in seiner Gesamtheit:

Listing 11.7:
Ein über position: absolute
realisierter Zweispalter (zwei-
spalter_position.html)

```
<!DOCTYPE html>
<html>
<head>
<meta charset="utf-8" />
<title>Zweispalter</title>
<style>
body {
  font: 100% sans-serif;
  color: #000;
  background-color: #fff;
}
#kopf {
  font-family: serif;
  text-align: center;
  background-color: #e3f5f3;
  color: #000;
  width: 960px;
  height: 80px;
  border-bottom: #6f7400 2px solid;
  padding: 20px 0px;
  position: absolute;
  top: 0;
  left: 0;
}
#navigation {
  background-color: #ebeae3;
  width: 300px;
  padding-top: 40px;
  position: absolute;
  top: 122px;
  left: 0;
}
```

```
#inhalt {
  width: 620px;
  position: absolute;
  top: 122px;
  left: 340px;
}
h2 {
  color: #565919;
  margin-top: 20px;
}
p {
  margin-bottom: 20px;
}
</style>
</head>
<body>
  <div id="kopf"></div>
  <div id="navigation"></div>
  <div id="inhalt"></div>
 </body>
</html>
```

11.4.3 Profitrick: Absolutes Layout mit Fußzeile

Jetzt wollen wir das Layout durch eine Fußzeile erweitern. Hierfür ergänzen wir eine Fußzeile im HTML-Code.

```
<div id="kopf"></div>
<div id="navigation"></div>
<div id="inhalt"></div>
<div id="fuss"></div>
```

Im CSS-Code definieren wir grundlegende Formatierungen:

```
#fuss {
  width: 100%;
  background-color: red;
  padding: 20px 0px;
}
```

Die Breite ist mit 100% etwas übertrieben – aber darum können wir uns später kümmern.

Wenn Sie sich das Beispiel jetzt im Browser ansehen, zeigt es nicht den gewünschten Effekt: Die Fußzeile klebt ganz oben!

Listing 11.8:
Ein erster Ansatz (zweispalter_position_fusszeile_gehtnicht.html)

Abbildung 11.7:
*Die Fußzeile sieht man am oberen
rechten Rand des Browserfensters
als dunkles kleines Rechteck hinter der Kopfzeile.*

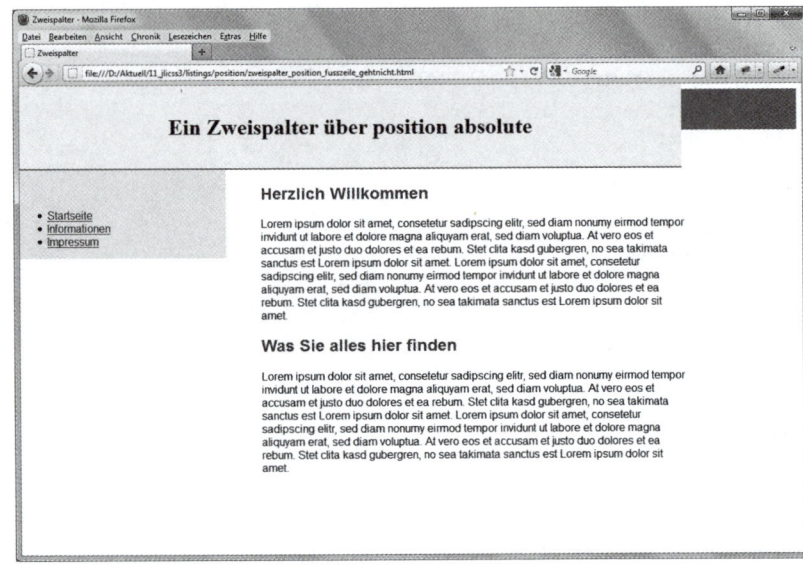

*Die Fußzeile ist aber genau
genommen nicht ganz oben
angeordnet, sondern es gibt
einen kleinen Abstand zwischen ihr und dem Rand des
Browserfensters. Das liegt am
sogenannten Browseroffset,
den Sie mit* `html, body {
margin: 0; padding: 0; }`
entfernen können.

Dass die Fußzeile so weit oben und nicht unten ist, liegt daran, dass andere Elemente auf der Seite sich so verhalten, als wären die absolut positionierten Elemente nicht vorhanden. Da in diesem Beispiel – bis auf die Fußzeile – nur absolut positionierte Elemente vorhanden sind, ist die Fußzeile ganz oben angeordnet.

Die Fußzeile ebenfalls absolut zu positionieren, wird leider nichts bringen, da wir die Höhe des Inhaltsbereichs nicht kennen. Die Höhe des Inhalts wird auch variieren, je nach Seite, und natürlich auch unterschiedlich ausfallen, wenn ein Benutzer die Schriftgröße verändert.

Wenn wir eine Fußzeile brauchen, können wir nicht alle Elemente absolut positionieren. In diesem Fall müssen wir die absolut positionierten Elemente mit Elementen kombinieren, die im normalen Fluss bleiben.

Um das zu realisieren, müssen wir allerdings wissen, welches Element das längste sein wird, also den meisten Inhalt hat. Gehen wir einmal davon aus, dass das der Inhalt sein wird, diesen werden wir nicht mehr absolut positionieren.

Kopfzeile und Navigation hingegen positionieren wir weiterhin absolut – und beim Inhaltsbereich sorgen wir über passende Angaben für `margin-top` und `margin-left` dafür, dass Kopf und Navigation genügend Platz haben.

Beginnen wir mit dem Kopf – er ist weiterhin absolut positioniert:

```
#kopf {
/* die anderen Formatierungen bleiben */
  position: absolute;
  top: 0;
  left: 0;
}
```

Auch bei der Navigation bleiben die Formatierungen – sie ist absolut positioniert.

```
#navigation {
  background-color: #ebeae3;
  width: 300px;
  padding-top: 40px;
  position: absolute;
  top: 122px;
  left: 0;
}
```

Die entscheidenden Änderungen finden beim #inhalt statt. Die Breitenangabe ist noch wie vorher:

```
#inhalt {
  width: 620px;
```

Zum einen gibt es einen minimalen Innenabstand, um das Zusammenfallen der Außenabstände zu verhindern.

```
  padding-top: 1px;
```

Dann kommen die entscheidenden Formatierungen:

```
  margin-left: 340px;
  margin-top: 122px;
}
```

Den Fußbereich können wir dann »normal« platzieren. Er erhält eine passende Hintergrundfarbe und eine Breitenangabe von 920px. Da er noch ein padding nach rechts von 40px erhält, ergibt das eine Gesamtbreite von 960px.

```
#fuss {
  width: 920px;
  background-color: #e3f5f3;
  padding: 20px 0px 20px 40px;
}
```

Abbildung 11.8:
Jetzt ist die Fußzeile dort,
wo sie hingehört.

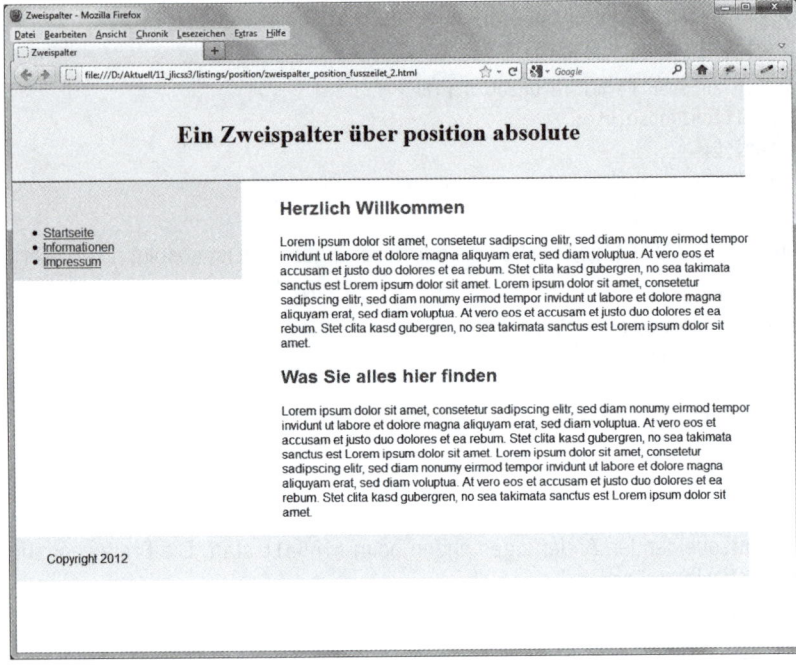

Probleme beim IE7

Allerdings gibt es noch ein kleines Problem im IE7: Er ignoriert die Angabe für `margin-top` und schiebt den Inhaltsbereich unter die Kopfzeile:

Abbildung 11.9:
Da fehlt doch etwas – der Anfang
des Inhaltsbereichs ist im IE7 nicht
wie gewünscht verschoben, son-
dern befindet sich unterhalb des
Kopfbereichs.

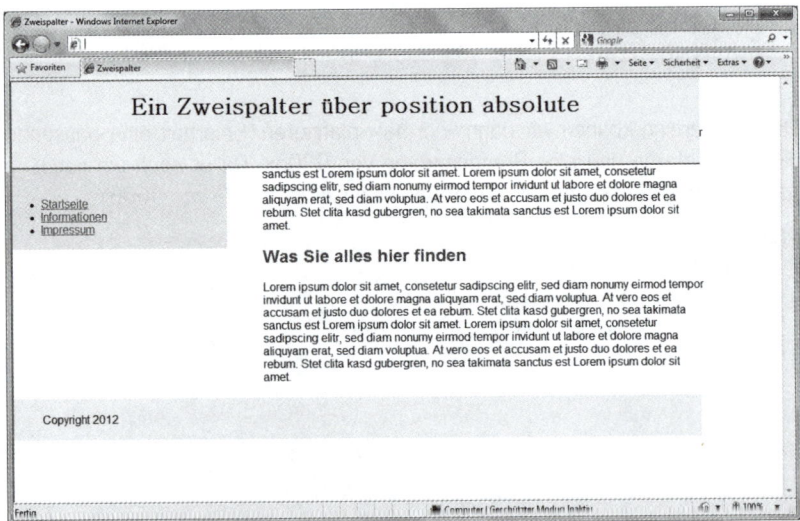

Unschön. Um kleinere Unterschiede bei der Darstellung in einem demnächst ausgestorbenen Browser muss man sich nicht unbedingt kümmern – aber das hier ist ein ernsthaftes Problem, weil wichtige Teile des Inhalts nicht mehr gelesen werden können.

Es gibt verschiedene Methoden der Abhilfe. Eine ist es, die absolut positionierten Elemente **im Quellcode nach dem Element** mit dem `margin-top` anzuordnen. Der Quellcode ändert sich also in:

```
<div id="inhalt"></div>
<div id="kopf"></div>
<div id="navigation"></div>
<div id="fuss">Copyright 2012</div>
```

Listing 11.9:
Geänderte Reihenfolge der
`div`-*Elemente (zweispalter_*
position_fusszeile_funk.html)

Abbildung 11.10:
Jetzt klappt es auch im IE7 mit
dem Inhaltsbereich.

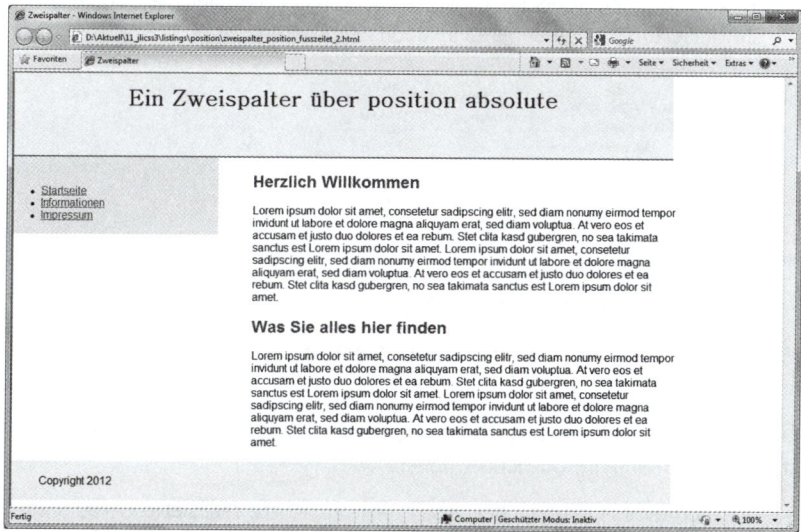

Wichtig ist, dass `#inhalt` vor `#kopf` und `#navigation` stehen, bei dem Rest der Anordnung sind Sie frei.

Ziemlich großer Aufwand, um die Macken eines Browsers zu beheben. Andererseits hat der neu strukturierte Quellcode einen eindeutigen Vorteil: Der Inhaltsbereich steht ganz oben. Und das ist etwas, was aus Suchmaschinenoptimierungsgründen von Vorteil ist – da versucht man nämlich häufig, die wichtigsten Keywords möglichst weit oben auf der Seite (im Quellcode) unterzubringen – und genau das haben wir jetzt gemacht.

An sich ist die Freiheit, die man hat, wenn man die Reihenfolge der `div`-Elemente im Quellcode festlegt, einer der Vorteile von absolut positionierten Layouts. Das gilt besonders auch für das Beispiel, bei dem wir alle Elemente absolut positioniert hatten. Hier können wir die `div`-Elemente im Quellcode beliebig anordnen – für die richtige Stelle beim Layout sorgt ja die Positionierung.

Testen in verschiedenen IE-Versionen

Normalerweise können Sie nur einen Internet Explorer installiert haben, für die Webentwicklung empfiehlt es sich aber, das Ergebnis in unterschiedlichen IEs anzusehen. Dafür gibt es mehrere Möglichkeiten:

- Sie können einen Screenshotdienst verwenden wie *http://netrenderer.de/*. Er erstellt Screenshots von Ihrer Webseite in verschiedenen IEs.

- *http://www.my-debugbar.com/wiki/IETester/HomePage* ist eine kostenlose Software, die ebenfalls verschiedene IEs simuliert.

- Außerdem können Sie in den Entwicklertools im IE andere Internet-Explorer-Modi einstellen. Wenn Sie den Internet Explorer geöffnet haben, aktivieren Sie die Entwicklertools über F12. Dann können Sie über die Kopfzeile der Entwicklertools einen anderen IE-Modus simulieren.

Abbildung 11.11:
Verschiedene Browser-
modi in den Entwicklertools
des Internet Explorer

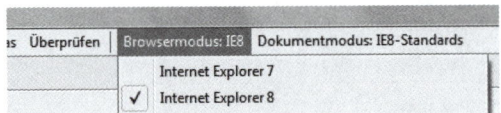

11.4.4 Zusammenfassung – Layouts mit position: absolute

Mit `position: absolute` können Sie Elemente ganz frei am Bildschirm anordnen.

Ein weiteres Plus ist, dass diese Anordnung unabhängig ist von der Reihenfolge, in der die Elemente im Quellcode stehen.

An manchen Stellen setzen über `position: absolute` realisierte Layouts aber voraus, dass Sie wissen, wie hoch ein Element ist. Bei unseren Beispielen sind wir etwa davon ausgegangen, dass die Höhe der Kopfzeile fest ist. Das bedeutet eine gewisse Unflexibilität. Wird das Element beispielsweise höher als der dafür reservierte Platz, weil die Schrift vergrößert wird oder Ähnliches, kommt es zu Überlappungen.

Problematisch ist diesbezüglich besonders die Fußzeile, wenn sie sich über die volle Breite erstrecken soll. Hier hilft nur, absolute Positionierung mit normaler Positionierung (d.h. ohne Positionierungsangabe) zu kombinieren. Damit das klappen kann, müssen Sie aber wissen, welches das Element mit mehr Inhalt ist. Wäre bei unserem Layout beispielsweise einmal der Inhaltsbereich kürzer als die Navigation, würde die Fußzeile nicht mehr an der gewünschten Stelle angezeigt. Diese Einschränkung gibt es bei per `float` erstellten Layouts nicht. Dafür müssen Sie zu mehr Tricks greifen, um eine Darstellung zu erreichen, die unabhängig von der Reihenfolge der Elemente im Quellcode ist.

11.5   position: relative

Sehen wir uns jetzt an, was position: relative bewirkt. Hierfür nehmen wir wieder das ursprüngliche Beispiel mit den verschachtelten div-Elementen:

```
<div id="box1">Erste Box
</div>
<div id="box2">Zweite Box
  <div id="box3">Dritte Box</div>
</div>
```

Bei #box2 wenden wir position: relative mit top und left an:

```
#box1 {
  background-color: #312D2A;
}
#box2 {
  background-color: #E4AF3A;
  color: #312D2A;
  position: relative;
  top: 50px;
  left: 100px;
}
#box3 {
  background-color: #CD553C;
}
```

Listing 11.10:
Jetzt wird die zweite
Box relativ positioniert
(position_relative.html).

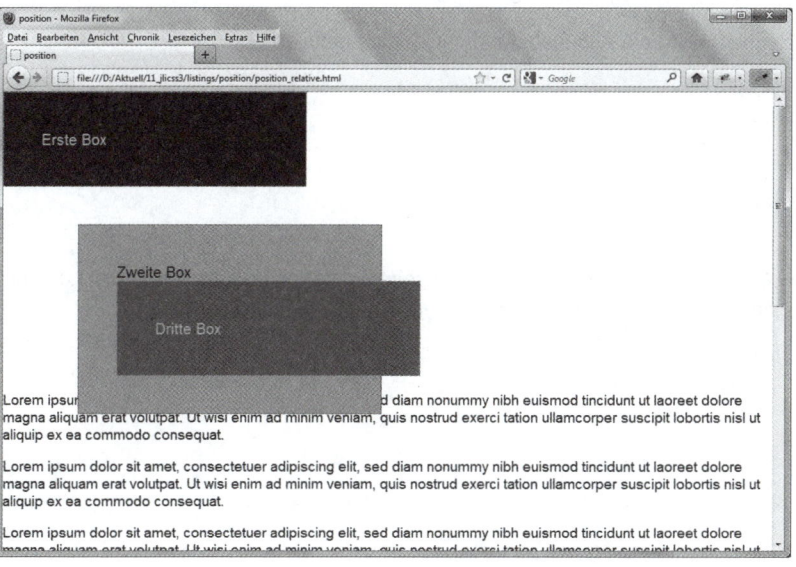

Abbildung 11.12:
Die zweite Box ist relativ
positioniert.

Wieder stellt sich die Frage, was der Bezugspunkt für die Positionierung ist. In diesem Fall ist es der untere Rand von #box1.

> Verallgemeinert kann man sagen: Der Bezugspunkt für die relative Positionierung ist die Position, die das Element ohne Positionierung hätte.

Die anderen Elemente verhalten sich hingegen so, als wäre das Element noch an seiner ursprünglichen Stelle. Sie sehen das deutlich im Beispiel: Es wird ein leerer Platz freigehalten zwischen #box1 und Text, der genau der Größe von #box2 entspricht.

Das Praktische an position: relative

`position: relative` ist beispielsweise praktisch, wenn die Position eines Elements leicht angepasst werden soll, ohne dass das Element aber aus dem Fluss des Dokuments genommen wird. Im Beispiel soll ein Absatz etwas mehr nach links gerückt werden.

Nehmen wir ein Dokument mit mehreren Absätzen, bei dem ausgewählte Absätze die Klasse `hervorgehoben` erhalten:

```
<p>…</p>
<p class="hervorgehoben">Lorem</p>
```

Bei body wird ein Außenabstand von 100px definiert.

```
body {
    color: #312D2A;
    background-color: #FFF;
    font: 120% sans-serif;
    margin: 100px;
}
```

Die Elemente mit der Klasse `hervorgehoben` werden relativ positioniert und mit einem negativen Wert bei `left` um 50px nach links verschoben:

Listing 11.11:
Ein Absatz wird mit `position:`
`relative` *verschoben*
(position_relative_beispiel.html).

```
.hervorgehoben {
    position: relative;
    left: -50px;
}
```

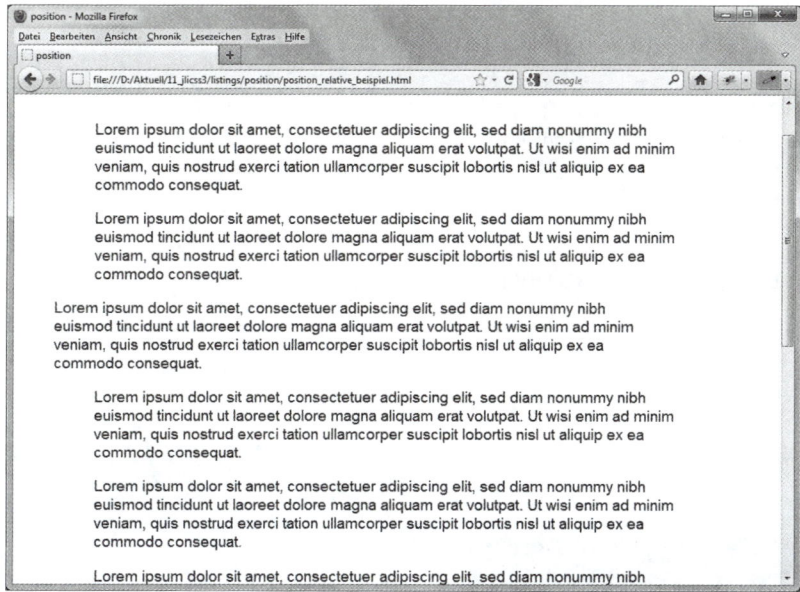

Abbildung 11.13:
Der mit relative *positionierte Wert ist nach links ausgerückt.*

 Wenn Sie bei left einen negativen Wert angeben, so bewirkt das eine Verschiebung in die Gegenrichtung, also **nach links**.

11.6 Starkes Team: absolut und relativ

Wenn Sie das letzte Beispiel noch nicht vom tieferen Sinn von position: relative überzeugen konnte, so wird das sicher die folgende Kombination. position: relative läuft nämlich erst zur Höchstform auf in Kombination mit position: absolute.

Als Beispiel dient unser Standardbeispiel mit den verschachtelten div-Elementen.

Dieses Mal wird #box2 relativ positioniert, aber ohne dass eine Verschiebung über top oder left bestimmt ist. #box3, die sich innerhalb von #box2 befindet, wird hingegen absolut positioniert und mit top und left aus ihrer ursprünglichen Position verschoben.

 Tipp

Diese Kombination wird oft eingesetzt und ist wirklich sehr praktisch.

```
#box1 {
    background-color: #312D2A;
}
#box2 {
    background-color: #E4AF3A;
    color: #312D2A;
    position: relative;
}
#box3 {
    background-color: #CD553C;
    position: absolute;
    top: 50px;
    left: 100px;
}
```

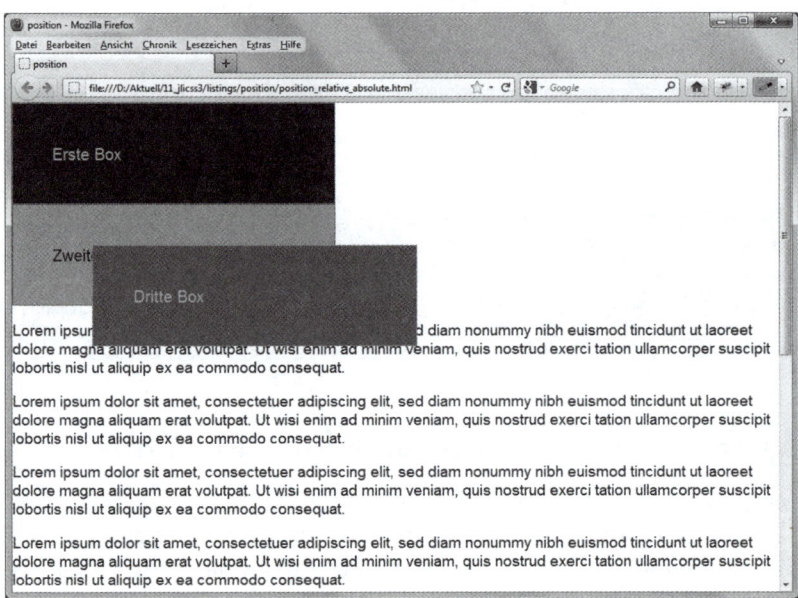

#box2 bewegt sich dadurch nicht von der Stelle, aber die dritte Box wird verschoben – und zwar in **Relation zur zweiten Box**.

Verschiebt sich #box2, so ändert #box3 entsprechend die Position. Deutlich erkennen Sie das, wenn Sie #box2 durch margin-top weiter nach unten schieben:

```
#box2 {
    background-color: #E4AF3A;
    color: #312D2A;
    position: relative;
    margin-top: 100px;
}
```

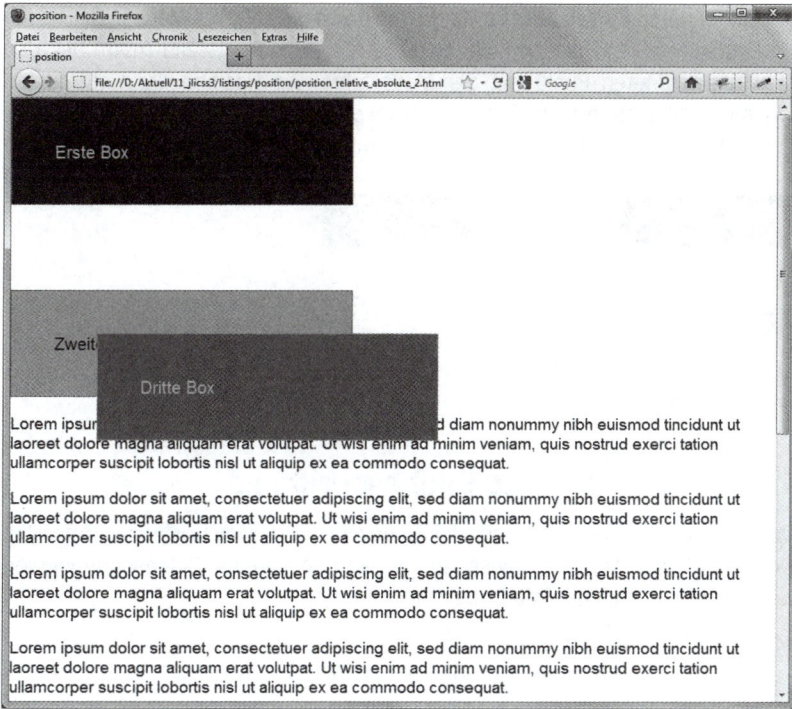

Abbildung 11.15:
Die Position der dritten Box bleibt
immer gleich in Relation zur zweiten Box.

Und das ist jetzt enorm praktisch:

- Beispielsweise können Sie damit eine halbtransparente Bildbeschriftung direkt auf einem Bild platzieren – und das so flexibel, dass Bild und Bildbeschriftung immer richtig zueinander platziert sind, unabhängig davon, wo sich das Bild befindet.

- Bei der Platzierung von kleinen Icons, die zu bestimmten anderen Elementen gehören, nimmt man ebenfalls gerne diese Kombination der Positionierungsarten. Beispielsweise werden die kleinen Icons zum Weiterblättern zwischen den Monaten bei jQuery UI darüber platziert.

Abbildung 11.16:
Die Dreiecke neben dem Monatsnamen werden durch die Kombination von position: relative mit position: absolute platziert (Screenshot von http://jqueryui.com/themeroller/#themeGallery).

- Ein weiterer Einsatzbereich sind Drop-down- und Fly-out-Menüs. Bei einem Drop-down-Menü klappen die Unterpunkte erst aus, wenn man über den übergeordneten Punkt mit der Maus fährt. Die Position der Unterpunkte muss natürlich in **Relation zum Oberpunkt** angegeben werden – wieder ein Fall für position: relative in Kombination mit position: absolute.

Abbildung 11.17:
Typisches Drop-down
– hier aus dem Wordpress-
Theme twenty eleven.

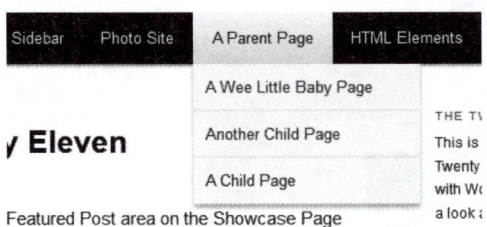

11.6.1 Transparente Bildbeschriftung

Den ersten typischen Einsatz für die Kombination der zwei Positionierungsarten wollen wir uns in der Praxis ansehen. Für die transparente Bildbeschriftung verwenden wir folgenden HTML-Code:

```
<div class="beschriftung">
  <img src="strandkoerbe.jpg" alt="Strandkörbe" width="400" height="300" />
  <span>Nachmittag an der Nordsee</span>
</div>
```

Ein div-Element fasst Bild und Beschriftung zusammen. Für die Beschriftung wird ein span-Element eingesetzt.

Abbildung 11.18:
Die Beschriftung sitzt auf dem Bild
und ist auf einem halbtransparen-
ten Bereich untergebracht.

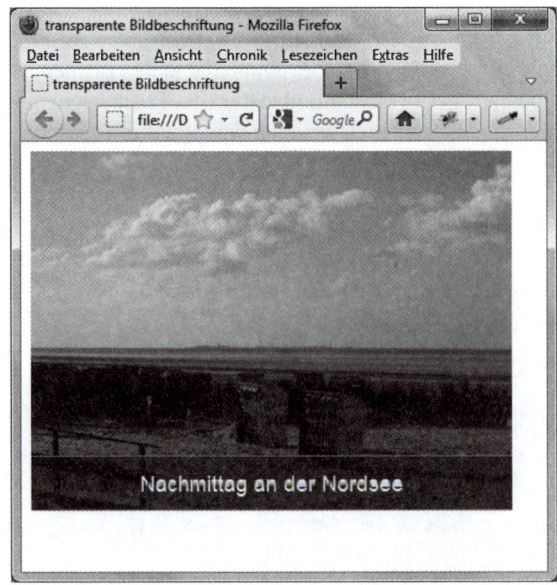

Jetzt zum CSS-Code: Das umfassende Element erhält eine relative Positionierung – dafür sind wir schließlich hier:

```
.beschriftung {
  position: relative;
}
```

Das Bild machen wir zu einem Blockelement über `display: block`. Den Grund hierfür erfahren Sie etwas später.

```
.beschriftung img {
  display: block;
}
```

Nun kommt die Formatierung der Beschriftung. Sie muss absolut positioniert werden. Da sie ganz unten positioniert werden soll, setzen wir `bottom` und `left` auf 0:

```
.beschriftung span {
  position: absolute;
  bottom: 0;
  left: 0;
```

Außerdem geben wir ihr die benötigte Breite – das entspricht der Breite des Bildes:

```
  width: 400px;
```

Die Textfarbe wird auf Weiß gesetzt und der Text zentriert.

```
  color: #fff;
  text-align: center;
```

Dann wird die Höhe bestimmt. Damit sich diese bei einer vergrößerten Schrift automatisch vergrößert, wird als Einheit em gewählt.

```
  height: 2.5em;
```

Außerdem wird als Zeilenhöhe derselbe Wert festgelegt. Dadurch wird der Text innerhalb des Elements zentriert.

```
  line-height: 2.5em;
```

Die Beschriftung erhält zur Abgrenzung noch einen feinen dünnen Rahmen:

```
  border-top: 1px solid #999;
  border-bottom: 1px solid #999;
```

Dann wird die halbtransparente Hintergrundfarbe definiert – für moderne Browser geschieht das über `rgba()`, bei dem Sie drei dezimale Werte für den Rot-, den Grün- und den Blauton angeben. Zuletzt steht der Grad der Transparenz als Wert zwischen 0 und 1.

```
  background-color: rgba(40, 40, 40, 0.7);
```

Tipp

Das Zentrieren von Inline-Elementen – als Text innerhalb von Bereichen –, indem Sie denselben Wert für `height` und `line-height` angeben, hatten wir bereits in Kapitel 9. Es ist wirklich praktisch.

Damit der halbtransparente Hintergrund auch im Internet Explorer vor Version 9 funktioniert, folgt noch die Filterangabe.

```
filter: progid:DXImageTransform.Microsoft.gradient(startColorstr=#B22828
28,endColorstr=#B2282828);
}
```

Hier sehen Sie das Beispiel in seiner Gesamtheit:

Listing 11.14:
Eine transparente, auf dem Bild
platzierte Beschriftung (transpa-
rente_bildbeschriftung.html)

```html
<!DOCTYPE html>
<html>
<head>
<meta charset="utf-8" />
<title>transparente Bildbeschriftung</title>
<style>
body {
   font: 110% sans-serif;
}
.beschriftung {
   position: relative;
}
.beschriftung img {
   display: block;
}
.beschriftung span {
   position: absolute;
   bottom: 0;
   left: 0;
   width: 400px;
   color: #fff;
   text-align: center;
   height: 2.5em;
   line-height: 2.5em;
   border-top: 1px solid #999;
   border-bottom: 1px solid #999;
   background-color: rgba(40, 40, 40, 0.7);
   filter: progid:DXImageTransform.Microsoft.gradient(startColorstr=#B22828
28,endColorstr=#B2282828);
}
</style>
</head>
<body>
<div class="beschriftung">
   <img src="strandkoerbe.jpg" alt="Strandkörbe" width="400" height="300"
/>
   <span>Nachmittag an der Nordsee</span>
</div>
</body>
</html>
```

Hintergrundwissen: Warum `display: block` **beim** `img`-Element?

Bilder werden im Standardmodus – und in dem befinden wir uns dank der HTML5-Doctype – an der Grundlinie platziert, die auch für Text vorgesehen ist. Diese Grundlinie befindet sich jedoch etwas oberhalb der Unterkante, da noch Platz für die Unterlängen der Buchstaben reserviert bleibt.

Sprich, ein Bild wird normalerweise, wenn es sich mit Text in einer Zeile befindet, da positioniert, wo sich der Kreis des kleinen g befindet. Aber nicht ganz am Ende der Unterlänge des kleinen g.

Für unser Beispiel würde das bedeuten, dass ohne die Angabe von `display: block` ein kleiner grauer Rand zu sehen ist (der reservierte Platz für die Unterlänge). Durch `display: block` verschwindet dieser Rand, da dann das Bild zu einem normalen Blockelement wird.

Abbildung 11.19:
Ein Bild wird ohne die Angabe von `display: block` *als Inline-Element in der Zeile mit dem Text platziert. Nach unten bleibt etwas Platz für die Unterlängen der Buchstaben.*

11.7   position: fixed

Die letzte Positionierungsmöglichkeit ist `position: fixed`. Diese funktioniert genauso wie `absolute`, mit dem Unterschied, dass als Bezugspunkt für die Verschiebung immer das Browserfenster genommen wird und die Box beim Scrollen fest bleibt, d.h. nicht mitscrollt.

Nehmen wir zur Demonstration wieder unser Beispiel mit den verschachtelten Boxen. Dieses Mal wird nur ein Element positioniert: die `#box2` erhält ein `position: fixed`:

```
#box1 {
  background-color: #312D2A;
}
#box2 {
  background-color: #E4AF3A;
  color: #312D2A;
  position: fixed;
  top: 50px;
  left: 100px;
}
#box3 {
  background-color: #CD553C;
}
```

Listing 11.15:
Die zweite Box erhält `position: fixed` *(position_fixed.html)*

Die Auswirkung sehen Sie deutlich, wenn Sie das Browserfenster so klein ziehen, dass Scrollleisten an der Seite erscheinen.

313

Abbildung 11.20:
Zu Beginn sieht es genauso
aus wie bei der absoluten
Positionierung.

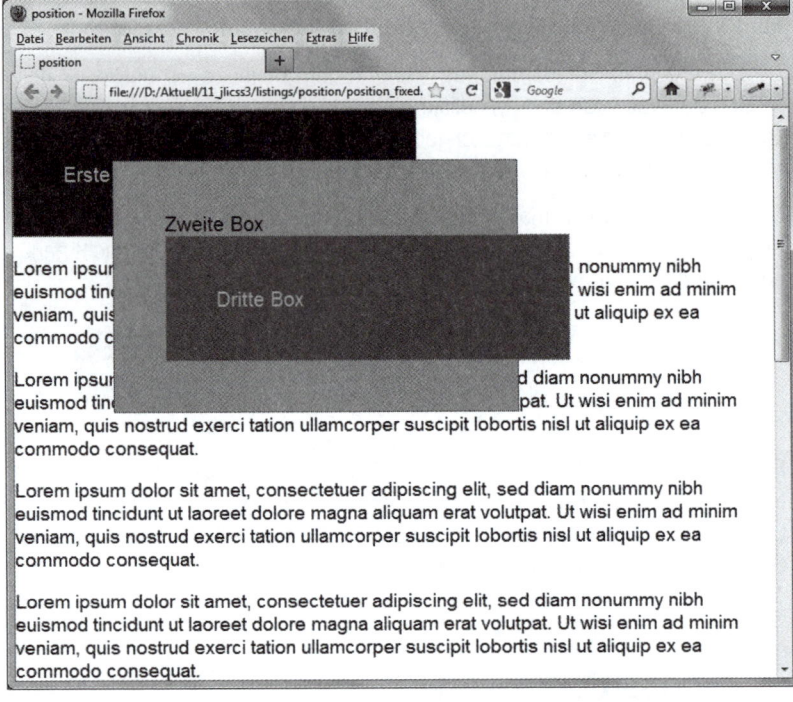

Abbildung 11.21:
Der Unterschied zeigt sich erst,
wenn man nach unten scrollt:
Die Elemente bleiben in dem
Verhältnis zum Browserfenster,
stehen also »fest« auch beim
Scrollen.

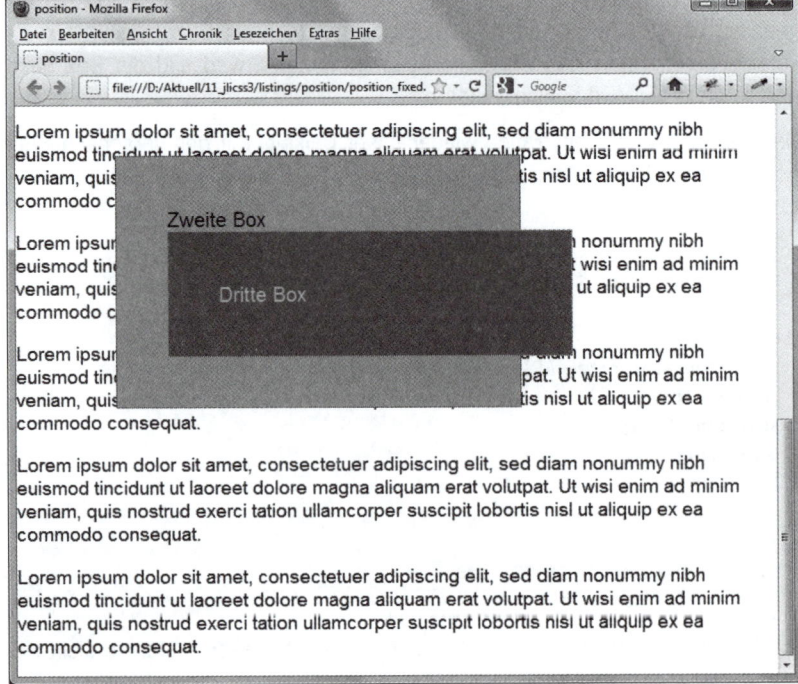

Das bietet natürlich interessante Möglichkeiten für Layouts, man kann dadurch eine Navigation oder eine Kopfzeile realisieren, die immer fest stehenbleibt und sichtbar ist – auch wenn der Benutzer ganz nach unten gescrollt hat.

11.7.1 Layout mit position: fixed

Sehen wir uns ein Layoutbeispiel an. Als Basis dient *zweispalter_position_fuss-zeile_funk.html* – aber dieses Mal wurde `position: absolute` durch `position: fixed` ersetzt. Fixed positioniert sind also Kopfbereich und Navigation:

```
#kopf {
    font-family: serif;
    text-align: center;
    background-color: #e3f5f3;
    color: #000;
    width: 960px;
    height: 80px;
    border-bottom: #6f7400 2px solid;
    padding: 20px 0px;
    position: fixed;
    top: 0;
    left: 0;
}
#navigation {
    background-color: #ebeae3;
    width: 300px;
    padding-top: 40px;
    position: fixed;
    top: 122px;
    left: 0;
}
#inhalt {
    width: 620px;
    padding-top: 1px;
    margin-left: 340px;
    margin-top: 122px;
}
#fuss {
    width: 920px;
    background-color: #e3f5f3;
    padding: 20px 0px 20px 40px;
}
```

Die Anordnung der `div`-Elemente im HTML-Part ist gleich:

```
<div id="inhalt"></div>
<div id="kopf"></div>
<div id="navigation"></div>
<div id="fuss"></div>
```

Listing 11.16:
Ein Zweispalter mit position: fixed *(zweispalter_position_fixed. html)*

315

Das Ergebnis im Browser:

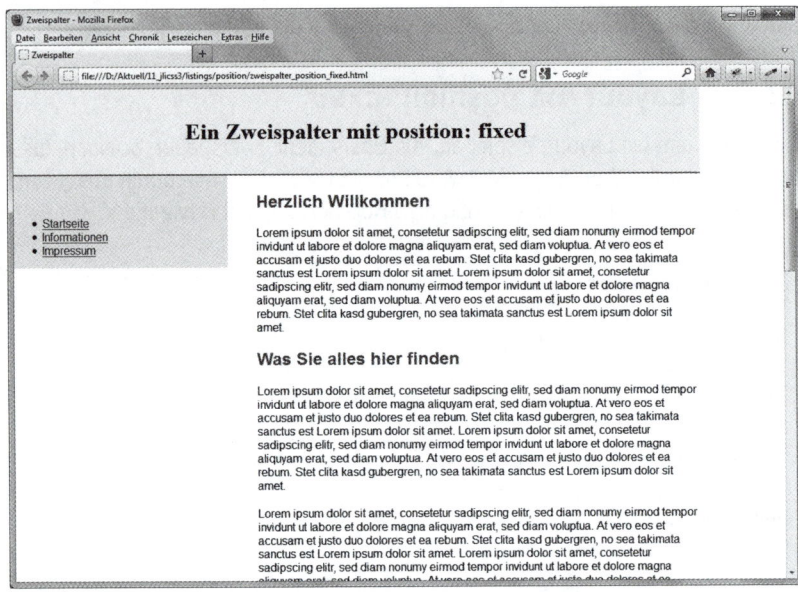

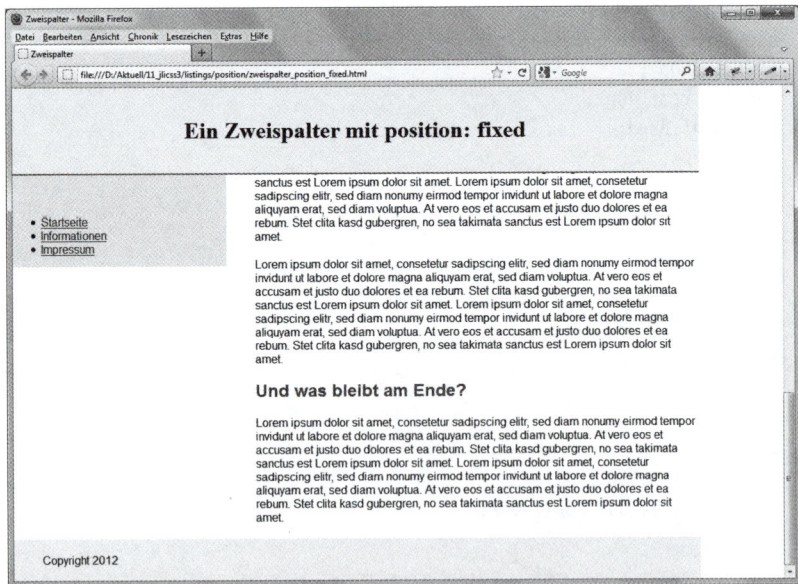

11.8 z-index – die Stapelreihenfolge

Wenn Sie Elemente über `position` anordnen, so können diese sich überlappen. Normalerweise ist das Element am weitesten oben, das heißt am nächsten beim Betrachter, das im Quellcode zuletzt kommt. Dazu jetzt im Detail.

Bei folgendem Beispiel gibt es wieder die drei Boxen, wobei sich #box3 innerhalb von #box2 befindet:

```
<div id="box1">Erste Box
</div>
<div id="box2">Zweite Box
  <div id="box3">Dritte Box</div>
</div>
```

Sowohl #box1 als auch #box2 werden absolut positioniert. Die Werte für `top` und `left` sind unterschiedlich, damit die Boxen sich nicht vollständig verdecken:

```
#box1 {
  background-color: #312D2A;
  position: absolute;
  top: 10px;
  left: 20px;
}
#box2 {
  background-color: #E4AF3A;
  color: #312D2A;
  position: absolute;
  top: 30px;
  left: 100px;
}
```

Listing 11.17:
Zwei absolut positionierte Elemente (stapelreihenfolge.html)

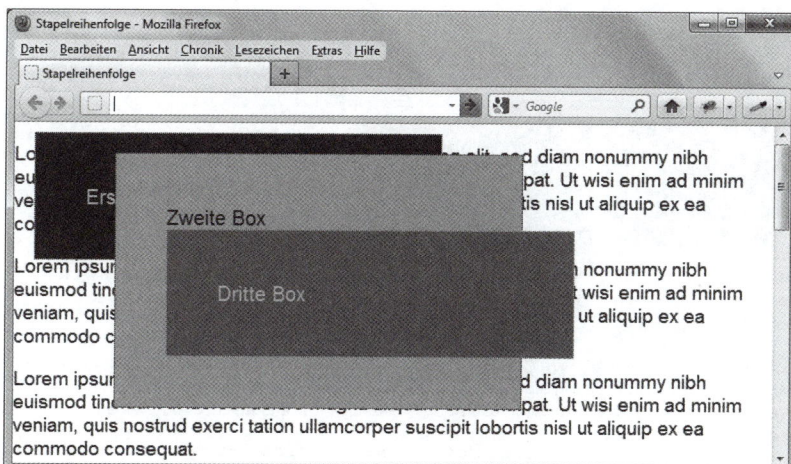

Abbildung 11.24:
Da #box2 im Quellcode nach #box1 steht, befindet sich #box2 oberhalb von #box1.

Wie Sie in der Abbildung sehen, ist #box1 in diesem Fall hinter #box2.

Die Anordnung von Elementen können Sie sich vorstellen wie übereinander angeordnete transparente Folien.

 Mit der CSS-Eigenschaft z-index lässt sich nun bestimmen, welche Folien (Elemente) weiter oben im Stapel und dadurch näher am Betrachter sind, und welche weiter unten sein sollen. Die z-Achse ist sozusagen die dritte Dimension der Webseite und ragt aus dem Browserfenster heraus.

Wenn wir für #box1 jetzt einen höheren z-index als für #box2 vergeben, so wird #box1 oberhalb von #box2 gezeichnet:

Listing 11.18:
Die absolut positionierten
Elemente haben zusätzlich
einen z-index erhalten
(stapelreihenfolge_2.html).

```
#box1 {
  background-color: #312D2A;
  position: absolute;
  top: 10px;
  left: 20px;
  z-index: 2;
}
#box2 {
  background-color: #E4AF3A;
  color: #312D2A;
  position: absolute;
  top: 30px;
  left: 100px;
  z-index: 1;
}
```

Abbildung 11.25:
Jetzt ist #box1 weiter oben.

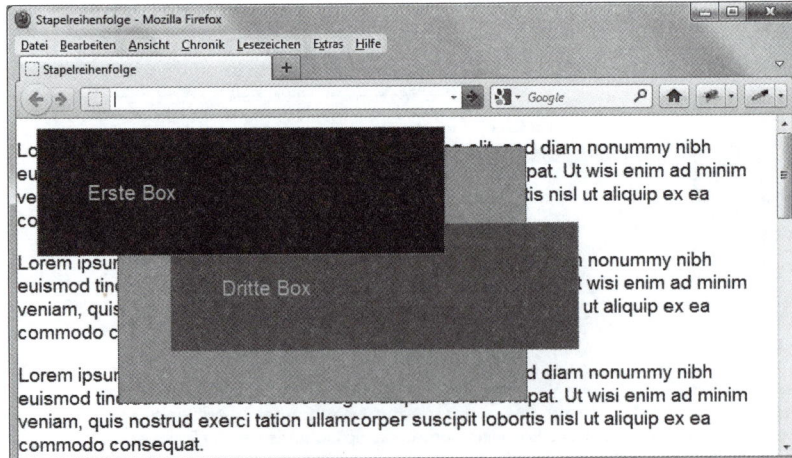

z-index können Sie nur bei positionierten Elementen einsetzen. Also nur bei Elementen, denen Sie die Eigenschaft position mit einem Wert wie relative, absolute oder fixed zugewiesen haben.

11.8.1 Profiwissen: Stapelkontext im Detail

z-index sorgt jedoch nicht nur für die Darstellung der Elemente in einer bestimmten Reihenfolge, sondern erzeugt gleichzeitig einen neuen Stapelkontext. Ein neuer Stapelkontext wirkt sich auf die Nachfahren eines Elements aus. Denn mit z-index lassen sich nur Elemente eines Stapelkontextes zueinander anordnen.

Noch einmal unser Beispiel:

```
<div id="box1">Erste Box
</div>
<div id="box2">Zweite Box
  <div id="box3">Dritte Box</div>
</div>
```

Dieses Mal werden **alle Elemente absolut positioniert** und erhalten einen z-index:

```
#box1 {
  background-color: #312D2A;
  position: absolute;
  top: 10px;
  left: 20px;
  z-index: 2;
}
#box2 {
  background-color: #E4AF3A;
  color: #312D2A;
  position: absolute;
  top: 30px;
  left: 100px;
  z-index: 1;
}
#box3 {
  background-color: #CD553C;
  position: absolute;
  top: 30px;
  left: 100px;
  z-index: 3;
}
```

Listing 11.19:
Alle drei Elemente sind absolut positioniert und haben einen z-index (stapelreihenfolge_3.html).

Welches Element steht ganz oben? Geht man nur von den Werten für den z-index aus, so müsste #box3 zuoberst stehen. Im Browser zeigt sich allerdings ein anderes Ergebnis: #box1 ist oben.

Abbildung 11.26:
#box1 ist oben, obwohl doch
#box3 den höchsten z-index
hat ...

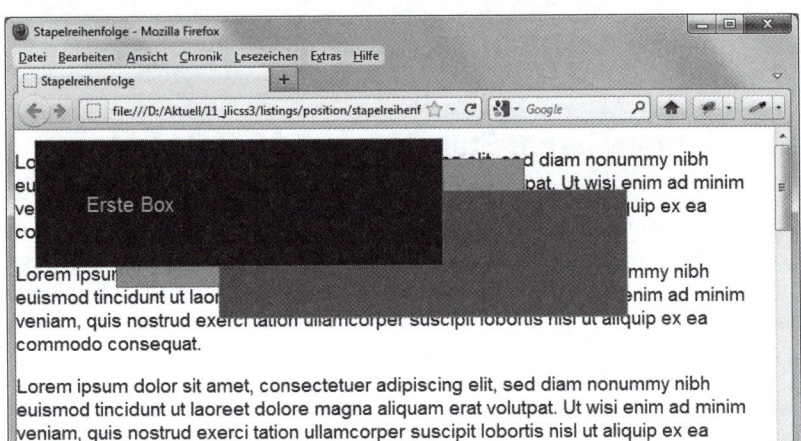

»Schuld« an dieser anderen Anzeige ist der Stapelkontext. Denn z-index etabliert bei #box2 einen neuen Stapelkontext. Und das bedeutet, dass das Kindelement #box3 (#box3 befindet sich ja innerhalb von #box2) in diesem neuen Stapelkontext und nicht mehr in dem ursprünglichen steht. #box3 und #box1 befinden sich **in unterschiedlichen Stapelkontexten** und können deswegen über z-index nicht zueinander angeordnet werden. Die Angabe von z-index: 3 bei #box3 hätte nur Auswirkungen in Bezug auf weitere Kindelemente, die sich innerhalb von #box3 befinden.

Wenn Sie die Zeichnungsreihenfolge verändern wollen, können Sie dem **Elternelement von #box3**, also #box2, einen höheren z-index geben. Dann wird #box2 samt #box3 oberhalb von #box1 dargestellt. Denn #box1 und #box2 stehen im globalen Stapelkontext und können über z-index zueinander angeordnet werden.

Um sich die Funktionsweise zu verdeutlichen, hilft noch einmal das Bild der transparenten Folien: Sie können sich den Stapelkontext wie eine transparente Mappe für die transparenten Folien vorstellen. Die Folien innerhalb der Mappe sind die Nachfahrenelemente, die wiederum über z-index zueinander angeordnet werden. Aber eine Folie kann nicht die Mappe verlassen, in der sie steckt.

Oft versucht man, wenn ein Element von anderen verdeckt wird, diesem einen möglichst hohen z-index zu geben. Aber selbst ein Wert 999 bewirkt nichts. Wenn Ihnen das passiert, dann haben Sie wahrscheinlich ein Problem mit dem Stapelkontext. Dann versuchen Sie am besten einmal, dem Elternelement des besagten Elements einen höheren z-index zu geben.

11.9 clip – Ausschnitt von Elementen

Eine weitere Eigenschaft ist ebenfalls nur bei positionierten – und sogar nur bei absolut positionierten Elementen relevant: die Eigenschaft clip. Hiermit können Sie den Ausschnitt eines Elements beschneiden.

Hinter clip geben Sie das Schlüsselwort rect an und dabei in runden Klammern die Position des Rechtecks über vier Werte: obere linke Kante, obere rechte Kante, untere rechte Kante, untere linke Kante.

Im folgenden Beispiel gibt es in einem absolut positionierten div-Bereich ein Bild, von dem durch clip beschnitten nur ein Teil angezeigt wird.

```
<!DOCTYPE html>
<html>
  <head>
    <meta charset="utf-8" />
    <title>Eigenschaft clip</title>
<style>
.bild {
  position: absolute;
  top: 0;
  left: 0;
  clip: rect(0px, 140px, 300px, 10px);
}
</style>
</head>
<body>
<div class="bild">
  <img src="strandkoerbe.jpg" alt="Strandkörbe" width="400" height="300"
/>
</div>
</body>
</html>
```

Listing 11.20:
clip im Einsatz (clip.html)

Abbildung 11.27:
Links sehen Sie, wie die Webseite ohne clip() aussieht, rechts die Webseite, nachdem das Bild mit clip() beschnitten wurde.

11.10 Zusammenfassung

Dieses Kapitel hat Ihnen gezeigt, wie Sie über `position` Elemente anordnen können.

- `position: absolute` verschiebt ein Element relativ zum Browserfenster – außer es befindet sich selbst in einem positionierten Bereich, dann bildet dieses den Bezugspunkt.

- Bei `position: relative` ist der Bezugspunkt die ursprüngliche Position des Elements.

- `position: fixed` funktioniert wie `position: absolute`, allerdings bleiben solche Elemente beim Scrollen stehen.

Mit `position: absolute` lassen sich Layouts rasch erstellen, wenn man ein bisschen die Positionen berechnet. Soll allerdings eine Fußzeile ganz unten eingefügt werden, so funktioniert das nur, wenn Sie `position: absolute` mit `position: relative` kombinieren und wissen, was die längste Spalte ist.

Schöne Möglichkeiten ergeben sich durch `postion: relative` beim übergeordneten Element und durch `position: absolute` beim untergeordneten Element, das dann in Relation zum übergeordneten Element positioniert werden kann. Ein Beispiel war die Bildbeschriftung, die auf dem Bild platziert ist. Bei den Navigationsleisten in Kapitel 12 werden Sie sehen, wie Sie diese Kombination für die Erstellung von Drop-down-Menüs verwenden können.

Außerdem haben Sie die Eigenschaften `clip` zum Beschneiden von Elementen und `z-index` für die Anordnung im Stapelkontext kennengelernt. Beide funktionieren nur bei positionierten Elementen.

Tabelle 11.1:
Browserunterstützung der
vorgestellten Eigenschaften

CSS-Eigenschaft	Erläuterung	CSS	Firefox	Safari	Chrome	Opera	IE	Alternativen
`position`	Positionierung von Elementen	2	ja	ja	ja	ja	ja fixed ab IE7	
`clip`	Positionierte Elemente beschneiden	2	ja	ja	ja	ja	ja	
`z-index`	Stapelreihenfolge bei positionierten Elementen	2	ja	ja	ja	ja	ja	

11.11 Übungen

1. Modifizieren Sie das Beispiel für die Bildbeschriftung (*uebungen/transparente_bildbeschriftung.html*). Ändern Sie zuerst einmal den Grad der Transparenz. Die zugehörige Filterangabe für den IE lassen Sie sich am besten über *http://css3please.com/* erzeugen!

Ein möglicher Wert ist beispielsweise:

```
background-color: rgba(90, 90, 90, 0.6);   /* FF3+, Saf3+, Opera 10.10+,
Chrome, IE9 */
    filter: progid:DXImageTransform.Microsoft.gradient(startColorstr=#995A5A
5A,endColorstr=#995A5A5A); /* IE6–IE9 */
```

Listing 11.21:
Ausschnitt aus loesungen/transparente_bildbeschriftung_1.html

2. Platzieren Sie einmal die Bildbeschriftung an der linken Seite des Bildes!

Abbildung 11.28:
Die Bildbeschriftung soll links auf dem Bild platziert werden.

Dafür sind einige Änderungen notwendig beim Selektor `.beschriftung span` – der Rest bleibt wie gehabt:

```
.beschriftung span {
```

Wieder muss das Element absolut positioniert werden. Aber jetzt soll es 0px von oben und von links angeordnet werden.

```
position: absolute;
left: 0;
top: 0;
```

6em Breite ist ein möglicher sinnvoller Wert:

```
width: 6em;
color: #fff;
text-align: center;
```

Damit das Element die gesamte zur Verfügung stehende Höhe einnimmt, erhält es height: 100%.

```
height: 100%;
```

Außerdem wird ein dünner Rahmen rechts platziert – das ist natürlich Geschmackssache.

```
border-right: 1px solid #999;
```

Am Schluss gibt es die Angaben für die transparente Hintergrundfarbe.

Listing 11.22:
Bildbeschriftung ist links auf dem
Bild (loesungen/transparente_bild-
beschriftung_2.html).

```
background-color: rgba(90, 90, 90, 0.6);   /* FF3+, Saf3+, Opera 10.10+,
Chrome, IE9 */
  filter: progid:DXImageTransform.Microsoft.gradient(startColorstr=#995A5A
5A,endColorstr=#995A5A5A);  /* IE6–IE9 */
}
```

3. Wie können Sie mehrere Bilder mit Bildbeschriftung nebeneinander anordnen?

Abbildung 11.29:
Mehrere Bilder mit Bildbeschrif-
tungen nebeneinander. Im Bei-
spiel immer dasselbe Bild – Sie
können selbstverständlich unter-
schiedliche Bilder verwenden.

 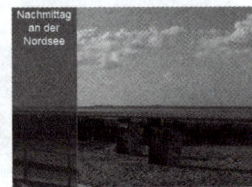

Hierfür müssen Sie erst einmal mehrere div-Elemente mit Bildern und Beschriftungen haben, die Sie im einfachsten Fall kopieren.

Im CSS-Teil ergänzen Sie zwei Zeilen:

Listing 11.23:
Jetzt werden mehrere beschriftete
Bilder nebeneinander platziert
(transparente_bildbeschriftung_3.
html).

```
.beschriftung {
  position: relative;
  float: left;
  margin: 20px;
}
```

Wie Sie sehen, können Sie float mit position kombinieren.

4. Kleine Wiederholung des Boxmodells – wie breit sind eigentlich die Boxen aus Beispiel *position.html?*

402px, d.h. 300px width + 2 * 50px (padding) + 2* 1px (border)

12 Navigationsleisten

Bei den bisher vorgestellten Layouts fehlt etwas Wesentliches – eine gestaltete Navigation. Navigationen sind eine zentrale Komponente bei Webseiten und so lohnt es sich, in die richtige Navigation ein bisschen Zeit zu investieren. Es gibt unterschiedliche Typen von Navigationsleisten. Die Leiste kann horizontal sein oder vertikal und sie kann mit Bildern oder ohne gestaltet sein. Über CSS3 gibt es zusätzlich neue schicke Features wie die Transitions, durch die das Klicken auf Buttons richtig spürbar wird.

Am Ende des Kapitels können Sie

- vertikale und horizontale Navigationen erstellen
- Tabs gestalten
- Schicke CSS3-Features bei Navigationen einsetzen
- Modernizr für alternative Darstellungen in älteren Browsern nutzen

12.1 Vertikale Navigationsleiste

Beginnen wir mit einer vertikalen Navigationsleiste. Beim Überfahren mit der Maus (Hovern) sollen die Navigationspunkte eine andere Schrift- und Hintergrundfarbe erhalten.

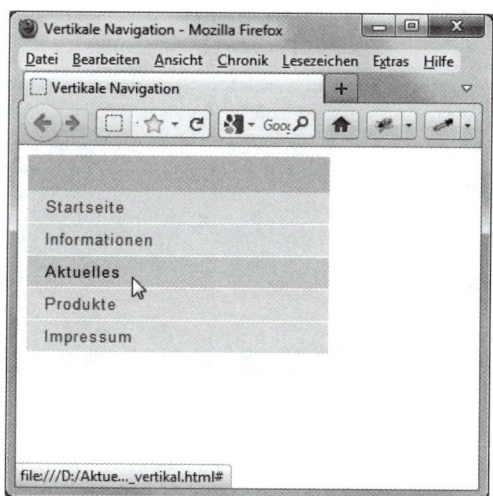

Abbildung 12.1:
Diese vertikale Navigation soll erstellt werden.

Erst einmal brauchen wir eine HTML-Basis, die wir gestalten können. Dafür nehmen wir folgende ungeordnete Liste mit Links:

```
<div id="navigation">
  <ul>
    <li><a href="#">Startseite</a></li>
    <li><a href="#">Informationen</a></li>
    <li><a href="#">Aktuelles</a></li>
    <li><a href="#">Produkte</a></li>
    <li><a href="#">Impressum</a></li>
  </ul>
</div>
```

Tipp

Wenn man noch nicht weiß, wohin der Link führen soll, kann man # als Platzhalter benutzen.

Tipp

`#navigation ul` *ist der
sogenannte Nachfahren-
kombinator. Er wählt alle
ul-Elemente aus, die sich
innerhalb eines Elements
mit der* `id="navigation"`
befinden.

Würden wir hingegen nur ul
*schreiben, würden wir alle
ungeordneten Listen auswählen. Eine ungeordnete Liste,
die etwa im Inhaltsbereich
steht, soll aber auf jeden Fall
nicht so aussehen wie unsere
Navigationsleiste.*

Dann geht es an die Formatierungen per CSS: Die Navigation erhält eine Hintergrundfarbe, eine Breite und außerdem einen dicken Rahmen nach oben.

```
#navigation {
  background-color: #ebeae3;
  width: 250px;
  font-size: 0.8em;
  border-top: 30px solid #dad6b1;
}
```

Als Nächstes soll die ungeordnete Liste innerhalb des Navigationselements gestaltet werden. Diese wählen wir aus über `#navigation ul`.

Bei der ungeordneten Liste innerhalb von `#navigation` werden zuerst die Aufzählungszeichen entfernt.

```
#navigation ul {
  list-style-type: none;
```

Außerdem werden Außen- und Innenabstand auf 0 geschaltet.

```
  margin: 0;
  padding: 0;
}
```

 Bei ungeordneten Listen ist es wichtig, dass Sie sowohl für `padding` als auch für `margin` Werte angeben. Das liegt daran, dass Listen standardmäßig schon eingerückt sind. Die einzelnen Browser können sich allerdings darin unterscheiden, ob diese Einrückung im browserinternen Stylesheet über `padding` oder über `margin` zustande kommt. Deswegen sollten Sie für beides Ihre Werte angeben, damit Sie sicher sein können, dass die Darstellung browserübergreifend konsistent ist.

Als Nächstes werden die Links innerhalb der Navigationsleiste formatiert. Wieder wollen wir nicht alle Links ansprechen, sondern nur diejenigen innerhalb des `#navigation`-Elements. Dafür verwenden wir den Selektor `#navigation a`:

```
#navigation a {
```

Wir entfernen die Unterstreichung:

```
  text-decoration: none;
```

und rücken die Zeichen ein bisschen auseinander über `letter-spacing`. Das ist nicht wichtig, sondern eher eine Spielerei.

```
  letter-spacing: 1px;
```

Außerdem müssen wir die Links zu Blockelementen machen.

```
  display: block;
```

Tipp

Es gibt Inline- und Blockelemente. Links zählen zu den Inline-Elementen. Das heißt, dass z.B. ein Link innerhalb eines Absatzes keinen Zeilenumbruch erzeugt, sondern innerhalb einer Zeile mit dem anderen Text steht. Inline-Elemente werden nur so groß, wie es der Inhalt unbedingt erforderlich macht. Wir wollen aber, dass der Link so viel Platz wie möglich einnimmt – genau genommen die Gesamtbreite unserer Navigation. Deswegen müssen wir den Link zu einem Blockelement machen, was `display: block` erledigt.

Ohne diese Angabe sähe die Navigation ziemlich verhunzt aus.

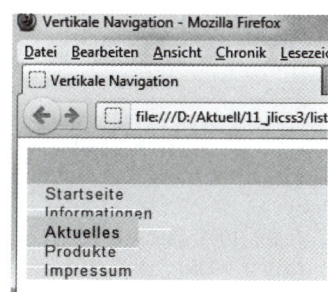

Abbildung 12.2:
Die Menüpunkte ohne
`display: block`

Schließlich wird noch ein Innenabstand festgelegt: 5px nach oben und unten, 15px an den beiden Seiten. Nach unten gibt es zudem einen Rahmen und die Textfarbe wird definiert.

```
padding: 5px 15px;
border-bottom: 1px solid white;
color: #565919;
}
```

Bei Links müssen Sie immer die Textfarbe bestimmen, sonst werden die Standardfarben für Links genommen: Blau für die normalen Links, lila für besuchte und rot für aktivierte Links.

Beim Hovern sollen sich die Hintergrund- und die Schriftfarbe ändern:

```
#navigation a:hover, #navigation a:focus, #navigation a:active {
  background-color: #e3e0cf;
  color: #010101;
}
```

Bei solchen Aufzählungen ist es wichtig, dass Sie immer vollständige Selektoren angeben. Sie könnten keine Verkürzung verwenden, wie beispielsweise a:focus statt #navigation a:focus, weil Sie dann alle Links des Dokuments im Fokuszustand formatieren.

Und das Ganze

Hier sehen Sie den gesamten Code:

Listing 12.1:
Die vertikale Navigation
(navigation_vertikal.html)

```
<!DOCTYPE html>
<html>
<head>
<meta charset="utf-8" />
<title>Vertikale Navigation</title>
<style>
body {
  font: 100% sans-serif;
  color: #000;
  background-color: #fff;
}
#navigation {
  background-color: #ebeae3;
  width: 250px;
  font-size: 0.8em;
  border-top: 30px solid #dad6b1;
}
#navigation ul {
  list-style-type: none;
  margin: 0;
  padding: 0;
}
#navigation a {
  text-decoration: none;
  letter-spacing: 1px;
  display: block;
  padding: 5px 15px;
  border-bottom: 1px solid white;
  color: #565919;
}
#navigation a:hover, #navigation a:focus, #navigation a:active {
  background-color: #e3e0cf;
  color: #010101;
}
</style>
</head>
```

```
<body>
  <div id="navigation">
    <ul>
      <li><a href="#">Startseite</a></li>
      <li><a href="#">Informationen</a></li>
      <li><a href="#">Aktuelles</a></li>
      <li><a href="#">Produkte</a></li>
      <li><a href="#">Impressum</a></li>
    </ul>
  </div>
</body>
</html>
```

12.1.1 Navigationsleiste in Layout integrieren

Diese Navigationsleiste können Sie in Ihr Layout einbauen, beispielsweise in das Layout *zweispalter_gleichlangespalten.html* aus Kapitel 10.

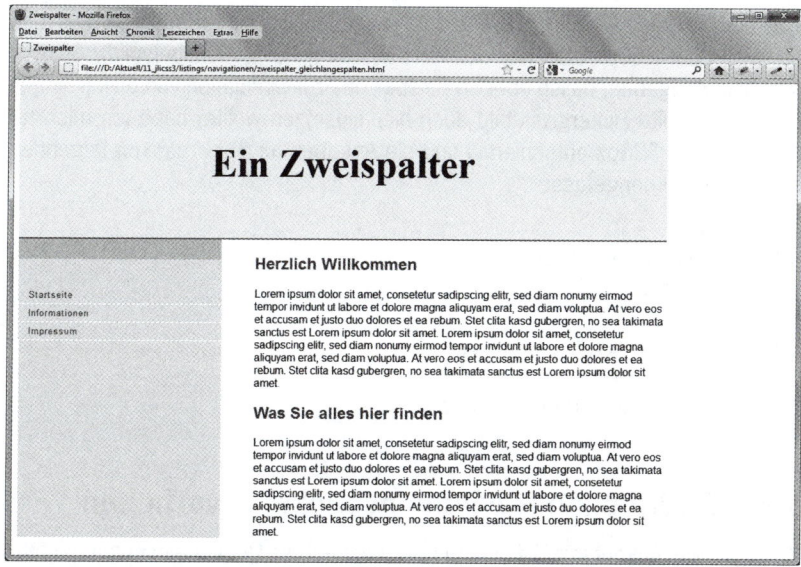

Abbildung 12.3:
Das Layoutbeispiel mit eingebundener Navigation

Hierfür kopieren Sie den CSS-Code für die Navigation und fügen ihn beim CSS-Code des Layouts ein.

An einer Stelle sind noch ein paar Anpassungen notwendig. So gibt es zwei Definitionen für #navigation.

Diese Angaben stammen aus der Definition der Navigationsleiste:

```
#navigation {
    background-color: #ebeae3;
    width: 250px;
    font-size: 0.8em;
    border-top: 30px solid #dad6b1;
}
```

Und die folgenden Angaben kommen aus dem Zweispalter:

```
#navigation {
    background-color: #ebeae3;
    width: 300px;
    float: left;
    padding-top: 40px;
}
```

Diese Angaben fassen wir am besten zu einer zusammen. Hierfür können wir eine background-color-Angabe streichen und eine width-Angabe hinzufügen. Was aber nehmen wir für die Breite der Navigation: 300px (so war es im Layoutbeispiel) oder 250px (das war der Wert aus dem Navigationsbeispiel)? Sinnvoll sind beide Angaben, da ich aber im Beispiel das zur Simulation von gleich langen Spalten erstellte Hintergrundbild auch hier einsetzen wollte, habe ich mich für den Wert von 300px entschieden und die Angaben für #navigation folgendermaßen zusammengefasst:

Listing 12.2:
Ausschnitt aus zweispalter_gleich-
langespalten_mit_navi.html

```
#navigation {
    background-color: #ebeae3;
    width: 300px;
    float: left;
    padding-top: 40px;
    font-size: 0.8em;
    border-top: 30px solid #dad6b1;
}
```

12.1.2 Aktuellen Navigationspunkt hervorheben

Wenn wir das Layout mit Navigation bei einem echten Projekt einsetzen, so fehlt etwas: Wir sollten immer den aktuellen Menüpunkt hervorheben, damit die Benutzer wissen, wo sie sich gerade befinden. Eine klassische Methode ist es, den aktuellen Menüpunkt genauso zu gestalten wie die Menüpunkte beim Hovern.

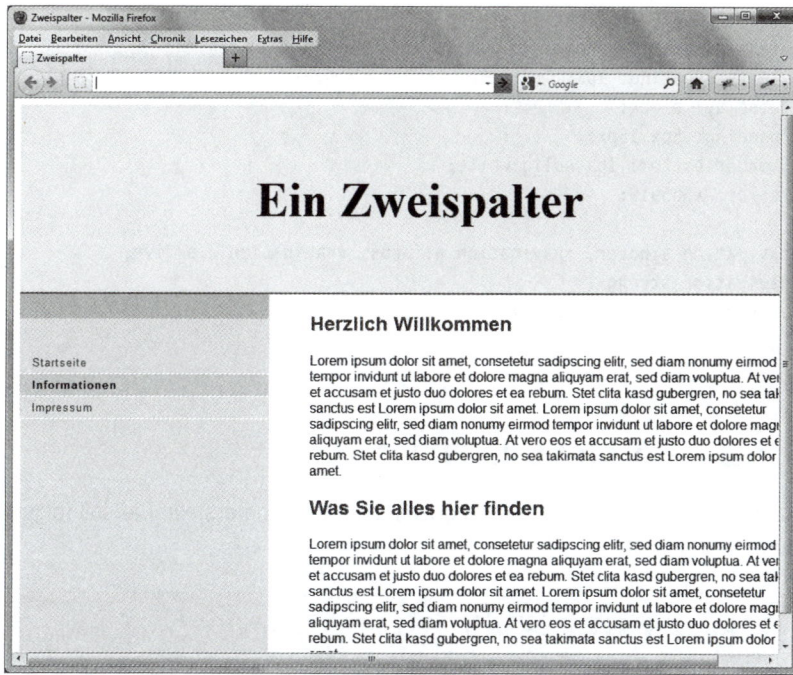

Abbildung 12.4:
Der aktuelle Menüpunkt soll hervorgehoben werden.

Hierfür müssen wir zuerst einmal im HTML-Code der jeweiligen Seite den aktuellen Code besonders markieren. Ich habe hier das strong-Element für die Hervorhebung gewählt:

```
<div id="navigation">
  <ul>
    <li><a href="index.html">Startseite</a></li>
    <li><strong>Informationen</strong></li>
    <li><a href="impressum.html">Impressum</a></li>
  </ul>
</div>
```

Jetzt müssen wir nur noch dafür sorgen, dass strong genauso wie die Links und genau genommen wie die Hoverzustände der Links angezeigt werden. Die strong-Elemente innerhalb der #navigation sprechen wir an über #navigation strong. Wir ergänzen diesen Selektor zum einen bei den a-Elementen und zum anderen beim Hoverzustand.

Listing 12.3:
Ausschnitt aus zweispalter_gleich-
langespalten_mit_navi_akt.html

Tipp

Im Beispiel wird außerdem der aktuelle Menüpunkt fett, was das Element strong *bewirkt. Stört Sie das, so ergänzen Sie* font-weight: normal *bei der Formatierung* #navigation a, #navigation strong.

```
#navigation a, #navigation strong {
  text-decoration: none;
  letter-spacing: 1px;
  display: block;
  padding: 5px 15px;
  border-bottom: 1px solid white;
  color: #565919;
}
#navigation a:hover, #navigation a:focus, #navigation a:active,
#navigation strong {
  background-color: #e3e0cf;
  color: #010101;
}
```

12.2 Horizontale Navigation

Sehen wir uns an, wie man eine horizontale Navigation erstellt. Sie soll folgendermaßen aussehen:

Abbildung 12.5:
Diese horizontale Navigation
wird erstellt.

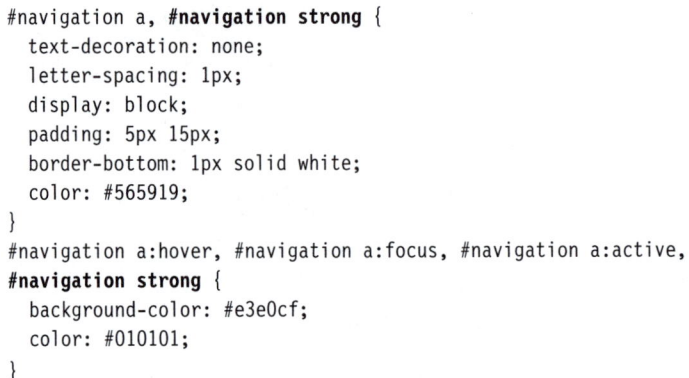

Hinweis

Genauso wie Sie aus einem Linkelement über display: block *ein Blockelement machen können, können Sie aus einer Liste mit* display: inline *ein Inline-Element machen. Inline-Elemente werden innerhalb einer Zeile angeordnet – das können wir für unsere Navigationsleiste gut gebrauchen.*

Als Basis dient wieder die ungeordnete Liste mit den Links:

```
<div id="navigation">
  <ul>
    <li><a href="#">Start</a></li>
    <li><a href="#">Informationen</a></li>
    <li><a href="#">Aktuelles</a></li>
    <li><a href="#">Produkte</a></li>
    <li><a href="#">Impressum</a></li>
  </ul>
</div>
```

Für die horizontale Navigationsleiste müssen wir die Elemente nebeneinander anordnen. Dafür gibt es verschiedene Methoden – eine probate ist es, aus den Listenpunkten Inline-Elemente zu machen.

Erst einmal beginnen die Formatierungen – hier des umfassenden #naviga-tion-Elements. Es erhält eine Hintergrundfarbe und einen Rahmen nach oben. Außerdem erhält es eine Breite von 800px. Hier müssen Sie einen Wert wählen, der für Ihr Layout passt und groß genug ist, um alle Menüpunkte aufzunehmen.

```
#navigation {
    background-color: #ebeae3;
    width: 800px;
    font-size: 0.8em;
    border-top: 5px solid #dad6b1;
}
```

Dann geht es – wir gehen wieder von außen nach innen vor – mit der Formatierung der ungeordneten Liste weiter. Die Aufzählungspunkte werden entfernt, die Außenabstände auf 0 gesetzt. Für padding wird ein Wert von 10px bestimmt.

```
#navigation ul {
    list-style-type: none;
    margin: 0;
    padding: 10px;
}
```

Nun kommt die Formatierung der li-Elemente. Sie werden über display: in-line zu Inline-Elementen – der gerade schon angekündigte, **entscheidende Schritt**:

```
#navigation li {
    display: inline;
}
```

Zum Schluss folgen noch die Formatierungen für die a-Elemente. Die Unterstrei-chung wird entfernt, ein passendes padding festgelegt, damit die Punkte nicht direkt aneinanderkleben.

```
#navigation a {
    text-decoration: none;
    letter-spacing: 1px;
    padding: 10px 15px;
    color: #565919;
}
```

Beim Hovern gibt es wieder eine Änderung der Farben.

```
#navigation a:hover, #navigation a:focus, #navigation a:active {
    background-color: #e3e0cf;
    color: #010101;
}
```

333

Hier sehen Sie das Beispiel in seiner Gesamtheit:

Listing 12.4:
Eine horizontale Navigation
(navigation_horizontal.html)

```html
<!DOCTYPE html>
<html>
<head>
<meta charset="utf-8" />
<title>Vertikale Navigation</title>
<style>
body {
  font: 100% sans-serif;
  color: #000;
  background-color: #fff;
}
#navigation {
  background-color: #ebeae3;
  width: 800px;
  font-size: 0.8em;
  border-top: 5px solid #dad6b1;
}
#navigation ul {
  list-style-type: none;
  margin: 0;
  padding: 10px;
}
#navigation li {
  display: inline;
}
#navigation a {
  text-decoration: none;
  letter-spacing: 1px;
  padding: 10px 15px;
  color: #565919;
}
#navigation a:hover, #navigation a:focus, #navigation a:active {
  background-color: #e3e0cf;
  color: #010101;
}
</style>
</head>
<body>
  <div id="navigation">
    <ul>
      <li><a href="#">Start</a></li>
      <li><a href="#">Informationen</a></li>
      <li><a href="#">Aktuelles</a></li>
      <li><a href="#">Produkte</a></li>
      <li><a href="#">Impressum</a></li>
    </ul>
  </div>
</body>
</html>
```

12.3 Tabs ganz klassisch

Viele Navigationen setzen auf Tabs. Wir wollen uns einmal ansehen, wie man solche Tabs per CSS formatiert.

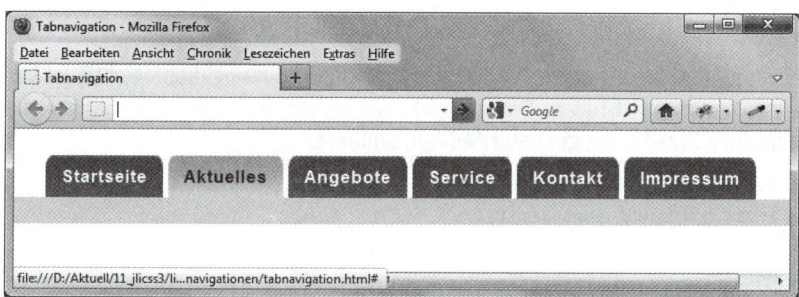

Abbildung 12.6:
Das Ziel: diese Navigation mit Tabs

Es gibt prinzipiell zwei Möglichkeiten, solche Tabs zu erstellen.

• Sie können zum einen den klassischen Weg gehen und hierfür auf Hintergrundbilder setzen. Diese Hintergrundbilder sorgen für die abgerundeten Ecken und den leichten Verlauf auf den Tabs.

• Die Alternative ist, die Tabs rein per CSS zu erstellen – und auf die neuen CSS3-Möglichkeiten zurückzugreifen. Die letzte Lösung hat den Vorteil, dass Sie sich die Hintergrundbilder sparen. Dafür ist mehr Aufwand notwendig, wenn diese Tabs genauso auch in älteren Browsern wie dem IE8 erscheinen sollen, die die zugehörigen CSS3-Features nicht implementiert haben.

In diesem Kapitel sehen Sie die Technik mit Hintergrundbildern, weil sie wichtige Techniken beinhaltet wie die Sliding Doors.

Basis für die Formatierungen ist eine ungeordnete Liste mit den Links. Neben den Links gibt es außerdem span-Elemente. Diese Doppelung brauchen wir, um ganz problemlos und rasch unterschiedliche Hintergrundbilder dem a und dem span zuordnen zu können.

```
<div id="navigation">
  <ul>
    <li><a href="#"><span>Startseite</span> </a></li>
    <li><a href="#"><span>Aktuelles</span> </a></li>
    <li><a href="#"><span>Angebote</span> </a></li>
    <li><a href="#"><span>Service</span> </a></li>
    <li><a href="#"><span>Kontakt</span> </a></li>
    <li><a href="#"><span>Impressum</span> </a></li>
  </ul>
</div>
```

Wenn Sie ein Beispiel für eine CSS3-Lösung suchen, so sollten Sie sich http://www.impressivewebs.com/css3-glow-tabs/ ansehen.

Wir kümmern uns im Beispiel nur um die Tab-Optik. Daneben wird manchmal auch noch eine besondere Tabfunktionalität verwendet: Bei Klick auf einen Tab werden darunter andere Inhalte angezeigt, ohne dass die Seite neu geladen wird. Hierfür können Sie gut die jQuery Tabs (http://jqueryui.com/demos/tabs/) benutzen.

Beginnen wir zuerst mit den allgemeinen Formatierungen für die Navigation. Zuerst einmal werden alle Abstände auf 0 gesetzt:

```
* {
    margin: 0;
    padding: 0;
}
```

Hinweis

Bei Bedarf können Sie noch einmal in Kapitel 10 nachlesen, was es mit dem Umschließen von Floats auf sich hat.

Dann folgen die allgemeinen Formatierungen für die Navigation. Wichtig ist vor allem `overflow: hidden`. Damit stellen wir sicher, dass die `#navigation` die einzelnen Punkte, die gefloatet werden, umfasst.

```
#navigation {
    font: bold 100% sans-serif;
    letter-spacing: 1px;
    margin: 25px 0px 0px 25px;
    width: 100%;
    overflow: hidden;
}
```

Dann werden die `li`-Elemente formatiert. Sie werden links gefloatet.

```
#navigation li {
    list-style-type: none;
    float: left;
    margin-left: 5px;
}
```

Schiebetüren

Jetzt kommt das eigentlich Spannende. Für die abgerundeten Ecken und den leichten Verlauf wollen wir Hintergrundgrafiken einsetzen. Die Herausforderung dabei ist, dass die Tabs unterschiedlich breit sind – in ihrer Breite passen sie sich immer dem Inhalt an: Wenn der Text lang ist, sind die Tabs entsprechend breiter.

Deswegen können wir nicht ein Hintergrundbild nehmen für die einzelnen Navigationspunkte – sonst würde das nur genau für eine Textbreite passen. Eine Technik, derer man sich hier bedient, ist die Sliding-Door-Technik, zu Deutsch »Schiebetürtechnik«.

Das Prinzip von Schiebetüren ist, dass Sie sie übereinander schieben können. Dabei verdeckt die eine Tür mehr oder minder viel von der anderen.

So arbeiten wir hier mit zwei Hintergrundbildern: Das eine ist nur für den linken Rand und die linke abgerundete Ecke zuständig. Das andere ist für den Rest des Tabs und den rechten Rand und die rechte abgerundete Ecke zuständig:

Abbildung 12.7:
Die beiden Hintergrundbilder
für die Schiebetürtechnik

Diese beiden Bilder werden als Hintergrundbilder eingebunden und übereinander platziert. Immer ist die linke Ecke zu sehen, hinter diese schiebt sich der Rest des Tabs. Von diesem ist je nach Bedarf mehr oder weniger zu sehen.

Diese beiden Bilder genügen jedoch nicht. Wir brauchen noch Hintergrundbilder für den Hoverzustand. Beim Hovern sollen die Tabs in einer helleren Variante angezeigt werden. Dafür benötigen wir ebenfalls zwei Bilder:

Abbildung 12.8:
Die beiden Hintergrundbilder
für den Hoverzustand

Unschön aber ist, wenn wir vier Bilder einsetzen. Zum einen erzeugen vier Bilder vier HTTP-Requests. Zum anderen würden die Bilder für den Hoverzustand erst wirklich beim Hovern vom Server angefordert, was zu einer kleinen, für einen Hovereffekt sehr störenden, Verzögerung führen kann. (Auch wenn der letzte Punkt in unserem Fall eigentlich nicht relevant ist, weil wir den Hoverzustand schon zu Beginn bei der jeweiligen Seite anzeigen lassen, um zu markieren, wo man gerade ist.)

Sie erinnern sich an die CSS Sprites aus Kapitel 9? Genauso können wir hier auch die Bilder übereinander platzieren – und damit haben wir zwei Bilder:

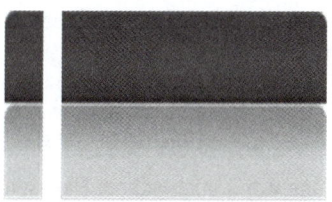

Abbildung 12.9:
Nur noch zwei Bilder
werden benutzt.

Damit können wir wieder zu unseren Formatierungen zurückkehren. Das a-Element wird zu einem Blockelement, erhält einen Abstand nach links, die Unterstreichung wird entfernt und außerdem das linke Tabbild als Hintergrundbild definiert.

```
#navigation a {
  display: block;
  padding-left: 15px;
  text-decoration: none;
  background: url(tab_links.png) no-repeat left top;
}
```

Wichtig ist der richtige Wert für `padding-left`: Innerhalb dieses Bereichs wird das Hintergrundbild für den linken Rand angezeigt. Wenn Sie es zu klein machen, wird die abgerundete linke Ecke abgeschnitten!

Für die span-Elemente führen wir ähnliche Formatierungen durch, aber sie erhalten den **rechten Teil des Tabbilds** zugewiesen.

```
#navigation a span {
  display: block;
  padding: 10px 15px 10px 0px;
  color: #fff;
  background: url(tab_rechts.png) no-repeat right top;
}
```

Jetzt fehlt nur noch der Hoverzustand. Beim Hovern soll das hellere Bild angezeigt werden, das heißt, der untere Teil des Hintergrundbilds. Dafür müssen wir das Hintergrundbild nach oben verschieben, sodass der untere Teil zu sehen ist, und wir brauchen einen negativen Wert als zweite Angabe bei background-position. Der exakte Wert ergibt sich aus der Höhe, die ein »einzelnes« Bild hat – im Beispiel sind es 72px. Durch folgenden Code wird das Hintergrundbild also um 72px nach oben verschoben:

```
background-position: 0% -72px;
```

Diese Verschiebung des Hintergrundbilds müssen wir sowohl für den rechten Teil des Tabs als auch für den linken Teil des Tabs durchführen:

```
#navigation a:hover, #navigation a:focus, #navigation a:active {
  background-position: 0% -72px;
}
#navigation a:hover span, #navigation a:focus span, #navigati-
on a:active span {
  background-position: 100% -72px;
  color: #3A3532;
}
```

Alle Formatierungen für die Tabs

Das war's auch schon. Hier sehen Sie noch einmal die Formatierungen in ihrer Gesamtheit:

Listing 12.5:
Die mit Hintergrundbildern
erstellte Tab-Navigation
(tabnavigation.html)

```
<!DOCTYPE html>
<html>
<head>
<meta charset="utf-8" />
<title>Tabnavigation</title>
<style>
* {
  margin: 0;
  padding: 0;
}
#navigation {
  font: bold 100% sans-serif;
  letter-spacing: 1px;
  margin: 25px 0px 0px 25px;
  width: 100%;
  overflow: hidden;
}
```

```css
#navigation li {
  list-style-type: none;
  float: left;
  margin-left: 5px;
}
#navigation a {
  display: block;
  padding-left: 15px;
  text-decoration: none;
  background: url(tab_links.png) no-repeat left top;
}
#navigation a span {
  display: block;
  padding: 10px 15px 10px 0px;
  color: #fff;
  background: url(tab_rechts.png) no-repeat right top;
}
#navigation a:hover, #navigation a:focus, #navigation a:active {
  background-position: 0% -72px;
}
#navigation a:hover span, #navigation a:focus span, #navigation
a:active span {
  background-position: 100% -72px;
  color: #3A3532;
}
#inhalt {
  background-color: #dce1e3;
  padding-top: 25px;
  clear: left;
  width: 100%;
}
</style>
</head>
<body>
  <div id="navigation">
    <ul>
      <li><a href="#"><span>Startseite</span> </a></li>
      <li><a href="#"><span>Aktuelles</span> </a></li>
      <li><a href="#"><span>Angebote</span> </a></li>
      <li><a href="#"><span>Service</span> </a></li>
      <li><a href="#"><span>Kontakt</span> </a></li>
      <li><a href="#"><span>Impressum</span> </a></li>
    </ul>
  </div>
  <div id="inhalt">
  </div>
</body>
</html>
```

12.4 Drop-down: Zeig dich, versteck mich

Bei Navigationen mit Unterpunkten und wenig Platz sind Drop-down-Menüs eine gute Alternative. Die Unterebenen öffnen sich nur bei Bedarf.

Abbildung 12.10:
Im Normalzustand sind
nur die übergeordneten
Menüpunkte zu sehen.

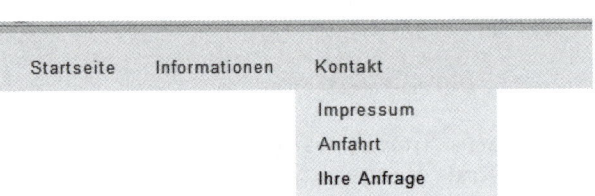

Abbildung 12.11:
Hovert man mit der Maus über
einen Menüpunkt, tauchen die
Untermenüpunkte auf.

Sehen wir uns an, wie man das über CSS realisiert. Zuerst einmal brauchen wir hierfür die richtige HTML-Basis – eine verschachtelte Liste.

```
<div id="navigation">
  <ul class="top">
    <li><a href="index.html">Startseite</a></li>
    <li><a href="info.html">Informationen</a>
      <ul class="sub">
        <li><a href="#">Produkte</a></li>
        <li><a href="#">Service</a></li>
        <li><a href="#">Angebote</a></li>
        <li><a href="#">Aktionen</a></li>
      </ul>
    </li>
    <li><a href="impressum.html">Kontakt</a>
      <ul class="sub">
        <li><a href="#">Impressum</a></li>
        <li><a href="#">Anfahrt</a></li>
        <li><a href="#">Ihre Anfrage</a></li>
      </ul>
    </li>
  </ul>
</div>
```

> **!** Wichtig ist, dass die Listen richtig ineinander verschachtelt sind. Die untergeordnete ul geht innerhalb eines `<li>`-Elements der übergeordneten Liste auf, das schließende `</li>` befindet sich nach der untergeordneten Liste!
>
> ```
> <ul class="top">
>   <li><a href="info.html">Informationen</a>
>     <ul class="sub">
>       <li><a href="#">Produkte</a></li>
>       <!-- weitere untergeordnete Punkte -->
>     </ul>   <!-- Ende untergeordnete Liste -->
>   </li> <!-- schließendes li der übergeordneten Liste -->
> </ul>
> ```

Im HTML-Code sind die beiden Listen mit Klassen versehen. Das wäre an sich nicht notwendig, weil wir rein mit zusammengesetzten Selektoren arbeiten können. Die Verwendung von Klassen macht allerdings das Handling einfacher.

Die Formatierungen

Zuerst einmal entfernen wir alle Abstände:

```
* {
   margin: 0;
   padding: 0;
}
```

Wir definieren Schrift und Farben für die gesamte Webseite:

```
body {
  font: 80% sans-serif;
  color: #000;
  background-color: #fff;
}
```

Dann geht es an die Formatierung des div-Elements, das die Navigation beinhaltet. Es erhält eine Hintergrundfarbe, eine Breite und nach oben einen kleinen Rahmen. Außerdem wird es links gefloatet.

```
#navigation {
  background-color: #ebeae3;
  width: 800px;
  border-top: 5px solid #dad6b1;
  float: left;
}
```

Tipp

float: left *wird hier benutzt, um die gefloateten Listenpunkte – zu denen kommen wir gleich noch – zu umschließen.*

341

Als Nächstes werden die ul-Elemente formatiert: Die Aufzählungspunkte werden entfernt und Abstände definiert.

```
#navigation ul {
  list-style-type: none;
  margin: 0;
  padding: 8px 12px;
}
```

Diese Formatierungen betreffen alle ul-Elemente – sowohl die übergeordnete als auch die untergeordnete Liste.

Danach werden die a-Elemente formatiert. Die Unterstreichungen werden entfernt über text-decoration: none. Außerdem werden die Links zu Blockelementen, damit sie anklickbar sind. Die anderen Formatierungen sind nicht essenziell – beispielsweise die leicht gesperrte Schrift durch letter-spacing: 1.

```
#navigation a {
  text-decoration: none;
  letter-spacing: 1px;
  padding: 10px 15px;
  color: #565919;
  display: block;
}
```

Beim Hovern soll sich die Schriftfarbe ändern.

```
#navigation a:hover, #navigation a:focus, #navigation a:active {
  color: #000;
}
```

Jetzt sollen die Listenpunkte der übergeordneten Liste nebeneinander angeordnet werden. Um nur diese anzusprechen, verwenden wir den Kindselektor <.

```
#navigation .top > li {
 float: left;
 position: relative;
}
```

Ein Selektor wie #navigation .top li wählt alle li-Elemente aus, die Nachfahren von .top sind, was sich innerhalb von #navigation befindet. Damit würde man sowohl die li-Elemente des Hauptmenüs als auch des Untermenüs auswählen. Ergänzen Sie hingegen das >-Zeichen, also #navigation .top > li, dann wählen Sie nur die li-Elemente aus, die direkte Kinder von .top sind.

Außerdem erhalten diese Listenpunkte ein `position: relative`. Damit können Sie den Bezugspunkt bilden für die Positionierung der untergeordneten Elemente, die `position: absolute` erhalten.

Im Normalfall sollen die Untermenüs ausgeblendet sein. Vielleicht denken Sie da spontan an `display: none`, aber das ist eine schlechte Wahl. Denn Screenreader lesen ebenfalls `display: none` aus und damit wären die Menüpunkte vor Nutzern von Screenreadern verborgen. Besser ist es hingegen, die Elemente absolut zu positionieren – was wir ja sowieso gleich brauchen – und sehr große negative Werte für `left` und `top` anzugeben, sodass sie dadurch aus dem sichtbaren Bereich verschoben sind.

Hinweis

Wenn Sie noch eine kleine Auffrischung zur Kombination von `position: relative` *beim Elternelement und* `position: absolute` *beim Kindelement brauchen, so schlagen Sie noch einmal in Kapitel 11 nach.*

```
#navigation ul.sub {
  position: absolute;
  left: -9999em;
  top: -9999em;
  display: block;
  background-color: #eee;
  width: 10em;
  padding-top: 2px;
}
```

Ansonsten gibt es noch ein paar Kleinigkeiten wie die Definition einer Hintergrundfarbe und einer angemessenen Breite.

Damit sind die Untermenüs ausgeblendet und wir haben aber schon ein paar allgemeine Vorbereitungen für ihre Darstellung getroffen.

Beim Hovern über einen `li`-Punkt sollen die Unterpunkte wieder eingeblendet werden. Das erreichen wir mit folgendem Selektor:

```
#navigation li:hover ul.sub {
```

Für das Einblenden müssen wir die Werte für `left` und `top` auf Normalwerte setzen – in diesem Fall `auto`.

```
#navigation li:hover ul.sub {
  left: auto;
  top: auto;
}
```

Schließlich erhalten die a-Elemente der Unternavigation etwas angepasste Innenabstände.

```
#navigation .sub a {
  padding: 5px;
}
```

Listing 12.6:
Der Code für das Drop-down-
Menü (drop_down.html)

Hier der Code in der Gesamtheit:

```
* {
  margin: 0;
  padding: 0;
}
body {
  font: 80% sans-serif;
  color: #000;
  background-color: #fff;
}
#navigation {
  background-color: #ebeae3;
  width: 800px;
  border-top: 5px solid #dad6b1;
  float: left;
}
#navigation ul {
  list-style-type: none;
  margin: 0;
  padding: 8px 12px;
}
#navigation a {
  text-decoration: none;
  letter-spacing: 1px;
  padding: 10px 15px;
  color: #565919;
  display: block;
}
#navigation a:hover, #navigation a:focus, #navigation a:active {
  color: #000;
}
#navigation .top > li {
 float: left;
 position: relative;
}
#navigation ul.sub {
  position: absolute;
  left: -9999em;
  top: -9999em;
  display: block;
  background-color: #eee;
  width: 10em;
  padding-top: 2px;
}
#navigation li:hover ul.sub {
  left: auto;
  top: auto;
}
```

```
#navigation .sub a {
  padding: 5px;
}
```

Die beiden wichtigsten Punkte zum Drop-down-Menü:

- Die übergeordneten Menüpunkte benötigen `position: relative`, damit sie den Bezug für die Positionierung der untergeordneten Elemente bilden können. Die `li`-Elemente der Subnavigation werden absolut positioniert.

- Im Normalfall sind die Submenüpunkte ausgeblendet. Hierfür sorgen sehr große negative Werte für `top` und `left`, die die Menüpunkte aus dem sichtbaren Bereich schieben. Die Einblendung geschieht in dem Moment, in dem über die `li`-Elemente des Hauptmenüs gehovert wird. In diesem Fall werden die untergeordneten Punkte mit `left: auto` und `top: auto` wieder in ihre Normalposition gebracht.

Unser Menü ist leider nicht rein über die Tastatur bedienbar. Es gibt verschiedene Ansätze, tastaturbedienbare Drop-downs zu erstellen; einen finden Sie unter http://blakehaswell.com/lab/drop-down/deux/.

Und der IE6?

Falls Sie dieses Beispiel auch in dem uralten IE6 zum Laufen bringen wollen, so gibt es zwei Probleme. Zum einen interpretiert der IE6 den Selektor mit dem Kindelement nicht. Und zum anderen – das ist schwerwiegender – versteht der IE6 `:hover` nur bei Links, nicht aber bei `li`-Elementen, wie es hier eingesetzt wurde. In diesem Fall kann man per JavaScript nachbessern. Bei *http://www.htmldog.com/articles/suckerfish/dropdowns/* finden Sie eine entsprechende Lösung. Diese ist in der Datei *drop_down_ie6.html* auf unser Beispiel übertragen.

12.5   Navigation mit CSS3-Effekten

Beim nächsten Beispiel greifen wir tief in die CSS3-Trickkiste. Es ist ein Menü, bei dem die einzelnen Punkte vertikal angeordnet sind. Beim Hovern vergrößert sich der Menüpunkt und wächst über die Navigation heraus. Bei diesem Zustand ist außerdem der Menüpunkt mit abgerundeten Ecken versehen und der Hintergrund ist halbtransparent. Zusätzlich gibt es einen leichten Textschatten. Und – das ist jetzt ein neues CSS3-Feature, das Sie noch nicht kennen – diese Übergänge finden nicht abrupt, sondern schön animiert statt. Das lässt sich dank CSS3-Transitions realisieren.

Abbildung 12.12:
Das Menü mit verschiedenen
CSS3-Effekten – Sie sehen, wie
es sich darstellt, wenn man über
einen Punkt hovert. Das Schöne
daran: der Menüpunkt wächst
langsam heraus – es ist kein
abrupter Übergang.

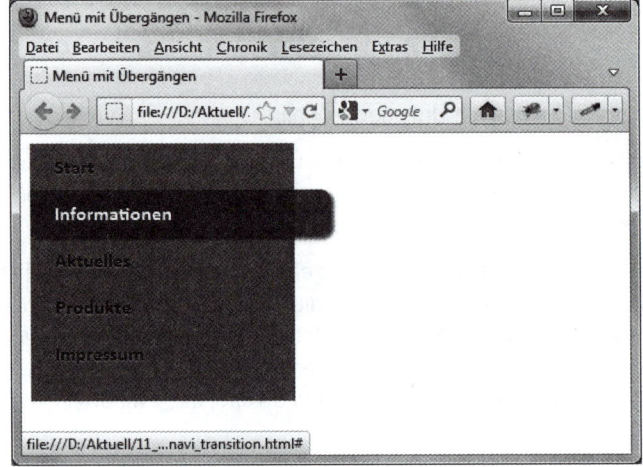

»Aber der IE8?«, denken Sie jetzt vielleicht angesichts dieser vielen CSS3-Features. Für den IE8 haben wir separate Formatierungen. Nein, er erhält nicht dasselbe wie die anderen Browser, aber eine akzeptable Benutzbarkeit. Damit dies nicht nur für den IE8, sondern für alle anderen Browser genauso gilt, die diese CSS3-Feature nicht unterstützen, setzen wir dieses Mal nicht auf konditionale Kommentare, sondern benutzen eine Bibliothek mit Namen Modernizr zur Feature-Detection. Sie sehen, eine geballte Menge an neuem Wissen wartet auf Sie.

Die Formatierungen

Der Anfang ist noch ganz klassisch. Wir beginnen mit der Formatierung der ungeordneten Liste innerhalb der `#navigation`. Sie erhält eine Breite, außerdem entfernen wir die Aufzählungszeichen und fügen nach unten ein bisschen `padding` ein. Als Hintergrundfarbe wird ein Blauton bestimmt.

```
#navigation ul {
  width: 220px;
  list-style-type: none;
  margin: 0;
  padding: 0 0 20px;
  background: #666DC4;
}
```

Nun geht es an die Formatierung der Links:

```
#navigation a {
```

Die Links werden zu Blockelementen. Außerdem erhalten sie eine Breitenangabe, sodass sie samt `padding` so breit werden wie die umfassende `ul`.

```
  display: block;
  width: 180px;
  padding: 10px 20px;
```

Die Schrift soll fett sein, die Unterstreichung wird entfernt und die Textfarbe ist Grau.

```
font-weight: bold;
text-decoration: none;
color: #222;
```

Außerdem gibt es einen diskreten Textschatten, der halbtransparent sein soll.

```
text-shadow: 0 1px 1px rgba(255,255,255,.5);
}
```

Dann geht es an die Formatierung des Hoverzustandes:

```
#navigation a:hover, #navigation a:focus, #navigation a:active {
```

Die Textfarbe soll dann Weiß werden:

```
color: #fff;
```

Außerdem sollen die Menüpunkte beim Hovern breiter werden. Eben hatten wir die Breite auf 180px festgelegt, jetzt geben wir 30px Breite hinzu und nehmen einen Wert von 210px.

```
width: 210px;
```

Die Hintergrundfarbe geben wir zweimal an, es ist ein dunkleres Blau. Für ältere Browser nehmen wir eine `rgb()`-Farbangabe, für neuere `rgba()`, bei dem wir festlegen können, dass der Hintergrund leicht transparent sein soll.

```
background-color: rgb(31, 31, 187);
background-color: rgba(31, 31, 187, 0.8);
```

Wieder gibt es einen Textschatten, aber mit einer leicht veränderten Position:

```
text-shadow: 0 -1px 1px rgba(0, 0, 0, 0.5);
```

Außerdem sollen die Menüpunkte einen Schatten haben. Diese Angabe müssen Sie, um die größtmögliche Browserabdeckung zu haben, sowohl mit –webkit- für ältere Webkit-Browser als auch mit –moz- für ältere Firefox schreiben.

```
-webkit-box-shadow: 2px 2px 2px rgba(0, 0, 0, 0.6);
-moz-box-shadow: 2px 2px 2px rgba(0, 0, 0, 0.6);
box-shadow: 2px 2px 2px rgba(0, 0, 0, 0.6);
```

Fehlen noch die abgerundeten Ecken. Abgerundet soll der rechte obere und der rechte untere Rand sein. Wieder müssen Sie diese Angaben mit den herstellerspezifischen Präfixen schreiben – und ältere Firefox brauchen eine etwas andere Syntax (siehe auch Kapitel 8).

```
-webkit-border-top-right-radius: 9px;
-webkit-border-bottom-right-radius: 9px;
-moz-border-radius-topright: 9px;
-moz-border-radius-bottomright: 9px;
border-top-right-radius: 9px;
border-bottom-right-radius: 9px;
}
```

So weit, so gut. Wenn Sie das Ganze ausprobieren, so ist es ein netter Effekt. Allerdings wäre es schön, wenn man den Übergang in den Hoverzustand mehr merken würde, wenn dieser also langsamer vonstattenginge und nicht so abrupt stattfinden würde. Genau das ist möglich über die CSS3-Transitions.

CSS3 Transitions – es lebe der Übergang!

Zur Definition des Übergangs gibt es in CSS3 die Eigenschaft `transition`. Dahinter geben Sie drei Dinge an:

1. Sie bestimmen, welche Eigenschaften in den Übergang miteinbezogen werden sollen. In unserem Fall verwenden wir `all`, damit werden alle unterschiedlichen Eigenschaften animiert.

2. Außerdem geben Sie an, wie lange der Übergang ablaufen soll.

3. Als Drittes können Sie bestimmen, wie der Übergang ablaufen soll. Er kann gleichmäßig ablaufen, aber auch am Anfang oder am Ende beschleunigen. Dazu gleich im Detail.

Diese drei Angaben schreiben Sie hinter `transition`, und zwar beim ursprünglichen Zustand – d.h. in unserem Fall beim a-Element, nicht beim `:hover`-Zustand!

```
transition: all 0.2s ease-in;
```

Die Eigenschaft müssen Sie mit den herstellerspezifischen Präfixen angeben.

```
-webkit-transition: all 0.2s ease-in;
-moz-transition: all 0.2s ease-in;
-o-transition: all 0.2s ease-in;
-ms-transition: all 0.2s ease-in;
transition: all 0.2s ease-in;
```

Damit sehen unsere Formatierungen für das a-Element mit den Angaben zum Übergang folgendermaßen aus:

```
#navigation a {
    display: block;
    width: 180px;
    padding: 10px 20px;
    font-weight: bold;
    text-decoration: none;
    color: #222;
    text-shadow: 0 1px 1px rgba(255,255,255,.5);
    -webkit-transition: all 0.2s ease-in;
    -moz-transition: all 0.2s ease-in;
    -o-transition: all 0.2s ease-in;
    -ms-transition: all 0.2s ease-in;
    transition: all 0.2s ease-in;
}
```

Tipp

Für die ersten Experimente empfehlen sich längere Zeiten, damit Sie das Ganze besser beobachten können. Für den echten Einsatz sollten Sie die Zeit reduzieren, weil Sie sonst Gefahr laufen, Ihre Besucher zu nerven.

Das Beispiel in seiner Gesamtheit:

```
#navigation ul {
  width: 220px;
  list-style-type: none;
  margin: 0;
  padding: 0 0 20px;
  background: #666DC4;
}
#navigation a {
  display: block;
  width: 180px;
  padding: 10px 20px;
  font-weight: bold;
  text-decoration: none;
  color: #222;
  text-shadow: 0 1px 1px rgba(255,255,255,.5);
  -webkit-transition: all 0.2s ease-in;
  -moz-transition: all 0.2s ease-in;
  -o-transition: all 0.2s ease-in;
  -ms-transition: all 0.2s ease-in;
  transition: all 0.2s ease-in;
}
#navigation a:hover, #navigation a:focus, #navigation a:active {
  color: #fff;
  width: 210px;
  background-color: rgb(31, 31, 187);
  background-color: rgba(31, 31, 187, 0.8);;
  text-shadow: 0 -1px 1px rgba(0, 0, 0, 0.5);
  -webkit-box-shadow: 2px 2px 2px rgba(0, 0, 0, 0.6);
  -moz-box-shadow: 2px 2px 2px rgba(0, 0, 0, 0.6);
  box-shadow: 2px 2px 2px rgba(0, 0, 0, 0.6);
  -webkit-border-top-right-radius: 9px;
  -webkit-border-bottom-right-radius: 9px;
  -moz-border-radius-topright: 9px;
  -moz-border-radius-bottomright: 9px;
  border-top-right-radius: 9px;
  border-bottom-right-radius: 9px;
}
```

Listing 12.7:
Navigation mit Übergängen
(navi_transition.html)

12.5.1 Transitions für Profis

Im Beispiel wurde die verkürzte Schreibweise für die Übergänge verwendet. Stattdessen könnten Sie auch die Einzeleigenschaften benutzen:

```
transition-property: all;
transition-duration: 0.2s;
transition-timing-function:   ease-in;
```

Welche Eigenschaften alle bei transition-property *möglich sind, erfahren Sie beim W3C unter http://www.w3.org/TR/css3-transitions/#properties-from-css-. Sie sollten aber trotzdem die Eigenschaften austesten, denn nicht bei allen funktioniert der Übergang gleichermaßen gut im Browser.*

... die Sie aber natürlich mit den herstellerspezifischen Präfixen schreiben müssen.

transition-property definiert die Eigenschaften, die in den Übergang miteinbezogen werden sollen.

transition-duration bestimmt die Geschwindigkeit des Übergangs. Bei transition-timing-function legen Sie fest, wie der Übergang ablaufen soll. linear bewirkt einen gleichmäßigen Verlauf, ease-in eine Beschleunigung am Anfang, ease-out ein Abbremsen. Weitere sind ease-in-out und ease (Standardwert).

Und die alten Browser? Hilfe durch Modernizr

Wenn Sie sich das Beispiel in einem Browser wie dem IE8 ansehen, so wirkt der Hoverzustand ohne Transparenz, ohne abgerundete Ecken und ohne Transition eher unelegant.

Abbildung 12.13:
Das Beispiel im Internet Explorer 8

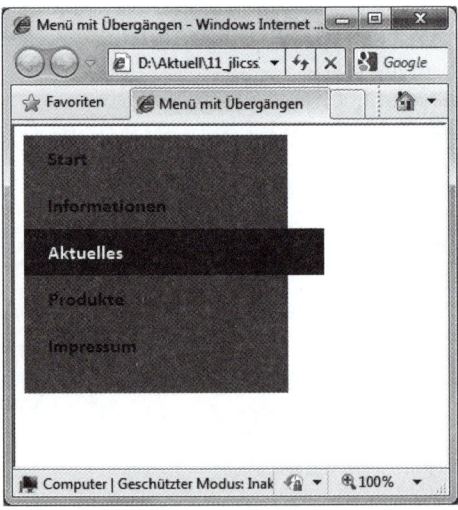

Besser wäre es, in diesem Fall auf die Vergrößerung der Menüpunkte beim Hovern zu verzichten.

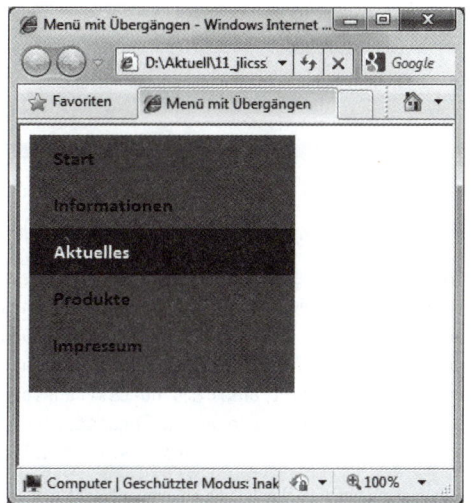

Abbildung 12.14:
So hingegen sieht es nach einem
»ganz normalen« Menü aus und
ein IE8-Nutzer hat nicht das Ge-
fühl, zu kurz zu kommen.

Das heißt, wir müssen nur dafür sorgen, dass in älteren Browsern beim Hovern keine Breitenänderung stattfindet. Wir könnten jetzt diese Angabe über
konditionale Kommentare (siehe Kapitel 9) machen. Allerdings erwischen wir
dann wirklich nur die entsprechenden IE-Versionen, aber andere ältere Browser
bleiben außen vor.

Eigentlich wollen wir eine gesonderte Formatierung, wenn die schicken verwendeten CSS3-Eigenschaften wie `rgba()`, `border-radius` oder `transition` nicht
funktionieren.

Ein wunderbares Tool, das genau in solchen Fällen hilft, ist Modernizr (*http://*
www.modernizr.com/). Modernizr ist eine JavaScript-Bibliothek.

Das Praktische: Sie müssen
nicht JavaScript können, um
Modernizr zu verwenden!

Und so benutzen Sie Modernizr:

Erst einmal binden Sie Modernizr in den `head`-Bereich Ihres Dokuments ein. Das
geht über eine Zeile:

```
<script src="modernizr.js"></script>
```

Hinter `src` müssen Sie den Pfad zur JavaScript-Datei angeben. Im Listing *mo-*
dernizr_test.html, das Sie im Ordner dieses Kapitels finden, ist Modernizr eingebunden.

Wenn Sie Modernizr auf diese Weise eingebunden haben, wird Modernizr automatisch tätig, wenn Sie das Dokument öffnen. Je nachdem, was der aktuelle
Browser an CSS3- und HTML5-Eigenschaften versteht, erzeugt Modernizr die
passenden Klassen. Am besten sehen Sie sich das einmal im Firefox an.

Die Pfadangabe bei `src` *folgt*
den allgemeinen Regeln für
Pfade in HTML. Befindet sich
beispielsweise Modernizr in ei-
nem Unterordner mit Namen
js, so würden Sie folgende
Angabe brauchen: `<script`
`src="js/modernizr.js"></`
`script>`.

Abbildung 12.15:
Im Firebug sehen Sie, dass
Modernizr eine Reihe von Klassen
beim html*-Element ergänzt hat.*

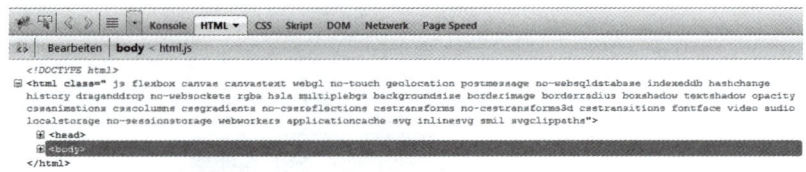

Im Firefox 8 sieht das html-Starttag folgendermaßen aus:

```
<html class=" js flexbox canvas canvastext webgl no-touch geolocation
postmessage no-websqldatabase indexeddb hashchange history draganddrop
websockets rgba hsla multiplebgs backgroundsize borderimage borderradius
boxshadow textshadow opacity cssanimations csscolumns cssgradients no-
cssreflections csstransforms no-csstransforms3d csstransitions fontface
generatedcontent video audio localstorage no-sessionstorage webworkers
applicationcache svg inlinesvg smil svgclippaths">
```

Sie sehen, dass die Klassen manchmal ein no- davor haben. Wenn ein no- davorsteht, so bedeutet das, dass die entsprechende Eigenschaft nicht unterstützt wird. no-csstransforms3d bedeutet beispielsweise, dass Firefox 8, mit dem ich das Dokument aufgerufen habe, die 3D-Transformationen nicht unterstützt. Sie sehen aber beispielsweise, dass Firefox rgba() unterstützt (rgba), dass er background-size (backgroundsize) kann und abgerundete Ecken beherrscht (borderradius) etc.

Wenn Sie dasselbe Dokument im IE8 aufrufen und dann die Entwicklertools aufrufen über `F12`, sehen die Klassen anders aus:

```
<html class=" js no-flexbox no-canvas no-canvastext no-webgl no-touch
no-geolocation postmessage no-websqldatabase no-indexeddb hashchange no-
history draganddrop no-websockets no-rgba no-hsla no-multiplebgs no-back-
groundsize no-borderimage no-borderradius no-boxshadow no-textshadow no-
opacity no-cssanimations no-csscolumns no-cssgradients no-cssreflections
no-csstransforms no-csstransforms3d no-csstransitions fontface generated-
content no-video no-audio no-localstorage no-sessionstorage no-webworkers
no-applicationcache no-svg no-inlinesvg no-smil no-svgclippaths">
```

Sie sehen jede Reihe von Eigenschaften mit einem no- davor.

Das ist eine nette Methode, rasch zu ermitteln, ob ein Browser ein bestimmtes Feature unterstützt – aber es muss ja auch etwas für unser aktuelles Problem bringen. Wir wollen etwa eine andere Formatierung, wenn rgba() nicht unterstützt wird. Wenn diese Farbangaben nicht implementiert sind, so lautet die Klasse beim html-Starttag no-rgba, ansonsten lautet sie rgba.

Und damit können wir einen Selektor konstruieren, der eine Formatierung angibt für den Fall, dass die Eigenschaft nicht unterstützt wird:

```
.no-rgba #navigation a:hover, .no-rgba #navigation a.focus, .no-rgba
#navigation a:active {
  width: auto;
}
```

Hinweis

Warum ausgerechnet rgba *– warum nicht* border-radius *oder* box-shadow*? Natürlich könnte man hier auch auf eine andere Eigenschaft setzen, aber die Unterstützung für* rgba() *ist ein gutes Indiz dafür, was Browser so können. Und es ist im Beispiel wichtig, damit die Größenveränderung nicht zu primitiv wirkt.*

Modernizr geschickt einsetzen

Sie haben gesehen, dass Modernizr auf eine ungeheuer große Anzahl an Features testet. Viele sind beispielsweise HTML5-Features, manche spezielle CSS3-Features, manche wie SVG sind weder das eine noch das andere. Obwohl Modernizr kompakt und schlank ist, ist die Bibliothek mit all den Überprüfungen oft wesentlich mehr, als Sie brauchen.

Praktischerweise können Sie sich Ihre eigene Modernizr-Version zusammenstellen, die nur das enthält, was Sie brauchen.

Hierfür gehen Sie auf die Download-Seite von Modernizr unter *http://www.modernizr.com/download/*.

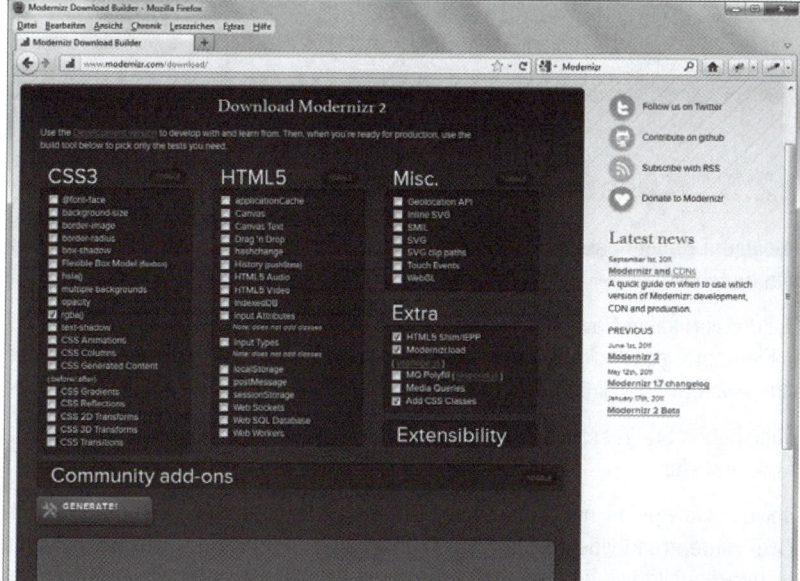

Abbildung 12.16:
Die Downloadseite von Modernizr

Sie sehen die Liste der Features, worauf Modernizr testen kann. Kreuzen Sie hier an, was Sie brauchen und klicken Sie auf GENERATE. Jetzt wird Ihnen der Code generiert, den Sie entweder direkt aus dem Feld kopieren können oder Sie klicken auf DOWNLOAD und speichern die Datei.

Für unseren Fall brauchen wir nur zwei Features:

- RGBA() und

- ADD CSS CLASSES

Tipp

Sie finden das durch Modernizr und die Formatierungen für ältere Browser angepasste Dokument unter dem Namen navi_transition_modernizr.html.

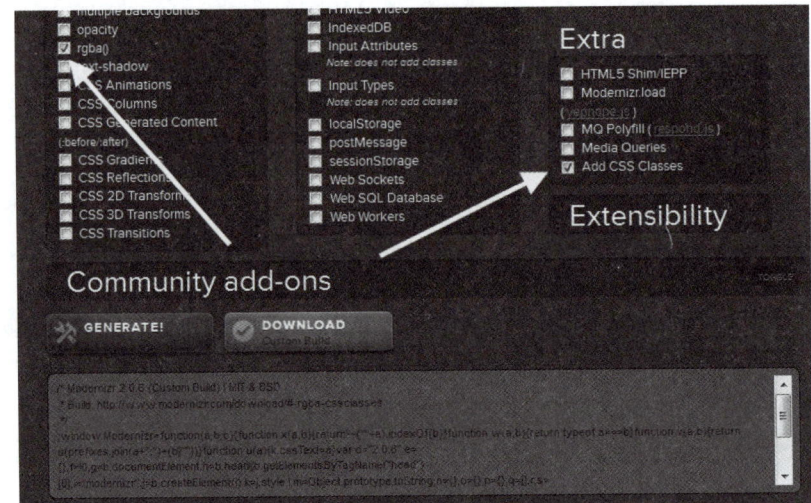

Tipp

*Wenn Sie neue HTML5-
Elemente einsetzen, wie
beispielsweise* section *oder*
article, *dann sollten Sie bei
Modernizr HTML5 SHIM/IEPP
ankreuzen. Damit kümmert
sich Modernizr darum, dass
die Elemente per JavaScript
erstellt werden und damit
auch im Internet Explorer
gestylt werden können.*

12.6 Zusammenfassung

In diesem Kapitel haben Sie die Realisierung von fünf verschiedenen Navigationen gesehen.

Bei der vertikalen Navigation ist es eigentlich am wichtigsten, dass Sie die Links (a-Elemente) zu Blockelementen machen über display: block. So können Sie ihnen eine Breite, Hintergrundfarben etc. zuweisen.

Dann haben Sie gesehen, wie Sie eine horizontale Navigation mit display: inline erstellen.

Bei der Navigation mit Tabs haben Sie die Schiebetürtechnik kennengelernt: Zwei Hintergrundbilder lassen sich kombinieren, sodass sie wie ein flexibles Hintergrundbild wirken. Gleichzeitig war die Tabnavigation ein Beispiel für eine vertikale Navigation, bei der die einzelnen Punkte mit float nebeneinander angeordnet werden.

Die Drop-down-Liste ist ein Beispiel für die nützliche Kombination von absoluter und relativer Positionierung. Sie empfiehlt sich für verschachtelte Navigationen, wenn man wenig Platz zur Verfügung hat.

Das letzte Beispiel hat gezeigt, wie Sie verschiedene CSS3-Eigenschaften kombinieren können und die Übergänge über die CSS3 Transitions spürbar machen. Möchten Sie gesonderte Formatierungen für den Fall bereitstellen, dass eine bestimmte CSS3-Eigenschaft nicht unterstützt wird, so empfiehlt sich Modernizr als äußerst nützliches Tool.

CSS-technisch hat das Kapitel hauptsächlich die Kombination unterschiedlicher Techniken und Eigenschaften gezeigt. Neu waren allerdings die CSS3-Transitions. Deswegen sehen Sie deren Browserunterstützung in der Tabelle aufgeführt.

CSS-Eigenschaft	Erläuterung	CSS	Firefox	Safari	Chrome	Opera	IE	Alternativen
transition	Übergänge	3	4 –moz–	–webkit–	–webkit–	10.5 –o–	10 –ms–	JavaScript

Tabelle 12.1:
Browserunterstützung
für CSS3-Transitions

12.7 Übungen

1. In Ihrem Übungsordner finden Sie das Dokument *zweispalter_gleichlange-spalten_mit_navi_akt.html*. Lagern Sie zuerst die CSS-Angaben in einer eigenen Datei aus. Erstellen Sie dann drei HTML-Dokumente auf der Basis des Dokuments, die zu den Verlinkungen der Navigation passen. Sorgen Sie jeweils dafür, dass die richtigen Punkte im Menü als aktuell hervorgehoben sind.

Die Lösung finden Sie unter *loesungen/index.html*, *loesungen/impressum.html* und *loesungen/informationen.html*.

Der Anfang sieht bei allen Dateien gleich aus:

```
<!DOCTYPE html>
<html>
<head>
<meta charset="utf-8" />
<title>Zweispalter</title>
<link rel="stylesheet" href="layout.css" />
</head>
```

Listing 12.8:
Die externe CSS-Datei
wird eingebunden.

Bei den Navigationen ist jeweils ein anderer Punkt als aktuell markiert:

```
<div id="navigation">
  <ul>
    <li><strong>Startseite</strong></li>
    <li><a href="informationen.html">Informationen</a></li>
    <li><a href="impressum.html">Impressum</a></li>
  </ul>
</div>
```

Listing 12.9:
Navigation bei index.html

```
<div id="navigation">
  <ul>
    <li><a href="index.html">Startseite</a></li>
    <li><a href="informationen.html">Informationen</a></li>
    <li><strong>Impressum</strong></li>
  </ul>
</div>
```

Listing 12.10:
Die Navigation
bei impressum.html

Außerdem wurde die h2-Überschrift im Text geändert, damit man deutlich erkennt, um welche Seite es sich immer handelt.

2. In Ihrem Übungsordner finden Sie das Dokument *dreispalter_float.html*, das Sie aus Kapitel 10 kennen. Ergänzen Sie hier noch die horizontale Navigation. Sie soll unterhalb des Kopfbereichs dargestellt werden!

Abbildung 12.18:
Dreispalter mit horizontaler
Navigation

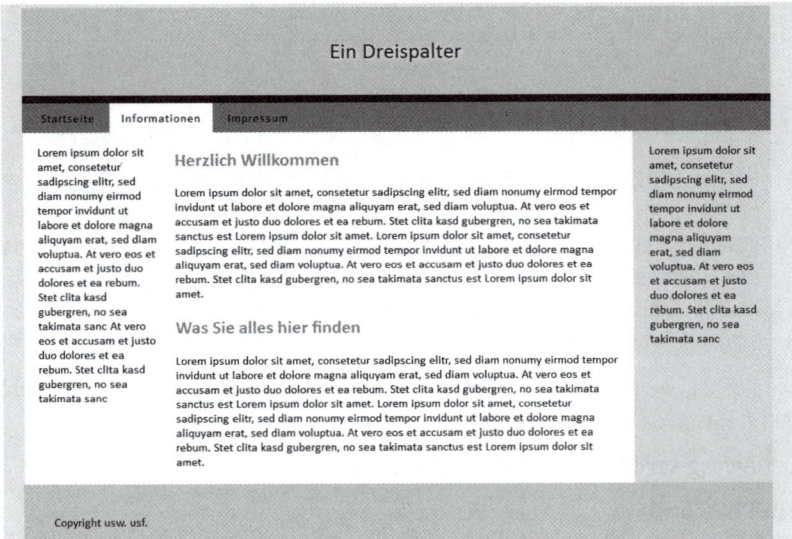

Dafür sind mehrere Anpassungen notwendig. Zuerst einmal müssen Sie sich auch den HTML-Code für die Navigation kopieren. Dann haben Sie noch das Problem, dass es bereits ein Element #navigation gibt. Am besten benennen Sie beide um – und passen dann entsprechend auch die CSS-Angaben an! Wenn alles klappt, können Sie die Farben und Weiteres noch nach Bedarf anpassen. Eine Lösung hierzu finden Sie in Ihrem Ordner *loesungen/dreispalter_float.html*.

3. Beim Drop-down-Menü *drop_down.html* wird float beim #navigation-Element benutzt, um die gefloateten Elemente zu umschließen. Versuchen Sie einmal eine andere Methode wie overflow: hidden zum Umschließen von Floats. Funktioniert diese auch? Und wenn nein, warum nicht?

Mit overflow: hidden werden wirklich die Inhalte, die über das Element hinausragen, abgeschnitten – in unserem Fall bedeutet es, dass die Untermenüpunkte beim Hovern nicht mehr auftauchen. overflow: hidden ist in vielen Fällen praktisch zum Umschließen von Floats, aber in Kombination mit position: relative und position: absolute ist es nicht zu gebrauchen.

4. Testen Sie, wie die Ergänzung von Transition-Angaben bei anderen Navigationsleisten wirkt!

13 Das C in CSS: Cascading – Kaskade, Spezifität und Co.

Am Ende des Kapitels können Sie

- die Spezifität von Selektoren berechnen
- feststellen, wann sich welche Angaben durchsetzen

Einfach gesagt geht es in diesem Kapitel um die Frage, welche Formatierung sich durchsetzt, wenn es verschiedene CSS-Angaben gibt, die für ein bestimmtes Element gelten. Ein paar Regeln sind in den bisherigen Kapiteln schon zur Sprache gekommen, aber noch nicht alle. Und das Thema ist so wichtig, dass es ein eigenes Kapitel verdient.

13.1 So machen es die Browser

Prinzipiell machen Browser Folgendes:

- Sie schauen, ob eine Angabe direkt für ein Element gilt. Wenn ja, wird sie angewendet. Diese Angabe kann aus verschiedenen Quellen stammen – aus dem Stylesheet des Seitenerstellers, vom Browser oder vom Benutzer (zur **Herkunft** kommen wir gleich noch einmal).

- Wenn nein, wird nachgesehen, ob es eine ererbte Eigenschaft gibt. Wenn ja, wird diese angewandt.

- Wenn auch der letzte Fall nicht zutrifft, so wird der Standardwert der Eigenschaft genommen.

Sehen wir uns das konkret an einem Beispiel an.

```
<!DOCTYPE html>
<html>
<head>
  <meta charset="UTF-8" />
  <title>CSS-Angaben</title>
<style >
body {
  font-family: sans-serif;
}
</style>
</head>
<body>
  <h1>Lorem ipsum dolor</h1>
  <p>Lorem ipsum dolor sit amet,..</p>
 </body>
</html>
```

Listing 13.1:
Ein Beispiel mit wenig
Formatierungen (prinzipiell.html)

357

Sehen wir uns an, warum die h1-Überschrift und der Absatz so formatiert werden, wie sie es werden. Bei diesen gibt es keine direkte Regel aus dem Stylesheet des Autors. Allerdings gibt es die Schriftart von body, die ererbt wird.

Zusätzlich gibt es eine Formatierung für die Überschrift aus dem browserinternen Stylesheet.

> Um das in Firebug nachzuvollziehen, wählen Sie das Element aus und kontrollieren Sie, dass bei STYLES / USER AGENT CSS ANZEIGEN aktiviert ist. Sie sehen oben die Formatierungen, die aus dem Browserstylesheet stammen. Dahinter ist als Quelle html.css angegeben.

```
h1 {
    display: block;
    font-size: 2em;
    font-weight: bold;
    margin: 0.67em 0;
}
```

Weiter unten steht groß in Firebug: GEERBT VON BODY. Hier sehen Sie, welche Regel aufgrund der Vererbung gilt. Im Beispiel ist es die serifenlose Schrift.

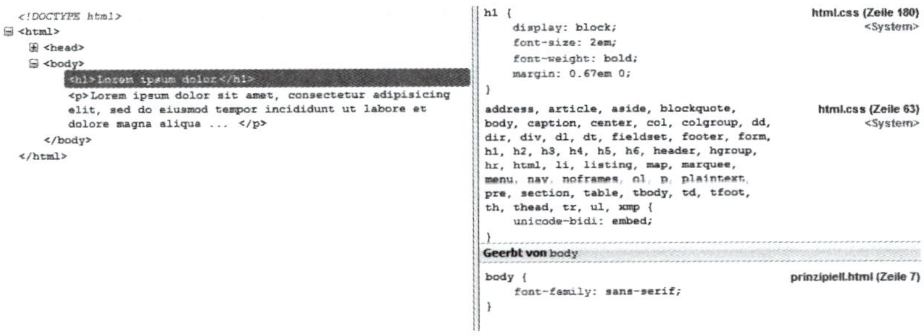

Abbildung 13.1:
Firebug führt die Formatierungen
auf, die vom Benutzerstylesheet
kommen und die vererbt werden.

```
<!DOCTYPE html>
<html>
  <head>
  <body>
    <h1>Lorem ipsum dolor</h1>
      <p>Lorem ipsum dolor sit amet, consectetur adipisicing
      elit, sed do eiusmod tempor incididunt ut labore et
      dolore magna aliqua ... </p>
  </body>
</html>
```

```
h1 {                                     html.css (Zeile 180)
    display: block;                              <System>
    font-size: 2em;
    font-weight: bold;
    margin: 0.67em 0;
}
address, article, aside, blockquote,     html.css (Zeile 63)
body, caption, center, col, colgroup, dd,        <System>
dir, div, dl, dt, fieldset, footer, form,
h1, h2, h3, h4, h5, h6, header, hgroup,
hr, html, li, listing, map, marquee,
menu, nav, noframes, ol, p, plaintext,
pre, section, table, tbody, td, tfoot,
th, thead, tr, ul, xmp {
    unicode-bidi: embed;
}
```
Geerbt von body
```
body {                                prinzipiell.html (Zeile 7)
    font-family: sans-serif;
}
```

Damit ist die Formatierung der Überschrift festgelegt: Sie ist in einer serifenlosen Schrift, fett und doppelt so groß wie die Standardschrift.

Nun zu den Formatierungen für den Absatz. Klicken Sie einmal auf p. Die browserinterne Regel für p lautet folgendermaßen:

```
p, dl, multicol {
    display: block;
    margin: 1em 0;
}
```

Hier steht jetzt aber beispielsweise im Gegensatz zu den Formatierungen zu h1 nichts darüber, ob das Element fett dargestellt werden soll oder nicht. In diesem Fall spielt der **Standardwert der Eigenschaft** font-weight eine Rolle.

Den Standardwert können Sie in einer Referenz wie bei Sitepoint nachsehen (*http://reference.sitepoint.com/css/font-weight*). Der Standardwert steht unter INITIAL und lautet normal. Das heißt, dass normal der Standardwert ist und deswegen der Absatz nicht fett ist.

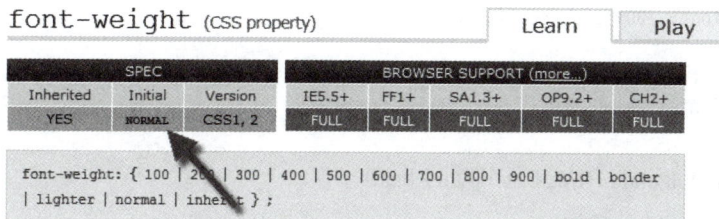

Was bei dem Zusammenwirken der verschiedenen Angaben herauskommt, zeigt Firebug, wenn Sie auf den Tab BERECHNET klicken, der sich neben STYLES befindet.

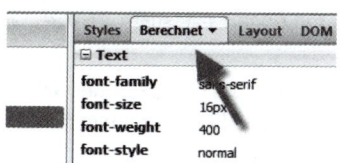

Abbildung 13.3:
Die berechneten Werte im Firebug

13.2 Vererbung

Im letzten Beispiel haben Sie gesehen, dass die Schriftart, die bei body angege- ben war, sich auf Absätze und Überschriften auswirkt, d.h. auf die darin stehen- den Elemente. Das liegt daran, dass die Schriftart vererbt wird. In einer Referenz wie bei Sitepoint sehen Sie ebenfalls, ob Eigenschaften vererbt werden.

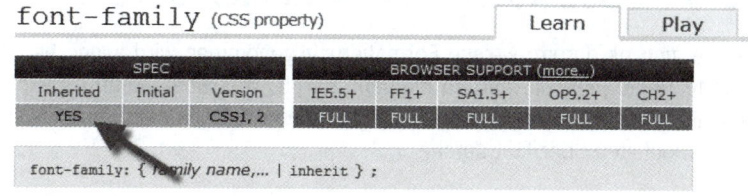

Abbildung 13.4:
Bei INHERITED sehen Sie, ob eine
Eigenschaft vererbt wird

Tipp

Prinzipiell funktioniert es mit der Vererbung meist so, wie Sie es vermuten würden. Sie erwarten, dass sich Schriftfor- matierungen vererben, aber beispielsweise nicht Rahmen oder Abstände.

13.2.1 Profitipp: Vererbung bei relativen Einheiten

Auf den ersten Blick seltsame Ergebnisse gibt es immer wieder bei der Vererbung von relativen Einheiten. Nehmen wir folgende Regeln:

```
body {
    font: 100% sans-serif;
}
p, strong {
    font-size: 0.8em;
}
```

Und folgende HTML-Datei (Ausschnitt)

Listing 13.2:
*Vererbung bei em (vererbung_*
relative_einheiten.html)

```
<p>Ein Absatz mit einem <strong>wichtigen</strong> Wort</p>
```

Das Ergebnis zeigt die Abbildung – das mit `strong` ausgezeichnete Wort ist kleiner.

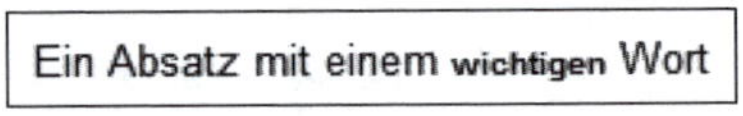

Abbildung 13.5:
wichtigen ist noch kleiner.

Ein Absatz mit einem **wichtigen** Wort

Das liegt daran, dass der Wert vererbt wird. Das funktioniert so: Der Absatz erhält eine Schriftgröße von 0.8em. Für body ist als Schriftgröße 100% definiert. Damit ist der Absatz 0.8 * 16px groß – BERECHNET im Firebug zeigt den Wert 12.8px.

Dieser Wert wird an `strong` vererbt, das sich innerhalb des Absatzes befindet. Aufgrund dieser Basis wird die Schriftgröße für `strong` berechnet, also 12.8px * 0.8, macht 10.24px.

In diesem Fall erhalten Sie also nur dieselbe Größe für `strong`, wenn Sie keine explizite Angabe machen – oder für sie 1em definieren.

13.3   Spezifität – wer setzt sich durch?

Gerade ging es darum, welche Formatierung genommen wird, wenn es keine explizite Regel gibt, die auf ein Element zutrifft. Was aber, wenn es explizite Regeln gibt, aber mehrere, die sich widersprechen? Dann setzt sich diejenige mit der höchsten Spezifität durch.

> Spezifität beschreibt das Durchsetzungsvermögen von Selektoren – wer also die Oberhand hat, wenn mehrere Regeln auf ein Element wirken.

Ein paar Dinge haben Sie schon erfahren. Sie wissen aus Kapitel 5, dass sich Inline-Stilangaben gegenüber anderen durchsetzen. Außerdem wissen Sie, dass ID-Selektoren eine höhere Spezifität haben als Klassenselektoren. Hier kommt es jetzt genauer.

Nehmen wir folgendes Beispiel:

```
<!DOCTYPE html>
<html>
<head>
<title>Speziell</title>
<meta charset="UTF-8" />
<style>
p.wichtig {
  color: red;
}
body p {
  font-style: italic;
  color: blue;
}
p {
  background-color: silver;
  font-style: normal;
  color: green;
}
</style>
</head>
<body>
<p class="wichtig">Beispielabsatz</p>
<p class="wichtig" style="color: white">Beispielabsatz</p>
</body>
</html>
```

Listing 13.3:
*Viele verschiedene Schriftfarben
– und nur eine kann gewinnen!*
(spezifitaet.html)

In diesem Beispiel wirken drei verschiedene Farbangaben auf den ersten Absatz, beim zweiten sind es sogar vier.

Um schnell zu ermitteln, was sich durchsetzt, können Sie sich die Seite im Browser ansehen. Genaue Infos gibt's im Firebug: Regeln, die durch speziellere überschrieben werden, sind deutlich durchgestrichen.

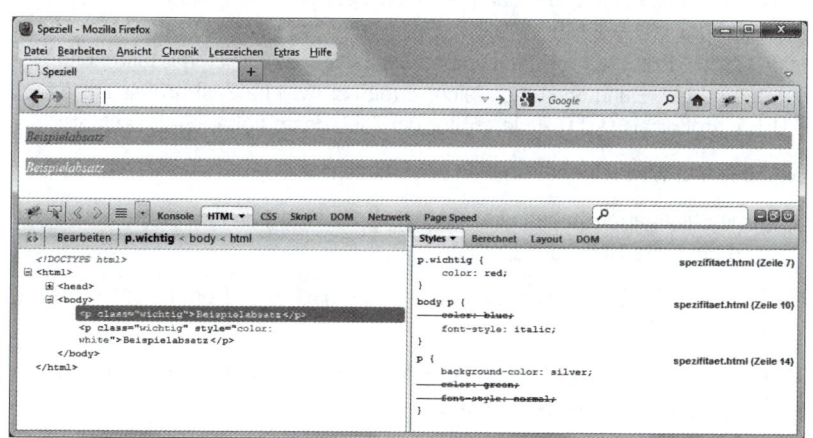

*Abbildung 13.6:
Im Firebug sind überschriebene
Regeln durchgestrichen.*

Sie sehen, dass sich bei der Schriftfarbe für den ersten Absatz die Angabe bei p.wichtig gegenüber body p und gegenüber p durchsetzt. Das liegt daran, dass sich jeweils die spezifischere Angabe durchsetzt. Und ein Klassenselektor wie p.wichtig ist spezifischer als ein normaler Typselektor wie p.

Außerdem gibt es zwei sich widersprechende Angaben bzgl. font-style:

```
body p {
    font-style: italic;
    color: blue;
}
p {
    background-color: silver;
    font-style: normal;
    color: green;
}
```

Hier setzt sich body p gegenüber p durch. Wenn es um dieselben Selektoren geht, gilt: mehr ist mehr und hat größeres Gewicht.

Sehen wir uns kurz den zweiten Absatz an. Hier gibt es noch eine Inline-Stilangabe:

```
<p class="wichtig" style="color: white">Beispielabsatz</p>
```

Diese setzt sich gegenüber allen anderen Angaben durch.

Wenn Sie diese Regeln verinnerlichen und oft Firebug heranziehen, um zu überprüfen, ob es so ist, wie Sie es erwarten, kommen Sie recht weit. In manchen Fällen kann es aber nützlich sein zu wissen, wie die Spezifität genau berechnet wird.

13.3.1 Profitipp: Spezifität berechnen

In der CSS-Spezifikation wird die Spezifität einzelner Deklarationen durch vier Zahlen gekennzeichnet, die durch Kommas getrennt sind, also beispielsweise 0,0,1,1 oder 0,0,0,1 oder 0,0,0,2. Beim Vergleich von zwei Spezifitäten kann man sich die Kommas wegdenken und die Zahlen als Zahlen mit führenden Nullen betrachten. Dann lässt sich leicht ermitteln, welche Zahl größer ist. So ist 0,0,1,1 größer als 0,0,0,9. Je größer die Zahl, desto höher die Spezifität.

Die Spezifität wird folgendermaßen zugewiesen:

- Inline-Stilangaben haben die höchste Spezifität. Für jede Inline-Stilangabe wird die erste Stelle um 1 erhöht, z.B. 1,0,0,0.

- Für jedes ID-Attribut wird die zweite Stelle nach dem Komma um 1 erhöht, z.B. 0,1,0,0.

- Für jeden Klassenselektor, für Attributselektoren und für jede Pseudoklasse wird die dritte Stelle nach dem Komma um 1 erhöht, z.B. 0,0,1,0.

- Für jedes Element und für jedes Pseudoelement wird die vierte Stelle um 1 erhöht, z.B. 0,0,0,1.

Gerüstet mit diesem Wissen können wir uns noch einmal das Beispiel von eben ansehen und die Spezifität der einzelnen Deklarationen bestimmen:

```
p.wichtig { color: red; } /*Spezifität: 0,0,1,1 */
```

Hier gibt es einen Typselektor p (0,0,0,1) und einen Klassenselektor .wichtig (0,0,1,0), das ergibt die Gesamtspezifität von 0,0,1,1.

In der nächsten Deklaration sind hingegen zwei Elemente body p vorhanden:

```
body p { font-style: italic; color: blue; } /*Spezifität: 0,0,0,2 */
```

Damit erhält diese Deklaration den Wert 0,0,0,2. Entscheidend ist wieder die Stelle der Erhöhung der Werte. Diese ist für Elemente die letzte. Da zwei Elemente vorhanden sind, ist die Spezifität 0,0,0,2.

In der letzten Deklaration ist nur ein Typselektor p vorhanden, damit hat sie eine Spezifität von 0,0,0,1.

```
p { background-color: silver; font-style: normal; color: green; } /*Spe-
zifität: 0,0,0,1 */
```

Auf unser Beispiel angewendet bedeutet das: Wo sie vorhanden ist, setzt sich die Inline-Stilangabe durch. An nächster Stelle steht mit einer Gesamtspezifität von 0,0,1,1 der Klassenselektor p.wichtig. Dahinter folgt der zusammengesetzte Selektor body p mit 0,0,0,2 und an letzter Stelle die Deklaration mit nur einem Typselektor p mit einer Spezifität von 0,0,0,1.

Damit ist die Schriftfarbe des ersten Absatzes Rot, da der Klassenselektor hier die größte Gewichtung ausweist. Der Schriftstil ist hingegen kursiv, weil body p eine größere Gewichtung als p allein besitzt. Trotzdem übernimmt der Absatz die Hintergrundfarbe aus der Deklaration p, denn dieser wird nicht durch andere Deklarationen widersprochen.

13.3.2 Bestechung mit !important

Das ganze klare System können Sie korrumpieren, und zwar durch die Zahlung von Bestechungsgeldern – konkret durch Ergänzung von !important.

Wollen Sie, dass sich eine Angabe unabhängig von der Spezifität durchsetzt, so versehen Sie sie mit dem Schlüsselwort !important.

 Beachten Sie dabei, dass !important bei jeder einzelnen Angabe stehen muss, und zwar als Letztes vor dem Strichpunkt.

Modifizieren wir einmal das Beispiel dementsprechend:

```
p.wichtig {
  color: red;
}
body p {
  font-style: italic;
  color: blue;
}
p {
  background-color: silver;
  font-style: normal !important;
  color: green !important;
}
```

Im Beispiel wurden beim Selektor p die font-style-Angabe und die Schriftfarbe als !important gekennzeichnet. Obwohl diese Deklaration hier die geringste Spezifität besitzt, setzt sie sich durch – sogar gegen die style-Angabe im Element selbst. Beide Absätze sind jetzt in gerader Schrift und grün.

> !important zu verwenden ist auf den ersten Blick sehr verlockend. Sie sollten es aber nur für Tests oder sehr sparsam benutzen, weil es alles auf den Kopf stellt – und es dann schwieriger wird, später Modifikationen am Stylesheet durchzuführen.

13.4 Reihenfolge

Das wissen Sie auch schon: Wenn mehrere Regeln gelten, die alle dieselbe Spezifität haben, so setzt sich die letzte Regel durch.

13.5 Herkunft

> CSS-Regeln können aus verschiedenen Quellen stammen. Aus dem Browserstylesheet, vom Benutzer oder vom Webpublisher, der das Stylesheet erstellt hat. Das versteht man unter dem Begriff Herkunft.

Wenn konkurrierende Angaben in Stylesheets vom Autor, vom Benutzer und vom Browser selbst stammen, so haben die Angaben vom Autor Vorrang gegenüber denjenigen des Benutzers.

Eine Ausnahme gibt es jedoch: Wenn Deklarationen im Benutzer-Stylesheet mit `!important` gekennzeichnet sind, so überschreiben sie die Angaben des Autors – unabhängig davon, ob diese selbst mit `!important` versehen sind oder nicht. Autoren- und Benutzerangaben haben wiederum eine höhere Priorität als die des Browsers.

13.6 Und die Kaskade?

Gut, dass Sie sich erinnern. Die Kaskade beschreibt, wie die verschiedenen Regeln auf ein konkretes Element wirken – wie ein stufenförmiger Wasserfall mit Abzweigungen. Schlussendlich sorgen diese Regeln der Kaskade dafür, dass die konkrete Formatierung bei einem Element ankommt.

13.7 Zusammenfassung

- Wenn Regeln für ein Element gelten, so setzt sich die Regel mit dem spezifischeren Wert durch. Allgemein haben ID-Selektoren eine höhere Spezifität als Klassenselektoren und diese haben wiederum eine höhere Spezifität als Typselektoren. Ganz genau kann man das auch berechnen.

- Haben mehrere Regeln dieselbe Spezifität, gilt diejenige, die zuletzt steht.

- Wenn es Regeln verschiedener Herkunft gibt, so gilt, dass das Autorenstylesheet vor Browser- und Benutzerstylesheet gilt. Außer im Benutzerstylesheet steht `!important`, dann setzt sich das durch.

- Wenn es keine expliziten Regeln gibt, so wird geschaut, ob es ererbte Eigenschaften gibt.

- Wenn es keine ererbten Eigenschaften gibt, so gilt der Standardwert der Eigenschaft.

Um konkret zu sehen, welche Angaben für ein bestimmtes Element gelten, hilft Firebug.

13.8 Übungen

1. Was bewirkt die Angabe `margin-top: 10px` bei `div` in folgendem Beispiel?

```
#inhalt { margin: 0; }
#navigation { margin: 0; }
div { margin-top: 10px; }
```

Und hier werden die Angaben angewendet:

```
<div id="navigation"> ... </div>
<div id="inhalt"> ... </div>
```

Die Angabe `margin-top` bewirkt nichts, da sie durch eine Angabe mit höherer Spezifität überschrieben wird. Der `id`-Selektor hat eine höhere Spezifität als der Typselektor.

2. Warum wird im folgenden Beispiel die für die Klasse `aktuell` bestimmte Formatierung nicht angewendet? Was muss man tun, damit der zweite Link rot dargestellt wird?

```
#navigation a:link { color: green; }
a.aktuell:link { color: red; }
```

Hier ein Ausschnitt aus dem Dokument:

```
<div id="navigation">
<a href="gibtsnicht.html">Link</a> <a href="gibtsnicht.
html" class="aktuell">Link</a></div>
```

Der Selektor `#navigation a:link` ist spezifischer als der Selektor `a.aktuell:link`, da der `id`-Selektor spezifischer ist als der Klassenselektor. Es würde helfen, den `id`-Selektor zu ergänzen.

```
#navigation a.aktuell:link { color: red; }
```

14 Tabellen und Formulare

Am Ende des Kapitels können Sie

- Tabellen gestalten
- Zebratabellen erstellen
- CSS3-Selektoren dank Selectivzr browserübergreifend nutzen
- Formulare formatieren und anordnen

In diesem Kapitel dreht sich alles um die Formatierung von Tabellen und Formularen. Obwohl Tabellen heute nicht mehr für Layouts eingesetzt werden, haben sie ihre Daseinsberechtigung zur Darstellung von tabellarischen Daten – und dann wiederum muss man sie auch per CSS gestalten können.

Für Input vom Benutzer – sei es bei einem Kontaktformular, einem Kommentarformular oder auch nur bei einer Suche – braucht man Formulare. Sie sehen, welche Elemente Sie einsetzen und wie Sie diese per CSS gestalten. Außerdem erfahren Sie, wie Sie Beschriftungen und Formularelemente zueinander anordnen können.

Bei der Behandlung von Tabellen und Formularen lernen Sie weitere CSS3-Selektoren im praktischen Einsatz kennen sowie die Möglichkeiten mithilfe von Selectivzr für ältere Browser nachzubessern.

14.1 Tabellen gestalten

Nehmen wir als Beispiel eine Tabelle, die Kontaktinformationen speichert.

14.1.1 Die richtige HTML-Struktur

Die Tabelle hat drei Spalten und fünf Zeilen. In der ersten Zeile befinden sich die Tabellenüberschriften.

```
<table>
<thead>
<tr>
  <th>Name</th>
  <th>Telefon</th>
  <th>E-Mail</th>
</tr>
</thead>
<tbody>
<tr>
  <td>Julia</td>
  <td>09876-12345567</td>
  <td>julia@example.com</td>
</tr>
<tr>
  <td>Stefanie</td>
  <td>02345-12345567</td>
  <td>stefanie@domain.de</td>
</tr>
```

Listing 14.1:
Kontaktdaten in einer Tabelle

```
<!-- weitere Zeilen gekürzt -->
</tbody>
</table>
```

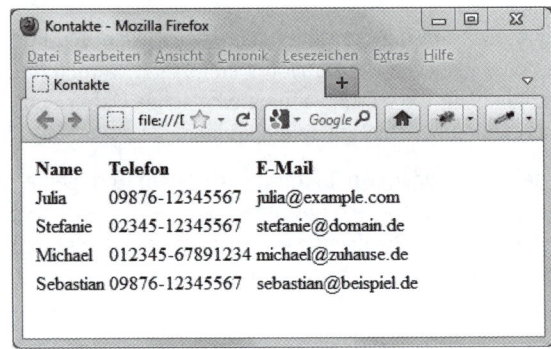

Die Tabelle besteht aus den Elementen, die Sie bereits aus Kapitel 2 kennen.

- table umschließt die gesamte Tabelle

- Die einzelnen Zeilen werden mit <tr> eingeleitet und mit </tr> abgeschlossen.

- Die eigentlichen Inhalte stehen in den Zellen. Für Zellen gibt es das Element td und speziell für Überschriften th. Die Zellen der ersten Zeile sind die Überschriften (Name, Telefon, E-Mail).

Dann gibt es aber zwei Elemente, die in Kapitel 2 nicht behandelt wurden: thead und tbody. Diese Elemente helfen, die Tabelle weiter zu strukturieren, und sind besonders nützlich für die Formatierung per CSS.

- thead nimmt man für den Tabellenkopf.

- tbody beinhaltet die eigentlichen Tabellenzellen, den Körper.

Außerdem gibt es auch tfoot für den Fuß der Tabelle. tfoot verwendet man für die Tabellenzeilen, die die Ergebnisse aufsummieren, in unserem Fall brauchen wir es nicht.

14.1.2 Tabellen mit CSS formatieren

Mit CSS können Sie die Tabelle formatieren. Sie können Hintergrundfarben und Rahmen bestimmen und die Abstände festlegen. Unsere Tabelle soll wie in Abbildung 14.2 aussehen.

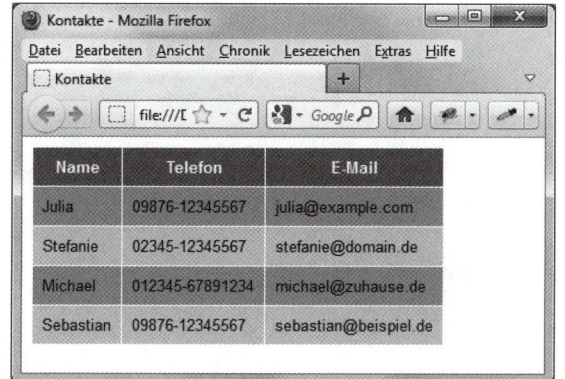

Beginnen wir erst einmal damit, dass wir die Schriftart global für das Dokument festlegen.

```
body {
  font-family: Trebuchet,Arial,Verdana,sans-serif;
  font-size: 80%;
  background-color: white;
  color: black;
}
```

Dann definieren wir, dass die Rahmen der einzelnen Zellen zusammenfallen. Das geht über die – bisher noch nicht vorgestellte – Eigenschaft border-collapse.

```
table {
  border-collapse: collapse;
}
```

Besonders deutlich sieht man die Auswirkung von border-collapse, wenn man die Gitternetzlinien im Tabellenstarttag über border="1" aktiviert:

Name	Telefon	E-Mail
Julia	09876-12345567	julia@example.com
Stefanie	02345-12345567	stefanie@domain.de
Michael	012345-67891234	michael@zuhause.de
Sebastian	09876-12345567	sebastian@beispiel.de

Name	Telefon	E-Mail
Julia	09876-12345567	julia@example.com
Stefanie	02345-12345567	stefanie@domain.de
Michael	012345-67891234	michael@zuhause.de
Sebastian	09876-12345567	sebastian@beispiel.de

Abbildung 14.3:
Links ohne border-collapse:
collapse, *rechts mit.*

Der Rest der Formatierung ist erst einmal nicht tabellenspezifisch: Über border wird ein Rahmen definiert und außerdem sorgt padding für etwas Innenabstand bei den Tabellenzellen.

```
td, th {
  border: white 1px solid;
  padding: 8px;
}
```

Alle Tabellenzeilen erhalten einen mittelblauen Hintergrund:

```
tr {
  background-color: #98ACDB;
}
```

Speziell für die Kopfzeile wird ein dunkleres Blau definiert und die Textfarbe ebenfalls angepasst.

```
thead tr {
  background-color: #5271B7;
  color: white;
}
```

Tipp

Hier zeigt sich der Nutzen der strukturierenden Elemente thead *und* tbody. *Über* thead tr *selektieren wir nur die Tabellenzeile innerhalb des Kopfbereichs.*

14.1.3 Zebratabelle – jede zweite Zeile anders

Außerdem soll jede zweite Zeile eine andere Farbe haben. Dafür könnten wir jeder zweiten Zeile eine spezielle Klasse zuweisen und für diese dann die andere Farbe zuweisen.

Dank CSS3 geht es aber eleganter: Sie können über den Selektor :nth-child(even) alle geraden Kindelemente auswählen. Vor :nth-child() geben Sie das Kindelement an, das Sie auswählen wollen, in unserem Fall die Tabellenzeilen tr. Da wir diese Zebrastreifen auf die Zellen innerhalb von tbody beschränken wollen, heißt der Ausdruck:

```
tbody tr:nth-child(even) {
  background-color: #C6D3F1;
}
```

Hier sehen Sie die Formatierungen in ihrer Gesamtheit:

Listing 14.2:
Ausschnitt aus tabelle.html

```
body {
  font-family: Trebuchet,Arial,Verdana,sans-serif;
  font-size: 80%;
  background-color: white;
  color: black;
}
table {
  border-collapse: collapse;
}
td, th {
  border: white 1px solid;
  padding: 8px;
}
tr {
  background-color: #98ACDB;
}
thead tr {
  background-color: #5271B7;
  color: white;
}
```

```
tbody tr:nth-child(even) {
  background-color: #C6D3F1;
}
```

14.1.4 nth-child() – lustige Abzählreime

Parallel zu :nth-child(even), das die geraden Kindelemente auswählt, gibt es :nth-child(odd) für die ungeraden.

Mehr Möglichkeiten ergeben sich, wenn Sie in Klammern bei :nth-child() eine Formel schreiben – dann können Sie beispielsweise auch jedes dritte Kindelement auswählen. Die Formel sieht allgemein so aus:

an + b

- Dabei sind a und b durch beliebige Zahlen ersetzbar, auch 0 ist möglich.
- n ist eine Zahl, die hochgezählt wird.

Nehmen wir einmal als Beispiel den Ausdruck :nth-child(2n+1) und sehen uns an, welche Elemente Sie damit auswählen. Hierfür wird n hochgezählt:

- n = 0; ausgewählt wird 2 * 0 + 1– also das 1. Element
- n = 1; ausgewählt wird 2 * 1 + 1 – also das 3. Element.
- n = 2; ausgewählt wird 2 * 2 + 1 – also das 5. Element.
- …

Mit dem Ausdruck :nth-child(2n+1) wählen Sie also alle **ungeraden Kindelemente** aus. Alternativ ließe es sich als :nth-child(odd) schreiben.

Ein paar Beispiele für mögliche Parameter bei :nth-child() und ihre Wirkung:

- :nth-child(3n) wählt das dritte, sechste, neunte etc. Element aus.
- :nth-child(3) wählt nur genau ein Element aus, nämlich das dritte.
- :nth-child(5n+3) wählt jedes fünfte Element aus und beginnt damit bei dem dritten.

Vor die Angabe :nth-child() schreiben Sie das Kindelement, das Sie auswählen möchten: li:nth-child(4n) wählt jedes vierte Listenelement aus, p:nth-child(even) die geraden Absätze – natürlich immer nur diejenigen mit demselben Elternelement.

Sinnvoll ist :nth-child() immer dort, wo es mehrere gleichartige Kindelemente gibt – also bei den Zeilen einer Tabelle (tr) oder den Listenpunkten (li), aber auch bei mehreren Absätzen oder div-Elementen. So könnte man beispielsweise Kommentare immer abwechselnd einfärben.

Die Browserunterstützung ist ordentlich – alle aktuellen Browser unterstützen es, der IE allerdings erst ab Version 9.

Die Formel für :nth-child(even) *lautet übrigens* :nth-child(2n)*, was man natürlich auch als* :nth-child(2n+0) *schreiben könnte.*

Wenn Sie n *auf eine negative Zahl setzen, können Sie die* x *ersten Elemente auswählen. Über* :nth-child(-n+4) *wählen Sie die ersten vier Elemente aus.*

14.1.5 CSS3-Selektoren für alle Browser!

Was macht man aber, wenn ein Selektor wie `:nth-child()` im Internet Explorer erst ab Version 9 funktioniert? In manchen Fällen kann man damit leben, dass die entsprechenden Formatierungen erst in neueren Browsern funktionieren. Aber nicht immer. Glücklicherweise können Sie per JavaScript nachbessern. Sehr komfortabel geht es mit der JavaScript-Bibliothek Selectivizr (*http://selectivizr.com/*).

Um Selectivizr zu nutzen, brauchen Sie zunächst einmal Selectivizr selbst und zusätzlich eine JavaScript-Basisbibliothek, wie beispielsweise jQuery. Selectivizr sorgt dann magisch dafür, dass die Selektoren, die in der Basisbibliothek funktionieren, automatisch per CSS funktionieren.

Wenn Sie die Basisbibliothek und Selectivizr eingebunden haben, geht der Rest automatisch: Sie brauchen keinen zusätzlichen JavaScript-Code zu schreiben oder Ihr Stylesheet anzupassen. Selectivizr untersucht Ihr Stylesheet, erkennt die CSS3-Selektoren und wählt die Elemente aus.

> **!** Damit Selectivizr die CSS-Formatierungen lesen kann, müssen die CSS-Formatierungen in einer eigenen Datei stehen und per `link` eingebunden werden. Formatierungen, die innerhalb von `<style>` und `</style>` stehen, werden nicht verarbeitet.

Zur Anwendung: Zuerst einmal sollten wir die eingebetteten CSS-Angaben der Tabelle in einer externen Datei abspeichern. Sie soll *tabellenformatierung.css* heißen. Diese binden wir im Kopfbereich ein:

```
<link rel="stylesheet" href="tabellenformatierung.css" />
```

Jetzt binden wir die Basisbibliothek ein – im Beispiel ist es jQuery.

```
<script src="http://code.jquery.com/jquery-latest.min.js"></script>
```

Danach schreiben Sie den Code zum Einbinden von Selectivizr. Da wir nur für den IE größer als 6 und kleiner als 9 nachbessern müssen, kommen die entsprechenden Angaben innerhalb von konditionalen Kommentaren:

```
<!--[if (gte IE 6)&(lte IE 8)]>
  <script src="selectivizr.js"></script>
<![endif]-->
```

Damit sieht der modifizierte Anfang des Dokuments folgendermaßen aus:

```html
<!DOCTYPE html>
<html>
<head>
<meta charset="UTF-8" />
<title>Kontakte</title>
<link rel="stylesheet" href="tabellenformatierung.css" />
<script src="http://code.jquery.com/jquery-latest.min.js"></script>
<!--[if (gte IE 6)&(lte IE 8)]>
  <script type="text/javascript" src="selectivizr.js"></script>
<![endif]-->
<!-- Die Formatierungen funktionieren im IE < 9 nur, wenn das Doku-
ment über einen Server aufgerufen wird! -->
</head>
<body>
<table>
<!-- die Tabelle ist wie gehabt -->
```

Listing 14.3:
Hilfe bei der Auswahl durch
Selectivizr (tabelle_selectivizr.
html)

Damit das Ganze funktioniert, müssen Sie das HTML-Dokument auf einem Webserver ausführen. Ein einfaches Starten
der Datei durch Doppelklick geht nicht. Es funktioniert also,
wenn Sie die Dateien auf Ihrem Webspace im Internet haben.
Alternativ dazu können Sie – sofern Sie einen Webserver wie
beispielsweise XAMPP installiert haben – die Datei auch über
localhost aufrufen. Wenn Ihnen Letzteres nichts sagt, testen
Sie es auf Ihrem Webspace.

Selectivizr funktioniert nicht
nur bei `:nth-child()`,
sondern bei allen CSS3-Se-
lektoren, sofern diese von der
eingebundenen Basisbiblio-
thek unterstützt werden.

14.2 Formulare gestalten mit CSS

Erst einmal vorweg: Sie haben nicht die volle Freiheit bei der Gestaltung von Formularen. Die einzelnen Bedienelemente stammen aus den Tiefen des Betriebs-
systems. Deswegen sieht ein ungestaltetes Formular auf dem Mac beispielsweise auch ganz anders aus als auf dem PC oder einem Android-Smartphone. Und
dass das so ist, hat wiederum den Vorteil, dass die Benutzer die Formularelemente schon kennen, sie ihnen vertraut sind.

Aber natürlich können Sie an manchen Punkten mit CSS eingreifen und die Formularelemente gestalten. Das geht besonders gut bei den verschiedenen Text-
feldern, weniger Freiheit haben Sie hingegen bei Checkboxen und Radiobuttons.

Wenn Sie sehen möchten, wie
sich die Formatierung auf
bestimmte Elemente auswirkt,
so hilft ein Blick auf http://
www.456bereastreet.com/ar-
*chive/200701/styling_form_*
controls_with_css_revisited/.

Und wollen Sie die Elemente
ganz frei gestalten, so hilft
nur JavaScript, etwa http://
filamentgroup.com/lab/ac-
*cessible_custom_designed_*
checkbox_radio_button_in-
puts_styled_css_jquery/.

Hinweis

Formulardaten können Sie leider mit HTML alleine nicht verschicken. Das manchmal angeführte mailto *funktioniert sehr unzuverlässig, sodass Sie es am besten gleich vergessen. Sie brauchen ein serverseitiges Skript für die Formularverarbeitung, d.h. wenn Sie die Daten beispielsweise per Mail verschicken wollen.*

Wenn Sie auf der Suche nach einem Skript zur Formularverarbeitung sind, sollten Sie einmal bei Ihrem Provider nachsehen: Viele Provider bieten vorinstallierte Skripte an, die diese Aufgabe übernehmen.

Wenn Sie dort nicht fündig werden, können Sie FormularChef (http://www.formular-chef.de/) bemühen – einen Dienst im Internet, der bei etwas Werbeeinblendung kostenlos ist. Wie Sie FormularChef nutzen, erfahren Sie auf der Seite zur Grundkonfiguration (http://www.formular-chef.de/index.cgi?seite=docu_basis).

14.2.1 Das richtige Markup

Bevor wir an die Formatierung gehen, wollen wir zuerst ein Formular erstellen. Eingeleitet wird ein Formular über das form-Element:

```
<form method="post" action="">
```

Wichtig beim form-Element sind die beiden Attribute:

- Bei method die Art, wie die Daten übertragen werden sollen. Neben post, das Sie beispielsweise für Kontaktformulare nehmen sollten, gibt es auch get, was insbesondere für Suchformulare geeignet ist.

- Hinter action geben Sie den Pfad zum Skript an, das die Daten entgegennehmen und verarbeiten soll.

Größere Formulare unterteilen Sie mit fieldset: Damit fassen Sie eine Reihe von Feldern zusammen.

```
<fieldset>
```

Wenn Sie mehrere fieldset-Elemente haben, so ist es sinnvoll, jeweils eine Beschriftung anzugeben. Hierfür gibt es das legend-Element:

```
<legend>Ihre Angaben</legend>
```

So könnte man beispielsweise ein fieldset für die Rechnungsadresse und ein weiteres für die Versandadresse benötigen. In solchen Fällen ist die Beschriftung über legend wichtig. Wir verzichten aber im Beispiel darauf.

Jetzt geht es an die eigentlichen Formularfelder. Jedes Feld besteht aus einer Beschriftung und dem Formularfeld. Diese beiden Komponenten fasst man zusammen – im Beispiel nehme ich ein div-Element mit einer Klasse:

```
<div class="textfeld">
  <label for="name">Ihr Name</label>
  <input type="text" name="name" id="name"  />
</div>
```

Wie Sie sehen, gibt es ein label-Element für die Beschriftung und ein input-Element für das Formularfeld. Der Bezug zwischen label- und input-Feld wird hergestellt, indem Sie beim label beim for-Attribut denselben Namen verwenden, den Sie bei der id des input-Felds angeben.

 Damit sind die Formulare beispielsweise auch für Screenreader nutzbar, weil klar ist, welche Information im input-Feld erwartet wird.

Das `input`-Feld hat noch weitere Attribute:

- Bei `name` geben Sie einen Namen für das `input`-Feld ein – üblicherweise auch den, den Sie bei `id` angegeben haben. Das ist wichtig für die Weiterverarbeitung.

- Der `type` bestimmt die Art des Inputfelds. In diesem Fall ist es ein normales Textfeld – `type="text"`.

- Außerdem können Sie noch über `maxlength` die Anzahl an erwünschten Zeichen angeben.

Jetzt kommt ein weiteres Textfeld für die E-Mail-Adresse:

```
<div class="textfeld">
  <label for="mail">Ihre E-Mail</label>
  <input type="email" name="mail" id="mail"  />
</div>
```

Der Aufbau ist derselbe: Wieder verwenden wir ein `label` für die Beschriftung und ein `input` für das Formularelement. Das Attribut `for` beim `label` hat den Wert `mail` – derselbe, der bei der `id` des `input`-Elements vergeben wurde. Damit ist der Bezug zwischen Beschriftung und Formularfeld eindeutig hergestellt.

Eine Neuerung gibt es: Das Formularelement hat einen anderen Typ, nämlich `type="email"`.

Dann gibt es noch ein Feld für die Telefonnummer:

```
<div class="textfeld">
  <label for="telefon">Ihre Telefonnummer</label>
  <input type="tel" name="telefon" id="telefon" />
</div>
```

Das Feld für die Telefonnummer ist vom `type="tel"` – ebenfalls mit HTML5 eingeführt.

Schließlich folgt ein größeres Textfeld für die eigentliche Nachricht. Dafür benutzt man kein `input`-Feld, sondern ein `textarea`-Element.

```
<div class="textfeld">
  <label for="nachricht">Ihre Nachricht</label>
  <textarea name="nachricht" id="nachricht" rows="10" cols="20"></textarea>
</div>
```

Beim `textarea`-Element bestimmen Sie über `rows` und `cols` die Breite, in der es angezeigt wird: `rows` legt die Anzahl an Zeilen fest, `cols` die Anzahl an Spalten – d.h. Zeichen nebeneinander.

Zum Schluss gibt es noch einen Absendebutton, ein `input`-Element mit `type="submit"`. Dieser benötigt kein `label`-Element, da die Beschriftung auf dem Button selbst steht. Welcher Text erscheint, bestimmen Sie über das Attribut `value`.

Hinweis

`type="email"` ist eine Errungenschaft von HTML5 – HTML 4.01 kennt für Textfelder, unabhängig davon, welche Information in ihnen eingetragen wird, nur `type="text"`. Dieses HTML5-Feature können Sie bedenkenlos schon heute einsetzen. Browser, die diesen `input`-Typ nicht kennen, interpretieren es einfach als normales Textfeld.

Die Verwendung dieses Typs hat allerdings einen großen Vorteil: Wenn Sie diesen Typ verwenden, zeigt das iPhone für dieses Feld gleich die richtige Tastatur mit dem @-Zeichen an. Eine große Hilfe bei der Eingabe, die auf Handys und Smartphones immer mühsam ist!

```
<div class="submitbutton">
  <input type="submit" value="Absenden" />
</div>
```

Am Ende werden das fieldset- und das form-Element geschlossen.

```
</fieldset>
</form>
```

*Abbildung 14.4:
Das Formular ist noch
ganz ungestaltet.*

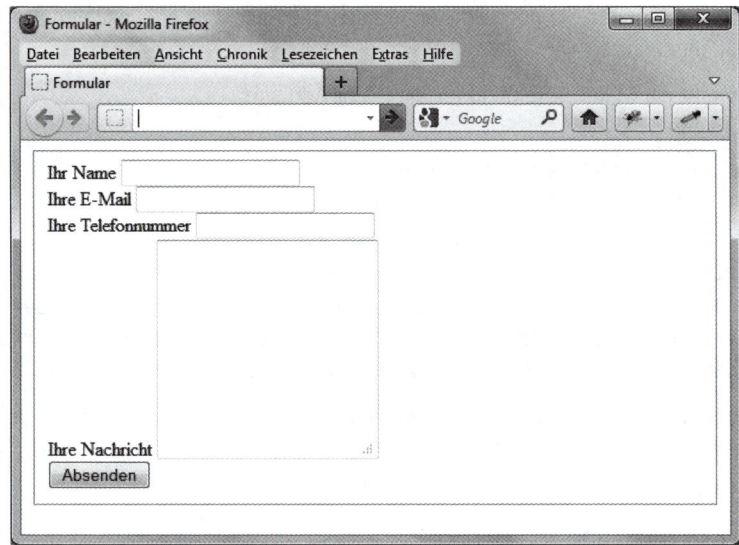

Hier sehen Sie den gesamten Code für das Formular:

```
<form method="post" action="">
  <fieldset>
    <div class="textfeld">
      <label for="name">Ihr Name</label>
      <input type="text" name="name" id="name"  />
    </div>
    <div class="textfeld">
      <label for="mail">Ihre E-Mail</label>
      <input type="email" name="mail" id="mail"  />
    </div>
    <div class="textfeld">
      <label for="telefon">Ihre Telefonnummer</label>
      <input type="tel" name="telefon" id="telefon" />
    </div>
    <div class="textfeld">
      <label for="nachricht">Ihre Nachricht</label>
      <textarea name="nachricht" id="nachricht" rows="10" cols="20"></
textarea>
    </div>
    <div class="submitbutton">
```

```
        <input type="submit" value="Absenden" />
    </div>
  </fieldset>
</form>
```

14.2.2 Formular formatieren

Das Formular ist ganz ungestaltet und die Formularelemente sind nicht schön
angeordnet. Wir werden jetzt die Beschriftungen oberhalb der Formularfelder
platzieren. Außerdem sorgen wir mit Rahmen und Hintergrundfarben für eine
klarere optische Gliederung.

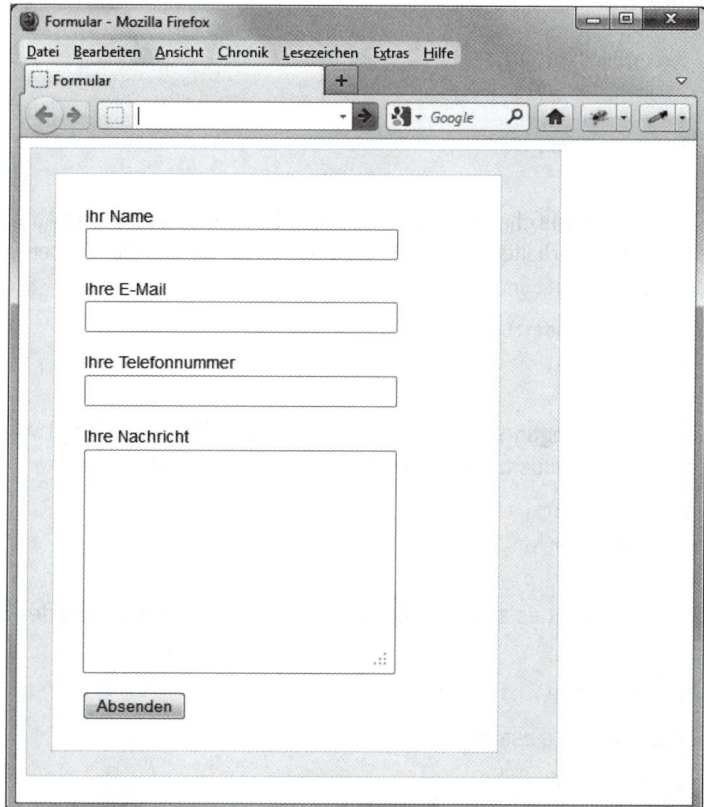

Abbildung 14.5:
So soll das Formular aussehen.

Zuerst gibt es ein paar allgemeine Angaben für den body – Schriftgröße und -art,
Hintergrund- und Textfarbe:

```
body {
  font: 90%/1.4 Helvetica, Arial, sans-serif;
  background-color: #fff;
  color: #010101;
}
```

Tipp

*Für die Schriftangabe wird
die Kurzschreibweise benutzt.
Hinter* font *steht zuerst die
Schriftgröße, nach einem
Slash die Zeilenhöhe und zum
Schluss die Schriftart (siehe
auch Kapitel 7).*

Dann geht es an die Formatierungen des form-Elements. Es erhält eine Breite, eine Hintergrundfarbe und einen Rahmen.

```
form {
  width: 400px;
  padding: 20px;
  background-color: #efefef;
  border: 1px solid #ddd;
}
```

Auch das fieldset-Element wird gestaltet. Es soll schmaler sein als das form-Element, erhält eine weiße Hintergrundfarbe und einen hellgrauen Rahmen.

```
fieldset {
  width: 350px;
  background-color: #fff;
  border: 1px solid #ddd;
  margin: 0;
  padding: 10px;
}
```

Tipp

Hier sehen Sie noch einmal einen Ausschnitt aus dem HTML-Code:

```
<div class="textfeld">
  <label for="telefon">
Ihre Telefonnummer</label>
  <input type="tel" name=
"telefon" id="telefon" />
</div>
```

Damit die eigentlichen Formularfelder und Beschriftungen etwas Abstand zueinander haben, erhalten sie margin: 15px. Hierfür werden die Klassen .textfeld und .submitbutton formatiert.

```
.textfeld, .submitbutton {
  margin: 15px;
}
```

Die Beschriftungen sollen oberhalb der Formularfelder angezeigt werden. Das erreichen Sie, indem Sie sie zu Blockelementen machen.

```
.textfeld label {
  display: block;
}
```

Schließlich geht es an die Formatierung der input-Elemente und des textarea-Elements:

```
.textfeld input, .textfeld textarea {
```

Beide erhalten dieselbe Breite:

```
  width: 250px;
```

Wenn Inhalt eingegeben wird, soll dieser nicht direkt am Rand kleben und außerdem soll das Textfeld etwas größer werden – dafür sorgt das padding:

```
  padding: 4px;
```

Abbildung 14.6:
Links sehen Sie das Formularelement mit padding, rechts ohne.

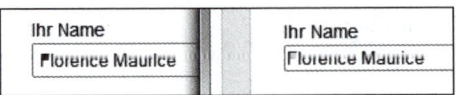

Auch die `input`-Felder sollen zu Blockelementen werden.

```
display: block;
```

Schließlich sollen die Ecken leicht abgerundet sein – und ein Rahmen wird spezifiziert.

```
-moz-border-radius: 2px;
-webkit-border-radius: 2px;
border-radius: 2px;
border: 1px solid #999;
}
```

Sie erinnern sich – nur bei Blockelementen wirken Breitenangaben (siehe Kapitel 8).

Ein Vorteil an der Verwendung von `label` ist folgender: Klickt der Benutzer auf die Beschriftung, springt der Cursor direkt in das zugehörige Feld. Um das zu verdeutlichen, ändern wir die Anzeige des Cursors: Er soll zu einem Händchen werden.

```
label {
  cursor: pointer;
}
```

Bei Links wird der Cursor normalerweise ebenfalls zu einem Händchen und vermittelt dort ebenfalls, dass der Link anklickbar ist.

Das Stylesheet in seiner Gesamtheit:

```
body {
  font: 90%/1.4 Helvetica, Arial, sans-serif;
  background-color: #fff;
  color: #010101;
}
form {
  width: 400px;
  padding: 20px;
  background-color: #efefef;
  border: 1px solid #ddd;
}
fieldset {
  width: 350px;
  background-color: #fff;
  border: 1px solid #ddd;
  margin: 0;
  padding: 10px;
}
.textfeld, .submitbutton {
  margin: 15px;
}
.textfeld label {
  display: block;
}
```

Listing 14.4:
Das gestylte Formular
(formular.html)

`cursor: pointer` *ist sicher das, was Sie bei der Eigenschaft* cursor *am häufigsten brauchen. Weitere Möglichkeiten finden Sie unter http:// webkompetenz.wikidot.com/ html-handbuch:css-referenz-cursor aufgelistet.*

```
.textfeld input, .textfeld textarea {
  width: 250px;
  padding: 4px;
  display: block;
  -moz-border-radius: 2px;
  -webkit-border-radius: 2px;
  border-radius: 2px;
  border: 1px solid #999;
}
label {
  cursor: pointer;
}
```

14.2.3 Beschriftungen vor den Formularelementen anordnen

Im letzten Beispiel haben Sie gesehen, wie Sie die Beschriftungen oberhalb der Formularfelder anordnen können. Diese Anordnung gilt im Allgemeinen als am benutzerfreundlichsten, weil Benutzer sehr rasch den Zusammenhang von Beschriftung und Formularelement erfassen. Ein Nachteil ist allerdings, dass diese Anordnung mehr Platz in der Höhe braucht. Deswegen wird bei umfangreichen Formularen gerne eine spaltenweise Anordnung gewählt.

Abbildung 14.7:
Dieses Mal sind die
Beschriftungen neben den
Formularelementen angeordnet.

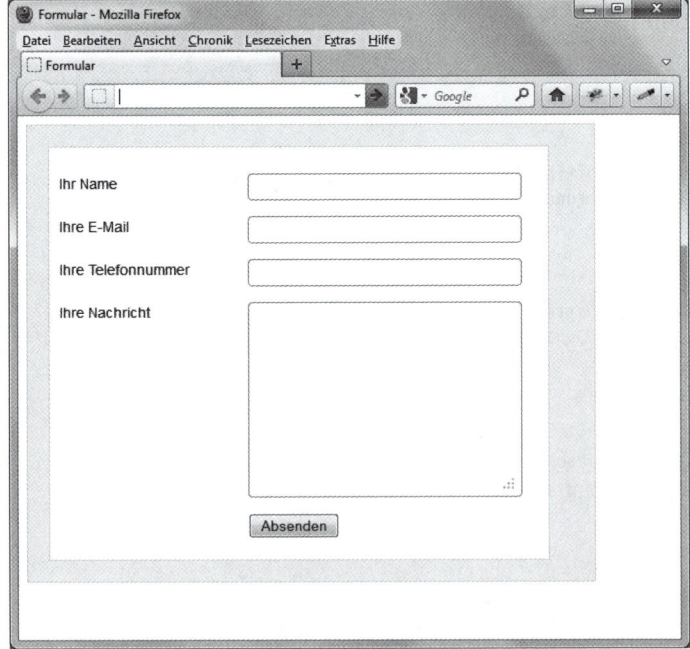

Spaltenweise Anordnung bedeutet aber natürlich nicht, dass man dafür eine Tabelle benutzen sollte – mit CSS float und einer Prise negativen Margins (ein recht intensives Gewürz) funktioniert das wunderbar.

Die HTML-Basis bleibt dieselbe wie eben, nur die Formatierungen ändern wir. Der Anfang der Formatierungen ist ganz ähnlich – allerdings werden jetzt für das form- und das fieldset-Element größere Werte für die Breite gewählt. Beschriftung und Formularfeld nebeneinander brauchen mehr Platz.

```
form {
  width: 500px;
  padding: 20px;
  background-color: #efefef;
  border: 1px solid #ddd;
}
fieldset {
  width: 450px;
  background-color: #fff;
  border: 1px solid #ddd;
  margin: 0;
  padding: 10px;
}
```

Jetzt kommt eine entscheidende Änderung: Für die div-Elemente werden die Außenabstände bestimmt – und zwar ein sehr **großer Abstand nach links**.

```
.textfeld, .submitbutton {
    margin: 15px 15px 10px 180px;
}
```

Dann werden input-Felder und textarea definiert. Hier gibt es wenig Neues, außer einem bisschen größeren Radius für die abgerundeten Ecken, was nicht wichtig ist.

```
.textfeld input, .textfeld textarea {
  width: 200px;
  padding: 4px;
  display: block;
  -moz-border-radius: 4px;
  -webkit-border-radius: 4px;
  border-radius: 4px;
  border: 1px solid #999;
}
```

Bei der Anordnung der Beschriftungen geschieht hingegen etwas Entscheidendes: Die Beschriftungen erhalten einen **negativen Außenabstand** in der Größe, wie wir ihn für die umfassenden div-Container definiert hatten. Außerdem werden sie links gefloatet und erhalten eine passende Breite.

Tipp

Bei vier Werten hinter margin gilt der erste Wert für oben, der zweite für rechts, der dritte für unten und der vierte für links.

```
.textfeld label {
  margin-left: -180px;
  float: left;
  width: 150px;
}
```

Die Anordnung in Spalten geschieht hier durch zweierlei:

- Die umfassenden `div`-Elemente haben einen großen linken Abstand, der sie von links wegschiebt.

- In diesen freien Platz kommen die gefloateten `label`-Elemente. Dafür, dass sie an der gewünschten Stelle angeordnet sind, sorgt der negative Außenabstand nach links.

14.2.4 Negative Außenabstände

Negative Werte bei `margin` sind eine recht raffinierte Geschichte und in manchen Fällen sehr nützlich. Prinzipiell ist es so, dass ein positiver Wert bei `margin` das Element entsprechend von der angegebenen Seite wegschiebt.

`margin-left: 120px` schiebt ein Element um 120px von links weg. Anders ein negativer Wert: `margin-left: -120px` schiebt ein Element um 120px **nach links**.

> Allgemein formuliert: Ein negativer Wert bei `margin` schiebt das Element **in die angegebene Richtung**.

Diese Zusammenhänge verdeutlicht noch einmal Abbildung 14.8.

Abbildung 14.8:
`margin` *mit positiven*
und negativen Werten

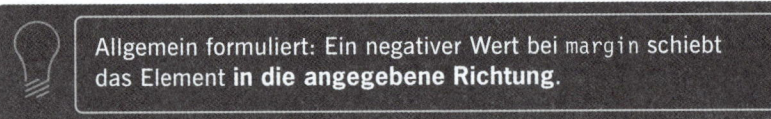
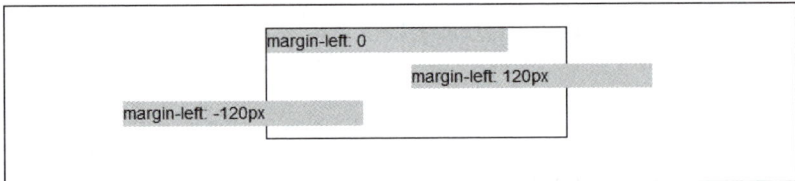

14.2.5 Darf es etwas mehr HTML5 sein?

HTML5 führt bei Formularen mehr ein als nur die neuen `input`-Felder. Sehen wir uns weitere Neuerungen an und wie sie sich mit CSS gestalten lassen.

Drei Änderungen wollen wir durchführen:

1. Zuerst einmal kann es sinnvoll sein, den Cursor direkt in das erste Feld des Kontaktformulars zu setzen. Das erreichen Sie über das Attribut `autofocus="autofocus"`.

2. Außerdem können wir alle Felder, die obligatorisch sind, mit `required="required"` kennzeichnen.

3. Schließlich können wir noch vorgeben, wie die Telefonnummern aussehen sollen, die wir erwarten. Das geht über das `placeholder`-Attribut: `placeholder="0123 / 4567890"`. Der hier geschriebene Text erscheint direkt im Textfeld, verschwindet aber in dem Moment, wenn der Benutzer ins Feld klickt.

Sie sehen das ergänzte Formular:

```
<form method="post" action="">
  <fieldset>
    <div class="textfeld">
      <label for="name">Ihr Name</label>
      <input type="text" name="name" id="name" autofocus="autofocus"
required="required" />
    </div>
    <div class="textfeld">
      <label for="mail">Ihre E-Mail</label>
      <input type="email" name="mail" id="mail" required="required" />
    </div>
    <div class="textfeld">
      <label for="telefon">Ihre Telefonnummer</label>
      <input type="tel" name="telefon" id="telefon" placeholder="0123 /
4567890" />
    </div>
    <div class="textfeld">
      <label for="nachricht">Ihre Nachricht</label>
      <textarea name="nachricht" id="nachricht" rows="10" cols="20"></
textarea>
    </div>
    <div class="submitbutton">
      <input type="submit" value="Absenden" />
    </div>
  </fieldset>
</form>
```

Tipp

Wie diese Meldung aussieht, können Sie derzeit nicht per CSS bestimmen, das geben die Browser vor.

Abbildung 14.9:
Fehlermeldung im Firefox

Wenn Sie das modifizierte Formular beispielsweise im Firefox aufrufen, sehen Sie sofort zwei Änderungen:

- Der Cursor befindet sich direkt im ersten Feld.

- Der placeholder-Text wird angezeigt. Klickt man hinein, verschwindet er.

Die Wirkung von required merken Sie, wenn Sie das Formular leer absenden: Dann erscheint automatisch eine Fehlermeldung, die Sie darauf hinweist, dass Sie das entsprechende Formularfeld noch ausfüllen müssen.

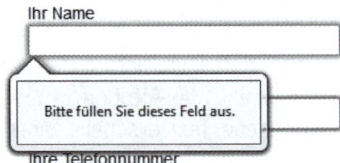

Sie können die obligatorischen Felder besonders kennzeichnen, und auch die korrekt ausgefüllten Felder anders markieren als diejenigen, die nicht korrekt ausgefüllt sind. Hierfür gibt es die folgenden Selektoren:

Hinweis

Diese Pseudoklassen sind im CSS3 Basic User Interface Module (http://www.w3.org/ TR/css3-ui/) definiert.

- Der Selektor :required wählt mit required="required" gekennzeichnete Felder aus.

- Die Pseudoklasse :invalid dient der Formatierung von nicht gültigen Eingaben.

- Das Gegenstück zu :invalid ist :valid für gültige Eingaben.

Im folgenden Code werden ungültige Felder mit einem roten Hintergrund hinterlegt:

```
:invalid {
  background-color: #fdd;
}
```

Tipp

Der grüne Hintergrund gilt natürlich auch für die Felder, die nicht obligatorisch sind und bei denen noch nichts eingetragen ist. Denn bei Feldern, die nicht obligatorisch sind, ist kein Eintrag eine gültige Angabe.

Gültige, d.h. korrekt ausgefüllte Felder erhalten einen grünen Hintergrund:

```
:valid {
  background-color: #dfd;
}
```

Außerdem erhalten die obligatorischen Felder einen dunklen Rahmen.

```
.textfeld input:required {
  border-color: #800000;
}
```

Listing 14.6:
Die gesamten Änderungen zeigt Listing formular_html5.html

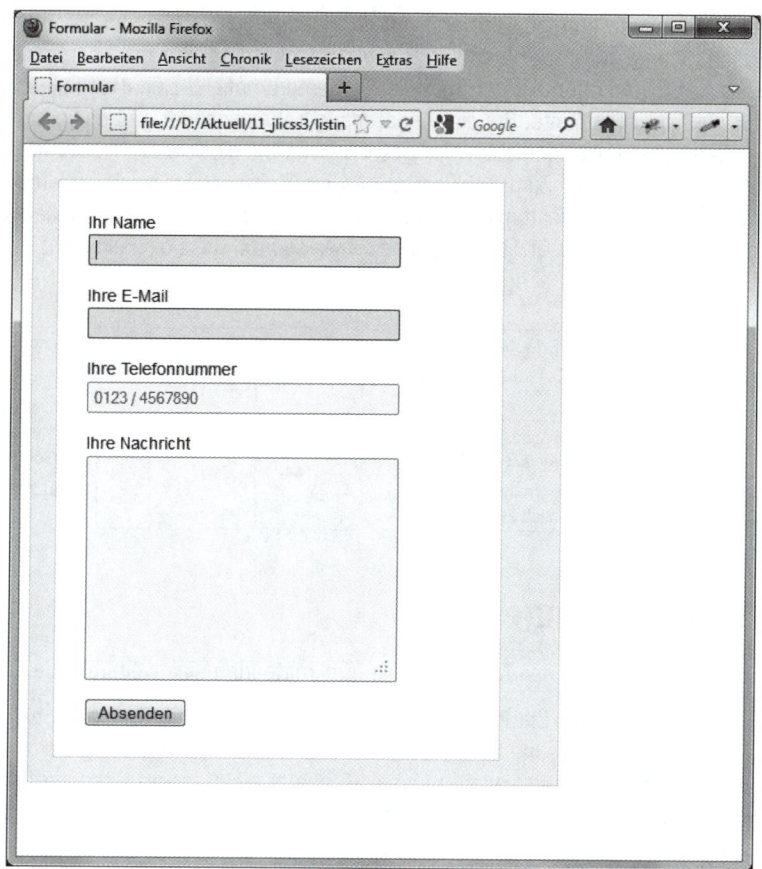

Abbildung 14.10:
Je nachdem, ob die Eingabe
stimmt oder nicht, erhalten die
Formularfelder andere Hintergrundfarben.

Wenn es wichtig ist, dass
es browserübergreifend
funktioniert, so müssen Sie
doch zu JavaScript greifen
oder können die JavaScript-
Bibliothek Webshim (http://
afarkas.github.com/webshim/
demos/) verwenden, die bei
fehlender HTML5-Unterstüt-
zung nachbessert.

Diese Formularüberprüfung wird von den aktuellen Browsern gut unterstützt, funktioniert allerdings nicht im Safari und im Internet Explorer erst ab Version 10. Sie können beispielsweise die Überprüfung für eine rasche Verbesserung benutzen, wenn Sie etwa bei einem Formular vorher noch keinerlei Überprüfung hatten.

14.3 Zusammenfassung

In diesem Kapitel haben Sie gesehen, wie Sie Tabellen über CSS gestalten kön-nen. Mit `border-collapse: collapse` sorgen Sie dafür, dass die Zellenränder zusammenfallen. Praktisch ist außerdem der CSS3-Selektor `:nth-child()`, um Zebratabellen rasch zu erstellen. Für ältere Browser, die diesen Selektor noch nicht verstehen, können Sie mit Selectivizr nachbessern.

Bei Formularen kommt es zuerst auf die richtige HTML-Basis an. Wichtig sind insbesondere die label-Elemente für die Beschriftung. Für die Anordnung der Beschriftungen oberhalb der Formularelemente empfiehlt sich display: block für die label-Elemente. Bei einer Anordnung nebeneinander gibt es verschiedene Möglichkeiten – Sie haben hier gesehen, wie Sie diese elegant über negative Margins realisieren. Zum Schluss gab es ein Beispiel, das zeigt, wie man mit neuen HTML5-Elementen eine einfache Überprüfung implementiert und über CSS3-Selektoren zusätzliche optische Hinweise gibt, dass ein Feld nicht korrekt ausgefüllt ist.

Tabelle 14.1:
Browserunterstützung
der behandelten Selektoren

CSS-Eigenschaft	Erläuterung	CSS	Firefox	Safari	Chrome	Opera	IE	Alternativen
:nth-child()	soundsovieltes Kindelement	3	3.5	ja	ja	ja	9	CSS-Klasse, JavaScript
:required, :valid, :invalid	Formatierung je nach Zustand	3	4	-	6	11	10	JavaScript

14.4   Übungen

1. Ergänzen Sie in der Tabelle *tabelle.html* mittendrin eine weitere Zeile.

Eine Lösung finden Sie im Ordner *loesungen/tabelle.html*. Sie sehen hier den Vorteil der CSS3-Lösung für die Zebratabelle. Hätten Sie händisch jeder zweiten Zeile eine Klasse zugewiesen, müssten Sie jetzt die Klassenzuordnung ändern, was gerade bei umfangreichen Tabellen mühsam ist. Die CSS3-Lösung mit :nth-child() passt sich einfach an.

2. In Ihrem Übungsordner dieses Kapitels finden Sie die *tabelle_2.html*. Hier sollen jetzt die Spalten des tbody **dreifarbig** eingefärbt werden, abwechselnd beispielsweise gelb, orange und blau.

Zur Lösung brauchen Sie die richtigen Angaben bei :nth-child().

Listing 14.7:
Die ergänzten
Tabellenformatierungen
(loesungen/tabelle_2.html)

```
/* wählt jede dritte Zeile aus – die erste Zeile ist 3 */
tbody tr:nth-child(3n) {
  background-color: blue;
  color: white;
}
/* Wählt jede dritte Zeile aus – die erste ausgewählte Zeile ist 1,
die nächste 4 */
tbody tr:nth-child(3n+1) {
  background-color: yellow;
}
```

```
/* Wählt jede dritte Zeile aus – die erste ausgewählte Zeile ist 2,
die nächste 5 */
tbody tr:nth-child(3n+2) {
  background-color: orange;
}
```

3. Was müssen Sie beim Listing *formular_spaltenweise.html* ändern, damit die Beschriftungen rechtsbündig angeordnet werden?

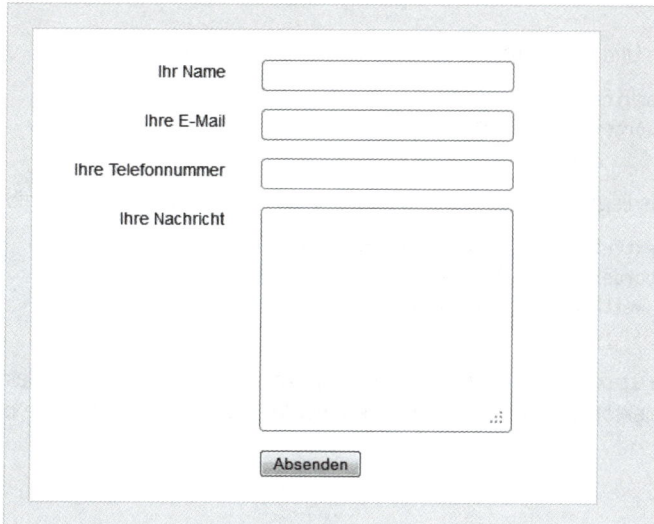

Hierfür ergänzen Sie `text-align: right` bei den `label`-Elementen:

```
.textfeld label {
  margin-left: -180px;
  float: left;
  width: 150px;
  text-align: right;
}
```

4. Wie breit ist das `form`-Element aus Beispiel *formular.html* insgesamt? Messen Sie dann auch mit der Webdeveloper Toolbar nach, ob Sie sich nicht verrechnet haben!

Wieder ein klassischer Fall des Boxmodells – die Gesamtbreite ergibt sich aus `width` + `padding` + `border`. Hier: 400px + 2 * 20px (`padding` an jeder Seite) + 2 * 1px (`border` an jeder Seite), macht 442px.

5. Wie können Sie dafür sorgen, dass beim `submit`-Button der Cursor ebenfalls in ein Händchen (`cursor: pointer`) verwandelt wird? Tipp: Verwenden Sie Attributselektoren (Kapitel 5).

Das geht über die folgenden Zeilen:

Listing 14.9:
loesungen/formular.html
mit dieser ergänzten Zeile

```
input[type="submit"] {
  cursor: pointer;
}
```

6. Warum steht im Formularbeispiel *formular_html5.html* das Folgende:

```
.textfeld input:required {
  border-color: #800000;
}
```

   Und nicht einfach:

```
:required {
  border-color: #800000;
}
```

Das liegt daran, dass es außerdem noch eine Rahmendefinition gibt:

```
.textfeld input, .textfeld textarea {
  border: 1px solid #999999;
/* weitere Formatierungen */
}
```

Da `.textfeld input` eine höhere Spezifität hat als `:required` alleine, muss der Selektor wie im Beispiel erweitert werden, damit sich die Angabe durchsetzt.

15 Druckstylesheet und mehr

Am Ende des Kapitels können Sie

- eigene Formatierungen für den Ausdruck definieren
- nicht benötigte Bereiche im Ausdruck ausblenden
- nützliche Zusatzinformationen wie Link-URLs im Ausdruck ausgeben

Ein schöner Zug von CSS ist es, dass Sie eigene Stylesheets für den Ausdruck definieren können. Wie das geht und was es mit der media-Angabe auf sich hat, erfahren Sie in diesem Kapitel.

15.1 Ausgedruckt ist anders

Vieles, was bisher gesagt wurde, gilt speziell für Formatierungen am Bildschirm. Wenn Sie den Bildschirm mit dem Papier vergleichen, lässt sich eine Reihe von Unterschieden feststellen:

- **Farben**: Am Bildschirm kann eine helle Schrift auf einem dunkleren Hintergrund angenehm zu lesen sein. Für den Ausdruck hingegen sollten Sie das klassische Schwarz auf Weiß wählen.

- Elemente, die rein durch Farben hervorgehoben sind, sollten Sie jetzt auch auf andere Weise betonen – beispielsweise durch Großschreibung, Unterstreichung, Kapitälchen oder andere Textauszeichnungen.

- Format: Sie können eigene Ränder für das ausgedruckte Dokument festlegen, wenn beispielsweise an der rechten Seite Platz zum Lochen sein soll. Dazu benutzen Sie wie gewohnt margin-right und Sie sollten anstelle von Pixeln Angaben wie cm, Punkt, em oder Prozent verwenden.

- Schriftart und -größe: Serifenlose Schrift ist am Bildschirm besser zu lesen, im Ausdruck hingegen im Allgemeinen eine Schrift mit Serifen. Auch bei der Schriftgröße können Sie eine andere Einheit wählen: Für den Druck ist eine absolute Maßeinheit wie Punkt erlaubt (font-size: 12pt).

- Für den Ausdruck unnötige Elemente ausblenden: Manche Elemente, die für die Bedienung am Bildschirm äußerst nützlich sind, verlieren ihre Funktion, wenn die Seite ausgedruckt wird. Was nützt beispielsweise noch das Suchen-Feld zum Durchsuchen der Seite? Ebenso hat die Navigationsleiste keine Funktion und aufwändige Grafiken oder Banner stören im Ausdruck. Elemente, die nicht ausgedruckt werden sollen, blenden Sie über display: none aus.

Überhaupt sollten Sie die Druckversion der Webseite schlanker halten: Der Bildschirm hat Querformat, im Ausdruck ist es üblicherweise Hochformat, deswegen sind am Bildschirm mehrere Spalten sinnvoll, die im Ausdruck besser reduziert werden.

An sich aber haben Sie keinen Einfluss darauf, ob Hintergrundfarben oder -bilder ausgedruckt werden. Das ist eine Einstellung, die der Surfer selbst in seinem Browser vornimmt. Im Firefox geht das beispielsweise über DATEI/SEITE EINRICHTEN/HINTERGRUND DRUCKEN.

Verwenden Sie bei Ihrer Seite float, so kann es beim Ausdruck in Gecko-Browsern zu Problemen kommen, die bewirken, dass von mehreren Seiten nur die erste Seite ausgedruckt wird. Sie umgehen das Problem, indem Sie im Druckstylesheet float: none angeben.

Wie sich die Screenversion von der ausgedruckten Version unterscheiden kann, sehen Sie an den beiden Abbildungen.

Abbildung 15.1:
http://www.smashingmagazine.
com/ – normale Browseransicht.
Beachten Sie etwa die Navigation
oben sowie den großen rechten
Bereich mit Werbung.

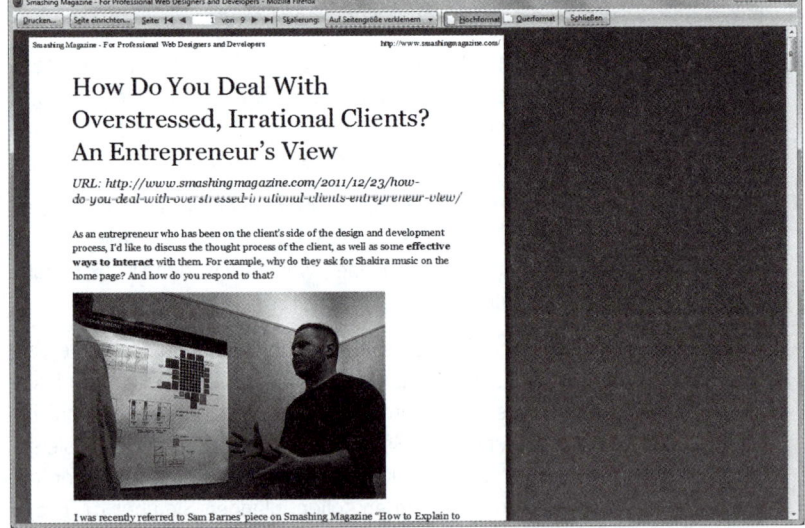

Abbildung 15.2:
Und dieselbe Seite in der
Druckansicht – auf das Wesent-
liche reduziert.

Tipp

Um die Printversion bei der Entwicklung zu testen, ohne das Dokument auszudrucken, können Sie einfach die Druckvorschau-Funktion Ihres Browsers nutzen. Im Firefox finden Sie diese beispielsweise unter DATEI/DRUCKVORSCHAU.

15.2 Druckstylesheet in der Praxis

Als Basis für ein praktisches Beispiel nehmen wir das Zweispaltenbeispiel samt Navigation (*zweispalter_gleichlangespalten_mit_navi.html*) aus Kapitel 12. Ergänzt wurde im HTML-Code ein Link – warum, erfahren Sie gleich:

```
<p>Lorem <a href="http://www.mut.de/">Markt + Technik</a> dolor sit
amet,… </p>
```

Beim ursprünglichen Beispiel ist ein eingebettetes Stylesheet eingesetzt, was für Experimente praktisch ist. Das soll ausgelagert werden. Im externen Stylesheet sollen dann die Angaben für den Bildschirm wie gewohnt stehen und außerdem die Angaben für den Ausdruck. Dafür können wir sogenannte @media-Regeln benutzen. Hinter @media schreiben Sie das Ausgabemedium, für das die Formatierungen gelten sollen. Diese stehen dann innerhalb von geschweiften Klammern.

```
@media screen {
 /* diese Angaben gelten nur für den Bildschirm */
}
@media print {
 /* diese Angaben gelten nur für den Ausdruck */
}
```

Erstellen wir also ein externes Stylesheet und schreiben dort:

```
@media screen {
 /* diese Angaben gelten nur für den Bildschirm */
}
```

Innerhalb der geschweiften Klammern stehen alle bisherigen Angaben:

```
@media screen {
  body {
    font: 100% sans-serif;
    color: #000;
    background-color: #fff;
  }
  #container {
    width: 960px;
    background: url(spalten_simulieren.gif) repeat-y;
  }
/* … usw. die gesamten Angaben aus dem eingebetteten Stylesheet */
} /* Schließende Klammer von @media */
```

 Beachten Sie, dass am Ende wirklich zwei schließende geschweifte Klammern stehen müssen! Die letzte gehört zur @media-Regel, die andere umfasst die Regeln des letzten Selektors.

Danach ergänzen wir die neuen Regeln für den Ausdruck:

`@media print {`

Zuerst wollen wir die Schrift auf eine Serifenschrift setzen, als Textfarbe Schwarz und als Hintergrundfarbe Weiß festlegen:

```
body {
  font-family: serif;
  color: #000;
  background-color: #fff;
}
```

Außerdem soll die Navigation ausgeblendet werden:

```
#navigation {
  display: none;
}
```

Schließlich gibt es noch eine Besonderheit für die Links. Wenn nur der Linktext bei einem Link ausgedruckt wird, weiß man nicht, wohin der Link führt. Deswegen ergänzen wir das, was bei `href` steht, in Klammern hinter dem Link. Das erreichen wir über folgenden etwas kryptischen Code, den wir uns gleich noch genauer ansehen:

```
a[href]:after {
    content: " (" attr(href) ")";
  }
}
```

Damit haben wir unser externes Stylesheet fertiggestellt. Es sieht folgendermaßen aus:

Listing 15.1:
Das externe Stylesheet mit
Angaben für Ausdruck und
Bildschirm layout.css.

```
@media screen {
  body {
    font: 100% sans-serif;
    color: #000;
    background-color: #fff;
  }
  /* und hier alle anderen Angaben */
}
@media print {
  body {
    font-family: serif;
    color: #000;
    background-color: #fff;
  }
  #navigation {
    display: none;
  }
  a[href]:after {
    content: " (" attr(href) ")";
  }
}
```

Dieses Stylesheet binden wir in unsere HTML-Datei ein. Wie gewohnt kommt die folgende Angabe zwischen <head> und </head>:

```
<link rel="stylesheet" href="layout.css" />
```

Listing 15.2:
Ergänzung bei layout.html

Abbildung 15.3:
Das Layout in der normalen Browseransicht ...

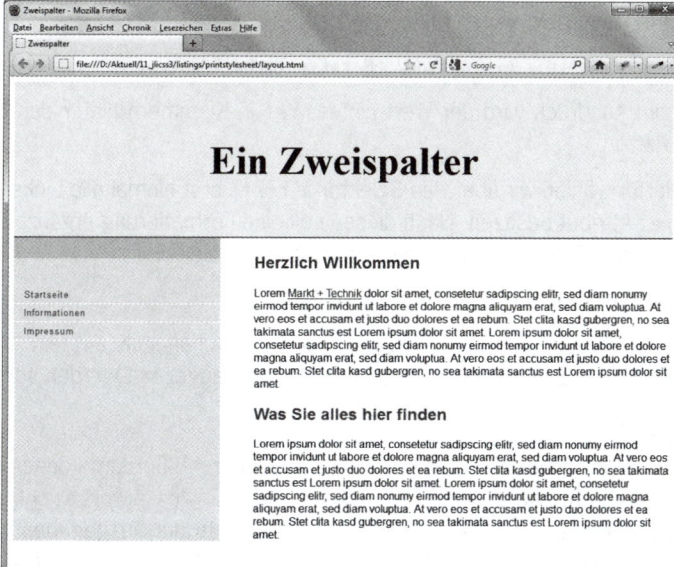

Abbildung 15.4:
... und in der Druckansicht

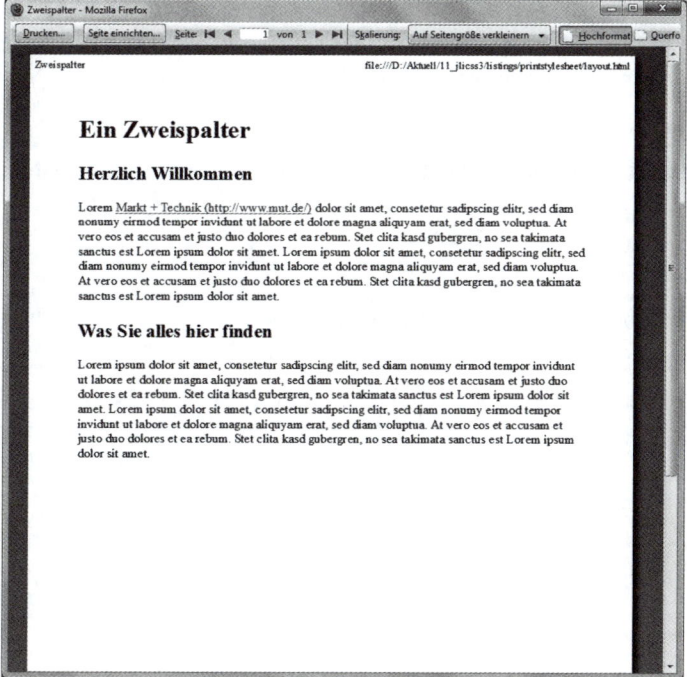

15.3 Erzeugte Inhalte in CSS

Im letzten Beispiel haben wir über sogenannte erzeugte Inhalte per CSS dafür gesorgt, dass die Linkziele angezeigt werden.

Im Beispiel geht es um folgenden Link:

```
<a href="http://www.mut.de/">Markt + Technik</a>
```

Beim Ausdruck wird der Wert hinter `href` in Klammern hinter den Linktext gesetzt.

Hierfür wählen wir über den Selektor `a[href]` erst einmal alle Links aus, die ein `href`-Attribut besitzen. Nach diesen soll eine Formatierung ergänzt werden, das erreichen Sie über `:after`. Damit lautet unser Selektor

```
a[href]:after {
```

Einen neuen Inhalt fügen Sie über die Eigenschaft `content` ein. Bei `content` können Sie direkt Inhalte angeben lassen, die angezeigt werden sollen.

```
content: " (Link) ";
```

würde beispielsweise den Text *(Link)* ausgeben. Außerdem können wir auf den Inhalt von Attributen zugreifen, indem wir das Schlüsselwort `attr()` verwenden und in runden Klammern angeben, welches Attribut ausgegeben werden soll. Durch folgenden Code wird der Inhalt des `href`-Attributs ausgegeben:

```
content:  attr(href);
```

Wenn das Linkziel so pur dasteht, sieht das etwas komisch aus. Harmonischer wirkt es, wenn wir Klammern um das Linkziel setzen. Diese ergänzen wir in Anführungszeichen vor und nach der `attr()`-Angabe:

```
content: " (" attr(href) ")";
```

Damit haben wir den vollständigen Ausdruck aus unserem Printstylesheet.

```
a[href]:after {
  content: " (" attr(href) ")";
}
```

In Abbildung 15.5 sehen Sie das Ergebnis.

Tipp

Beachten Sie, dass vor der ersten runden Klammer innerhalb der Anführungszeichen ein Leerzeichen steht. So ist sichergestellt, dass das Linkziel nicht direkt am Linktext klebt.

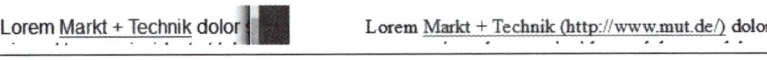

Lorem Markt + Technik dolor
Lorem Markt + Technik (http://www.mut.de/) dolor

***Abbildung 15.5:* Links ein Ausschnitt aus der Browseransicht, rechts ein Ausschnitt aus der Druckansicht**

15.4 Printstylesheet einbinden

Wir haben im Beispiel unsere Angaben für das Druckstylesheet und das Stylesheet für den Bildschirm über @media-Regeln innerhalb des Stylesheets gemacht. Diese Methode hat den Vorteil, dass alle Angaben kompakt in einem Stylesheet stehen und auch nur ein Stylesheet geladen wird.

Aber es gibt Alternativen dazu. So können Sie beispielsweise bei einem externen Stylesheet direkt angeben, dass es nur für bestimmte Ausgabemedien gelten soll.

```
<link rel="stylesheet" media="print" href="druckversion.css" />
```

Auch bei einem eingebetteten Stylesheet können Sie über media die Angaben auf einen bestimmten Medientyp beschränken:

```
<style media="screen">
</style>
```

Bei per @import eingebundenen Stylesheets lassen sich die Medientypen ebenfalls festlegen. Hierzu dient die folgende Syntax:

```
@import url(druckversion.css) print;
```

15.4.1 Mehr Ausgabetypen

Am häufigsten werden Sie bei den media-Angaben mit print und screen arbeiten. Es gibt aber eine Reihe von weiteren möglichen Angaben, die die folgende Tabelle vollständig auflistet.

Werte für das media-Attribut	Erklärung
screen	Bildschirm
print	Druck
tty	Terminals und ähnliche Geräte
tv	Fernseherähnliche Geräte
projection	Projektoren
handheld	Handheld-Geräte; diese Angabe wird aber von gängigen Smartphones ignoriert
braille	Braille-Tastaturen (dienen zur Umsetzung in Blindenschrift)
speech	Sprachsynthesizer
embossed	Ausgabe auf einem Braille-Drucker
all	Alle Ausgabemedien

Tabelle 15.1:
Mögliche Werte für die unterschiedlichen Ausgabemedien

Die Werte geben Sie hinter dem Attribut media an. Mehrere Werte werden durch Kommas voneinander getrennt. Sollen Formate für alle gelten, benutzen Sie den Wert all.

 Genauere Möglichkeiten zur Steuerung, wann bestimmte Angaben gelten, sind mit CSS3 möglich. So können Sie beispielsweise eine bestimmte Formatierung erstellen, die nur gilt, wenn es sich beim Ausgabemedium um einen Bildschirm einer bestimmten Größe handelt. Ein Beispiel dazu gibt es in Kapitel 16.

15.5 Zusammenfassung

In diesem Kapitel haben Sie gesehen, wie Sie eigene Angaben für die ausgedruckte Webseite definieren. Angaben für den Bildschirm und den Ausdruck können Sie innerhalb einer externen Datei zusammenfassen. Innerhalb von @media screen { } schreiben Sie die Bildschirmformatierungen, innerhalb von @media print { } stehen die Formatierungen für den Ausdruck.

Alternativ dazu können Sie zwei separate Stylesheets erstellen, die Sie beide mit link einbinden. Bei media geben Sie an, für welche Ausgabe sie gedacht sind.

```
<link rel="stylesheet" media="screen" href="layout.css" />
<link rel="stylesheet" media="print" href="druckversion.css" />
```

Im Ausdruck nicht benötigte Inhalte lassen sich mit display: none ausblenden. Außerdem haben Sie erfahren, wie Sie über per CSS erzeugte Inhalte dafür sorgen, dass die Linkziele hinter den Linktexten erscheinen.

Tabelle 15.2:
Browserunterstützung der
vorgestellten CSS-Features

CSS-Eigenschaft	Erläuterung	CSS	Firefox	Safari	Chrome	Opera	IE	Alternativen
@media media–Attribut	Angabe, um eigene CSS-Angaben für den Ausdruck bereitzustellen	2	ja	ja	ja	ja	ja	
:after, :before	Erzeugte Inhalte per CSS	2	ja	ja	ja	ja	8	

15.6 Übungen

1. Im Beispiel haben Sie gesehen, wie Sie das Linkziel in runden Klammern hinter dem Linktext ausgeben lassen. Wie muss der Code heißen, damit das Linkziel in eckigen Klammern statt in runden steht?

Das muss folgendermaßen heißen:

```
a[href]:after {
  content: " [" attr(href) "]";
}
```

2. Wählen Sie noch ein anderes der in Kapitel 10 vorgestellten Layouts, lagern Sie die CSS-Angaben aus und definieren Sie Formatierungen für den Ausdruck!

16 Responsive Webdesign – Seiten für Smartphones, aber nicht nur

Am Ende des Kapitels können Sie

- mit Media Queries besondere Angaben je nach Eigenschaften des Ausgabegeräts machen
- ein eigenes Layout für Smartphones erstellen
- Layouts entwickeln, die sich mal einspaltig, mal zweispaltig und mal dreispaltig je nach verfügbarem Platz präsentieren

In diesem Kapitel sehen Sie, wie Sie ein Layout erstellen, das sich magisch an die Größe des Browserfensters anpasst. Das geht über CSS3 Media Queries – Media-Angaben in Abhängigkeit der Eigenschaften des Ausgabegeräts. Wir erstellen ein Layout, das bei kleinem Bildschirm einspaltig ist, bei mittlerem zweispaltig und bei größerem dreispaltig. Außerdem erfahren Sie, was Sie ergänzen müssen, damit Smartphones das Layout auch wie gewünscht darstellen.

16.1 Smartphones sind anders

Der mobile Zugriff aufs Internet nimmt zu. Webseiten funktionieren zwar meist »irgendwie« auch auf den Smartphones, aber nicht komfortabel. Denn deren Display ist wesentlich kleiner, ein klassischer Dreispalter sieht dort nicht gut aus – und ist nur deshalb irgendwie benutzbar, weil Smartphones normalerweise Webseiten stark verkleinern, sodass sie auf den Bildschirm passen. Ein Problem sind auch die für Mausbedienung angelegten Links. Diese funktionieren auf Touchscreens schlecht, da Finger dicker sind als Mauszeiger. Nicht selten verfehlt man den eigentlich anvisierten Link und erwischt den daneben.

Ein neuer Trend und eine mögliche Antwort auf diese Herausforderungen ist das Responsive Webdesign: Ein Design, das sich an die Geräte anpasst, d.h. auf die Beschaffenheiten der Geräte **reagiert**. So kann beispielsweise ein Layout auf einem großen Bildschirm dreispaltig, auf einem mittleren Bildschirm zweispaltig und auf einem kleinen Bildschirm einspaltig angezeigt werden.

In den folgenden Abbildungen sehen Sie das Beispiel, das wir hier bauen werden.

Den Begriff Responsive Webdesign hat Ethan Marcotte in seinem Artikel (*http://www.alistapart.com/articles/responsive-web-design/*) geprägt. Es besteht aus folgenden Komponenten:

- CSS3 Media Queries
- Flüssiges Layout – d.h. Breitenangaben in Prozent
- Flexible Bilder

Hinweis

Im Web gibt es schöne Beispiele für Responsive Webdesign, die Sie am besten selbst austesten: http://hicksdesign.co.uk/ und http://stuffandnonsense.co.uk/projects/320andup/ oder die Sammlung von Responsive Webdesign unter http://mediaqueri.es/.

Verändern Sie immer die Breite Ihres Browserfensters, um die Auswirkungen zu sehen!

Abbildung 16.1:
Einspaltiges Layout bei
schmalem Bildschirm

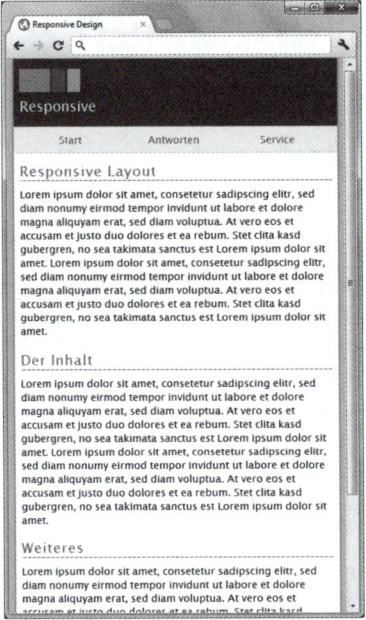

Abbildung 16.2:
Bei mehr verfügbarem Platz
ist das Layout zweispaltig.

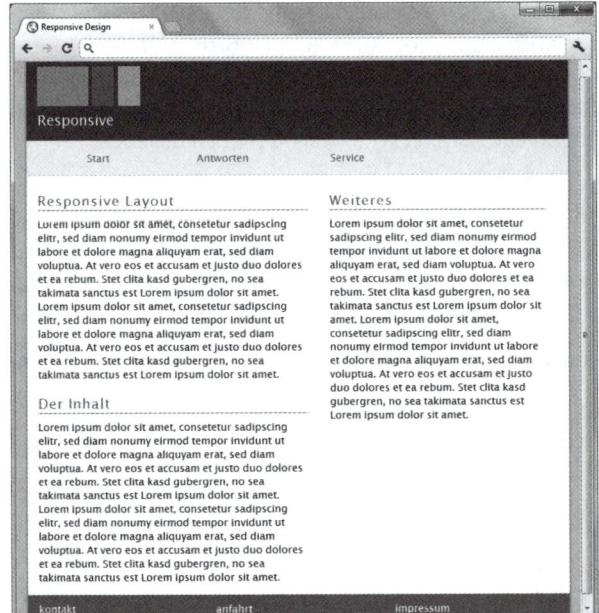

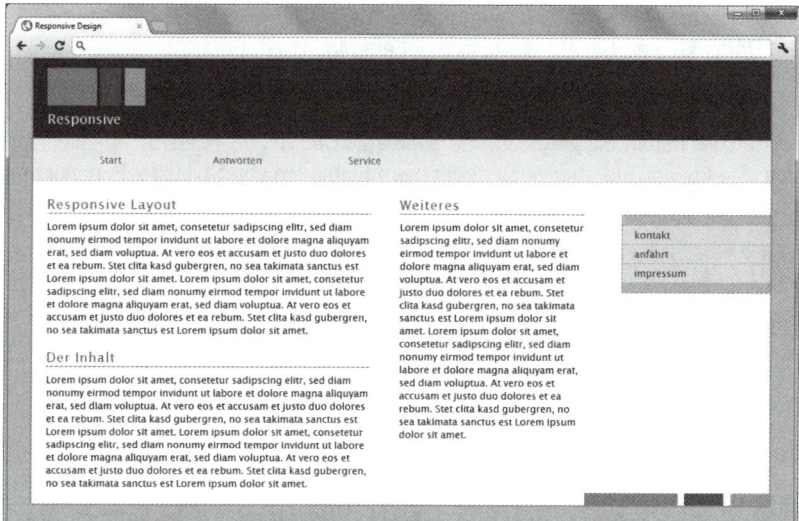

Abbildung 16.3:
Bei noch mehr Platz ist das Layout dreispaltig – die Fußzeile ist verschwunden und integriert sich als sekundäre Navigation ganz rechts.

16.2 CSS3 Media Queries

Sie erinnern sich, dass Sie über media angeben können, für welche Ausgabegeräte Formatierungen gelten sollen. Mit CSS 2.1 können Sie ein eigenes Stylesheet für den Bildschirm definieren, ein weiteres für den Ausdruck. Das Problem dabei: Bildschirme sind äußerst unterschiedlich. Denken Sie nur an Ihren Laptop-Monitor und das Display des Smartphones oder eines Netbooks oder eines Tablets. Alle fühlen sich von media="screen" angesprochen.

Mit CSS3 können Sie jetzt nach den **Eigenschaften der Geräte** differenzieren. Sie können prüfen, ob etwas ein Bildschirm ist **und außerdem** mindestens eine Anzeigebreite von 580px hat.

```
@media screen and (min-width: 580px) {
  /* Angaben für Bildschirme, die mindestens 580px breit sind */
}
```

Im Beispiel wird min-width eingesetzt, daneben gibt es noch max-width, um Formatierungen anzugeben für Anzeigebreiten, die höchstens den angegebenen Wert haben. Es gibt eine Reihe von Eigenschaften, die Sie abfragen können, und die Sie mit max- und min- kombinieren können; unter anderem:

- width – die Breite des Anzeigebereichs ist das, was Sie am häufigsten brauchen werden.

- height: Höhe des Anzeigebereichs

- device-width: Breite des Ausgabegeräts

- device-height: Höhe des Ausgabegeräts

Tipp

device-width *bezieht sich wirklich auf die physikalische Breite des Ausgabegeräts. Bei Ihrem Desktoprechner etwa ist das ein konstanter Wert. Die* width *hingegen ist immer die Breite Ihres Browserfensters. Und die kann unterschiedlich sein, je nachdem, ob Sie gerade im Vollbildmodus surfen oder nicht.*

Mehr Eigenschaften zum Nachlesen gibt es bei der offiziellen Spezifikation unter http://www.w3.org/TR/css3-mediaqueries/.

- `orientation`: Ausrichtung; mögliche Werte sind `portrait` und `landscape`. Damit können Sie abfragen, in welchem Modus ein Smartphone gerade ist.

`min-width` ist das, was man am häufigsten braucht.

Im Beispiel haben Sie gesehen, wie Sie Media Queries bei `@media`-Regeln einsetzen. Sie können sie aber auch direkt beim Einbinden von Stylesheets benutzen, etwa:

```
<link rel="stylesheet" href="klein.css" media="screen and (max-width: 600px)" />
```

Oder auch bei `@import`-Stylesheets verwenden:

```
<style>
  @import url(klein.css) screen and (max-width: 600px);
</style>
```

16.3   Desktop first oder Mobile first?

Das Grundprinzip scheint einfach: Man gibt direkt die unterschiedlichen CSS-Angaben an für die verschiedenen benötigten Größen.

In der Praxis gibt es unterschiedliche Herangehensweisen.

16.3.1 Desktop first

Responsive Webdesign wird oft bei bestehenden Webseiten eingesetzt, um rasch auf der Basis der Desktopversion eine andere Darstellung auf Smartphones zu erreichen. Die Desktopversion ist also die Basis und für die Smartphones werden separate Angaben definiert. Der prinzipielle Aufbau des Stylesheets ist dann folgendermaßen:

```
/* Am Anfang stehen die Angaben für die Desktopvariante */
@media screen and (max-width: 480px) {
/* innerhalb von Media-Queries folgen die Formatierungen für kleinere
Bildschirme */
}
```

Diese Herangehensweise hat mehrere Nachteile:

- Der Quellcode hat oft nicht die richtige Anordnung. Wenn wir beispielsweise eine mobile Version des Dreispalten-Layouts (*dreispalter_float.html*) aus Kapitel 10 erstellen würden, kämen bei der Einspaltendarstellung zuerst die Navigation, dann die Sidebar und erst danach folgte der eigentliche Inhalt. Eine ungünstige Reihenfolge – schließlich soll der mobile Nutzer ohne größeres Scrollen rasch zum eigentlichen Inhalt kommen.

- Manche Inhalte, die auf der mobilen Version nicht benötigt werden, werden bei dem Desktop-First-Ansatz über `display: none` ausgeblendet. Das bedeutet aber, dass sie trotzdem heruntergeladen werden. Das ist ungünstig: Beim mobilen Zugriff sind die Verbindungen im Allgemeinen schlechter. Selbst wenn jemand mit dem Smartphone per WLAN ins Internet geht, braucht der Seitenaufbau länger aufgrund der höheren Latenz. Deswegen ist es nicht sinnvoll, die mobile Version mit Inhalten zu belasten, die nicht einmal dargestellt werden.

> Latenz bezeichnet im Netzwerk die Verzögerung zwischen einer Anfrage und der Antwort darauf.

- Ebenso kann es bei diesem Ansatz passieren, dass Hintergrundbilder, die für die Desktopversion sinnvoll sind, ebenfalls bei der mobilen Variante geladen werden – obwohl sie dort nicht angezeigt werden.

16.3.2 Mobile first!

Besser ist Responsive Webdesign kombiniert mit dem Mobile First-Ansatz.

> Beim Mobile First-Ansatz erstellt man die Version für die kleinen Bildschirme zuerst und darauf basierend dann die erweiterte/andere Darstellung für den Bildschirm.

Der grundlegende Aufbau der Stylesheet-Definitionen sieht beispielsweise so aus:

```
/* Allgemeine Formatierungen für alle Bildschirme und für kleine Bild-
schirme */
@media screen and (min-width: 580px) {
  /* spezielle Formatierungen für mittlere Bildschirme */
}
@media screen and (min-width: 960px) {
  /* spezielle Formatierungen für noch größere Bildschirme */
}
```

Wie das geht, wollen wir uns jetzt konkret am Beispiel ansehen.

Dieser Mobile First-Ansatz ist sehr spannend. Er trägt zum einen dem Umstand Rechnung, dass der mobile Zugriff ungeheure Wachstumsraten verzeichnet und deswegen mobile Nutzer nicht als Bürger zweiter Klasse behandelt werden sollten. Zum anderen zwingt es einen dazu, sich auf das Wesentliche zu konzentrieren. Das hilft, gezielt die wichtigsten Inhalte zu vermitteln – wovon auch die Nutzer der Desktopversion profitieren.

Der Ansatz Mobile First wird von Luke Wroblewski publik gemacht. Mehr Informationen dazu unter http://www.lukew.com/ff/entry.asp?933.

16.4 Mobile first am Praxisbeispiel

Sehen wir uns an, wie man ein Beispiel baut.

16.4.1 Der HTML-Code

Am Anfang steht wie immer der HTML-Code. Er sieht im Beispiel folgendermaßen aus:

```
<div id="container">
  <div id="kopf"></div>
  <div id="nav"></div>
  <div id="inhalt"></div>
  <div id="zusatz"></div>
  <div id="fuss"></div>
</div>
```

Es gibt einen umfassenden Container, in dem sich der Kopfbereich #kopf befindet – wo wir ein Logo und einen kurzen Text unterbringen.

```
<div id="kopf">
  <img src="logo.png" alt="Logo" />
  <h1>Responsive</h1>
</div>
```

Tipp

Ein gutes Zeichen ist es schon, wenn die Webseite ohne Formatierungen eine passable Figur macht – und das macht sie.

Außerdem gibt es eine Navigation #nav mit einer Navigationsleiste, einen Inhaltsbereich #inhalt, einen Bereich mit weiteren Informationen #zusatz und einen Fußbereich #fuss.

Dann geht es an die CSS-Formatierungen – wir beginnen mit der Gestaltung für die kleinen Bildschirme.

Und – das ist jetzt eine probate Technik beim Mobile First-Ansatz – die grundlegenden Formatierungen stehen nicht innerhalb von Media Queries, sondern ganz normal im Stylesheet. Damit gelten sie ebenfalls für Browser und Geräte, die Media Queries noch nicht unterstützen.

Bevor wir dazu kommen, aber noch etwas Grundlegendes.

16.4.2 Besser als die Holzhammermethode

In einigen Layoutbeispielen haben Sie gesehen, dass wir alle Außen- und Innenabstände mit * { margin: 0; padding: 0; } entfernt haben.

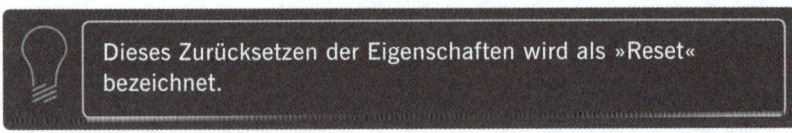

Dieses Zurücksetzen der Eigenschaften wird als »Reset« bezeichnet.

Eleganter als die Holzhammermethode, die einfach auf alle Elemente angewandt wird, ist ein differenzierter Reset.

Bei diesem werden die Elemente einzeln aufgezählt, für die die Abstände entfernt werden. Außerdem werden ein paar weitere grundlegende Formatierungen vorgenommen, etwa die Aufzählungszeichen bei Listen entfernt und die Schriftgröße von Überschriften auf 100% gesetzt.

Im Beispiel verwenden wir den Reset von Eric Meyer (*http://meyerweb.com/eric/thoughts/2008/01/15/resetting-again/*). Die Datei können Sie am angegebenen Ort herunterladen und dann im Stylesheet einbinden:

```
<link rel="stylesheet" href="reset.css" />
```

16.4.3 Gestaltung für kleine Bildschirme

Beginnen wir mit der Gestaltung des einspaltigen Layouts für kleine Bildschirme. Die spannenden Dinge kommen dann gleich!

> Was aber jetzt schon entscheidend ist: Alle Breitenangaben und Abstände werden in Prozent definiert, damit sich das Layout an unterschiedliche Bildschirme anpassen kann.

Zuerst werden sinnvolle Vorgaben für body gemacht: Die Schrift definiert, eine etwas größere Zeilenhöhe und ein Hellblau als Hintergrundfarbe angegeben.

```
body {
  font: 100% "Lucida Sans Unicode", "Lucida Grande", sans-serif;
  line-height: 1.4;
  background-color: #C0D5E0;
}
```

Der Container bekommt eine weiße Hintergrundfarbe. Er erhält keine Breitenangabe, sondern nur eine Maximalbreite von 1200px – das ist dann relevant für später. Außerdem sorgt margin: auto 2% dafür, dass rechts und links ein bisschen Abstand ist, bei dem man die Hintergrundfarbe des body sieht. overflow: hidden benötigen wir ebenfalls später, wenn wir die Elemente floaten, es ist aber eine sinnvolle Vorbereitung. Zusätzlich gibt es einen kleinen Schatten um den Container.

```
#container {
  background-color: white;
  max-width: 1200px;
  margin: auto 2%;
  overflow: hidden;
  -moz-box-shadow: 0 0 5px 1px #999;
  -webkit-box-shadow: 0 0 5px 1px #999;
  box-shadow: 0 0 5px 1px #999;
}
```

Dann geht es an die Formatierung des Kopfbereichs.

Eine Alternative zu einem solchen Reset ist eine Normalisierung. Bei dieser werden beispielsweise nicht alle Überschriften auf 100% gesetzt, sondern sie bleiben größer als die Absätze – erhalten jedoch browserübergreifend eine einheitliche Größe. Ein Beispiel für eine solche Normalisierung finden Sie bei http://necolas.github.com/normalize.css/.

Tipp

Hier sehen Sie noch einmal den HTML-Code des Kopf-bereichs:

```
<div id="kopf">
  <img src="logo.png"
alt="Logo" />
  <h1>Responsive</h1>
</div>
```

Der Kopfbereich erhält ein bisschen `padding`, damit er eine vernünftige Höhe hat. Außerdem wird er dunkelbraun eingefärbt und es wird eine helle Schrift definiert.

```
#kopf {
  padding: 1em 2%;
  color: #F2EEED;
  background-color: #665B48;
}
```

Im Kopfbereich gibt es ein Bild und eine Überschrift

`display: block` macht das Bild zu einem Blockelement, so wird es oberhalb der Überschrift angezeigt. Das Bild soll sich – in Maßen – an den Bildschirm anpassen. Deswegen erhält es eine Breite von 20% und eine Maximalbreite von 10em – zu breit soll es bei mehr verfügbarem Platz auch nicht werden.

```
#kopf img {
  display: block;
  width: 20%;
  max-width: 10em;
}
```

Nun wird die Überschrift formatiert – die Schriftgröße auf 140% gesetzt.

```
#kopf h1 {
  font-size: 140%;
  padding-top: 0.3em;
}
```

Schließlich kommt die Navigation.

Das umfassende Element erhält einen Rahmen und eine Hintergrundfarbe. over-flow: `hidden` hingegen ist wichtig, da die `li`-Elemente der Navigation gefloatet werden, damit #nav diese auch wirklich umfasst.

```
#nav {
  overflow: hidden;
  width: 100%;
  margin-bottom: 1%;
  border-top: 1px solid #ddd;
  border-bottom: 1px solid #ddd;
  color: #3F4547;
  background: #fff3ac;
}
```

Die ungeordnete Liste erhält ein bisschen Abstand nach links – das Ausschalten der Aufzählungszeichen brauchen wir hingegen nicht mehr zu machen, da dies das Reset-Stylesheet erledigt hat.

```
#nav ul {
  margin-left: 2%;
}
```

Die Listenpunkte werden gefloatet, erhalten eine Breitenangabe in Prozent – max-width sorgt dafür, dass sie bei mehr verfügbarem Platz nicht zu breit werden.

```
#nav li {
  float: left;
  width: 29%;
  padding: 2%;
  max-width: 10em;
  text-align: center;
}
```

 In den Beispielen wimmelt es nur so von relativen Maßeinheiten – Prozent und em. Wie groß sind 10em aber jetzt? Im Beispiel ist die bei body definierte Schriftgröße 100%. Wenn der Benutzer die Schrift nicht vergrößert hat, entspricht folglich 1em = 16px. 10em sind also 160px. Hier mit em zu arbeiten hat einen Vorteil: Falls jemand die Schrift größer stellt, wächst der Bereich für die Menüpunkte ebenfalls.

Die Navigationspunkte werden eingefärbt – eine andere Farbe ist beim Hovern gewählt.

```
#nav a {
  color: #A8795E;
}
#nav a:hover, #nav a:focus, #nav a:active {
  color: #737C88;
}
```

#inhalt und #zusatz erhalten eine passende Schriftfarbe und ein bisschen Abstand.

```
#inhalt, #zusatz {
  color: #292A2F;
  padding: 2%;
}
```

Außerdem gibt es noch ein bisschen Finetuning für die h2-Überschriften – dass sie beispielsweise gesperrt gedruckt werden oder unten einen Rahmen erhalten. Schließlich erhalten sie Abstände nach oben und unten.

Responsive Layout

Lorem ipsum dolor sit amet, conset
sadipscing elitr, sed diam nonumy ei

```
#inhalt h2, #zusatz h2 {
  color: #A8795E;
  font-size: 130%;
  letter-spacing: 2px;
  border-bottom: #6BA5BD 2px solid;
  margin: 1em 0 0.5em;
}
```

Der Abstand würde beim ersten Element, das direkt unterhalb der Navigation angesiedelt ist, stören, und wird deswegen – ganz elegant über den Selektor first-child (siehe auch Kapitel 5) entfernt.

```
#zusatz h2:first-child, #inhalt h2:first-child {
  margin-top: 0;
}
```

Jetzt geht es an den Fußbereich, der ganz unten ist.

Tipp

h2:first-child *wählt nur* h2-*Überschriften aus, die die ersten Kindelemente sind.*

Lorem ipsum dolor sit amet.

kontakt   anfahrt   impressum

Im Fußbereich befinden sich die globalen Links zu Kontakt und Impressum. Diese sollen nebeneinander dargestellt werden – float. overflow: hidden sorgt beim umfassenden Element dafür, dass die gefloateten Elemente auch wirklich umschlossen werden.

```
#fuss {
  background-color: #737C88;
  overflow: hidden;
}
```

Die Anordnung der Menüpunkte im Fußbereich geschieht per float, die Breitenangaben sind in Prozent:

```
#fuss li {
  float: left;
  width: 29%;
  padding: 0.7em 2%;
}
```

Die Linkfarben im Fußbereich werden definiert:

```
#fuss a {
  color: #fff;
}
```

Zum Schluss werden die Unterstreichungen bei Links global entfernt:

```
a {
  text-decoration: none;
}
```

So weit, so gut – die Einspaltendarstellung für die schmalen Bildschirme steht, das Aussehen zeigt Abbildung 16.1.

Das Wichtigste bei der Einspaltendarstellung

Bei diesen vielen Formatierungen geht das Wesentliche vielleicht etwas unter. Hier noch einmal die wichtigsten Punkte:

* Es gibt für die grundlegenden Bereiche keine Breitenangaben – damit werden sie so breit wie das Browserfenster.

* Seitliche Abstände sind in Prozent angegeben, damit sie in Relation zur Gesamtbreite stehen und sich ebenfalls am Browserfenster orientieren.

* Bei den beiden Navigationsleisten – bei der Hauptnavigation unterhalb des Kopfbereichs und bei der sekundären Navigation im Fußbereich – ist die Breite der einzelnen Menüpunkte in Prozent angegeben.

* Wo wichtig ist, dass die Elemente auch bei größerem Bildschirm nicht zu breit werden, werden Maximalwerte definiert.

* Das Bild ist flexibel und passt sich in Maßen an die Breite des Bildschirmes an. Das wird dadurch erreicht, dass es keine Breitenangaben im HTML-Code gibt und stattdessen eine Breite per CSS definiert ist – im Beispiel 20%. Damit das Bild aber nicht zu breit wird, ist auch es über max-width begrenzt.

Wenn Sie ein Bild haben, das bildschirmfüllend bei schmalem Bildschirm und spaltenfüllend bei mehr Platz sein soll, so empfiehlt sich die Angabe von max-width: 100%. *Damit behält das Bild seine Größe, wird aber nie größer als der umgebende Block.*

16.4.4 Zweispalter bei mittlerer Größe

Die bisherigen Angaben erhalten alle Bildschirme – ganz unabhängig von ihrer Größe. Jetzt kommen die gesonderten Angaben für die mittleren Bildschirme – dann sollen #inhalt und #zusatz nebeneinander dargestellt werden.

Ab einer Breite von 580px – d.h. wenn mindestens 580px dargestellt werden können – soll der #inhalt nur noch 50% des Bildschirms einnehmen und links gefloatet werden. Auch der #zusatz-Bereich wird auf eine kleinere Breite gesetzt, im Beispiel 40%, und ebenfalls links gefloatet. Beim Fußbereich sorgt ein clear: left dafür, dass er unterhalb der gefloateten Bereiche bleibt.

Diese Angaben werden innerhalb einer @media-Abfrage geschrieben.

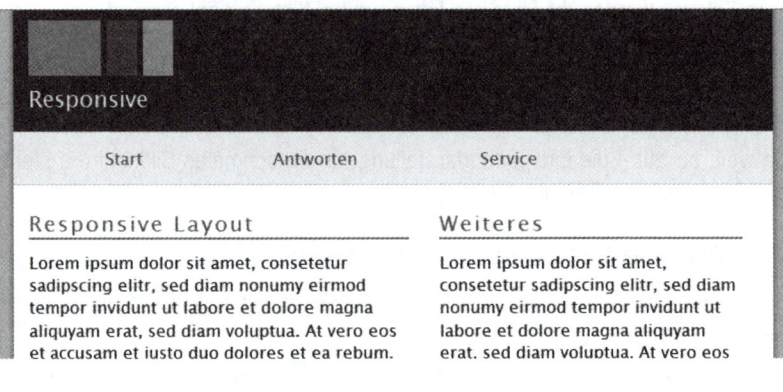

Abbildung 16.8:
Bei mittlerer Bildschirmgröße werden #inhalt und #zusatz nebeneinandergestellt.

```
@media screen and (min-width: 580px) {
  #inhalt {
    width: 50%;
    float: left;
  }
  #zusatz {
    width: 40%;
    float: left;
  }
  #fuss {
    clear: left;
  }
}
```

 Achtung – die zwei Klammern am Schluss nicht vergessen! Die eine gehört zur @media-Regel und die andere ist die schließende Klammer der Regeln hinter #fuss.

16.4.5 Dreispaltendarstellung

Bei der Dreispaltendarstellung geschieht ein bisschen mehr. Der ursprüngliche Fußbereich integriert sich als dritte Spalte. Dabei werden die Links, die ursprünglich horizontal dargestellt wurden, vertikal angeordnet.

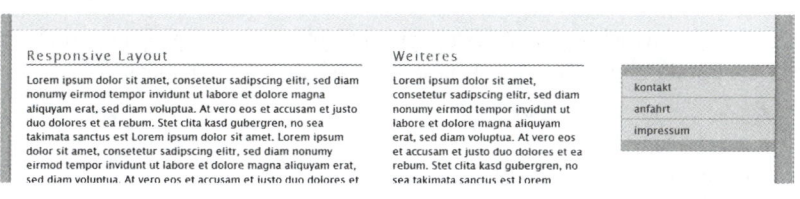

Abbildung 16.9:
Der Fußbereich wird als dritte Spalte rechts angeordnet.

Damit der untere Rand der Webseite nicht zu leer ist, wird unten rechts ein Hintergrundbild eingebunden.

Abbildung 16.10:
Ein Hintergrundbild wird im Container rechts unten platziert.

Die Dreispaltendarstellung wird gewählt, wenn mindestens 960px in der Breite dargestellt werden können:

```
@media screen and (min-width: 960px) {
```

Der Container erhält dann ein Hintergrundbild und außerdem wird er zentriert:

```
#container {
    background: url(muster.png) bottom right no-repeat white;
    margin: 1% auto;
}
```

#inhalt und #zusatz brauchen eine neue Breite, da sie #fuss Platz machen müssen:

```
#inhalt {
    width: 44%;
}
#zusatz {
    width: 25%;
}
```

Die größten Änderungen betreffen den #fuss-Bereich.

Abbildung 16.11:
Links die Fußzeilennaviga-
tion bei kleinerer Breite, rechts
die Fußzeilennavigation bei
mehr verfügbarem Platz.

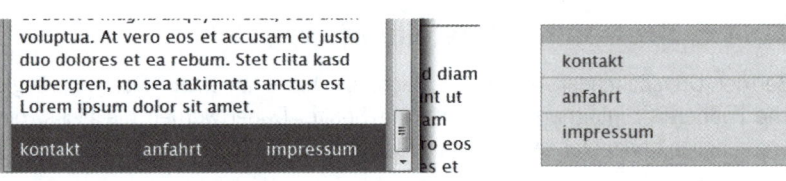

Der `#fuss` wird rechts gefloatet. Bei kleinerem Bildschirm sorgte ein `clear:left` für die Darstellung ganz unten, was jetzt aufgehoben werden muss.

```
#fuss {
  float: right;
  clear: none;
  width: 20%;
  background-color: #C7D2E0;
  padding: 1em 0;
  border: 1px solid #BAAF9C;
  border-right-width: 0;
  margin-top: 3.3em;
}
```

Die Navigationspunkte im Fußbereich waren vorher nebeneinander dargestellt und sollen jetzt untereinander dargestellt werden. Deswegen ist hier auch einiges an Handarbeit notwendig. Das Floaten muss aufgehoben werden und außerdem erhalten sie eine Breite von 100%, damit sie die gesamte Breite des sie umfassenden Bereichs einnehmen:

```
#fuss li {
  float: none;
  margin: 0.1em 0;
  padding: 0;
  width: 100%;
}
```

Außerdem erhalten die Links andere Farben und werden etwas »button-like« gestaltet:

```
#fuss a {
  color: #665B48;
  background: #ECE6E1;
  display: block;
  padding: 0.3em 8%;
}
#fuss a:hover, #fuss a:active, #fuss a:focus {
  background-color: #BAAF9C;
  color: white;
}
```

Schließlich wird der Abstand nach unten des #nav-Elements entfernt:

```
#nav {
  margin-bottom: 0;
}
}
```

Listing 16.1:
Ein reagierendes Layout
(responsive.html)

16.4.6 Zusammenfassung: Das Wichtigste für die Darstellung auf mittleren und großen Bildschirmen

- Bei mittlerer Größe wird die Breite von #inhalt und #zusatz beschränkt und sie werden beide gefloatet, damit sie nebeneinanderpassen.

- Bei größerem Bildschirm werden #inhalt und #zusatz schmaler. Außerdem wird #fuss in der Breite begrenzt und rechts gefloatet.

- Gleichzeitig wird bei größerer Bildschirmbreite die Navigation im Fußbereich, deren Punkte ursprünglich horizontal angeordnet waren, vertikal angeordnet.

Die beiden ersten Punkte führt man häufiger durch, wenn man die Änderungen für größere Browserfenster macht.

16.4.7 Fast am Ziel, aber etwas fehlt noch: das Beispiel im iPhone

Wenn Sie das Beispiel auf einem Smartphone testen, so sieht es nicht wie gewünscht aus.

Abbildung 16.12 zeigt die Ansicht auf einem iPhone – war alle Arbeit umsonst?

Der Grund: Smartphones verkleinern standardmäßig Webseiten so, dass sie auf ihren Bildschirm passen. Das ist gut bei den Standardwebseiten, die nicht für sie gedacht sind. Wenn wir aber extra Anpassungen für Smartphones durchgeführt haben, ist die Verkleinerung unsinnig. Deswegen müssen wir das Herunterzoomen unterbinden. Das geht über eine Zeile im Kopfbereich des Dokuments:

```
<meta name="viewport" content="width=device-width, initial-scale=1" />
```

Damit sagen Sie den Smartphones: Jetzt dürft ihr auf eure echte Breite schalten und braucht nicht mehr so zu tun, als könntet ihr genauso wie die echten Desktoprechner 980px oder Ähnliches darstellen.

Abbildung 16.13 zeigt: Es hat geklappt!

Abbildung 16.12:
Ohne Viewport-Angabe:
Das ist nicht ein Einspalter,
sondern ein Dreispalter

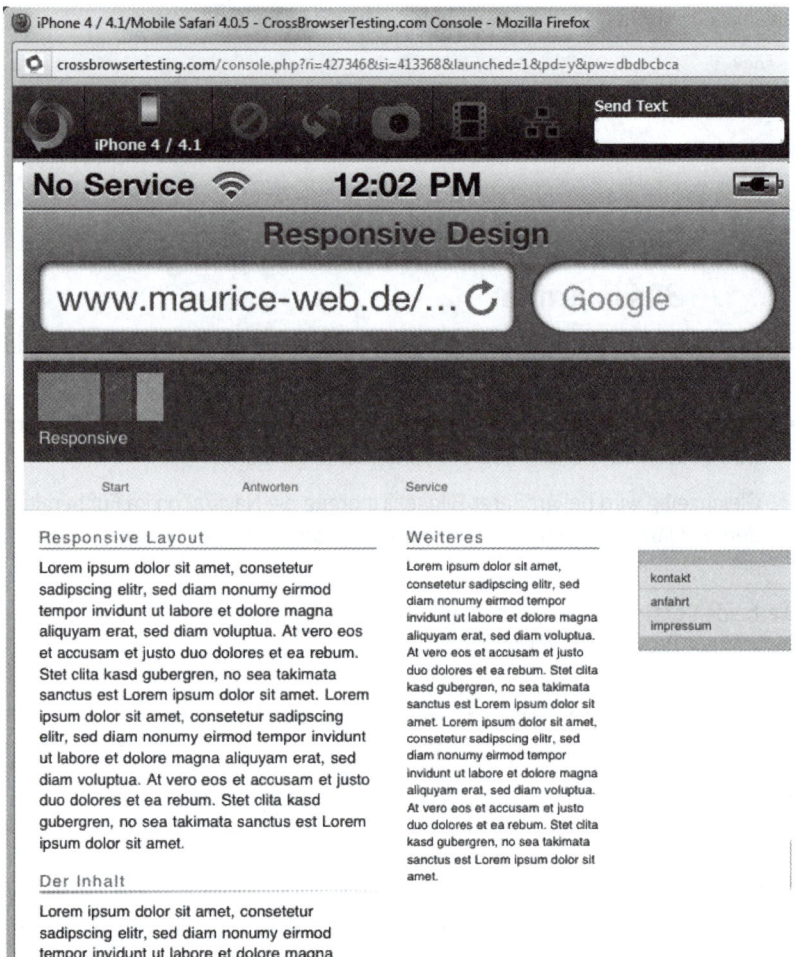

Hinweis

Es gibt einen Zooming-Bug, der beim iPhone auftritt, wenn man von Portrait- in Landscape-Modus wechselt oder umgekehrt. Dieser lässt sich verhindern, wenn man folgende modifizierte `meta`-Angabe verwendet.

```
<meta name="viewport" content="width=device-width; initial-scale=1;
maximum-scale=1" />
```

Damit deaktivieren Sie aber beim Benutzer die Zoom-Möglichkeit und es stellt sich die Frage, ob Zoomen nicht zu den normalen Menschen-/Nutzerrechten dazugehört. Es gibt auch eine JavaScript-Lösung für dieses Problem, die Sie unter *http://webdesignerwall.com/tutorials/iphone-safari-viewport-scaling-bug* beschrieben finden.

Abbildung 16.13:
Mit der richtigen Meta-Angabe
klappt es mit dem Layout

16.5 Wie viel Layoutänderungen?

Im Beispiel gab es drei verschiedene Layouttypen. Die Formatierungen für das grundlegende Layout für Smartphones standen außerhalb von Media Queries, außerdem gab es zwei Anpassungen am Layout, die über Media Queries realisiert wurden:

```
@media screen and (min-width: 580px) {}
```

und

```
@media screen and (min-width: 960px) {}
```

Die Werte 580px und 960px sind in diesem Fall durch Ausprobieren ermittelt: ab wann das Layout eine Änderung verlangt, also beispielsweise der Text in der Einspaltendarstellung zu breit wird, um noch gut lesbar zu sein.

Es ist eigentlich immer das Entscheidende, wann **der Inhalt die Änderung notwendig macht**. Trotzdem ist es sinnvoll, gängige Displaygrößen zu kennen.

Tipp

Eigentlich hat das iPhone 4 natürlich mehr Pixel, es gibt aber aus Gründen der Abwärtskompatibilität diesen Wert an.

Sie sollten diese Werte wie gesagt nicht als festgeschriebene Vorgaben nutzen, ab wann neue Media Queries gesetzt werden, sondern nur als gängige Werte im Hinterkopf behalten.

- 320px – Breite vom iPhone im Portrait-Modus
- 480px – Breite vom iPhone im Landscape-Modus
- Android-Smartphones haben weniger vorgeschriebene Werte, mein Android meldet beispielsweise eine Breite von 440px im Portrait- und eine Breite von 800px im Landscape-Modus.
- Die Ausmaße eines iPads sind 768 px

iPhone und iPad erwähnt man in diesen Zusammenhängen gerne, weil sie schick sind – und so wunderbar einheitlich. Aber wie gesagt gibt es viele Geräte mit noch mehr unterschiedlichen Werten. Deswegen empfiehlt es sich, nicht sklavisch auf diese Geräte zu schauen, sondern Werte zu nehmen, die für den Inhalt passen.

16.6 Nachbessern für Vorgänger-Versionen des Internet Explorer 9

Das Beispiel funktioniert ganz wunderbar in modernen Smartphones, auch in allen Desktoprechnern mit einem modernen Browser geht es. Aber – wie immer, wenn es um CSS3 geht, gibt es das eine Aber. Der Internet Explorer unterstützt Media Queries erst ab Version 9.

Glücklicherweise gibt es Abhilfe für den IE8 und den IE7 in Form von JavaScript: *respond.js* bessert nach.

Und so geht's:

- Laden Sie *respond.js* von *https://github.com/scottjehl/Respond* herunter.
- Kopieren Sie sich aus dem Downloadpaket *respond.min.js* in ihr Verzeichnis.
- Da *respond.js* nur bei externen CSS-Dateien funktioniert, lagern Sie den CSS-Code aus und binden ihn per `link` ein.

- Nach dem CSS-Code schreiben Sie den Verweis auf *respond.min.js*:

```
<script src="respond.min.js"></script>
```

- Um die Auswirkung in Vorgänger-Versionen des Internet Explorer 9 zu sehen, müssen Sie alle Dateien auf Ihren Webspace hochladen – oder auf einem eigenen Server testen.

 Die JavaScript-Nachhilfe funktioniert nicht, wenn Sie die HTML-Datei ganz normal per Doppelklick öffnen!

Hier sehen Sie den head-Bereich mit den Änderungen:

```
<!DOCTYPE html>
<html>
<head>
<meta charset="UTF-8" />
<meta name="viewport" content="width=device-width, initial-scale=1" />
<title>Responsive Design</title>
<link rel="stylesheet" href="reset.css" />
<link rel="stylesheet" href="responsive.css" />
<script src="respond.min.js"></script>
</head>
```

Listing 16.2:
Jetzt klappt's auch in Vorgänger-Versionen des Internet Explorer 9 – wenn Sie das Beispiel auf einem Webserver ausführen (responsive_ie.html).

Es gibt eine Alternative zum Nachbessern per JavaScript: Sie können auch die CSS-Angaben für größere Bildschirme noch einmal in eine eigene Datei packen und diese über den folgenden konditionalen Kommentar einbinden:

```
<!--[if lt IE 9 & !IEMobile]>
<link rel="stylesheet" href="enhanced.css"  />
<![endif]-->
```

Dieser konditionale Kommentar sorgt dafür, dass das Stylesheet nur von IEs kleiner als 9 geladen wird – und nur, wenn es sich nicht um einen mobilen IE handelt.

16.7 Zusammenfassung

In diesem Kapitel haben Sie gesehen, wie Sie mit CSS3 Media Queries flexible Layouts gestalten, die je nach verfügbarem Platz unterschiedlich aussehen. Unser Beispiel war bei wenig Platz einspaltig, bei mehr Platz zweispaltig und bei viel Platz dreispaltig.

Die wichtigste Zutat hierfür sind die Media Queries. Hierbei können Sie nicht nur das Ausgabegerät angeben wie mit CSS 2.1, sondern auch noch dessen Eigenschaften. Nur wenn das Ausgabegerät die angesprochenen Eigenschaften hat, werden die Formatierungen durchgeführt.

Außerdem haben Sie gesehen, wie Sie ein Responsive Layout nach dem Mobile First-Ansatz aufbauen. Zuerst kommen allgemeine Formatierungen für kleine Bildschirme. Innerhalb von Media Query-Angaben stehen dann die Formatierungen für größere Bildschirme.

Damit Smartphones die Seite wie gewünscht darstellen, brauchen Sie eine meta-Angabe, die das normale Zoomen der Smartphones deaktiviert.

Der Internet Explorer kann erst ab Version 9 mit Media Queries umgehen, für ältere Versionen lässt sich aber gut per JavaScript nachbessern.

Tabelle 16.1:
Browserunterstützung
für Media Queries

	Erläuterung	CSS	Firefox	Safari	Chrome	Opera	IE	Alternativen
Media Queries	CSS-Angaben je nach Eigenschaften des Ausgabegeräts	3	ja	ja	ja	ja	9	JavaScript: *respond.js*

16.8 Übungen

1. In Ihrem Übungsordner finden Sie die Datei *zweispalter_fluessig.html*, die Sie bereits aus Kapitel 10 kennen. Machen Sie das Beispiel responsive! Bei weniger Platz soll das Layout einspaltig, sonst zweispaltig wie bisher angezeigt werden! Gehen Sie dafür alle Formatierungen durch und verschieben Sie die Formatierungen, die für die Zweispaltendarstellung verantwortlich sind, in einen Media Query-Teil. Eine mögliche Abfrage wäre, dass der verfügbare Platz mindestens 700px beträgt. Vergessen Sie nicht, die meta-Angabe zu ergänzen, damit Smartphones ihr normales Zoomen sein lassen!

Die Lösung hierzu finden Sie unter *loesungen/zweispalter_fluessig.html*.

2. Was müsste man für einen echten Einsatz noch ändern?

Der Kopfbereich nimmt – zumindest für Smartphones – zu viel Platz ein. Platz, den man auf dem Desktop lässig hat, ist bei Smartphones eher Mangelware. Deshalb müsste man hier die Höhe vermindern. Dann sollte auch noch die Navigation gestaltet werden – wobei man darauf achten muss, dass die Navigationspunkte ausreichend groß sind, damit sie sich mit den Fingern gut bedienen lassen.

17 Noch mehr CSS3

CSS3 hat noch mehr schöne Features auf Lager, drei wichtige kamen noch nicht zur Sprache: Mit CSS3-Transformationen können Sie Elemente drehen oder verzerren. Und schließlich gibt es noch die Möglichkeit, Textinhalte über das Multicolumn-Modul auf Spalten zu verteilen und die CSS3-Animationen – für Animationen!

17.1 Transformationen ahoi!

Bei der Beercamp-Seite, die bereits in Kapitel 7 erwähnt wurde, gibt es am Ende Buttons mit den Sponsoren: Hovert man über diese, verändern sie leicht ihre Position und werden einen Tick größer. Das geht ganz ohne JavaScript und Flash – rein über CSS, dank der CSS-Transformationen.

Abbildung 17.1:
Die Sponsoren von http://beercamp.com/2010/

Alle offiziellen Informationen zu CSS3-Transformationen stehen unter http://www. w3.org/TR/css3-2d-trans-forms/.

Sehen wir uns an, wie die Transformationen funktionieren. Beim folgenden Beispiel gibt es mehrere div-Bereiche, denen eine Breite und ein Rahmen zugewiesen werden.

```
div {
  width: 200px;
  padding: 50px;
  border: 4px dotted white;
}
```

Die einzelnen Elemente erhalten Klassen, bei denen die Transformationen definiert sind.

Für Transformationen gibt es die Eigenschaft transform. Zum Drehen schreiben Sie rotate. Hinter rotate schreiben Sie in runden Klammern mit der Einheit deg, um wie viel Grad das Element gedreht werden soll. Wie Sie sehen, müssen Sie die Eigenschaft mit allen browserspezifischen Präfixen schreiben:

```
.gedreht {
  -webkit-transform: rotate(30deg);
  -moz-transform: rotate(30deg);
  -o-transform: rotate(30deg);
  -ms-transform: rotate(30deg);
  transform:  rotate(30deg);
}
```

Standardmäßig wird als Punkt für die Drehung der Mittelpunkt des Elements gewählt. Einen anderen Drehpunkt legen Sie über transform-origin fest. Hinter transform-origin geben Sie zwei Werte an, z.B.:

- transform-origin: 0 0; bestimmt als Punkt der Drehung die obere linke Ecke.

- transform-origin: 100% 100%; nimmt die untere rechte Ecke.

- transform-origin: 50% 0% in der Mitte ganz oben.

Entsprechend können Sie die anderen Positionen wählen.

Elemente können Sie nicht nur drehen, sondern auch in der Größe verändern. Schreiben Sie hinter scale den Faktor der Skalierung. Mit 1.5 wird das Element eineinhalbmal so groß wie ursprünglich.

```
.skaliert {
  -webkit-transform: scale(1.5);
  -moz-transform: scale(1.5);
  -o-transform: scale(1.5);
  -ms-transform: scale(1.5);
  transform: scale(1.5);
}
```

Abbildung 17.2:
Links gedreht über rotate*, rechts vergrößert mit* scale

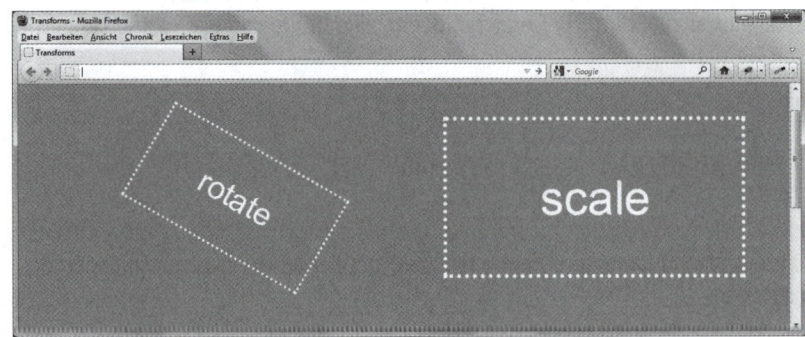

Mit skew verzerren Sie Elemente, dahinter geben Sie den Grad der Verzerrung an:

```
.verzerrt {
  -webkit-transform: skew(30deg);
  -moz-transform: skew(30deg);
  -o-transform: skew(30deg);
  -ms-transform: skew(30deg);
  transform: skew(30deg);
}
```

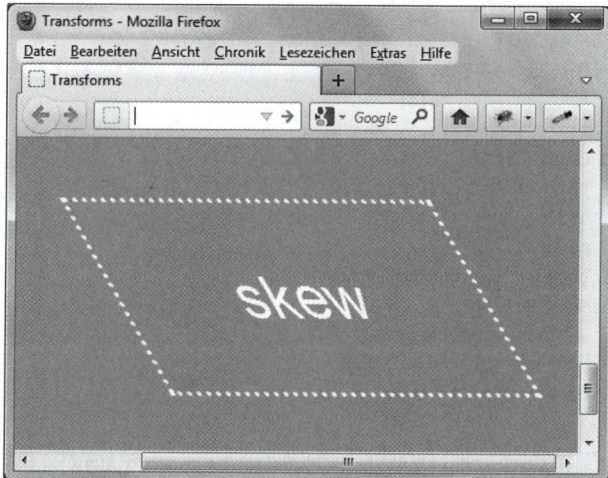

Abbildung 17.3:
Verzerrung mit skew

Daneben können Sie auch nur auf einer einzelnen Achse verzerren über skewX *oder* skewY.

Außerdem gibt es noch translate, um Elemente zu verschieben. Dahinter geben Sie zwei Werte an: Der erste Wert bewirkt die Verschiebung von links und der zweite von oben.

```
.verschoben {
  -webkit-transform: translate(50px, 100px);
  -moz-transform: translate(50px, 100px);
  -o-transform: translate(50px, 100px);
  -ms-transform: translate(50px, 100px);
  transform: translate(50px, 100px);
}
```

Listing 17.1:
Transformationen
(transforms.html)

17.1.1 Transformationen kombinieren – und mit Transitions versehen

Die verschiedenen Transformationen können Sie kombinieren. Im Beispiel soll ein Element beim Hovern größer und leicht gedreht werden – ganz ähnlich wie beim Hovern über die Sponsoren-Buttons auf der Beercamp-Seite. Damit der Ablauf der Änderung spürbar wird, setzen wir zusätzlich Transitions ein (vgl. Kapitel 12).

Abbildung 17.4:
Links Normalzustand,
rechts gedreht und ver-
größert beim Hovern

Zuerst gibt es grundlegende Formatierungen wie Farben, Ausmaße, Rahmen und leicht abgerundete Ecken:

```
.bewegung {
  font-size: 5em;
  font-weight: bold;
  background-color: #F79E22;
  color: #fff;
  text-align: center;
  width: 1em;
  padding: 5px;
  border: 2px dotted #303;
  margin: 50px;
  -webkit-border-radius: 5px;
  -moz-border-radius: 5px;
  border-radius: 5px;
}
```

Dann werden die Übergänge definiert beim Normalzustand:

```
.bewegung {
 -webkit-transition: all 0.2s ease-in;
 -moz-transition: all 0.2s ease-in;
 -o-transition: all 0.2s ease-in;
 -ms-transition: all 0.2s ease-in;
  transition: all 0.2s ease-in;
}
```

Tipp

Diese Deklarationen stehen extra, damit sie bei den allgemeinen Formatierungen nicht untergehen.

 Die Übergangsdefinitionen mit `transition` müssen immer beim Normalzustand und nicht beim Hoverzustand stehen (siehe auch Kapitel 12).

Beim Hovern soll das Element vergrößert und gedreht werden. Hierfür schreiben Sie `rotate` und `scale` durch Leerzeichen getrennt hinter `transform`:

```css
.bewegung:hover {
  -webkit-transform: rotate(10deg) scale(1.3);
  -moz-transform:  rotate(10deg) scale(1.3);
  -o-transform:  rotate(10deg) scale(1.3);
  -ms-transform:  rotate(10deg) scale(1.3);
  transform:  rotate(10deg) scale(1.3);
}
```

Angewandt wird dies auf einen Absatz mit der entsprechenden Klasse:

```html
<p class="bewegung">!</p>
```

Listing 17.2:
Kombinierte Transformationen
(transforms_beispiel.html)

17.1.2 Transformationen in Vorgänger-Versionen des Internet Explorer 9

Wie so oft, funktionieren Transformationen in allen modernen Browsern, im IE allerdings erst ab Version 9. Wenn Sie nicht auf die Transformationen verzichten können/wollen, so gibt es Abhilfe durch den Matrixfilter. Der notwendige Code ist etwas kompliziert, deswegen nutzen Sie am besten ein Tool wie den TransformsTranslator (*http://www.useragentman.com/IETransformsTranslator/*).

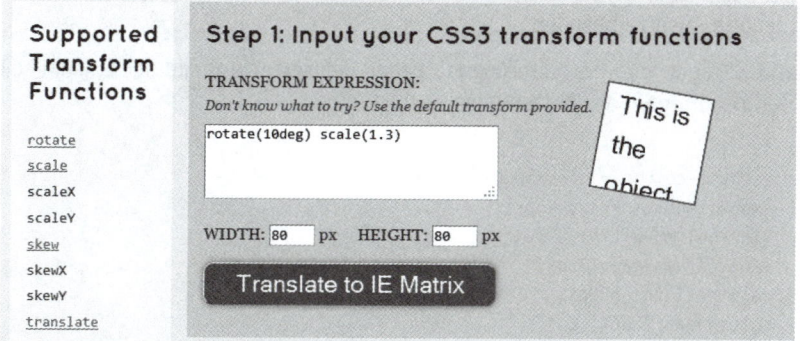

Abbildung 17.5:
Der IE TransformsTranslator

In das Textfeld geben Sie den Transform-Code ein – ohne Präfixe. Das Tool generiert Ihnen daraus den Code mit allen browserherstellerspezifischen Präfixen und den für den IE benötigten Filtern. Die Filter sollten Sie innerhalb von konditionalen Kommentaren unterbringen:

```html
<style>
/* Hier die Angaben wie gehabt für die neueren Browser */
</style>
<!--[if lt IE 9]>
<style>
.bewegung:hover {
 /* IE6 and 7 */
   filter: progid:DXImageTransform.Microsoft.Matrix(
          M11=1.2802500789158704,
          M12=-0.22574263096701067,
```

Listing 17.3:
*Ausschnitt aus transforms_*
beispiel_ie.html

```
            M21=0.22574263096701067,
            M22=1.2802500789158704,
            SizingMethod='auto expand');
   /* IE8+ - must be on one line, unfortunately */
   -ms-filter: "progid:DXImageTransform.Mi-
crosoft.Matrix(M11=1.2802500789158704, M12=-
0.22574263096701067, M21=0.22574263096701067, M22=1.2802500789158704,
SizingMethod='auto expand')";
</style>
<![endif]-->
```

17.2 Mehr Spalten!

Tipp

Wie Sie am Beispiel sehen, brauchen Sie die Variante – webkit- für Webkit-basierte Browser und –moz- für Firefox. Die Variante ohne Präfix wird von Opera und Internet Explorer 10 unterstützt.

Eine weitere schöne CSS3-Erfindung: Sie können per CSS Inhalte automatisch auf mehrere Spalten verteilen.

Mit der Eigenschaft `column-width` legen Sie die Breite der Spalte fest, den Abstand zwischen Spalten können Sie über `column-gap` definieren. Je nach verfügbarem Platz werden die Inhalte dann auf mehr oder weniger Spalten verteilt.

Ein Beispiel: Im HTML-Teil gibt es ein `div`-Element mit `id="text"`, in dem sich mehrere Absätze befinden.

Im CSS-Code wird die Aufteilung in Spalten definiert, die Breite der Spalten soll 300px betragen, der Abstand dazwischen 25px.

Listing 17.4:
Die Mehrspaltendefinition
(mehrspalten_columnwidth.html)

```
#text {
    -webkit-column-width: 300px;
    -webkit-column-gap: 25px;
    -moz-column-width: 300px;
    -moz-column-gap: 25px;
    column-width: 300px;
    column-gap: 25px;
}
```

Abbildung 17.6:
Bei viel Platz verteilt sich der Inhalt auf vier Spalten …

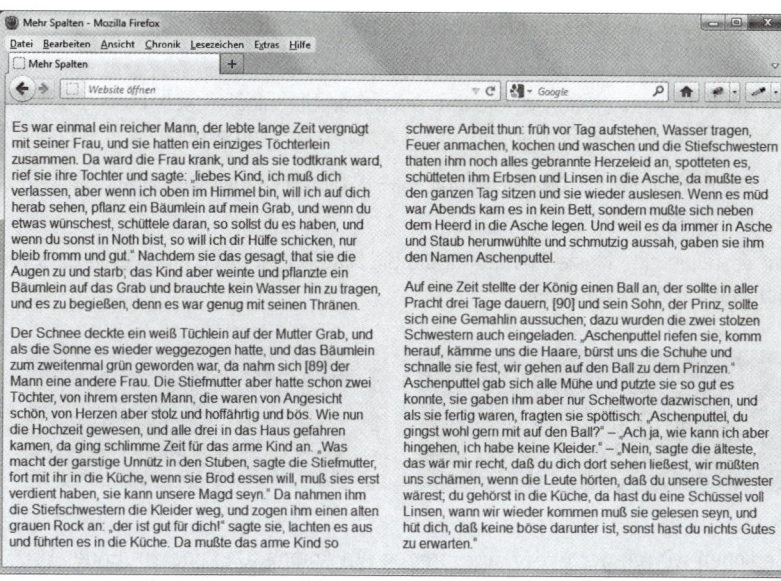

Abbildung 17.7:
… bei weniger Platz
auf zwei Spalten

Im Beispiel wurde die Breite der Spalten über `column-width` definiert. Sie können aber auch die Anzahl der Spalten über `column-count` definieren. Dann sind es immer so viele Spalten wie angegeben, aber ihre Breite variiert je nach verfügbarem Platz.

Alle modernen Browser unterstützen die Spaltenlayouts, der Internet Explorer allerdings erst ab Version 10. Eine richtig gute Möglichkeit nachzubessern gibt es nicht. Es empfiehlt sich, diese Mehrspaltenmöglichkeiten an Stellen einzusetzen, wo es akzeptabel ist, dass es in manchen Browsern nicht funktioniert. Bei Bedarf können Sie auch alternative Formatierungen mit Modernizr (siehe auch Kapitel 12) bereitstellen.

17.3 Animationen!

Bei Animationen denken Sie vielleicht gleich an Flash oder JavaScript: Aber auch mit CSS3 sind Animationen möglich.

Verwirrend ist allerdings, dass mitunter bereits CSS3 Transitions als Animationen bezeichnet werden. Dabei gehen CSS3-Animationen noch einen wesentlichen Schritt weiter als Transitions: Zum einen können Animationen ohne Auslöser gestartet werden – beispielsweise direkt beim Aufruf einer Seite. Zum anderen lassen sich beliebig viele Zwischenschritte definieren.

Bei den Übungen dieses Kapitels gibt es ein Beispiel für die Verwendung von `column-count`.

Die Aufteilung von Inhalten auf Spalten wird im Multi-column Layout Module definiert unter http://www.w3.org/TR/css3-multicol/.

Modernizr vergibt die Klasse `csscolumns`*, wenn das Mehrspaltenmodul unterstützt wird, ansonsten heißt diese Klasse* `no-csscolumns`*.*

Um CSS3-Animationen einzusetzen, sind zwei Schritte notwendig:

- Über @keyframes legen Sie den Namen der Animation fest und definieren die einzelnen Stationen, die Ihre Animation durchlaufen soll. Hier geben Sie beispielsweise in Prozent an, wann welcher Zustand erreicht werden soll.

- Dann können Sie die Animation einem Element zuweisen über die Eigenschaft animation.

Wir erstellen eine kleine Animation, die die Hintergrundfarbe eines Elements von Schwarz zu Weiß wechselt.

Abbildung 17.8:
Den animierten Übergang
zwischen den Zuständen
sieht man leider nicht.

Beginnen wir mit der @keyframes-Regel: Am Anfang (0%) und am Ende (100%) soll die Hintergrundfarbe Schwarz sein, in der Mitte hingegen Weiß (50%):

```
@keyframes farben {
  0% {
    background-color: black;
  }
  50% {
    background-color: white;
  }
  100% {
    background-color: black;
  }
}
```

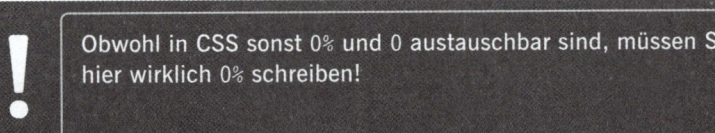

! Obwohl in CSS sonst 0% und 0 austauschbar sind, müssen Sie hier wirklich 0% schreiben!

Danach können Sie diese Animation einem Element zuweisen, im Beispiel ist es ein div-Element mit id="wechselspiel":

Listing 17.5:
Eine kleine Animation
(animations.html)

```
#wechselspiel {
/* allgemeine Formatierungen wie Breitenangaben ausgelassen */
  animation-name: farben;
  animation-duration: 10s;
  animation-iteration-count: 3;
  animation-timing-function: linear;
}
```

Sehen wir uns die einzelnen Eigenschaften an:

- Geben Sie hinter `animation-name` den Namen der Animation an, den Sie in der `@keyframes`-Regel festgelegt haben.

- `animation-duration` bestimmt die Dauer der Animation.

- Über `animation-iteration-count` können Sie angeben, wie oft die Animation durchlaufen werden soll. Schreiben Sie `infinite`, wenn die Animation unendlichmal stattfinden soll.

- `animation-timing-function` legt fest, ob es Beschleunigungen, Abbremsungen oder Ähnliches geben soll. Es funktioniert genauso wie `transition-timing-function` bei Transitions (Kapitel 12).

Wichtig ist dabei: Alle Eigenschaften und `@keyframes`-Regeln müssen Sie mit den herstellerspezifischen Präfixen schreiben, also `-moz-animation-name` für den Firefox, `-webkit-animation-name` für Chrome und Safari, `-ms-animation-name` für den IE 10 etc. Gleichermaßen müssen Sie auch die `@keyframes`-Regel mit den Präfixen schreiben, also `@-moz-keyframes` für Firefox etc.

Moderne Browser unterstützen die Animationen, aber der Internet Explorer erst ab Version 10 und Opera einschließlich Version 11 nicht. So ist auch dies ein äußerst spannendes Feature, das man derzeit nur für kleine Verbesserungen nutzen kann, die nicht wesentlich sind.

17.4 Zusammenfassung

Das Kapitel hat eine Auswahl an äußerst spannenden CSS3-Features gezeigt: Über CSS3-Transforms können Sie Elemente transformieren, skalieren oder verzerren. Das sind nette Hingucker und wenn es sein muss, können Sie für Vorgänger-Versionen des Internet Explorer 9 über den Matrixfilter ähnliche Effekte erzielen.

Inhalte automatisch und flexibel über mehrere Spalten fließen zu lassen, geht über das Multicolumn-Modul.

Mit am spannendsten sind sicher die CSS3-Animationen – in ein paar Jahren werden sie vielleicht die Flashwerbebanner abgelöst haben. Derzeit kann man diese genauso wie auch die Multicolumn-Features für kleine Designverbesserungen verwenden, die nicht essenziell sind.

Im Beispiel animations.html sind die herstellerspezifischen Präfixe für Sie ergänzt!

Im Internet gibt es schöne Beispiele, die zeigen, was alles mit Animationen möglich ist – so etwa unter http://animatable.com/demos/madmanimation/. Hier ist ein kurzer Film über CSS3-Animationen realisiert.

CSS-Eigen-schaften	Erläuterung	CSS	Firefox	Safari	Chrome	Opera	IE	Alternati-ven
`tranform`	Drehen, skalieren, verzerren	3	ja -moz-	ja -webkit-	ja -webkit-	10.5 -o-	9 -ms-	Matrixfilter
`column-width` `etc.`	Inhalte automatisch auf mehrere Spalten verteilen	3	ja -moz-	ja -webkit-	ja -webkit-	11.10	10	
`@keyframes,` `animation`	Animationen per CSS	3	ja -moz-	ja -webkit-	ja -webkit-	-	10 -ms-	

Tipp

Wenn Sie noch mehr über CSS3 erfahren möchten, so können Sie sich dazu auch mein bei Addison-Wesley erschienenes Buch ansehen: Florence Maurice, CSS3: Leitfaden für Webdesigner, ISBN 978-3-8273-3031-4.

17.5 Übungen

1. Nehmen Sie das Beispiel *transforms_beispiel.html*, das Sie auch in Ihrem Übungsordner finden. Dieses Mal soll sich das Element einmal um seine eigene Achse drehen. Tipp: Verwenden Sie 360deg für die Drehung! Sie können außerdem die Zeitangabe bei den Transitions etwas hochsetzen, damit Sie den Übergang schöner sehen!

Die Lösung finden Sie auch unter *loesungen/transforms_beispiel.html*.

Listing 17.6:
Eine Drehung um die eigene
*Achse (loesungen/transforms_*
beispiel.html)

```
.bewegung {
  -webkit-transition: all 0.6s ease-in;
  -moz-transition: all 0.6s ease-in;
  -o-transition: all 0.6s ease-in;
  -ms-transition: all 0.6s ease-in;
  transition: all 0.6s ease-in;
}
.bewegung:hover {
  -webkit-transform: rotate(360deg) scale(1.3);
  -moz-transform:  rotate(360deg) scale(1.3);
  -o-transform:  rotate(360deg) scale(1.3);
  -ms-transform:  rotate(360deg) scale(1.3);
  transform:  rotate(360deg) scale(1.3);
}
```

2. Verwenden Sie für die folgende Übung das Dokument *mehrspalten.html*, das Sie in Ihrem Übungsordner finden. Benutzen Sie einmal die Eigenschaft `column-count` anstelle von `column-width`. Definieren Sie beispielsweise, dass die Inhalte immer auf drei Spalten (`column-count: 3`) verteilt werden! Testen Sie anschließend das Beispiel im Browser!

Die Angaben sehen dann beispielsweise folgendermaßen aus:

```
#text {
  -webkit-column-count: 3;
  -webkit-column-gap: 25px;
  -moz-column-count: 3;
  -moz-column-gap: 25px;
  column-count: 3;
  column-gap: 25px;
}
```

Durch diese Definition werden die Inhalte immer auf drei Spalten aufgeteilt. Die Spalten können unterschiedlich breit sein, je nachdem, wie viel Platz zur Verfügung steht.

Stichwortverzeichnis

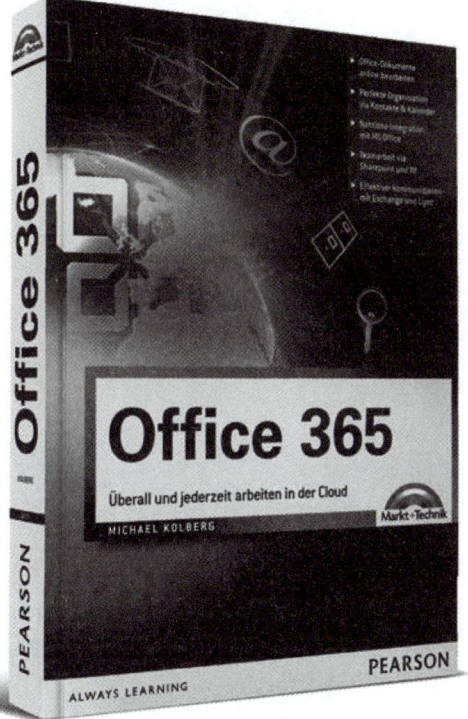

Mit diesem Handbuch nutzen Sie alle Komponenten des neuen Office 365 von Microsoft in der Cloud-Umgebung. Durch effektivere Kommunikation und Zusammenarbeit sparen Sie Zeit und Geld und setzen wertvolle Ressourcen frei. Behandelt werden alle Programmelemente – von Speichern in der Cloud, dem Arbeiten in der Cloud mit den Office Web Apps und dem Nutzen der IT-Infrastruktur mit SharePoint, Exchange und Lync. Die komplette Software wird ausführlich erläutert. Mit zahlreichen Schritt-für-Schritt-Anleitungen zeigt Ihnen der Autor praxisnah, wo es lang geht.

Michael Kolberg
ISBN 978-3-8272-4737-7
29.95 EUR [D], 30.80 EUR [A], 47.90 sFr*
464 Seiten
http://www.mut.de/24737

Mehr Bücher & Video-Trainings auf **www.mut.de**

*unverbindliche Preisempfehlung

ALWAYS LEARNING

PEARSON

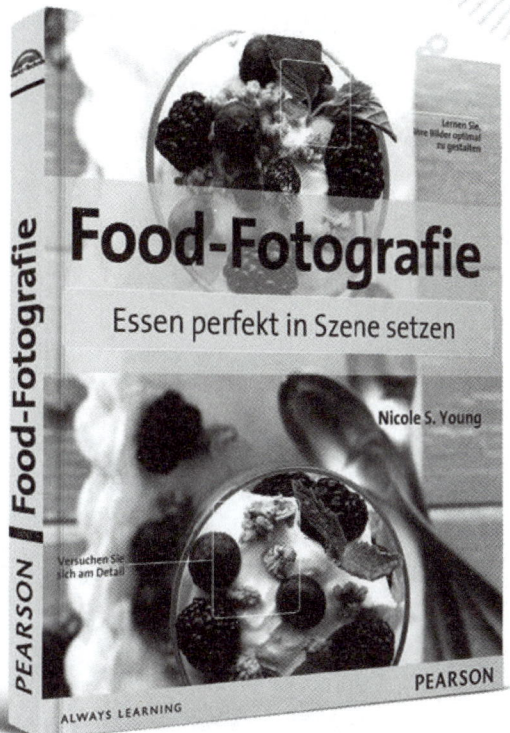

In ihrem Buch serviert die Autorin Nicole Young die Grundlagen der richtigen Fotoausrüstung – Leuchten, Objektive, Reflektoren usw. – und erläutert dann die wichtigsten fotografischen Prinzipien wie Blendenein-stellung, ISO-Wert und Verschlusszeit. Des Weiteren behandelt sie die Beleuchtung und Komposition und zeigt Ihnen, wie Speisen mithilfe von Requisiten, Textilien und Tischdekor in Szene zu setzen sind. Schließlich erklärt sie, wie Bilder durch Scharfzeichnung, Farbverbesserung und andere Bearbeitungstechniken verbes-sert werden können. Dieses mit großen, farbenprächtigen Fotos attraktiv illustrierte Buch bietet praktische Hinweise und Expertentipps. So gelingt jede Food-Aufnahme.

Nicole S. Young
ISBN 978-3-8272-4761-2
29.95 EUR [D], 30.80 EUR [A], 47.90 sFr*
288 Seiten
http://www.mut.de/24761

Mehr Bücher & Video-Trainings auf **www.mut.de**

*unverbindliche Preisempfehlung

ALWAYS LEARNING

PEARSON